2015

福建国税年鉴

福建省国家税务局　编

中国税务出版社

图书在版编目（CIP）数据

福建国税年鉴．2015／福建省国家税务局编．
--北京：中国税务出版社，2016.6
ISBN 978-7-5678-0359-6

Ⅰ．①福… Ⅱ．①福… Ⅲ．①国家税收—税收管理—
福建省-2015-年鉴 Ⅳ．①F812.757.042-54

中国版本图书馆CIP数据核字（2016）第319816号

版权所有·侵权必究

书　　名：福建国税年鉴（2015）
作　　者：福建省国家税务局　编
责任编辑：陈金艳　王　玥
责任校对：于　玲
技术设计：刘冬珂
出版发行：中国税务出版社
　　　　　北京市丰台区广安路9号国投财富广场1号楼11层
　　　　　邮政编码：100055
　　　　　http://www.taxation.cn
　　　　　E-mail: swcb@taxation.cn
　　　　　发行中心电话：(010) 83362093/86/89
　　　　　传真：(010) 83362046/47/48/49
经　　销：各地新华书店
印　　刷：北京联兴盛业印刷股份有限公司
规　　格：889毫米×1194毫米　1/16
印　　张：22.25
字　　数：526000字
版　　次：2016年6月第1版　2016年6月第1次印刷
书　　号：ISBN 978-7-5678-0359-6
定　　价：280.00元

如有印装错误　本社负责调换

《福建国税年鉴（2015）》编纂委员会

主　　任：臧耀民

副 主 任：邱大南　雷致青　陈慕斌　林茂椿　林国镜　郑元芳　陈　艳

委　　员：（按姓氏笔画排序）

王合作　王良辉　王敏奇　安　辉　朱文翀　阮诗雄　苏　虎

李　晖　吴纯寿　吴桀云　沈家骏　张梦桂　张森强　张道金

陈　荣　陈　霖　陈义端　陈文雄　陈国新　邱鹏亮　林　娟

林　滇　林太桂　林知国　林孟奇　林锡明　周元福　姜闽兴

顾志珊　翁　浩　黄亮明　黄培强　魏润水

《福建国税年鉴（2015）》编辑部

主　　编：包逸生

副 主 编：顾志珊　黄　翎

编　　辑：吴　强

供稿人员：（按姓氏笔画排序）

马　旻　王丽华　兰延灼　刘　琨　刘伟杰　江俊强　李　斌

李叶华　严安琪　张云江　张明焕　陈　佳　陈　泓　陈文裕

陈佳佳　李香美　林　琳　林　歆　林小鸼　林建立　孟立文

杨美珍　周　芸　郑晶亮　郑少玲　黄小丽　黄德兴　曹　翔

游杨波　程晓君　傅林清　谢小雄　谢正伟　温笔露　廖海敢

蔡青青　蔡燕青　薛东晖

编 辑 说 明

一、《福建国税年鉴（2015）》是福建省国家税务局组织编纂的反映福建国税系统工作的大型综合性资料年刊，全面系统地记载了2014年度福建国税系统的基本情况，所载资料翔实、准确，是国内外各界人士了解福建国税情况的权威性工具书。

二、本卷年鉴采用分类编辑法，共设六个类目：图辑、大事记、专文、全省国税工作概要、设区市国税工作概要和统计资料。类目下设子目、条目，并根据正文需要穿插相应的图表或照片。

三、本卷年鉴稿件由福建省国税局机关各单位、各设区市国税局提供，并经各单位负责人和《福建国税年鉴（2015）》编纂委员会审定。

四、《福建国税年鉴（2015）》编辑部坚持以“存史资政、服务社会”为办鉴宗旨，以全面展现福建国税系统基本工作为办鉴目标，以规范年鉴写作、提高年鉴质量为要求，努力做到篇目设计科学、文体文字规范、排版设计美观，以增强年鉴的可读性。

五、本卷年鉴的编辑、出版承蒙各有关部门、单位的大力支持和帮助，在此表示诚挚谢意。疏漏与不足之处，请读者批评指正。

编　者

2015年12月

目　　录

图辑

2015

福建国税年鉴

领导关怀与鞭策

▲图为国家税务总局副局长张志勇（左三）一行到漳州市国税局中心城区办税服务厅看望税务干部职工。

◀图为国家税务总局副局长张志勇（前排右）到平和县国税局退休干部陈恩惠（左一）家中慰问。

2014年1月16日—17日，国家税务总局副局长张志勇率税务总局人事司、大企业司和科研所有关领导深入福建国税、地税基层一线慰问调研。

▲图为福建省副省长陈冬（前排右）与臧耀民（前排左）局长亲切交谈。

▶图为福建省副省长陈冬（左二）看望12366纳税服务热线和货物和劳务税处干部职工。

2014年2月7日，福建省副省长陈冬莅临福建省国税局，在福建省国税局局长臧耀民的陪同下，分别到办公室、法规处、征管和科技发展处、货物和劳务税处、所得税处、12366纳税服务热线办公室等看望、慰问国税干部职工，送上新春的问候和祝福，鼓励大家继续立足本职、扎实工作，为福建科学发展、跨越发展，实现“百姓富、生态美”有机统一做出更大的贡献。

2014年10月15日，国家税务总局副局长汪康在福建省调研，并为福建国税全国廉政教育基地揭幕，随后进行参观指导。

▶图为国家税务总局副局长汪康（中）在福建国税全国廉政教育基地参观指导。

▼图为国家税务总局副局长汪康（右三）在福建省调研期间，参观福建国税全国廉政教育基地。

党的群众路线教育实践活动

▲2014年3月10日—11日，福建省国家税务局副局长邱大南（正排右二）一行深入龙岩市国税局、上杭县国税局和古田税务分局指导第二批党的群众路线教育实践活动。

▲2014年7月10日，福建省国家税务局副局长邱大南（左三）一行在漳州市国税局局长沈家骏（左一）的陪同下到华安县参加并指导国税局第二批党的群众路线教育实践活动领导班子专题民主生活会，同时参观指导纳税服务厅工作并检查指导办公用房清理工作。

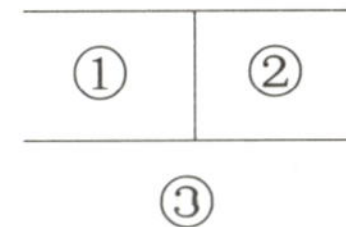

① 2014年3月9日，漳平市国家税务局组织中层以上干部前往漳平市演艺中心参观“党的群众路线与作风建设图片展”。

② 2014年3月6日，清流县国家税务局召开党的群众路线教育实践活动动员大会。

③ 建宁县国家税务局积极开展党的群众路线教育实践活动，国税局领导深入企业调研。

④ 2014年4月4日，清明节前夕，平和县国家税务局组织一批党员干部到烈士陵园缅怀革命先烈，开展“弘扬苏区精神　给力富美平和”党的群众路线教育实践活动。

⑤ 顺昌县国家税务局在党的群众路线教育实践活动集中学习期间，向机关全体党员传达了习近平总书记在兰考调研时的重要讲话精神，要求在全局范围内大力学习弘扬焦裕禄精神，深入查摆自己在思想境界、素质能力、作风形象等方面存在的问题和不足，学习焦裕禄的公仆情怀、求实作风、奋斗精神、道德情操，做到深学、细照、笃行。

福建国税志愿者在行动

▲图为政和县国家税务局青年文明号成员在县汽车站送爱心面。

政和县国家税务局积极响应《福建省创建青年文明号活动组委会关于开展青年文明号“2014青春同行”送温暖统一行动的通知》精神，组织青年文明号成员，在全县范围内开展了一系列青年文明号“青春同行送温暖”活动：一是2014年1月21日在办税服务厅开展就业创业政策宣传活动，帮助进城务工青年和下岗青年、未就业大中专生争取培训机会，联系用工企业，为他们提供工作见习机会。二是青年文明号成员组建“青年驿站”志愿服务队于1月23日上午在县汽车站送爱心水、爱心包子和爱心面，给返乡的候车人员送去了暖暖的春意。三是针对节前办税拥挤的情况，青年文明号成员在窗口提供预约服务、延时服务，认真落实“一次性告知”及“首问责任制”，为纳税人提供优质、高效、便捷的服务。

▲图为政和县国家税务局青年文明号成员在办税服务厅开展就业创业政策宣传活动。

◀图为福建省国家税务局税收政策咨询服务队在闽清县梅城镇云龙乡开展税收政策及法律法规的宣传、咨询和解答活动。

▼图为福建省国家税务局税收政策咨询服务队队员正在向纳税人进行税收政策及法律法规的宣传。

为贯彻党的十八届三中全会精神，全面落实“十二五规划”、科学发展观，福建省国家税务局响应福建省文化科技卫生“三下乡”的号召，组建了一支政治过硬、业务熟练、态度和蔼的国税局税收政策咨询服务队。服务队将于2014年1月17日到闽清县梅城镇云龙乡开展税收政策及法律法规的宣传、咨询和解答活动。

服务队始终本着“真诚待人、服务群众”的原则，通过发放税收知识手册、科普税收法律法规、宣传最新税收政策变动、解答纳税人疑问及解决纳税人遇到的实际税收问题等方法，为群众排忧解难。以“深入群众，服务农村”为出发点，进行调研等活动，深入农民当中，了解税收实情，带去新的政策文化知识，传播税收知识。

▲图为龙海市国税志愿者服务队开展志愿者服务活动。

由龙海市国家税务局机关及分局8人组成的国税志愿者服务队，在新年再次上“路”出发，开展2014年第一次志愿者服务活动。此次活动的主题是清理“城市牛皮癣”，经过近2个小时的奋战，志愿者们顺利完成了任务，亮化了城市环境。

该局志愿者服务队成立于2010年，全局100余名干部职工均登记在册，近年来共组织各类活动30余次，400余人次参加了活动，在税法宣传、美化环境、交通劝导等方面发挥了重要作用，有力地提升了干部职工思想素质，受到社会各界的关注和好评，成为向全社会宣传国税形象的一张名牌。

▶图为龙海市国税志愿者服务队队员正在清理“城市牛皮癣”。

▲2014年1月23日，荔城区国家税务局组织青年税工与中石化森美（福建）石油有限公司“青年驿站”集体对接，为返乡人员、往来司乘人员提供免费送热水、擦车窗志愿服务，同时向他们分发车辆安全行驶宣传单，加强安全知识教育。此举赢得了在场群众的一致好评，展现了该局青年文明号集体服务社会的良好形象。

▲平和县国家税务局积极组织团支部、女工委人员组成志愿服务队，把志愿服务活动作为践行社会主义核心价值观的有效途径，以“关心空巢老人及残疾人、爱心妈妈关爱留守儿童、结对帮扶计生困难户”为服务重点，深入挂钩村（小溪镇岩坂村）开展“邻里守望，情暖平和”主题志愿服务活动，把志愿服务做到基层、做进家庭，促进学雷锋志愿服务活动常态化、制度化。此次活动共计支出7000多元，帮扶及慰问老人、残疾人8人，留守儿童3人，计生困难户5户。

便民办税春风行动

▲2014年3月26日，漳州市国家税务局举办税企座谈会。

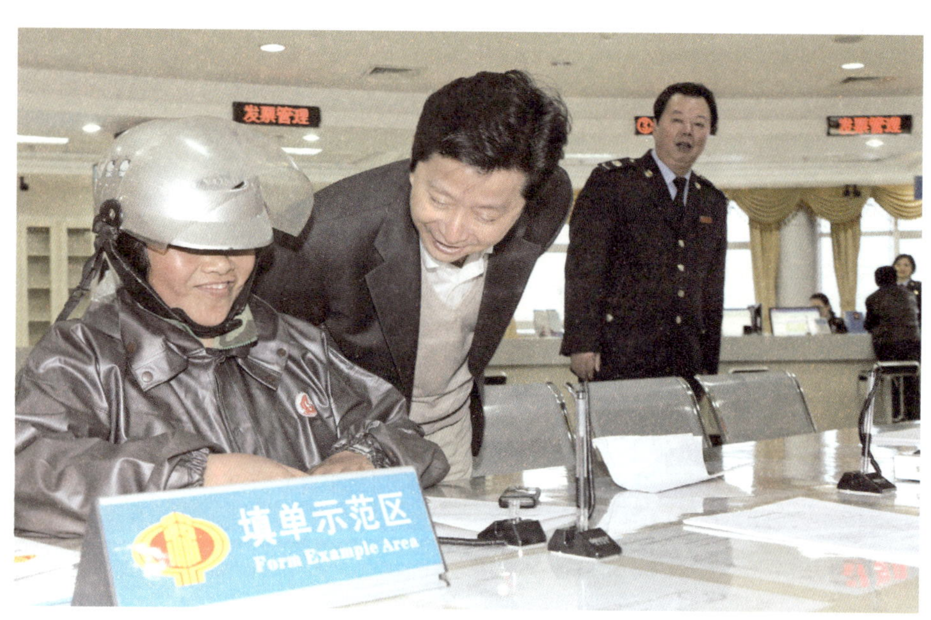

▶福建省国家税务局局长臧耀民（左二）在上杭县国税局申报厅调研。

①	②
③	④
	⑤

① 福建省国家税务局副局长刘孟全（中）视察城厢区局办税大厅。

② 福建省国家税务局副局长邱大南（右二）在古田展厅听取工作汇报。

③ 福建省国家税务局纪检组长曾光辉（右三）在三明国税调研。

④ 福建省国家税务局副局长雷致青（左二）在泉州中化调研。

⑤ 福建省国家税务局总会计师陈慕斌（右二）在华安县办税大厅视察。

▶福建省安溪县国家税务局与县邮政局正式签订委托代开发票暨代征税款协议，2014年4月1日起试运行，为全省开展委托邮政部门代征零星分散税收业务提供有益尝试。由于安溪县地域面积达3057.28平方千米，乡镇分布广，茶农多，此举借力邮政部门机构分部繁密的优势，很好地解决了近年一直困扰安溪国税因征管改革收缩机构后，偏远乡镇茶农开票难的问题。

◀“全市通办”是宁德市国家税务局“便民办税春风行动”的一项重点举措，较之以前的“同城通办”，办理区域由市内东侨区、蕉城区扩展到全市，所辖纳税人均可到宁德市国税系统各办税服务厅办理“全市通办”涉税业务，实现了全市国税系统纳税服务水平的又一新提升，给予了纳税人最大的方便和快捷。

▶“国税部门真心实意地听取我们的意见和建议，帮助我们解难题，这是对我们莫大的尊重。”莆田市荔城区的纳税人在国税部门召开的纳税服务需求座谈会上说。

◀2014年4月10日，长泰县国家税务局开展了“便民办税春风行动”横幅签名寄语活动，广大纳税人及过往群众踊跃在横幅上签名，并写下“快捷办、便捷办”“越快越好”“解难题、办实事”等对便民办税的诸多希望。

▶平潭综合实验区国家税务局局长苏虎（中）等领导做客“平潭国税微访谈”，与广大网民共同探讨税务问题。

▲莆田市城厢区国家税务局官方微信二维码。

▲宁德市东侨区国家税务局税务干部给纳税人讲解“全市通办”涉税业务。

税收宣传

◀平和县国家税务局、地方税务局联合开展税收宣传月活动，青年志愿者身披红色绶带，走进大世界永泰商场和县行政服务中心举行税法宣传咨询活动。

▼仙游县国家税务局向县直机关、纳税人以及各乡镇共100个单位发出征求意见建议函，收集各方意见。

▲税收宣传月首日，建宁县国家税务局深入村镇开展税法宣传活动。

▲龙海市国家税务局、地方税务局组织各自业务科室及专业分局10余人走进龙海市首个城市综合体——建发美一城广场开展以“便民办税春风行动”为主题的税法宣传咨询活动。

▶南靖县国家税务局领导带领办公室、人教科干部深入船场中心小学开展“税伴你我”系列税收宣传活动。图为税收知识竞赛颁奖仪式。

◀漳州市台商投资区国家税务局邀请台商投资区角美中心小学的小学生参加税法宣传活动，让小学生体验“小小税法宣传员”“小小税官”“小小纳税人”等不同角色。

▶政和县国家税务局组织志愿者参加县直机关党工委牵头组织公检法、国地税等多部门开展的“爱我政和 从我做起”党员志愿者服务活动。此次活动现场气氛热烈，共发放税收宣传材料200余份，切实提升税收宣传效应。

大事记

2015

福建国税年鉴

1月

1月3日

“中共福建省平潭综合实验区国家税务局党组”“中共福建省平潭综合实验区国家税务局党组纪检组”“福建省平潭综合实验区国家税务局”和“福建省平潭综合实验区国家税务局稽查局”等4枚印章正式启用。

1月8日

全省国税工作会议召开，福建省副省长陈冬出席会议并讲话，福建省国家税务局局长臧耀民作《凝聚改革共识 激发创新活力 全面推进福建国税现代化建设》的报告。

1月14日

福建省国家税务局组成8个慰问小组，分别由1名局领导带队，到基层一线开展走访慰问活动，采取进门入户、集中座谈等方式，慰问生活困难党员、老党员和老干部，向他们致以新春的问候，送上组织的关怀。共慰问在职困难干部职工189人，离退休特困户270人，无工作遗属特困户85人，送出困难补助金81万元；慰问离退休干部2191人，送出慰问金131万元。福建省国家税务局局长臧耀民到福州市国税局慰问了曾参加抗日战争的离休老同志；前往仓山区国税局办税服务厅看望慰问一线窗口人员；巡视员连开光到福鼎市国税局看望慰问了病、困离退休干部；副局长刘孟全到莆田市国税局慰问了困难干部职工；副局长邱大南到龙岩市新罗区国税局、漳平市国税局看望慰问了退休老干部；纪检组长曾光辉到三明市国税局慰问了离休干部，前往沙县国税局办税服务厅看望了征管一线干部职工；副局长雷致青到寿宁扶贫挂钩点了解该县的水土流失治理和扶贫开发工作情况，听取了当地2013年工作情况汇报；总会计师陈慕斌到华安县国税局看望税源管理一分局的干部职工，走访慰问了生活困难的税务干部；副巡视员包逸生到平潭综合实验区国税局、岚城税务分局等单位慰问了退休老干部。

1月18日

福建省省委书记尤权在福建省国家税务局《关于2013年国税工作情况的报告》上批示：“感谢国税系统的同志们对福建经济社会发展工作的支持。福建发展面临的困难多，任务艰巨，需要得到各方面特别是中央驻闽机关的支持和帮助。希望大家在新的一年里，继续支持福建，认真贯彻落实中央的总体要求，为实现省委确定的2014年的目标任务做出新的贡献。”

1月23日

福建省国家税务局与省高级人民法院行政庭、省政府法制办联合召开依法行政工作座谈会，部分地市依法行政示范单位代表参加了会议。会议通报了2013年国税依法行政工作，并对下一步工作进行了展望，与会部门作了经验交流发言。会议计划于2014年与省高级人民法院行政庭、省政府法制办针对基层国税如何提升依法行政工作水平进行联合调研。福建省国家税务局纪检组长曾光辉在会上作了讲话。他表示，这种交流座谈有利于国税机关从另一个角度审视自身工作，有利于加强依法行政工作中执法文书的完善和体制机制的健全，有利于进一步规范行政行为，提升福建国税系统依法行政水平。

1月24日

福建省国家税务局召开领导班子和领导干部考核测评会议暨团拜会。

2月

2月7日

福建省副省长陈冬莅临省国税局，在福建省国家税务局局长臧耀民的陪同下，分别到办公室、法规处、征管和科技发展处、货物和劳务税处、所得税处、12366服务热线办公室等看望慰问国税干部职工，送上新春的问候和祝福，鼓励大家继续立足本职、扎实工作，为福建科学发展、跨越发展，实现“百姓富、生态美”有机统一做出更大的贡献。

2月20日

全省国税系统党的群众路线教育实践活动第一批总结暨第二批部署视频会议召开。

2月24日

据福建省纠风办通报，在福建省各级政府组织的民主评议政风行风活动中，2013年省国税局机关继续保持省直机关行政执法类综合评议第二名的好成绩；在地市级中，泉州市国税局、莆田市国税局获免评单位，福州市国税局、三明市国税局、平潭综合实验区国税局获得第一名，龙岩市国税局获得第二名，漳州市国税局获得第三名；在县区级中，81个参评的县市区国税局有71个单位获得前三名或免评单位、行风信得过单位。

2月26日

福建省国家税务局召开全省国税系统党风廉政建设工作会议，传达落实全国税务系统党风廉政建设工作会议精神，部署2014年主要工作，明确提出“一个加强、两个提高、三个深化”的工作思路。

3月

3月9日

福建省国家税务局召开全省纳税人满意度通报会，通报福建省委托第三方开展纳税人满意度调查的情况。调查结果显示，省内纳税人满意度分值为82.76。八个设区市中，纳税人总体满意度分值高于全省平均水平的有漳州、莆田、泉州、南平、龙岩市，分别为83.97、83.52、83.32、83.29、82.84。

3月11日

福建省国家税务局出台《福建省国家税务局关于开展“便民办税春风行动”活动的实施意见》，决定在全省国税系统开展“便民办税春风行动”活动。

3月25日

由福建省国家税务局主办的“税收大讲堂”活动在上杭县国税局和上杭县国税局古田

税务分局分别开讲。福建省国税局党组成员、总会计师陈慕斌一行参加此次专题活动。宣讲团专家分别以《防范纳税风险，提高税法遵从》和《小型微利企业税收优惠政策解读》为题，结合实际案例，深入浅出地进行讲解分析，并通过课上互动交流、现场答疑解惑的方式，对企业在实际工作中遇到的税收问题进行详细解答，得到了纳税人的一致好评。

3月27日

财政部、国家税务总局正式公布《福建平潭综合实验区企业所得税优惠政策及优惠目录》（以下简称《优惠目录》），设在平潭综合实验区域内符合《优惠目录》规定的产业项目为主营业务，且其主营业务收入占企业收入总额70%以上的企业，从2014年1月1日起，至2020年12月31日止，减按15%的税率征收企业所得税。

同日，福建省副省长郑晓松在福建省国家税务局报送的《方便出口退税　促进外贸出口——省国税局推出十大措施》材料上批示：“感谢国税局的大力支持。希望服务纳税人的春风能够持久，成为为民办实事的‘四季风’。”

3月28日

福建省副省长陈冬批示：“十项措施具体实在，切实可行。望抓好落实。”

3月29日

福建省省长苏树林批示：“省国税局认真贯彻总局要求，在全省国税系统开展‘六提速、三减负、三公开、一首问’便民活动，推出方便出口退税、促进外贸出口十大措施，将总局的‘便民办税春风行动’落到实处，赢得了各界好评，支持了福建经济社会发展，感谢省国税系统同志的努力。”

4月6日

福建省副省长陈冬批示：“国税局要以苏省长的批示为动力，把方便出口退税等十项措施进一步落实好，为促进我省经济社会发展发挥更大作用。”

4月10日

结合全国第23个税收宣传月活动，福建省国家税务局、地方税务局联合召开2013年度纳税百强暨民营企业纳税百强发布会。福建省副省长陈冬出席并作重要讲话。发布会上，副省长陈冬、省政府副秘书长王永礼、省财政厅总会计师万崇伟和省国税局、地税局领导为双百强企业代表授匾。省工商联副主席、恒安国际集团首席执行官许连捷代表双百强企业宣读依法诚信纳税倡议书。

4月22日

由福建省国家税务局、福建省地方税务局和平潭综合实验区管委会联合举办的“落实税收优惠政策·推进共同家园建设”税法咨询解答现场会在平潭举行，50多位税务专家、政府人士和台商及重点企业代表参加，与会人员一致表示将利用好实验区的税收优惠政策，共同推动平潭的跨越式发展。福建省国税局、地税局相关业务处长对平潭综合实验区的税收优惠政策进行了宣讲和解读，对企业代表提出的涉税问题进行了现场解答。

5月

5月4日

福建省国家税务局机关团委举办“我们的节日——纪念五四运动95周年”系列活动之“团员青年读书活动”启动仪式，以简朴的方式纪念“五四”青年节。

5月13日—14日

全省国税系统廉政文化教育基地现场观摩和交流研讨活动在宁德柘荣举办。福建省国家税务局纪检组长曾光辉、监察室主任，各设区市国税局纪检组长、监察室主任等代表现场观摩了宁德市国税局廉政文化教育基地，并就如何加强廉政文化教育基地建设进行了研讨，宁德、三明、龙岩市国税局分别介绍廉政教育基地和廉政文化品牌创建经验。

5月21日

福建省国家税务局下发《关于进一步加强重大税务案件审理工作的意见》，结合福建实际，对重大税务案件审理工作提出指导意见，以提高重大税务案件审理工作质量，保护纳税人合法权益，防范税收执法风险。

5月26日—30日

福建省国家税务局举办领导干部学习习近平总书记系列讲话精神专题培训班。省国税局领导、各设区市国税局局长、平潭综合实验区国税局局长、省局机关各处室主要负责人等40余人参加培训。

6月

6月1日

福建移动集团三明分公司成功开具全省“营改增”后第一张增值税专用发票和通用机打发票；福建移动集团福州分公司成功开具全省第一张增值税普通发票。随后，漳州、莆田、泉州、龙岩等其他7个单位也相继报告了试点纳税人成功开出各类型发票消息。至此，本轮“营改增”试点的增值税专用发票、增值税普通发票、通用机打发票均已成功开具，标志着福建省电信业“营改增”试点首月顺利开票的第一个目标实现。

7月

7月1日

作为全国绩效工作非试点单位，福建省国家税务局按照试点单位标准严格要求、自我加压、倒排工期、紧跟节奏，顺利实现全省系统全面上线。税务总局门户网站和《绩效动态》专期刊载省局做法。

8月

8月6日

第七届税务学会代表大会召开，福建省国家税务局局长臧耀民被选为新一届税务学会会长。

8月14日

福建省副省长陈冬到福建省国家税务局开展调研工作，听取省国税局局长臧耀民工作汇报。

9月

9月

福建省国家税务局官方微博微信正式上线，这是福建国税服务纳税人的又一大举措，标志着福建国税纳税服务步入“微时代”。该平台以新浪、腾讯网站为依托，旨在为广大纳税人及时推送最新的税收新闻、税收法规、办税指南、业务公告等信息，使纳税人随时随地都能了解税收相关信息。纳税人通过省国税局门户网站微博微信链接方式，就能享受该局优质便捷的服务。

9月

为期一周的福建省国税系统“为民 务实 清廉”先进事迹巡回报告会在宁德市国家税务局圆满收官。此次先进事迹报告团先后在八个设区市国税局和平潭综合实验区国税局巡回演讲，全省国税系统2000多人现场聆听了报告。报告团成员分别是全国十大杰出女税务工作者福州市鼓楼区国税局局长郭爱莲，全国税务系统领军人才三明市国税局总会计师、大田县国税局局长黄显福，全国税务系统先进工作者莆田市国税局国际税收管理科主任科员李国清，全省国税系统“我身边的好税官”武平县国税局纳税服务科副主任科员王云英，省级征管能手霞浦县国税局副局长张统相的代表喻盈盈。

9月25日

国家税务总局对全国股息、红利非居民税收专题检查工作进行通报，福建省股息、红利非居民税收专题检查工作获国家税务总局通报表扬。截至2014年8月底，全省股息、红利专项检查已覆盖3305户企业，对1224户进行了风险核实，其中，无问题的1026户，对14户实施了风险应对，调整应纳税所得额2953.1万元，查补税款1697.57万元，征收滞纳金397.6万元。

9月26日

《全国县级税务机关纳税服务规范》将于2014年10月1日起试运行。福建省国家税务局召开全省税收宣传工作会议，研究制定了以“规范服务 便民办税”为主题的“八个系列”专题宣传工作方案，全方位加强宣传报道，推动《全国县级税务机关纳税服务规范》在八闽落地生根。

10月

10月

福州市鼓楼区国家税务局局长郭爱莲被中央党的群众路线教育实践活动领导小组办公室确定为践行群众路线好干部的先进典型，在全国进行广泛宣传。国家税务总局局长王军作出重要批示，号召全国税务系统宣传学习郭爱莲的先进事迹。11日，省国税局党组召开专门会议研究部署宣传学习郭爱莲工作，下发了《中共福建省国家税务局党组关于在全省国税系统开展向郭爱莲同志学习活动的通知》，部署全省系统开展学习宣传活动。

10月13日

福建省国家税务局网上纳税人学校正式上线运行。

10月18日

福建省国家税务局网上教育平台正式运行。网络税校包括网络课堂、资料中心、图书馆、问卷调查、网络班级、通知新闻、个人中心等7个模块，既有税收政策、财务会计、征收管理、法律知识等专业基础课程，也有经济形势、政治思想、个人素养、综合管理、领导行为艺术等提升个人修养的课程，可供不同受众群体选择学习。

10月20日

福建省国家税务局召开全省国税系统党的群众路线教育实践活动总结大会。会议由省国税局副局长刘孟全主持，局长臧耀民和税务总局第三巡回督导组组长周永卫在会上作重要讲话。臧耀民全面总结回顾了福建省国税系统党的群众路线教育实践活动情况的主要做法、取得的成效、主要经验和存在的问题及不足，并从五个方面提出了具体要求：一是严字当头，落实从严治党要求。二是认真梳理，着力搞好活动总结。三是深化整改，持续巩固活动成效。四是建章立制，形成活动长效机制。五是开拓奋进，推动各项工作完成。

全省企业所得税提前68天完成年度考核计划任务，截至10月23日，全省累计入库企业所得税425.03亿元，完成年度考核计划418亿元的101.7%，占国税部门组织收入1144.06亿元的37.15%，比上年同期增收37.52亿元，同比增长9.7%。全省提前68天完成年度考核计划任务，其中，福州、南平、宁德及漳州市国税局提前68天超额完成年度考核计划任务。

10月22日—11月2日

福建省第十五届运动会在漳州市举行，国税系统组团参加男子气排球、男子羽毛球、桥牌等3个项目的比赛。气排球项目获得男子团体第三名；羽毛球项目获得男子双打第四名，男子团体第八名；桥牌项目获得团体第五名的好成绩。国税体育代表团还获得了福建省第十五届运动会“体育道德风尚奖”和福建省第十五届运动会“代表团开幕式入场式三等奖”。

10月23日

全省国税系统离退休干部第四届书画笔会在永安召开。福建省国家税务局副局长刘孟全为本次活动开笔，全省三十余名离退休干部到会。

10月30日

福建省民主评议政风行风第三组代表一行五人，在福建省国家税务局纪检组长曾光辉的陪同下，察看了福建国税廉政文化教育基地以及福州市行政服务中心的国税办税服务厅，听取了省国税局民主评议政风行风工作情况汇报，并检查指导民主评议政风行风工作。

11月

11月8日—9日

由中共福建省直机关工委、福建省体育局联合主办的“一起动起来、共筑中国梦”2014年度福建省省直机关全民健身运动会网球赛在福建省奥林匹克中心举行，省国税局机关网球代表队获团体三等奖，林娟、杜彬获女子双打第六名（三等奖）。

11月10日

福建省省长苏树林在省政府务虚会上专题听取福建省国家税务局工作汇报，给予高度评价：“全省国税系统对福建的经济建设贡献很大，付出很多，在此对国税系统的同志们表示感谢。省国税局工作站位高，服务意识强，善于改革创新，注重队伍建设，得到了纳税人的广泛好评，取得良好社会效果。”

11月25日

福建省副省长陈冬、省政府副秘书长王永礼一行到福建省国家税务局调研指导工作，并召开座谈会听取全省国税工作情况。

12月

12月

为全面落实《全国县级税务机关纳税服务规范》，持续推进“便民办税春风行动”，福建省国家税务局按照“规范、提质、便捷、可控”的总体要求，自主开发 “纳税服务规范管理系统”，在全省国税系统全面推广使用，以规范化为导向，以信息化为支撑，最大限度方便纳税人、最大限度规范纳税行为。

12月20日

福建省国家税务局（不含厦门）共组织税收收入1322.6亿元，同比增长9.6%，完成年度收入计划任务的100%，提前10天完成全年税收收入任务。其中，国内增值税入库630.5亿元，国内消费税入库186.6亿元，企业所得税入库443.1亿元，车辆购置税入库62.4亿元。

（供稿：廖海敢）

专文

2015

福建国税年鉴

在省国税局调研座谈会上的讲话

福建省省委书记　尤　权

（2014年8月7日，根据录音整理）

今天我来省国税局调研，主要是看看大家。国税部门这些年为福建经济社会发展做了大量工作，既保证税收收入按计划完成，同时又为推进改革和支持企业发展加大服务力度，落实执行好国家的各项税收优惠政策。福建的发展离不开国税部门的支持。过去福建发展比较慢，这里面有对台的因素，改革开放以前中央也没有太多的投入。改革开放以来，福建迎来了很好的发展机遇，基础条件建设等方面有了很大改善。现阶段，中央从和平统一和对台工作上考虑，把福建发展作为一项重大战略，给予了福建更大的发展空间。

具体到税务部门。首先，既要征税以满足国家建设和经济发展的需要，又要涵养税源、促进发展、把握平衡，无论是在国家层面，还是对我们省来说，这都是一项系统工程。既要征好税，又要促发展，权衡好这两方面关系对于税务部门是重大课题。中央确定了市场经济体制以来，财税体制改革不断推进，现在的税制较以前成熟多了，也复杂多了，税收在调节经济上的作用相比以前也大多了。中央税收政策的落实，主要靠税务部门来实现。刚才我看到“12366纳税服务热线”的同志们一天要接那么多电话，也说明了税收问题的复杂性，纳税人的情况千差万别，要既合法又合情合理地解决问题，的确很不容易。其次，要把征管和服务很好地结合起来也是一个难题。特别是体现到基层工作中，·是征收中要防止偷逃税。现在我们全社会的纳税意识还不够强，社会信用体系不健全，税务部门征税的压力很大。前段时间最高法院周强院长来福建，我陪他到省法院调研，法院系统建了一个执行信用体系，实用性很强，效果也很好。但目前从整体环境来看，建立起全国性的信用体系还比较难。二是要搞好服务，税务部门做好服务也有利于税收征管。

以上是我从福建发展的角度，对税务部门的职责谈些看法。国税部门对福建发展帮了很大的忙，做出了很大的贡献。现在福建处在很好的发展阶段，上马的项目多了，税收收入也会相应增加。同时，当前经济下行的压力也比较大，如何帮助企业渡过难关也是一个重要问题。在这个大环境下，税收工作显得更加重要。省委、省政府及有关部门一定要大力支持税务部门的工作，做好后勤保障。

在全省国税工作会议上的讲话

福建省副省长 陈 冬

（2014年1月9日）

同志们：

过去的一年，全省国税系统认真贯彻落实党的十八大和十八届三中全会精神，按照国家税务总局和省委、省政府的工作部署，着力做好“服务纳税人、服务基层、服务海西发展大局”三个服务，在我省稳增长、调结构、促改革和惠民生中发挥了积极作用，赢得了广大纳税人的好评，省政府给予充分肯定。

2013年，全省国税系统坚持依法行政，应收尽收，全面落实结构性减税政策，稳步推进“营改增”试点，实现收入持续稳定增长。全年组织税收收入1638.2亿元，增长10.9%，比全国平均增幅高1.8个百分点，增幅在31个省市中列第10位，在华东地区国税部门排第二位，为全面完成全省财政收入任务奠定了坚实的基础。“营改增”改革试点深入推进，累计实现营业税改征增值税收入37.2亿元，试点纳税人减税面达98.5%，减轻税负21.4亿元，加上非试点纳税人抵扣，全省共减轻税负49.6亿元；办理出口退（免）税651.7亿元，妥善处理扶持外贸出口与打击骗退税的关系；落实支持小微企业和个体工商户发展的优惠政策，惠及全省2.5万户纳税人。国税工作的成绩来之不易，在此，我谨代表省政府向全省国税系统广大干部职工表示亲切的问候和衷心的感谢！

2014年是全面深化改革的第一年。全省经济工作会议确定全省经济发展与财政收入的预期目标，希望全省国税系统认真贯彻落实党的十八届三中全会、中央经济工作会议和全省经济工作会议精神，牢记“为国聚财、为民收税”的神圣使命，围绕改革创新、激发活力、转变职能、提升服务，做好各项工作，为福建科学发展跨越发展，实现“百姓富、生态美”有机统一作出新的贡献。关于今年的工作，臧耀民局长已作了具体部署。这里，我讲三点希望。

一、主动融入，服务发展

国税系统征收的增值税、消费税、所得税等与产业的发展状况与企业的经营景气密切相关，希望国税系统充分发挥部门优势，立足福建发展大局，结合福建实际，主动建言献策，积极争取政策，全面落实政策，共同推进地方产业发展、结构转型、企业升级、财源培植。从税收与经济协调发展出发，深化税收经济分析，落实组织收入原则，既要坚决防止有税不收和人为调节收入进度，也要坚决杜绝“寅吃卯粮”、收过头税的现象，实现真实的、没有水分的增长。按照“三规划两方案”先行先试的要求，紧扣“抓龙头、铸链条、建集群”的产业发展部署，强化前瞻意识和创新意识，用发展的眼光把握领会中央赋予我省的一系列优惠政策，实事求是贯彻落实好政策，切实把好的政策落实到每个企业、每个纳税人。

二、深化改革，激发活力

党的十八届三中全会从推进国家治理体系和治理能力现代化的高度对税制改革提出了要求，凸显了税收在经济发展和民生保障中的重要地位。希望国税系统按照中央财税体制改革的总体部署，认真落实"营改增"等税制改革任务。一是要会同财政、地税等有关部门，抓好今年起实施的铁路运输和邮政业"营改增"试点工作，为下一步电信业、生活服务业、建筑业、房地产业、金融保险业等行业开展试点做好准备；要加强政策宣传辅导和效应调研分析，确保改革有序推进。二是认真落实支持小微企业、就业创业、企业重组与股权投资、"走出去"、服务外包等税收优惠政策。三是密切跟踪消费税政策调整，主动向上沟通，测算数据，做好前期准备。要把改革的准备工作做细，宣传工作做好，把各项政策落实到位，让纳税人和社会实实在在感受到改革带来的好处。从小的来讲，改革给企业减税减负，让企业安心放心，增添信心；从大的来讲，改革给市场和社会注入动力和活力，进一步增强发展后劲，让大家对国家和社会发展有更加美好的预期。

三、依法治税，提升服务

依法治税是建设法治政府的重要内容。希望国税系统牢固树立法治理念，进一步规范税收执法行为，统一执法尺度，最大限度减少执法的随意性。一方面，以《福建省税收保障办法》为依托，推进全社会协税护税，加强税收信用体系建设，探索建立税收"黑名单"制度，促进纳税人增强依法诚信纳税意识，自觉履行纳税义务。另一方面，结合党的群众路线教育实践活动，进一步转变职能，加强队伍建设，建立反对"四风"的长效机制，落实"马上就办"，反对"慵懒散"，积极呼应纳税人的需求，优化办税服务环境，精简办税程序，构建和谐的征纳关系。

凝聚改革共识　激发创新活力
全面推进福建国税现代化建设

——在全省国税工作会议上的讲话

福建省国家税务局局长　臧耀民

（2014年1月8日）

同志们：

今天我们在这里召开全省国税工作会议。这次会议的主要任务是，学习贯彻党的十八大和十八届三中全会精神，全面落实全国税务工作会议和全省经济工作会议的各项要求，总结2013年全省国税工作，部署2014年工作任务。在全国税务工作会议之前，李克强总理对税务工作作了重要批示，我们今天的会议已印发。

明天上午，陈冬副省长将代表省委、省政府到会看望大家，并作重要讲话。各级国税机关要认真学习贯彻，及时向当地党委、政府汇报，切实加以落实。下面，我讲三点意见。

一、回顾2013，砥砺奋进创佳绩

2013年，面对复杂严峻的税收经济形势，全省国税系统认真贯彻落实党的十八大和十八届三中全会精神，紧紧围绕福建发展大局，结合党的群众路线教育实践活动，把握好税收与经济的协调增长、执法与服务的有机融合、治税和带队的同步推进，取得了显著成绩。苏树林省长先后3次对国税工作给予充分肯定。

（一）以组织收入为中心，服务发展大局成效彰显

全省各级国税部门坚决贯彻组织收入原则，不动声色地依靠打击违法增收、堵塞漏洞增收、科技管理增收，圆满实现全年收入预期目标。2013年全省国税总收入累计完成2106亿元，增收186.5亿元，增长9.7%；其中，国税部门组织收入1638.2亿元，完成年度预期目标的101.8%，增收161.2亿元，增长10.9%，比全国平均增幅高1.8个百分点，增幅居31个省市第10位，在华东地区国税部门排第2位；不含厦门，八市国税部门组织税收收入1224.2亿元，增收126.4亿元，增长11.5%，为中央及地方财政增长做出积极贡献。同时，坚持用足用好税收优惠政策，全年全省（含厦门）办理各类税收减免55.4亿元；办理出口退（免）税651.7亿元。围绕福建经济社会发展大局，积极建言献策，全年共有16条调研信息获省委、省政府领导批示，特别是提请省政府领导关注我省部分外贸企业出口新动向的调研报告得到了苏树林省长的重视。着力服务平潭综合实验区先行先试，联合有关部门积极向中央争取《平潭综合实验区鼓励发展产业所得税优惠目录》和《平潭区外企业销往平潭综合实验区“二线”不予退税货物清单》的早日出台。

（二）以风险管理为核心，税收征管改革全面深化

在进一步提升泉州市局征管改革成效，完善莆田、宁德、漳州市局改革试点工作的基础上，全面推进福州、龙岩、三明、南平四个市局税收征管改革，初步建立了“省市统一分析、任务扎口推送、三级分类应对、绩效评价扎实、执法监督保障”的具有福建国税特色的税收征管模式，构建现代化税收征管体系的探索取得阶段性成果，省局党组确定分“三步走”的税收征管改革目标和任务基本实现。征管改革进程突出简政放权和风险管理“双轮驱动”，一方面，落实行政审批改革，同步推进涉税事项、业务流程、审批环节的全省统一，归并梳理涉税事项212项，其中，即办事项103项、审批事项89项、税务机关依职权的涉税业务20项；另一方面，县（市、区）局按税源专业化管理分工重新构建税务分局，重新界定管理员职责，实行团队管理，县级局实现扁平化、实体化；省市两级成立了税收风险分析监控机构，统一推送税收风险应对任务，依托风险管理平台和第三方信息，开展纳税评估1.2万户次，查补税款20多亿元。在纳税评估方面，部分地市进行了有益探索，如宁德市局出台《纳税评估绩效考核办法》，泉州市局的风险管理系统新增“纳税评估手册功能”，都推动了纳税评估质效的提升。

（三）以“营改增”为引领，税制改革红利持续释放

去年8月1日起，我省“营改增”试点顺利扩大至广播影视服务业，今年1月1日又如期拓展至铁路运输和邮政服务业。2013年我省共有5万余户企业经确认纳入“营改增”试点范围，累计实现改征增值税23.1亿元，税负减轻24.8亿元，减税面高达97.04%。加强“营改增”试点跟踪问效，去年省局撰写的“营改增”效应分析报告被国务院办公厅《国办专报》采用。积极落实中小微企业税收优惠政策，对30578户月销售额不超过2万元的小规模纳税人暂免征收增值税，占小规模纳税人总户数的16.7%，免征增值税2300万元。改革增值税一般纳税人进口货物取得海关进口增值税专用缴款书管理办法，实行“先比对后抵扣”，全省申报抵扣专用缴款书4.78万份，申报抵扣进项税金119.9亿元，比对相符率达到98.7%。

（四）以“防虚打骗”为重点，税收经济秩序明显改善

与省地税局共同促成省政府出台了《福建省税收保障办法》，推进了协税护税工作，王军局长在全国工作会议报告中肯定了我省的此项举措。全面加强依法行政工作，积极推进18个依法行政示范单位的创建工作。与省高院建立行政审判与行政执法良性互动机制，得到了总局汪康总会计师的充分肯定。加大打击涉税违法犯罪力度，查处了晋江“8・22”、沙县金紫阳、龙岩盛泉等一批虚开增值税专用发票或骗取出口退税大案要案。2013年全省立案检查企业1363户，辅导企业自查617户，累计查补收入14.1亿元，实际入库13.2亿元，同比增长17.71%，其中：稽查机构直接查补入库收入11.8亿元，占直接税收收入的1.26%；组织企业自查入库收入1.4亿元。在全省部署开展为期三个多月的“防虚打骗”专项评估行动，完成评估户数3063户，发现一般性违规企业1727户，高风险企业75户移交稽查立案查处，追补税款8.35亿元。开展水产品出口行业专项整治工作，共查补税款和进项税额转出6.15亿元，暂缓出口退（免）税4.2亿元，移交稽查立案检查4户。漳州市局创新水产品专项评估方式，妥善处理全市水产品出口退税风险，取得阶段性成效，《中国税务报》对我省“防虚打骗”专项行动做了专题报道。

（五）以业务创新为驱动，管理服务质效稳步提升

省局制定下发《关于深入开展税收业务管理创新活动的意见》，有效激发各层级业务管理创新活力。税收管理方面，福州市局开发的“任务管理与服务回访系统”，从机制上规范了下户行为；依托莆田市局开发的“营改增”政策效应分析系统运行效果显著，总局考察后将在全国推广使用；积极探索企业所得税后续管理办法，三明市局开发了企业所得税电子台账系统，加强了企业所得税项目的有效管理；南平市局开发的“信用等级评定系统”提升了纳税服务质效；反避税情报交换工作思路和方法不断创新，在个案调整金额和调整方法上实现新突破，在总局国际税收工作会议上作书面经验交流；探索大企业税收管理模式，加强大企业风险管理，得到总局肯定。纳税服务方面，全省办税服务厅加强日常管理，创新服务举措，办税服务厅规范化建设在深化征管改革进程中发挥了基础性作用；网上办税二期拓展项目通过验收，涵盖了网上涉税审批、网上涉税提醒、公众和纳税人个性化查询、短信平台等系统；创新12366服务举措，全年热线服务量达29.9万个，比增51.4%，满意率为99.3%；在“营改增”中引进注册税务师，为纳税人提供涉税鉴证服务。内部行政管理方面，修改完善目标管理考核办法，省局直接对市、县、区局进行考核，发挥了目标管理的“指挥棒”效用；税务综合办公信息系统全省上线，依托系统功能加强督查督办，提高了工作效能；改进机关后勤保障和安全管理工作，省局办公大楼被国家住建部评为“全国物业管理示范大厦”。

（六）以反对“四风”为目标，党的群众路线教育扎实推进

按照“照镜子、正衣冠、洗洗澡、治治病”的总要求，精心组织开展省局机关党的群众路线教育实践活动，认真贯彻总局“三个三”的36字落地要求，出台了“服务纳税人、服务基层、服务海西发展大局”三个《实施意见》43条具体措施。省局坚持开门整风，领导班子成员坚持“四下基层”，开展集中调研活动，组织党组中心组成员赴闽西实地学习毛泽东才溪乡调查精神。省局党组召开了一场高质量的民主生活会，认真对照检查，深挖存在问题根源，积极开展批评和自我批评，达到了“红红脸、出出汗”的效果，总局第三督导组给予了高度评价。开展“三清三察三审”活动，针对办公用房、公务用车、吃拿卡要、“门难进、脸难看、事难办”和财务管理等突出问题进行专项整治。开展实践活动以来，共收集到原汁原味的意见建议603条，梳理归并为“四风”方面17个问题102条意见。针对这些意见，制定并公示了服务税户、服务基层、规范机关管理三大类106条整改措施，目前已经建立健全相关工作制度20项，从文风会风、督查督办、基层调研等具体问题入手，规范工作秩序，工作作风有了明显转变。

（七）以倾情带队为要旨，干部队伍活力有效激发

加强各级领导班子建设，印发《关于切实贯彻落实县（市、区）国税局主要领导干部任期制的通知》，目前已对任职到期的“一把手”共27人进行交流轮岗；完善选人用人机制，通过竞争上岗、考察任用等方式选拔了处级干部33人，交流任职处级干部18人；完成平潭综合实验区国税局领导班子的组建工作。创新干部选调方式，宁德市4个机构未分设县局从当地选调8名公务员，为破解山区县人才断档问题探索新路。加大税收风险评估、国际税收管理、税务稽查、税收经济分析等专业化人才培养力度，全年累计培训3202人次。组织参加首批全国税务领军人才的选拔工作，我省2名干部入选。举办“福建国税之歌”汇演、政工大讲坛、道德讲堂等活动，多渠道推进国税文化建设和精神文明创建，全系统有3个集体和6名个人获得省部级以上荣誉表彰；在省文明委组织的优质服务指数测评中，8个设区市局和平潭综合实验区国税局在窗口单位实地暗访测评排名中全部位列第一。省局25楼文化基地、《海西税务》文化品牌和龙岩“共和国税收摇篮”，在文化引领中发挥了重要作用。以改革精神推进“1263”机关党建工作机制建设，各级机关党的建设得到普遍加强。关心爱护老干部，支持工会、共青团、妇联等发挥桥梁作用，因地制宜开展群众性文体活动，各级机关凝聚力进一步增强。

（八）以内控促廉为支撑，党风廉政建设不断加强

认真落实党风廉政建设责任制，切实推进反腐倡廉工作。率先在全国全面运行“营改增”后推广版内控促廉管理信息系统，全年提示风险事件2万余件，实现税收业务流转与廉政风险防控深度融合，促进了依法行政，得到总局和省纪委领导的充分肯定。丰富廉政教育形式，精心打造全国税务系统首家省级廉政文化教育网络平台，实现日常征管和廉政教育两不误；配合党的群众路线教育实践活动，成功举办“为民　务实　清廉”主题演讲比赛，开展破解“熟人经济”专题教育活动；深化检税协作，有效预防职务犯罪。制定《税务系统领导班子和领导干部监督管理办法实施细则责任分解意见》，全面实行提拔、转任或异地交流的领导干部任前廉政谈话和基建、稽查等敏感岗位廉政谈话。积极配合总局巡视监督、专项审计、执法监察三个组对我省进行联合巡视检查。切实整合纪检监察、督察内审、巡视等部门的监督资源，开展了对2个设区市局和3个县区局巡视、回访工作，联合完成对2个设区市局税收执法监察和执法督察以及2个设区市局主要领导的离任审计，有针对性地开展了“一案双查”工作。省局制定下发贯彻落实中央八项规定的具体措施，加强财务管理，规范政府采购工作，建设节约型机关，全年省局机关公务接待费下降11.5%，会议费下降49%。在全省国税系统开展会员卡清退活动，做到“零持有、零报告”。有效发挥社会监督作用，行风政风明显改变。

回顾一年来的工作，取得的成绩是可喜的。这些成绩的取得来自于我们坚持聚财与调控并重，自觉提升站位的强烈使命；来自于我们坚持管理与服务并重，推进依法行政的坚定决心；来自于我们坚持继承与创新并重，不断深化改革的无畏勇气；来自于我们坚持严管与善待并重，落实倾情带队的高度责任。这些成绩同样离不开总局和省委省政府的正确领导，离不开社会各界和广大纳税人的大力支持，离不开离退休老同志的关心厚爱，更离不开全省广大国税干部职工的辛勤奉献。借此机会，我代表省局党组，向全系统老干部致以真诚的祝福！向在座的同志们表示衷心的感谢，并通过你们向奋斗在基层一线的全体干部职工表示亲切的问候！

二、面向2020，改革创新谋发展

党的十八届三中全会通过的《中共中央关于全面深化改革若干重大问题的决定》，确立了全面深化改革的主基调和路线图。《决定》对税制改革提出的要求，可以理解为“一个鲜明特点、五个重要方面”：“一个鲜明特点”，就是从推进国家治理体系和治理能力现代化的高度部署税制改革，强调财政是国家治理的基础和重要支柱，科学的财税体系是优化资源配置、维护市场统一、促进社会公平、实现国家长治久安的制度保障。这凸显了税收在国家治理体系和治理能力现代化中的重要地位。“五个重要方面”，就是保持税负稳定、现有中央和地方财力格局总体稳定“两个稳定”、落实税收法定、优化税制结构、支持全面改革、完善征管体制。这为深化税制改革、发挥税收积极作用指明了方向。全省各级国税机关要认真组织学习，深刻领会，把思想和行动统一到全会精神和中央要求上来。

同志们，今年是1994年税制改革20周年。二十年来，财税体制改革始终贯穿于中国经济发展的每个历史节点，牵动着中国经济前进的每个步伐，我们其中很多人都是亲历者，许多老领导、老前辈为之倾尽心血。如今，财税体制改革的窗口再次打开，我们要深刻领会党的十八届三中全会精神，抓住历史发展的新机遇，汇聚起税收改革的强大正能量，让改革的旗帜在福建国税系统高高飘扬。

（一）明确总体目标，把握发展内涵

为落实中央《决定》精神，总局提出税收发展改革的总目标是到2020年基本实现税收现代化，并从六大方面进行描绘：

一是完备规范的税法体系。基本点就是税收法定原则得到落实，税收法律级次高、效力强，规范确定、公开透明，执法统一、利于遵从，执法监督有力有效，税收法律救济及时可靠。

二是成熟定型的税制体系。基本点就是立足我国国情，适应社会主义市场经济发展要求，积极借鉴国际经验，形成直接税与间接税搭配合理，税种配置科学，地方税体系健全，有利于结构优化、社会公平的税收制度，使税收职能作用得到较好发挥。

三是优质便捷的服务体系。基本点就是普遍树立以客户为导向的理念，有效满足纳税人正当需求，显著减轻纳税人办税负担，充分保护纳税人合法权益，纳税人足不出户就能依法轻松办税，税法遵从度和纳税人满意度居于国际先进行列。

四是科学严密的征管体系。基本点就是建成与税制改革相促进、与税源状况相适应、与

科技创新相协同、与有关部门相配合，以专业化管理为基础的税收征管体制，拥有强大的信息管税能力，能够精准实施税收风险监控，严厉打击和有效震慑涉税违法犯罪行为，营造公平正义的税收环境，使税收流失率不断降低，税收征收率达到成熟市场经济国家平均水平。

五是稳固强大的信息体系。基本点就是建成覆盖税收工作各环节，拥有自主可控核心技术，运行安全稳定、国际先进的税收信息系统，全面掌握、有效应用、及时提供各方面信息，为纳税服务、税收征管、管理决策和经济社会发展提供强大和权威支持的电子税务。

六是高效清廉的组织体系。基本点就是与税制改革、征管变革、服务优化要求相适应，逐步实现机构设置扁平化、职能配置科学化、运行管理高效化，并拥有千名以上领军人才和数以十万计岗位能手，打造铁一般纪律武装起来的，政治坚定、清正廉洁、能征善战的税务干部队伍。

税务总局（以下简称总局）还提出，经过七年努力，推进税务行业成为社会上形象良好、受人尊重、拥有较高满意度的行业；推进税务部门成为国家治理体系和治理能力现代化建设的主力军之一；推进我国成为在国际税收规则制定中拥有重大话语权，在国际税收舞台上发挥强大影响力的重要成员。

税收现代化的改革发展蓝图鼓舞人心、催人奋进，我们各级国税机关要认真领会，切实把握一个总目标、六个体系和三个推进的深刻内涵，进一步增强紧迫感、责任感和使命感，结合我省实际，有步骤、分阶段地推进福建国税现代化进程。

（二）正视工作短板，寻找发展差距

新的目标必然带来新的挑战、提出新的要求。必须清醒地认识到，对照总局税收现代化的目标，我们的工作还存在着许多不足，还有很大差距。主要表现在以下六个方面：

一是服务大局有差距，与科学发展的要求不相适应。如何跳出税收看税收，走出福建看福建，站在部门为全局，更加有效地发挥税收职能作用，服务地方经济发展，我们还有差距。比如，提升站位主动作为不够。就税收论税收的惯性思维还比较浓，满足于完成税收任务，习惯于做好日常工作，站位不高，视野不宽，围绕大局做工作的主动性和创造性比较欠缺。发挥职能主动服务不够。对事关福建经济社会发展大局的决策部署、政策取向、工作重点等学习不深、理解不透，更好地用足用活税收政策，服务和促进福建发展的办法还不多。深度分析主动参谋不够。缺乏有特色、有分量、有价值的税收分析报告，对经济运行中趋势性、苗头性和倾向性的问题反映还不够及时到位。结合我省实际提供科学有用的分析数据、当好参谋助手方面还有较大的努力空间。

二是纳税服务有差距，与市场主体的要求不相适应。按照“始于纳税人需求、基于纳税人满意、终于纳税人遵从”的要求，积极推进职能转变，提高纳税服务的质量和水平方面，还有差距。比如，服务理念有偏差。重管理、轻服务的思想仍然存在，以纳税人为中心、方便纳税人的换位思考少，“征纳双方法律地位平等”的理念尚未深入人心。服务层次待提升。纳税服务大多固定在共性化服务方面，无法满足不同纳税人多层次多方位个性化服务的需求；过多注重形式性服务，从提高办税效率和降低纳税成本等深层次上进行的优化和改进还显薄弱。服务手段不到位。内部审核审批流程衔接不畅、效率不高，纳税人反映强烈的办税流程烦琐、报表资料重复报送等问题尚未得到有效解决，门户网站功能没有得到充分发挥，一些办税系统功能还有缺陷，给纳税人造成了不便。

三是依法治税有差距，与法治政府的要求不相适应。建设法治政府，要求我们进一步加强税收法制建设，把依法治税贯穿税收工作的全过程，在这方面我们还有差距。比如，法治理念不够深入。法治精神尚未充分渗透到税收管理当中，基于“熟人经济”的惯性思维收人情税、办人情案的现象还在一定范围内存在。执法行为不够规范。税务行政裁量权行使的弹性空间较大，随意执法、滥用权力等现象还时有发生；税收执法过程监控体系尚不健全，对审批事项的监督制约不到位，严格按法定权限和程序行使权力、履行职责上还有差距。执法环境不容乐观。化解对税收任务层层加码的措施不够得力，收“过头税”问题在基层还没有完全解决；税收司法保障、社会协税护税机制仍不健全，一些领域偷骗税行为较为猖獗，税务机关还难以及时高效地对涉税违法行为实施重拳打击。

四是税收管理有差距，与经济发展的要求不相适应。面对快速发展的经济社会形势，现行的税收管理体制机制与税收征管现代化要求还存在差距。比如，税收征管模式有待完善。我省征管改革实践在推进的过程中诸多问题有待解决，在思想认识、管理观念、工作衔接、职责分工等方面还有大量工作要做，既需要有“物理磨合”，更需要有“化学反应”，打造升级版的福建国税征管模式任重道远。税收征管基础比较薄弱。税务登记、户籍管理等基础信息掌握不全、维护不及时；在发票使用管理、纳税人存续期管理等方面工作不够扎实，制度不够落实，一些地方管理松懈、流于形式，还存在众多工作漏洞。税收管理方式相对落后。面对纳税人组织形式、运作方式日趋多元化、复杂化，大企业集团跨国、跨区域经营渐趋普遍，企业管理手段高度智能化的发展状况，税务机关传统的税收征管方式还未能从根本上脱开“粗放式”、属地管理和“人海战术”的羁绊，还存在“小马拉大车”的现象，难以对纳税人的经营状况和应税收入实施有效监控。

五是信息管税有差距，与科技创新的要求不相适应。实施创新驱动发展战略，要求我们充分运用科技创新成果，大力推进税收管理信息化，在这方面我们还有差距。比如，缺乏统一规划。各类应用软件系统过多，多头开发、重复开发、低水平开发的现象仍然存在，很多系统相互独立、自成体系，没有进行有效的梳理整合，纳税人和基层有不少反映。信息获取困难。内部各部门之间、国地税局之间信息共享不充分，获取第三方涉税信息渠道不畅通，征纳双方信息不对称。信息应用能力不强。税收智能化水平不高，信息数据比对应用比较欠缺；信息数据采集标准、口径不统一，形成了不少垃圾数据；重采集，轻利用，如何充分运用信息数据开展风险分析、防控税收风险上还没有较大突破。

六是人才支撑有差距，与税收事业的要求不相适应。人才是税收事业的基石，我们在深化干部人事制度改革、建立集聚人才体制机制方面，还有差距。比如，人才资源匮乏。目前全省干部平均年龄已达到45岁，其中35岁以下的只有1000人左右，还不到人员总数的12%，年轻人才紧缺；超过50%人员将在未来15年内陆续退休，个别年份将出现集中退休现象，年龄结构断层的问题将不断加剧；高端人才不够用、未用好、不适用的问题同时存在；年轻优秀人才容易流失，这个问题在一些偏远山区尤其突出。队伍活力不足。干部选拔任用机制还不完善，还存在“以票取人、以分取人”的现象；缺乏比较完善、科学的考核激励机制，尚未真正实现“奖优罚劣、奖勤罚懒”。干部管理不严。管理失之于宽、失之于软，不负责任、为税不廉、失职渎职等违法违纪行为在某些地方还时有发生。一些领导干部“老好人思想”比较普遍，对干部的管理偏松偏软，不愿触及矛盾，不敢抓不敢管，不敢担当，影响了事业的发展和队伍的形象。

查找不足是为了更好地改进，寻找差距是为了更快地前行。我们要通过查找不足和差距，找准自身定位，创新工作思路，破解难点问题，推动事业发展。

（三）凝聚改革共识，创新发展思路

展望发展蓝图，面对差距挑战，全省国税系统务必深刻领会全面深化改革的时代新意，进一步解放思想、凝聚共识，用改革的理念谋划发展，用创新的思维破解难题，推动福建国税现代化建设。

一是始终以创新理念为税收改革发展的先导。实施理念创新，从推进国家治理体系和治理能力现代化的高度，打开思路，拓宽视野，实现从税收管理向税收治理的转型。树立善治理念，寓治理于服务之中，树立平等信赖合作的税收征纳关系，促进纳税遵从度和满意度提高；弘扬法治理念，提高国税干部运用法治思维和法治方式做工作的能力，让践行法治理念成为福建国税人的自觉行动，使各项工作始终沿着法治化轨道前行；增强共治理念，既要切实为经济大局服务，又要积极参与和支持社会治理，还要加强国际税收交流和国地税合作。

二是始终以创新机制为税收改革发展的关键。围绕税收改革热点、国税工作难点和基层矛盾焦点等全局性、前瞻性、战略性重大问题，着力破解影响福建国税事业发展的体制机制障碍，充分发挥制度的引领作用、科技的支撑作用、人才的保障作用。实施绩效推进机制，突出工作重点，加快建立具有福建国税特色的绩效管理模式；完善信息管税机制，把好信息入口关、抓好信息加工关、攻克信息增值应用关，提高信息应用水平；健全人才保障机制，实施人才强税战略，建立一整套发现、培养、使用人才特别是高端人才的制度体系。

三是始终以创新组织为税收改革发展的保障。要通过调整和变革组织结构及管理方式，使组织体系更加健全有效、个人价值得到充分体现、每个单位的活力竞相迸发。优化资源配置，要适应现代信息技术快速发展和逐步实现组织体系扁平化的趋势，科学有效配置人力资源，并积极借助中介组织加强税收服务与管理工作；激发组织活力，构建科学有效的选人用人机制，完善系统内外交流等制度，帮助干部量身定做职业发展规划，优先选拔一批优秀年轻干部走上领导岗位；强化领导责任，促使其善抓敢管，抓好班子带好队伍做好工作。

四是始终以创新方法为税收改革发展的抓手。要顺应形势发展，积极探索新路子，创造性地开展工作，让税收工作亮点频闪，焕发出旺盛的生命力。坚持省局规划与基层探索相结合，省局要在立足全省抓统筹、定方向上下功夫，围绕税收工作的重点领域、关键环节、重大问题进行统一谋划，地市及以下税务机关要在承接任务、抓好落实上下功夫，并结合实际大胆探索实践，在方式方法上不断创新；坚持面上统筹与点上突破相结合，既要通盘考虑税收工作的方方面面，又要选准切入点，一年主抓几件大事，年年衔接递进；坚持总结经验与持续改进相结合，要在认真借鉴以往经验的基础上，不断分析新情况、研究新对策、解决新问题、迈出新步伐，确保各项工作有所突破、有所联结、有所发展、有所建树。

五是始终以创新能力为税收改革发展的基础。把培养创新能力贯穿于税收工作全过程，增强创新意识，开拓创新思维，挖掘创新潜能，不断激发创新活力。强化学习能力，引导广大干部职工把学习作为一种人生追求，只争朝夕、时不我待地砥砺才干，丰富学识，打牢根基，重点培养一批业务精通、作风优良的领军人才；强化思考能力，勤于思考、善于思考，融会贯通，在思考中提升，在思考中完善，用思考的成果指导实践；强化感悟能力，感悟和把握蕴含在知识之中、实践之中的思路方法和内在规律，开启智慧，谋划未来。

六是始终以创新文化为税收改革发展的灵魂。要努力建设具有福建国税特色的税务文化，充分发挥税务文化的凝聚、激励、规范、引导作用，增强国税系统的凝聚力和向心力。培育福建国税精神，积极探索提炼福建国税核心价值观，鼓励志不求易、事不避难的担当精神，增强永不自满、永不停滞、永不懈怠的进取精神，发扬“岗位就是责任”的敬业精神，弘扬税务职业道德，提升干事创业的精气神；凝聚福建国税力量，通过日积月累的文化熏陶，形成全体税务干部团结奋斗的共同思想基础和价值追求，营造相互尊重、相互提高、鼓励创新、宽容失败的良好氛围，把各方面创造热情充分激发出来，汇聚税收事业发展的强大正能量；彰显福建国税形象，通过践行税务文化，使税务精神体现在每位税务干部的言行举止，体现在税收管理服务的各个环节，大力弘扬正气，展现良好风尚。

税收现代化的精彩篇章要靠我们共同绘就，各项宏伟目标的实现要靠我们矢志笃行。在推进税收现代化的进程中，我们使命光荣，责任重大。我们一定要继续解放思想，勇于打破思维禁锢，勇于正视不足和差距，勇于冲破传统的路径依赖，大踏步跟上时代发展潮流乃至走在前列。

三、立足2014，凝心聚力抓落实

2014年是全面深化改革的第一年，开好局、起好步，意义重大。前不久召开的中央及全省经济工作会议都明确提出了“稳中求进、改革创新”的核心要求。全国税务工作会议明确了“围绕主题、把握主线、唱响主旋律、打好主动仗”的总体要求，强调做好今年工作最核心的是要坚持统筹推进、改革创新、完成任务。根据总局的工作部署，结合福建国税工作实际，省局提出2014年全省国税工作的总体要求是：全面贯彻党的十八大、十八届三中全会以及中央和全省经济工作会议精神，始终牢记为国聚财、为民收税的神圣使命，围绕实现税收现代化的主题，把握提升站位、依法治税、深化改革、倾情带队的主线，唱响创新升级主旋律，打好落实“三个服务”“三个实在”“三个禁止”主动仗，凝聚改革共识，激发创新活力，全面完成各项税收工作任务，为福建科学发展跨越发展、实现“百姓富、生态美”有机统一、全面建成小康社会做出积极贡献。围绕主题主线，今年重点要抓好以下十个方面的工作：

（一）抓收入质量

今年的税收收入形势依然复杂，有利因素和不利因素并存。各地组织收入工作中面临的“两难”问题很多，比如税收增长与经济发展、完成任务和依法治税、严格执法与优化服务等关系如何协调等问题，特别是某些地方来自于地方政府的增收压力很大，增收指标较高。化解“两难”，实现“双赢”，关键要坚持“两化”，即：“任务观念不能淡化，质量意识必须强化”。一方面，完成税收任务是税务部门义不容辞的重要职责，要紧紧抓住组织收入这个中心不动摇；另一方面，组织收入要突出质量，逐步把我们多年积累下来的速度优势、规模优势转化为质量优势，使税收与经济协调发展，实现真实的、没有水分的增长。抓收入质量，主要有几条措施：一是严肃纪律。严格依法征税，坚决防止和查处收“过头税”、空转等违规行为。基层单位要妥善处理好地方任务加码与依法征税之间的矛盾，积极主动向地方党委政府汇报组织税收收入工作，争取理解和支持，做到“好时不放人情水，难时不收过头税”。对地方提出的不切实际的税收收入指标，必须及时向上级国税机关报告。二是加强考核。要根据总局绩效管理的相关指标，结合我省实际，合理确定我省收入质量考核指标评价标准，密切关注预缴税款、汇缴税款、评估税款、查补税款所占比重及其质量，继续开展对各地区、各税种、各主要行业收入质量的检查和评价，适时发布质量评价报告。加强评价结果的分析应用，发挥收入质量评价在引导税收征管行为等方面应有的作用，实现从数量型向质量型的转变。对收入任务的考核坚持实事求是，区分客观实情，主要考察主观努力够不够，不简单地以数字论英雄，更不能“一俊遮百丑”。三是注重分析。深化税收经济分析，要成立专门小组，突破在税言税的局限，发挥国税部门的数据优势，从国税视角深入开展经济效应、政策效应、税收风险分析，积极主动地提出服务发展的对策建议。每个市、县、区局要立足地方实际开展税收经济分析，拿出两篇以上有分量的分析报告，为各级党委政府和上级部门提供决策参考。

（二）抓深化改革

税收领域的改革是国家改革发展大局中不可或缺的重要内容。当前，摆在我省国税系统面前的主要任务有两大方面：

一是落实税制改革任务。今年是全面深化改革的第一年，总局提出，税制改革任务重大而艰巨，我们必须密切关注，加强调研，善于学习，跟上步伐。“营改增”是当前税制改革的重点之一，铁路运输和邮政服务业“营改增”试点工作已经于1月1日起实施，我们一要做好政策辅导和申报辅导工作，加强相关行业“营改增”税收和经济效应分析。二要深入调研分析下一轮“营改增”试点行业的业务特点和税负变化，做好前期测算、改革准备工作。三要认真落实新出台的小微企业优惠政策、扩大研发费用税前扣除范围、鼓励消费、治理大气污染，以及促进就业创业、企业重组与股权投资、支持走出去、服务外包等税收政策，加强政策的同步解读和宣传，努力打造税收政策快速响应机制。

二是深化税收征管改革。经过三年努力，我省国税系统征管改革已初步到位，改革模式基本确立，今年的重点主要有三项：凝聚一个共识。深化税收征管改革是税收现代化的必由之路，我省在探索征管改革试点中积累的经验是全体福建国税人的共同创造，总局已明确提出税收改革总目标，七年基本实现税收现代化，并要求加快推动征管改革，打造征管模式升级版。开弓没有回头箭，改革没有回头路，看准的改革举措，我们要坚定不移地一以贯之。年前省局对各地税收征管改革进行了一次集中调研，针对收集到的问题，要对症下药，逐项改进，完善职责分工，整合征管资源，夯实征管基础，保障顺畅运行，努力打造具有福建国税特色的税收征管模式升级版。新组建的平潭综合实验区局各项征管业务和系统的衔接，省局各处室要明确分工，协调配合，完成任务，确保4月1日起全面运行。建设两个平台。认真做好省局税收风险分析监控系统建设工作，力争今年一季末基本建成并投入使用，在平台建成前，各单位应充分用好现有的各类平台，做好风险分析应对。建设发票数据信息管理平台，加强发票风险的分析，增强对各类发票使用违法行为的应对能力。推动三个创新。创新行业税收管理，完善行业税源监控模型，探索建立行业税收管理办法，指引行业规范管理。创新发票管理，推动省政府出台发票验证制度，落实网络发票管理办法，全面推广网络发票，研究探索电子发票制度和电子商务税收管征工作。创新基础管理，推广“任务管理和服务回访系统”，建立下户评估、稽查、核查等工作中基础信息核实采集机制，建立向网络申报纳税人推送基础信息核对反馈机制。

（三）抓依法行政

围绕落实税收法定原则，提高国税部门

公信力，全面推进法治建设。一是健全依法行政重大基础性制度。今年继续在原定的18个单位开展依法行政综合绩效考核试点，并与绩效管理相衔接，推进法治税务示范基地建设。完善税收规范性文件清理、合法性审核以及备案审查制度，升级完善“税收政策检索系统”，健全电子“法规库”。修订《全省国税系统重大税务案件审理办法》，对案件标准、审理程序等进行重新规范。落实省局与省高院联席会议纪要，指导基层国税部门与人民法院之间建立良性互动机制，探索建立行政复议与诉讼相衔接的行政争议化解机制。二是建立税务行政审批事项目录清单制度。逐项研究分析现有的税务行政审批项目，形成目录清单并向社会公开。对已经下放的审批事项，要做好后续管理工作。三是实施税收执法权力清单制度。逐步对税收执法权力逐项明示，自觉接受社会监督。规范税务行政裁量权，严格执行《福建省税务行政处罚裁量权基准》，并开展对执行情况的检查工作。强化税收执法监督和执法督查，及时纠正违规行为。四是探索推行“黑名单”制度。按照总局的统一布置和工作要求，研究实施在税务网站公告重大税收违法案件，探索施行税务“黑名单”制度。省局将抓紧研究具体实施办法，合理确定公告标准，将偷税、骗取出口退税、虚开发票税款超过一定数额的重大税收违法案件，在省局网站公告，以此促进社会信用体系建设。列入全国税务“黑名单”的，今后在税务登记、发票管理、退税审核等方面，将作为税务部门风险管理的重点识别对象。

（四）抓优化服务

纳税人所需，税务人所向。纳税人满意是检验税收工作的重要标准，提升纳税人满意度的根本途径是为纳税人提供优质高效服务。今年的工作重点：一是完善三个平台。巩固办税服务厅标准化建设成果，落实所有涉税事项进办税大厅，建立健全大厅主任值班制度，加强突发事件应急处理。完善并推行网上办税二期建设项目，推进网上审批系统，建设便捷高效的网上办税服务厅，今年目标是全省企业类纳税人网上申报比例争取达到90%以上。提升12366纳税服务热线服务质效，保持稳定的接通率，提高答复准确率；开展咨询业务整合，构建电话咨询、网站咨询和现场咨询“三位一体”的专业咨询服务格局。二是健全三个体系。健全办税制度体系。推行首问责任制，建立完善沟通协调、业务支持、责任追究等制度，今年确保在办税服务厅和12366纳税服务热线等窗口单位推行到位；推行缺件备忘服务制度，为纳税人提供“先办后补”服务；继续推行免填单服务制度，扩大税务登记、外出证明、代开发票、税款核定等免填单业务范围，逐步覆盖税收征管各项业务。健全税收宣传体系。鼓励积极利用新媒体，加强税收法规政策宣传，办好税收宣传月活动，强化涉税舆情应对处置，提高宣传的针对性和有效性。推行纳税人信用等级评定系统，促进纳税遵从度的提高。健全维权服务体系。加强纳税人需求管理和投诉管理，完善征纳沟通机制，全面推动税收法律救济工作。做好第三方满意度分析评价工作，力争纳税人满意度进入全国前十。加强注册税务师行业管理，做好委托社会力量代征零散税收工作，更好地为纳税人服务。

（五）抓征收管理

我省税收征管业务水平的提升是一项长期性、持续性的核心工作，今年应扎实做好以下几个方面：一是加强货物劳务税管理。落实好《农产品加工企业增值税管理办法》，做好扩大农产品核定扣除试点工作，建立配套制度，力争形成具有福建特色、管用有效的农产品税收管理模式；以制度和科技手段管好增值税专用发票、增值税普通发票、农产品收购发票等“三票”，破解涉税信息获取、源头控管、发票管理、进销项掌控等“四难”问题；全面实施车购税征管模式改革工作，构建车购税专业化管理新模式。二是加强企业所得税管理。进一步完善风险预警管理平台，总结完善并在下半年推广所得税电子台账系统，加强总分机构汇总纳税管理，做好2013年度企业所得税汇算清缴工作，稳定并逐步提升所得税在国税收入中的比重。三是加强出口退税管理。落实财政部、国家税务总局日前发布的《关于防范税收风险若干增值税政策的通知》（财税〔2013〕112号），编写统一宣传口径，告知所有出口企业，促进其守法经营。健全预警评估岗责体系，深化与海关、外管、外经贸等部门的外联情报交换，完善“出口退税风险识别辅助系统”，今年，将布置开展出口退（免）税执法和内控管理的交叉检查，加大防范和打击出口骗税力度。四是加强国际税收管理。贯彻省局《关于进一步加强国际税收管理的意见》，提高专业化管理水平。拓宽国际视野，创新反避税工作理念和方法，做好跨境交易行业利润水平的监控，加大反避税行业调查。扎实做好非居民企业税源监控和风险应对。有效发挥情报交换在反避税、非居民企业管理及稽查等工作中的支持作用。基层单位应定责定岗，确保国际税收基础性工作不缺位。五是加强大企业税收管理。推进大企业税收专业化管理，继续落实《大企业税收服务和管理（试行）规程》，制定省局定点联系企业税收管理实施方案，做好总局和省局定点联系企业的风险管理和个性化服务工作。做好股权转让、跨区（境）投资、关联交易等重大交易事项的风险管理。六是加强税务稽查。继续加大对虚开增值税专用发票、骗取出口退税等重大税收违法行为的查处力度。根据总局部署，开展税收专项检查、区域税收专项整治、重点税源企业检查以及打击发票违法犯罪活动工作。整合稽查资源，充实省市两级稽查力量，集中骨干力量突破一批大案要案，逐步提升省、市二级稽查部门直接办案的比重。抓好稽查人员专业化培训，完善稽查绩效考核机制。

（六）抓信息管税

信息技术是重要的生产力，贯穿于税收工作各个领域，没有信息化，就没有税收管理现代化。信息管税是指税源管理和数据在信息化的基础上，加大信息应用力度，提升风险防控水平。一要拓展信息数据来源。认真落实《福建省税收保障办法》，继续积极推动和参与福建省涉税信息平台优化提升工作。建立外部涉税信息业务需求规范和制度，挖掘地税、电力等部门涉税信息交换的深度、广度，加快推进同工商管理等外部信息的获取协商。同时强化运维管理，制定完善信息系统应急预案，确保信息安全和信息系统平稳运行。二要深化信息数据应用。进一步落实《福建省国税电子数据质量管理办法》，加强数据质量考核，确保基础数据准确。大力开展数据分析及加工利用工作，攻克信息增值应用关，从海量信息中提炼有价值的“真金白银”，为税收风险管理、风险防控奠定坚实基础。三要整合信息系统资源。要加强信息化统一管理，加大工作统筹力度，避免多头开发、重复建设。建立政策调整与软件升级同步机制。逐步整合内部管理系统，解决应用系统多、重复交叉的问题，切实减轻基层负担。在鼓励各地进行信息应用开发的同时，建立健全需求开发管理流程，提高系统的整合度，降低风险性。紧跟信息技术发展，统一规划、规范标准、归并整合纳税人在用的涉税系统。四要加强与金税三期的对接工作。目前金税三期工程试点正在部分省市紧锣密鼓进行，年底前将向其他地区推进，其中金税三期工程辅助决策系统，与综合征管信息系统对接，下半年将在全国推广，我们要积极跟踪动态，提前研究系统要求，做好前期推行准备。建设好全省国税系统高清视频会议系统。

（七）抓队伍建设

坚持党管干部的原则，坚持正确用人导向，在新的形势下落实“倾情带队，善待严管”的要求，围绕建制度、强班子、育人才、抓基层的思路，切实加强干部队伍建设。

一要严管，提升正气。严管是善待的基础，当前带队伍必须严管。严管一是要加强各级班子建设。坚持德才兼备、以德为先，把信念坚定、为民服务、勤政务实、敢于担当、清正廉洁的好干部选拔进各级领导班子，特别是要重视“一把手”的培养和选配。要完善干部梯次成长机制，总局明确提出，各级局领导要从总师干起，再到副局长，并探索设立党组副书记职位制度。加大领导干部交流力度，市、县、区局主要领导必须按规定定期交流，各级领导班子中异地交流干部应达到总局的统一要求。对“一把手”在一地任职时间较长又接近退休年龄的，实行局长和党组书记分设。配齐配强各级纪检组长，4月底前县局以上单位纪检组长缺位的要全部配备到位；在人数较多、权力集中的稽查局等部门，配备专职纪检监察干部，发挥监督作用。二是要狠抓领导干部的监督管理。要对《税务系统领导班子和领导干部监督管理办法》及实施细则的落实情况进行检查，重点加强对市、县级局领导班子的巡视检查工作，及时发现问题、防患未然。要强化“一把手”敢于担当的责任意识，着力克服“好人主义”思想，对各级“一把手”出主意、用干部、讲原则、敢担当的情况要进行专项考评。各级领导、各部门负责人对工作松懈、不负责任，甚至失职渎职的行为，必须大胆管理，负起责任，不敢担当、不愿负责的查实后必须调整。

二要善待，激发活力。善待是严管的升华，是以人为本的本质要求。善待一是要注重选人用人。省局将研究把县局“一把手”岗位作为历练的重要平台，运用科学方法选拔一批年轻有为的同志担任县局“一把手”，从现任县局“一把手”中选拔领军人才重点培养。要改进竞争性选拔干部办法，实施多条腿走路，积极探索建立有效管用、简便易行的选人用人机制。确立不唯票、不唯分、不唯年龄的用人导向，坚决制止在民主推荐和考察环节打招呼拉票等不正之风，提高选人用人的公信力。在重视选拔年轻干部的同时，兼顾各年龄段干部的使用问题，形成合理的梯次配备。二是要注重人才培养。特别是要高度重视对山区贫困县国税干部的人才培养。今年招收公务员，省局已决定对省级扶贫开发重点县和国地税未分设县等26个单位，确定部分名额面向本地市生源招收。今后要把遴选制度作为省局、地市局机关从基层选拔优秀干部的重要渠道，今年省局将采取遴选的办法，从基层30岁以下优秀年轻干部中选拔一批品行佳、肯干活、能做事的人员充实到省局机关，对取得“三师”资格的可适当放宽条件；各地市局也要探索推行相应做法，使优秀年轻干部既“下得去”又“上得来”。积极探索上挂深造、下挂锻炼和外派交流相结合的办法，省局将积极向省委组织部汇报，安排优秀干部到地方政府挂职锻炼，为优秀人才创造更好成长进步的条件。积极推进人才强税战略，采取递进式系列化培训、关键岗位跟班培训、案例分析、实战演练等方式，加强基层干部岗位教育培训，大力培养高层次专业化人才，推动业务培训朝专业化、重点化、深度化方向发展，提高培训的针对性和实效性。三是要注重文化引领。大力推进国税文化建设，深化精神文明创建，适时评选表彰一批表现突出、业绩一流的单位和个人。加强和改进思想政治教育，注重人文关怀，支持工青妇等群团组织开展健康有益、生动活泼的文体活动。关心爱护老干部，继续做好老干部工作。以纪念回顾税制改革二十周年为契机，加强税收理论研究，继续办好《海西税务》，建设好福建国税人的精神家园。

（八）抓廉政建设

全省国税系统纪检监察部门围绕中心、服务大局，做了大量卓有成效的工作，保障了福建国税事业的健康发展。但是，按照三中全会加强党风廉政建设和反腐败工作的新要求，我省国税系统反腐倡廉工作面临的形势仍不容乐观。2013年信访件增长较多，发案率也有所反弹，全系统立案查处的案件达12起。这一方面反映了我们有案必查、严抓严管的实际成效，另一方面也反映出我们的干部队伍中还存在着法纪观念淡薄的问题，同时还暴露出我们党风廉政建设存在着薄弱环节，这就要求我们必须做到反腐倡廉常抓不懈，拒腐防变警钟长鸣。今年党风廉政工作总的思路是要按照总局“执法禁贪、服务禁懒、管理禁散”的“三个禁止”要求，做到“一个加强、两个提高、三个深化”，即：加强党风廉政责任制的落实；提高廉政教育和内控促廉系统的有效性；深化监督资源整合、深化一案双查、深化执法执纪工作的检查落实。具体来讲，就是要抓好以下“四个着力”：一是着力提高各项制度执行力。坚持用制度管权管事管人，全面贯彻党风廉政建设责任制，严格落实“一岗双责”。持续推进惩防体系建设，制定落实《2013—2017年工作规划》的实施办法，抓好反腐倡廉各项工作任务的责任分解和落实。认真贯彻中央八项规定及总局、省局实施办法，遵守领导干部报告个人有关事项的规定，严格执行《党政机关厉行节约反对浪费条例》《党政机关国内公务接待管理规定》，省局及各级国税机关要及时修订经费、接待、会议、基建、资产管理、政府采购、内部行政管理等制度，建立健全配套制度规定，提高各项制度执行力。二是着力深化廉政教育渗透力。加强廉政教育针对性和有效性，力求“入眼、入耳、入脑、入心”。继续落实各类培训班按规定设立廉政课的制度。省局决定专门举办一期全省国税系统县（市、区）局“一把手”廉政教育培训班，提高“一把手”廉洁从政意识。继续巩固检税协作成果，共同做好职务犯罪预防工作。不断创新廉政文化建设内容和形式，完善福建国税廉政文化教育平台，做到以文化人、以学促廉。三是着力加强监督检查保障力。继续完善内控促廉管理信息系统，拓展指标，将系统监控从税收执法权领域延伸到行政管理权领域，不断加强系统分析应用和通报反馈，规范执法行为，减少风险事件发生，推动内控机制建设向各责任主体落实风险防控职责转变。进一步整合监察、督察、巡视等监督资源，提升监督效率。深入开展正风肃纪专项整治活动，加大明察暗访力度，着力推进政风行风建设和机关效能建设。四是着力发挥案件查办震慑力。加大信访核查力度，对问题集中、时间集中、反映对象集中的信访举报要及时按规定对信访对象进行廉政提醒、诫勉谈话，必要时进行工作调整。深入开展“一案双查”，严肃查处在税收执法中的违法违纪行为，及时堵塞漏洞，强化源头控管，避免执法风险。做好案件剖析和通报，有效发挥警示作用。

（九）抓教育实践

围绕“巩固第一批，抓实第二批”的要求，持续开展好党的群众路线教育实践活动。一是认真做好第一批党的群众路线教育实践活动总结工作。省局作为第一批党的群众路线教育实践活动单位，要在持续整改、巩固提高、做好总结上下功夫，继续发挥领导机关和领导干部表率作用。不折不扣地落实整改方案，推进专项整治，做到件件有着落、项项有安排，坚持“问题”导向，确保把查找和征求到的问题整改到位。集中开展“三清三察三审”专项治理活动，按总局统一要求分类梳理、提出整改方案，切实抓好落实。认真开展活动“回头看”，对作风再“扫描”、对问题再“聚焦”、对思想再“透析”。二是提前准备、狠抓落实，搞好第二批党的群众路线教育实践活动。王军局长指出，“各市、县局直接面向纳税人，情况更复杂、问题更具体、整改更困难、群众更期盼。”第二批活动单位要在提前准备、严格要求、狠抓落实上下功夫，认真借鉴第一批活动的有效做法，尽早抓好方案设计，精心组织实施，确保各项工作落实到位。省局将加强工作领导、巡回指导、明察暗访，抽调专人组成第二批党的群众路线教育实践活动办公室，并派出督导组，对教育实践活动的进展和整改落实情况进行督导检查。三是巩固和扩大党的群众路线教育实践活动的成果。全省国税系统要通过建章立制，着力把活动成果转化到作风建设中，以严格有效的制度根治作风之弊、洗涤行为之垢。要围绕传播正能量，及时宣传党的群众路线教育实践活动中的好做法、好经验，扩大影响力。要深入选树和宣传先优典型，使广大税务干部学有榜样、行有示范。

（十）抓绩效管理

创新管理方式，实施绩效管理，既是中央要求所定，也是税收工作所需，更是基层实践所向。总局党组确定绩效管理“三步走”的时间表和路线图，“一年试运行，两年见成效，三年创品牌”。根据总局的部署，我省将于一季度启动准备工作，7月1日起开始试行，年终与试点单位一起考评。绩效管理既是税收工作的“指挥棒”，也是干部活力的“催化剂”，我省过去三年实施的工作目标管理考核，充分证明了这一点，也积累了宝贵经验。全省国税系统必须满怀信心、坚定不移、持续不断地推进绩效管理。一是加强组织领导。实施绩效管理是总局今年的一项重要部署，王军局长强调，推行绩效管理是转变职能、创新管理的必然要求，是带好税务大军的重要举措。按照总局的部署，省局成立绩效管理领导小组，领导小组下设绩效管理工作办公室，抽调专职人员充实绩效办。各设区市局和县市区局也要设立组织机构，明确责任人和专职工作岗位人员，并报省局绩效办备案。专职负责人确定后，一年内不要更改。二是优化制度设计。省局将以总局的考核指标为蓝本，并结合我省实际，尽快形成2014年度全省国税系统绩效管理指标，一季度下发全省贯彻执行。本次会议，我们把总局的绩效考核办法作为会议材料印发给大家，接下来针对全省国税系统的考核指标要怎么细化、怎么分解，希望与会同志认真讨论，积极提出意见和建议。总之，我们要求制度和考核指标设计做到目标明确、任务量化、节点清晰、过程可控、结果可考。三是畅通运行机制。省局已经决定在总局绩效管理系统的基础上开发全省绩效管理平台，建立全程透明、可控的双向反馈机制，加强各单位与省局绩效办的沟通与对接。一季度，省局将组织机关和各设区市局开展绩效管理师资培训；各设区市局也要完成本机关、本系统的绩效管理师资培训。各级领导和国税机关务必高度重视绩效管理工作，全省上下齐心协力，扎扎实实推进这项工作，努力实现“横向到边、纵向到底、工作到岗、责任到人”的绩效管理工作新格局，到年底考核力争我省综合排名位居全国上游。

同志们，一分部署，九分落实。我们已经踏上了全面深化改革、推进福建国税现代化的新征程，吹响了解放思想、奔赴未来的号角，让我们发扬事不避难、人不怕苦的精神，以敢于担当的勇气和改革创新的魄力，不断取得福建国税事业的新发展、新成就、新辉煌！

总结经验　发扬成绩
让“为民　务实　清廉”主题
在福建国税系统深深扎根

——在福建国税系统党的群众路线教育实践活动第一批总结暨第二批部署会议上的讲话

福建省国家税务局局长　臧耀民

（2014年2月20日）

同志们：

今天，我们召开视频会，对我省国税系统第一批党的群众路线教育实践活动进行总结，对第二批党的群众路线教育实践活动作出部署。

春节前，中央和国家税务总局陆续召开了党的群众路线教育实践活动第一批总结暨第二批部署会议。习近平总书记发表了重要讲话，从战略和全局的高度，系统总结了第一批教育实践活动取得的重要成果和宝贵经验，深刻阐述了开展第二批党的群众路线教育实践活动的必要性和紧迫性，明确提出了搞好活动的目标任务和基本要求。讲话总揽全局，内涵丰富，充分体现了党中央锲而不舍抓作风、改作风的坚定决心。总局王军局长立足税务系统实际，对巩固扩大第一批党的群众路线教育实践活动成果，切实搞好第二批活动各项工作，作出了具体部署，具有很强的指导意义。我们要认真学习，深刻领会，切实把思想和行动统一到讲话精神上来，按照中央和总局的决策部署，扎实推进第二批党的群众路线教育实践活动。下面，我代表省局党组讲三个问题：

一、认真总结第一批党的群众路线教育实践活动重要成果

按照中央的统一部署和总局的具体安排，省局机关和总局机关一起参加第一批党的群众路线教育实践活动。从2013年7月19日正式启动到今天基本结束，历时整整7个月，业经“学习教育，听取意见”“查摆问题、开展批评”“整改落实、建章立制”三个环节，圆满完成了各项工作任务，达到了预期目的，取得了重要的阶段性成果，得到了总局第三督导组的充分肯定和干部群众的广泛认可。年前省局机关组织广大干部群众对党的群众路线教育实践活动进行民主评议，好评率达到96.8%，从一个侧面说明省局机关的党的群众路线教育实践活动开展比较扎实，干部群众基本满意。

概括起来，取得的成果集中体现在六个方面：一是强化理论武装，思想认识实现了新提升。通过党的群众路线教育实践活动，不断丰富对群众路线和群众观点的认识，使群众观

点牢固根植于党员干部头脑当中，广大党员干部尤其是领导干部受到了一次政治观念的再教育，对自身在“四风”方面存在的突出问题进行了深刻反思，触及了灵魂，洗涤了心灵，在政治意识、党性意识、群众意识上都得到了增强。二是强化宗旨意识，“三个服务”彰显了新作为。在党的群众路线教育实践活动中，省局机关制定出台了“三个服务”的具体实施意见，在服务税户方面，从宣传咨询专业化、服务方式人性化、服务程序简约化、网上服务功能化和权益保护公开化5个方面提出了18条措施，积极回应纳税人诉求，服务税户行动更加自觉；在服务基层方面，从精简报表资料、整合监督检查项目等方面提出了10条具体措施，切实减轻基层负担，服务基层措施更加管用；在服务大局方面，从加强税收政策落实、支持外向型经济发展等方面提出15条措施，充分发挥税收职能，服务大局成果更加突出。三是强化“四风”整治，机关作风呈现了新面貌。省局党组将教育实践活动的主要任务积聚到作风建设上，对照“四风”的22种表现，坚持求真务实的精神，采取措施集中解决好“四风”问题。省局机关和领导干部带头端正学风、改善机关文风、会风；带头深入实际、深入基层、深入群众，接地气，通下情；带头牢记“两个务必”，引导机关党员干部克己奉公，勤政廉政；带头坚守节约光荣、浪费可耻的思想观念，在全系统狠刹铺张浪费的不良风气。对群众反映强烈的“三公”经费问题，加强预算管理。去年省局机关公务接待费下降11.5%，会议费下降了49%。四是强化廉政意识，国税清廉树立了新形象。严格按照“三个禁止”的要求，严明政治纪律，规范税收执法，加强政风行风建设，开展“三清三察三审”，严肃问责追究，形成了风清气正的良好氛围。特别是依托创新驱动，努力构建内控促廉的风险防控体系，精心打造全国税务系统首家省级廉政文化教育网络平台，得到了总局监察局和省纪委有关领导的充分肯定。我省在全国税务系统党风廉政建设工作会议上作了经验交流发言。五是强化建章立制，问题整改取得了新成效。在教育实践活动中，省局党组针对纳税人反映的突出问题、基层反映的难点问题和机关干部群众反映的热点问题，着力在创新体制机制上下功夫，以建立健全工作制度、管理制度、考核制度和督促检查制度为重要内容，注重顶层设计，把实体性规范和保障性规范结合起来，对不符合“为民务实清廉”要求的现有规章制度切实做好废、改、立工作，目前已建立了经费管理、下乡调研、公务接待等相关工作制度26项，下一步将继续修订制度4项。特别是县区局“一把手”任期制、省局机关干部遴选制等人事制度的实施，为国税事业的长远发展打下了良好的制度基础。六是强化机关效能，税收工作迈上了新台阶。省局机关把学习实践活动成效转化为推动国税工作全面进步的重要动力，大力弘扬求真务实的作风，机关凝聚力和执行力显著提高，促进了各项税收工作再上新台阶。2013年我们税收收入任务圆满完成，税收征管改革全面深化，“营改增”扩大试点顺利实施，防虚打骗专项行动获得明显成效，领导班子建设不断加强，精神文明创建成果丰硕，实现了教育实践活动和税收业务工作两促进、两提高。今年1月，省委书记尤权、省长苏树林和分管副省长陈冬分别作出重要批示，对我省国税工作予以褒扬。

省局机关党的群众路线教育实践活动能够取得明显成效，得益于总局党组的领导有方，得益于第三督导组的指导得力，更得益于全局上下的齐心协力。省局党组带领机关上下，认真贯彻总局“三个服务、三个实在、三个禁止”的36字落地要求，共识共为，抓紧抓实，善做善成，确保了教育实践活动有条不紊、有的放矢、有始有终。一是紧扣主题深化学习教育。省局坚持学习方式、学习内容和学习方法“三个有机结合”，将理论武装贯穿教育实践全过程，在机关营造出浓厚的学习氛围。期间安排党组中心组集中学习12次，安排支部学习9次，组织广大党员干部将三本指定学习书目学深学透，并撰写心得体会，从中辑录32篇汇编成册，还组织省局领导班子成员和机关各支部书记参观龙岩古田会议旧址、才溪乡调查纪念馆，重温古田会议精神和毛泽东才溪乡调查精神，并将新时期的“福建精神”有效融入党的群众路线教育实践活动中。采取自学读本、专家辅导、多媒体教育、交流讨论、领导上党课等有机结合的方法，以多样化的教学形式，增强学习教育效果，推动党的群众观点不断深入人心。二是开门纳谏广泛征求意见。省局党组坚持开门纳谏言，躬身察下情，集中调研主动“问计”，座谈讨论集中“会诊”，问卷调查请人“把脉”，倾听系统内外500多人对省局机关的意见建议，先后收集到603条原汁原味的意见建议，梳理后归并为102条意见，又进一步归纳为“四风”方面的17种表现。各处室党支部也积极行动起来，采取多种形式，广泛收集意见建议。三是对照检查深入查摆问题。省局机关从上至下，自觉端正态度，通过群众提、自己找、上级点、互相帮的方式，坚持找准问题，对症下药。在认真查摆的基础上，认真起草领导班子和个人对照检查材料，努力做到讲基本情况实事求是，找“四风”问题客观全面，挖思想根源深刻透彻，提整改措施切实可行。并多次召开党组扩大会议进行审议，向基层局征求意见，充分吸纳总局巡视监督、专项审计、执法监察三个组对省局提出的反馈意见和总局第三督导组的指导建议，十易其稿，力求检查材料写深写透，坚持剖析自己不护短，自我检查不遮掩，亮出问题不修饰。四是真心实意诚恳开展批评。按照“畅思想、深入谈、求共识”的要求，党组书记与党组成员之间，党组成员与党组成员之间、班子成员与分管部门负责人之间分别进行了三轮交心谈心。大家敞开心扉、坦诚相见，主动征求意见，相互沟通思想，共同化解矛盾。省局党组坚持“讲标准重质量、讲程序重实效、讲原则重团结”的原则开好民主生活会。在自我批评中，党组成员从党性的高度，高标准、严要求，不护短、不遮掩，从严解剖自己；在开展相互批评中，省局6位班子成员从团结的愿望出发，开诚布公、积极诚恳地开展互相批评，提出批评意见57条。专题民主生活会开得成功，达到了“红红脸、出出汗”的效果。总局第三督导组给予了高度评价。五是明确方向抓好整改落实。省局机关坚持“钉钉子”精神，针对收集到的问题，着力抓好整改落实，确保件件有着落，项项有安排。对收集到的问题进行分类梳理，确定了服务税户、服务基层、规范机关管理三大类106条整改措施。按照边整边改、近期、中期、远期等时间表制定整改目标和具体路径，其中2013年年底前已完成47项整改措施，2014年春节前已完成11项整改措施，其中包括制定省局机关剩余公有住房出售方案、改善食堂食品质量、老干楼煤气管道维修等干部职工关心的民生问题，今年年内还将完成38项整改措施，另有10项列入中长期整改计划。每个整改措施都指定分管领导督促落实，指定专门处室和人员负责，列出任务表、路线图，实行统筹推进、分头实施、挂牌督办、逐一销号的落实办法，切实将“四风”问题由思想上的查，转化为行动上的改，确保各项措施落实到位。

回顾半年多来省局机关的教育实践活动，我们深刻感到，之所以能够顺利进展，取得良好的效果，关键是我们在开展活动的过程中，始终加强组织领导，坚持统筹兼顾，注重突出特色，有效汇聚合力，充分发挥了各方面的有利因素和积极作用。这是开展第一批党的群众路线教育实践活动所获得的宝贵经验，也是开展好第二批党的群众路线教育实践活动可资借鉴的重要启示。

第一，必须加强组织领导，做到“三个到位”。一是思想认识到位。针对不同阶段可能出现的思想认识问题，我们及时召开动员大会，定期召开活动推进会，深入细致地进行思想动员，消除思想疑虑，为教育实践活动的开展奠定统一的思想基础。二是责任落实到位。省局成立了党的群众路线教育实践活动领导小组，“一把手”负总责，班子成员密切配合，相关部门齐抓共管，各支部书记具体落实，建立层级工作责任制，层层抓落实。三是宣传引导到位。充分利用网络和媒体优势，积极为党的群众路线教育实践活动打造宣传园地、交流渠道和展示舞台，先后编发信息简报39期，其中总局信息简报采用了11条，在《中国税务报》《福建日报》等主流媒体上刊登文章9篇，为活动顺利开展营造了良好舆论氛围，使党的群众路线教育更加深入人心，让广大干部职工更加关注其事、参与其中、贡献其力。

第二，必须坚持统筹兼顾，协调三个关系。一是处理好党的群众路线教育实践活动与税收中心工作的关系。省局把开展党的群众路线教育实践活动同各项税收工作紧密结合起来，与党员干部履职尽责紧密结合起来，用各项税收工作的发展来检验党的群众路线教育实践活动的成果，确保了“两不误、两促进、两提高”。二是处理好规定动作与自选动作的关系。在党的群众路线教育实践活动中，我们十分注重规范性和灵活性的紧密衔接、有机结合，既接天线，又接地气，确保规定动作不走样，追求自选动作有亮点。三是处理好进度与质量的关系。省局始终按照总局要求，不分阶段，不搞转段，坚持时间服从效果，进度服从质量的要求，把学习教育、征求意见、解决问题贯穿始终。总体上按照实施方案的预定安排有序推进，但在关键的节点，坚持以质量为上，不拘泥于既定安排。

第三，必须立足工作实际，突出三个特色。一是突出时代特色。坚持把党的群众路线教育实践活动同党的十八大提出的实现“中国梦”的伟大目标结合起来，同贯彻落实党的十八届三中全会精神和习近平总书记一系列重要讲话精神结合起来，同学习领会省委九届十次全会精神结合起来，同建设“百姓富，生态美”有机统一的福建结合起来，使党的群众路线教育实践活动更具时代感。二是突出福建特色。省局机关结合闽西红色革命教育基地、福建省委组织的“马上就办，办就办好”活动以及习总书记在福建工作时倡导的领导干部“四下基层”做法，因地制宜地将福建地域特色融入党的群众路线教育实践活动，让党的群众路线教育实践活动更具鲜活力。三是突出税务特色。将国税工作垂直管理和面向社会的特点融入党的群众路线教育实践活动中，突出“三个服务”，着力发挥税收职能作用，突出“三级联创”，实现省、市、县三级国税局相互对接，以点带面，同频共振，扩大活动效果的辐射范围。

第四，必须有效汇聚合力，发挥三个作用。一是督导组的“引航灯”督导作用。总局第三督导组的领导和同志不辞辛劳，认真负责，严格把好质量关，不厌其烦地对我局的对照检查材料、整改方案等进行认真审阅，提出具体的修改意见，对我局党的群众路线教育实践活动给予全程指导，确保了我局党的群众路线教育实践活动沿着正确的方向健康开展。二是省局领导班子的“火车头”带动作用。省局领导班子成员始终坚持以身作则，身体力行，深入一线，靠前指挥，带头执行和遵守各项规定要求，真正做到认识高一层、学习深一步、实践先一着，剖析解决突出问题好一筹，以实际行动带动党员干部的积极性，在省局机关形成了领导示范、上行下效的生动局面。实践证明，领导敢于负责、勇于担当就是无声的命令，就是鲜明的旗帜。三是教育实践活动办的“参谋部”助手作用。活动办抽调的几名骨干，履职尽责，兢兢业业，积极出谋献策，周密安排，对每个阶段、每个环节都制定了具体的方法、步骤和要求，完成了大量的文书、后勤服务工作，为保质保量地开展教育实践活动提供了坚实的保障。

我省国税系统第一批党的群众路线教育实践活动已经基本告一段落。在看到成绩的同时，我们也清醒地看到，开展党的群众路线教育实践活动中仍然存在一些问题和不足：一是少数党员理论学习不够自觉，也不够深入，部分党员干部存在厌学情绪，学习教育不够平衡。二是个别党员干部反对“四风”的思想自觉和行动自觉仍未完全确立，未能真正把自己完全摆进去。三是对于群众关心的一些问题，受政策规定和客观条件限制，有的一时还解决不了。四是反对“四风”的长效机制还不够健全，需要进一步研究落实。对于这些问题，我们将在今后工作中进一步加以解决。

二、充分认识开展第二批党的群众路线教育实践活动的重要意义

第二批党的群众路线教育实践活动是第一批的延伸，是在巩固和扩大第一批党的群众路线教育实践活动成果基础上的深化和发展。税务系统第二批党的群众路线教育实践活动在市、县税务局开展。基层税务机关战线长、单位多、分布广，既是各项税收工作任务的直接承载者，又是服务群众的窗口，更是全部税收工作和战斗力的基础。搞好税务系统第二批党的群众路线教育实践活动，对于教育市、县税务机关及基层党员干部牢固树立宗旨意识，切实改进工作作风，筑牢税收事业健康发展的基础，具有很强的现实性和针对性，意义重大而深远。

第一，开展第二批党的群众路线教育实践活动是全面深化改革、推动税收现代化的必然要求。搞好第二批党的群众路线教育实践活动，直接关系落实全面深化改革的各项任务。按照总局的整体部署，当前和今后一个时期，我们工作的目标就是要通过创新理念、创新机制、创新组织、创新方法、创新能力、创新文化，逐步建立完备规范的税法体系、成熟定型的税制体系、优质便捷的服务体系、科学严密的征管体系、稳固强大的信息体系和高效清廉的组织体系，到2020年基本实现税收现代化。这是一项光荣的事业，也是一场深刻的革命。宏伟蓝图已经绘就，要把蓝图变为现实，必须紧紧依靠全体国税干部职工的不懈努力，尤其是基层一线同志的无私奉献。任务靠基层完成、工作靠基层落实、形象靠基层展示，只有提振起基层全体干部职工的精气神，才能汇聚无穷的智慧和力量。为此，要通过开展第二批党的群众路线教育实践活动，切实抓好基层、打好基础，通过反对“四风”，医治“顽疾”一系列措施，推进全省各级国税机关进一步提高思想认识，进一步转变工作作风，进一步密切党群干群征纳关系，进一步树立为民务实清廉形象，把中央的要求贯彻落实到国税系统的“末梢神经”，切实解决好服务纳税人“最后一公里”问题，以党的群众路线教育实践活动的新成果保证税收现代化的改革任务落到实处。

第二，开展第二批党的群众路线教育实践活动是贯彻中央八项规定、深入转变作风的必然要求。2012年底，中央政治局出台了关于改进工作作风、密切联系群众的八项规定。中央八项规定的出台带动了官风政风乃至社风民风的极大转变。如果说中央八项规定在社会的各个层面吹来了一股新风，那么党的群众路线教育实践活动则是这股新风内化于心、外化于行

的延伸。党的群众路线教育实践活动提出了反对“四风”的要求，第二批党的群众路线教育实践活动的主要任务仍然是抓住反对“四风”这个重点不放，通过认真地学习教育，诚恳地听取群众意见，严肃地开展批评与自我批评，扎实开展整改落实，切实推进建章立制等措施，集中解决市、县税务机关领导班子和领导干部在“四风”方面存在的突出问题，对作风之弊、行为之垢来一次大排查、大检修、大扫除。第二批党的群众路线教育实践活动要牢牢把握转变作风这个主线，切实贯彻落实中央八项规定，贯彻总局提出的“三个三”主题，以吹糠见米、立竿见影的效果清除慵懒散、奢私贪、蛮横硬等作风方面存在的种种问题，补精神之“钙”、除“四风”之害、祛行为之垢、立为民之制。

第三，开展第二批党的群众路线教育实践活动是解决纳税人反映的突出问题、提高服务群众能力的必然要求。第一批党的群众路线教育实践活动开展以来，全省各级国税机关能够不等不靠，同步预热，主动配合省局制定的各项整改措施，提前进入教育实践状态，采取了不少针对“四风”问题的有效举措，各级国税机关的作风建设有了明显改善。但我们必须清醒地看到，总局王军局长在总结部署大会讲话中列举的税务系统作风建设方面存在的问题，我省系统也不同程度存在。比如，在税收执法方面，有的执法不规范，落实税收政策不到位，有的执法程序不公开，搞选择性执法、随意性执法；纳税服务方面，有的主动服务意识不强，“门难进、脸难看、事难办”的现象依然存在，有的多头重复检查、随意下户，干扰纳税人，有的纳税服务职能整合不够，遇到网络堵塞时，缺乏应有的快速反应机制，造成纳税人办税多次跑、排长队，纳税人意见比较大；机关管理方面，有的存在“懒政”现象，出工不出力，有的作风漂浮，税户底数不清、基层情况不明，有的办事效率低下，推诿扯皮，不作为、慢作为，有的纪律松弛，迟到早退，上班时间玩手机、炒股票；党风廉政建设方面，有的“吃拿卡要报”，有的甚至以权谋私，为税不廉，失职渎职，坠入违法犯罪的深渊，等等。千里之堤，溃于蚁穴。这些不良作风和腐败问题直接损害群众利益、伤害群众感情、影响工作效率、败坏税务形象，长期蓄积起来，后果不堪设想，我们必须狠下决心，着力解决发生在群众和纳税人身边的突出问题。第二批党的群众路线教育实践活动，要紧紧围绕反对“四风”这个重点，从纳税人和干部群众反映最突出问题改起，通过统筹检查考评、统筹工作推进、统筹诉求响应等一系列措施，凝聚基层发展力量，大力提升服务群众的能力和水平，树立国税部门的清风正气。

三、扎实推进第二批党的群众路线教育实践活动深入开展

按照总局党组的统一部署，第二批党的群众路线教育实践活动，总体时间大体安排8个月，今年9月基本完成。总体要求是：以党的十八大、十八届三中全会和习近平总书记系列重要讲话精神为指导，弘扬第一批党的群众路线教育实践活动经验做法，坚持主题不变、镜头不换，贯彻“照镜子、正衣冠、洗洗澡、治治病”的总要求，以补精神之“钙”、除“四风”之害、祛行为之垢、立为民之制为重点，以贯彻“三个三”主题落地要求为抓手，以实施“扎根工程”为着力点，切实解决群众特别是纳税人反映强烈的突出问题，推进基层税务机关思想认识进一步提高、作风进一步好转、党群干群征纳关系进一步密切、为民务实清廉形象进一步树立、基层基础进一步夯实。重点要把握好以下几个方面。

第一，切实把准目标任务，科学谋划方案。这次会议标志着全省国税系统第二批党的

群众路线教育实践活动正式启动。各单位要与督导组沟通报告后尽快召开动员大会，原则上在2月底以前压茬完成动员部署。省局已经制定了具体的活动指导意见，各级国税机关也要根据第二批党的群众路线教育实践活动的要求，科学制定实施方案，并上报省局领导小组。在方案中，要坚持以市、县国税机关领导班子和领导干部为重点，突出作风建设，贯彻整风精神，坚决反对形式主义、官僚主义、享乐主义和奢靡之风；要把各环节的要求互相衔接、贯通起来。关键是抓好“五个贯穿始终”：一要把学习教育贯穿始终。学习教育要从实际出发，符合基层特点，讲究方式，注重质量，体现灵活性。领导干部特别是一把手既要带头学，又要为党员干部上党课。通过学习教育，认识上要有新提高，思想上要有新收获，坚决克服做样子、走过场、完成任务式的做法，使学习真正成为搞好活动的“敲门砖”。二要把听取意见贯穿始终。要坚持真开门、开大门，放下身段，带着真诚，采取多种形式，广泛听取群众和纳税人的意见建议。通过群众提、自己找、上级点、互相帮、集体议等方式，对照理论理想、党章党纪、民心民声、先辈先进“四面镜子”，查找“四风”问题具体表现，深入开展解剖分析。三要把批评与自我批评贯穿始终。市、县局领导班子要召开专题民主生活会。会前，要认真撰写对照检查材料，深入剖析，自我画像；普遍开展谈心交心，把问题谈开，把思想谈透。会上，要开展严肃认真的批评和自我批评，揭短亮丑，动真碰硬。会后，要在一定范围通报民主生活会情况。其他基层党组织要召开专题组织生活会，开展民主评议党员工作。党员领导干部要以普通党员身份参加组织生活会，虚怀若谷地听意见，真心诚意地去批评。四要把边整边改贯穿始终。要突出问题导向，活动一开始就要抓整改，让群众看到变化、得到实惠、增强信心。认真制定整改方案和措施，明确任务书、时间表和路线图。实行开门整改，坚持整改一批公示一批，广泛接受监督，把群众评价作为推动落实的“鞭子”、检查效果的尺子。五要把建章立制贯穿始终。把完善制度作为根本性的举措，立足当前与着眼长远相结合，围绕解决“四风”问题，抓住纳税服务、税收检查、财务管理、公务接待等重点，从制度的“废、改、立”推进建章立制，同时加大制度执行力度，防止“破窗效应”，推动改进作风常态化长效化。

第二，切实把准质量标准，解决突出问题。在第二批党的群众路线教育实践活动中，我们要把确保实效、取信于民作为根本要求和落脚点，紧扣“为民务实清廉”主题，扭住反对“四风”不放，严把质量标准关，坚持时间服从质量，始终把质量放在第一位，不赶时间、不比进度。坚持问题导向、广泛听取意见。着力解决突出问题，抓住主要矛盾。什么问题突出就着重解决什么问题，什么问题紧迫就抓紧解决什么问题。聚焦“四风”，不能跑偏，不能聚集到干部职工的福利待遇问题上去，不能以工作层面上的问题代替“四风”方面的问题，不能以班子存在的问题代替个人存在的问题。要围绕前面列举的几个方面问题，深入查摆，对照检查，认真撰写对照检查材料，开好专题民主生活会和组织生活会，逐项整改，打好整治攻坚战。要注意听取群众评价，适时组织群众对领导班子和党员领导干部解决问题、改进作风的情况进行民主评议，多数群众不满意的，要及时进行补课、返工，确保党的群众路线教育实践活动取得让群众看得见、让群众真满意的效果。要坚持从实际出发，根据各单位不同特点和党员、干部不同情况，提出不同目标要求，有针对性地加强指导，防止“一锅煮”“一刀切”。既要坚持标准、严格程序、确保质量，又要形式灵活、方法多样，鼓励各地做好规定动作，创新自选动作。

第三，切实把准主题项目，实施扎根工程。总局提出的“三个服务”“三个实在”“三个禁止”是为民务实清廉的活动主题在税务系统落地的有效载体，是税务系统第一批党的群众路线教育实践活动的特色和亮点。第二批党的群众路线教育实践活动要前后接续、梯次推进，实施“扎根工程”，进一步推动活动主题和“三个三”要求在我省国税系统落地生根。一是开展意见大走访。运用多种有效方式，广泛听取纳税人、一线税务干部职工、党委政府、社会各部门的意见，把各方面的意见收集上来，分析透彻，号准脉搏。二是开展换位大体验。开展征纳之间、干群之间的换位思考，切身感知纳税人和基层困难。二是开展便税大行动。抓住纳税人反映强烈的突出问题，以县区局为单位，围绕“六提速、三减负、一首问”的主要内容开展便税服务行动。四是开展落实大检查。对税收优惠政策执行、行政审批改革、工作部署落实等情况，开展自内而外、自上而下的大检查，发现问题及时纠正，发现不足及时改进，发现漏洞及时堵塞。五是开展作风大扫除。对作风上存在的问题，尤其是“四风”突出问题，开展一次大排查、大整顿、大检修，以刮骨疗毒、猛药去疴的勇气集中发力，去除病灶。这五大工作共同构成“扎根工程”的主要内容，与党的群众路线教育实践活动各环节紧密结合、环环相扣。各单位要据此制定具体工作方案，使“三个三”主题落地要求真正成为全省国税系统的共同愿景和价值追求。

第四，切实把准方式方法，强化组织领导。一是领导带头。各市、县国税局党组在第二批活动中承担直接责任，要积极发挥作用，认真搞好本单位本系统的党的群众路线教育实践活动，成立相应的领导小组和办事机构，抓好工作组织落实。一把手要承担第一责任人的责任，做到领导带头、精心组织、狠抓落实。要充分借鉴运用第一批党的群众路线教育实践活动成果和经验，坚持正面教育为主，坚持开展批评与自我批评，坚持讲求实效，确保党的群众路线教育实践活动不虚不空不偏，不走过场。二是督查指导。省局成立三个督导组，对各地市局分片区进行督导。各设区市局也要成立督导组对县（区）局党的群众路线教育实践活动进行督导。要按照原则性强、责任心强、综合素质高的要求，配好督导组长和工作人员。督导组要认真审阅活动实施方案、对照检查材料、整改方案等，全程参与专题民主生活会并进行点评，督促抓好每个环节各项工作落实。三是舆论宣传。充分运用各种媒介，宣传上级精神，推介活动成效，营造良好氛围。及时总结推广好经验好做法，在全系统深入开展“寻找最美税务人”活动，大力挖掘和宣传践行群众路线的先进典型。同时，坚决查处发生在群众身边的不正之风和腐败问题，及时曝光反面典型。宣传工作要把握基层特点，多从群众的视角出发，讲好“基层故事”，注意具体化和形象化。四是统筹兼顾。把经验借鉴与自身特色结合起来，做到持续改进。把开展党的群众路线教育实践活动同贯彻党的十八大、十八届三中全会、中央一系列重要会议和全国、全省税务工作会议精神结合起来，同做好各项税收工作结合起来，做到统筹兼顾、互相促进、共同提高。

同志们，第二批党的群众路线教育实践活动时间紧、任务重、要求高。推进作风转变没有完成时，贯彻群众路线没有休止符。相信在各级各部门的共同努力下，我省国税系统第二批党的群众路线教育实践活动一定能善始善终、善做善成，一定能汇聚起推进福建国税事业科学发展的强大正能量，在马年里龙马精神、快马加鞭，为全面深化改革、实现税收现代化做出新贡献！

在全省国税系统党风廉政建设工作会议上的讲话

福建省国家税务局局长　臧耀民

（2014年2月26日）

同志们：

刚才，曾光辉纪检组长代表省局党组作了党风廉政工作报告，2月20日下午，省局党组讨论审议了这个工作报告，讲得很好，我完全同意。去年，全省国税系统纪检监察部门围绕中心，服务大局，坚持原则，恪尽职守，为保障税收各项工作任务的圆满完成做了大量富有成效的工作，取得了显著的成绩。广大纪检监察干部为此付出了心血和汗水，在此，我代表省局党组向同志们表示衷心感谢！新的一年，希望大家乘势而上，乘胜前进，再接再厉，再创新业绩。下面，我讲三点意见。

一、认清形势，统一思想

党的十八大以来，新一届中央领导集体把党风廉政建设和反腐败斗争提到新高度，作出新部署，坚持有腐必反、有贪必肃，“老虎”“苍蝇”一起打。习近平总书记对加强党风廉政建设和反腐败工作作出了一系列重要批示，宣示了我们党在这一问题上的坚强意志和坚定决心。不久前，习总书记在十八届中央纪委三次全会上的讲话中，再次强调要“以猛药去疴、重典治乱的决心，以刮骨疗毒、壮士断腕的勇气，坚决把党风廉政建设和反腐败斗争进行到底。”习总书记的讲话，充分体现了党中央对党风廉政建设和反腐败斗争的高度重视，体现了党中央对腐败零容忍的鲜明态度，体现了党中央以深化改革推进党风廉政建设和反腐败斗争的坚强意志，为全面深入推进党风廉政建设和反腐败斗争指明了方向，提供了重要遵循。在全国税务系统党风廉政建设工作会议上，王军局长作了重要讲话，冯惠敏纪检组长代表总局党组部署了今年税务系统反腐倡廉七项工作。王军局长的讲话站在履行政治责任、推进实现税收现代化目标的高度，科学分析了税务系统党风廉政建设和反腐败工作形势，明确提出了构建党风廉政建设和反腐败工作的新格局，晓之以理，动之以情，旁征博引，发人深省，对税务系统的责任融入话中、对税务干部的关爱溢于言表，具有很强的思想性、针对性和指导性，是深入推进党风廉政建设的动员令，也给大家上了一堂生动的反腐倡廉专题课。冯组长的报告站位高、思路新、措施实，对于推进今年税务系统党风廉政建设和反腐败工作具有十分重要的指导意义。年前省纪委九届五次全会也对全省的党风廉政建设和反腐败工作重点进行了部署。对中央、总局和省纪委有关会议精神，我们要认真学习领会，紧密结合实际，坚决贯彻落实。

过去的一年，全省国税系统坚持把党风廉

政建设贯穿税收工作始终，在各级党组重视和纪检监察部门的努力下，各项工作扎实推进，总体上实现了全省国税干部队伍的廉洁、平安、和谐。特别是在构建内控促廉的风险防控体系、打造廉政文化教育网络平台方面，得到了总局监察局和省纪委有关领导的充分肯定。我省在全国税务系统党风廉政建设工作会议上作了专题演示和经验交流发言。成绩是可喜的，但问题也不容轻视。当前，反腐败斗争形势依然严峻，滋生腐败的土壤依然存在，新的形势下我省国税系统党风廉政建设面临更多新的挑战，大家对此一定要有更加清醒的认识。

首先，要认清党的十八大后中央反腐整风的持续高压态势。2013年，中央根据党的十八大对形势的判断和战略的部署，把惩治腐败和整顿作风摆在了突出位置。从中央政治局以身作则践行中央八项规定，到开展党的群众路线教育实践活动剑指“四风”；从“老虎”“苍蝇”一起打到“把权力关进制度的笼子”，踏石留印、抓铁有痕的劲头一以贯之，整风肃纪、惩治腐败的力度前所未有。据统计，2013年中央纪委对涉嫌违纪违法的中管干部已结案处理和正在立案检查的有31人，其中涉嫌犯罪被移送司法机关处理8人。全国纪检监察机关立案17.2万件，给予党纪政纪处分18.2万人，涉嫌犯罪被移送司法机关处理9600多人。2013年全国共查处违反中央八项规定问题2.4万起，处理3万多人，其中给予党纪政纪处分7600多人。中央纪委分4次对32起违反中央八项规定的典型问题进行了通报。我省纪检监察机关立案5181件，其中厅级干部案件9件、处级干部案件107件，给予党纪政纪处分5022人，移送司法机关521人。全省查处违反中央八项规定问题828起，处理864人，省纪委实名通报了4批23起典型问题，并在媒体公开曝光。数字触目惊心，案例发人深省，干部一旦出了问题，不但自己身败名裂，给家庭带来不幸，还严重损害了党和政府形象。中纪委三次全会再次强调指出，对腐败实行零容忍，对惩治腐败保持高压态势，告诫党员干部要“心存敬畏，不要心存侥幸”，要“警钟长鸣，才能警笛不响”。我们全省国税系统的每一位同志，无论是领导干部还是普通干部，都务必要看清当前形势，时刻绷紧廉洁自律这根弦，切莫心存侥幸，以身试法。

其次，要认清新媒体时代舆论监督环境的深刻变化。新媒体时代的到来彻底改变了我国社会舆论的生态环境，网络作为不可或缺的公众平台，已经成为众声沸腾的舆论场。通过手机、微博、微信等新媒体形态，网络无处不在、无时不有地监督着社会生活的每一个角落。近年来，借力中央惩治打击腐败所展示的决心，网络举报、微博反腐蔚然成风，所有的党政部门和公务人员、社会名人、明星都被推到了舆论监督的前台。在当前社会转型期，税收是利益分配矛盾的焦点，备受公众关注，也极易成为公众情绪的宣泄口。国税部门作为窗口服务单位，特别是基层一线的同志每天都直接和纳税人打交道，国税干部的一言一行、一举一动都可能置于手机镜头的“随手拍”之下，稍有不慎就可能被推到舆论的风口浪尖。近年来，税务系统经由网络曝光和炒作后造成很大影响的涉税舆情事件屡有发生，给我们很深刻的教训。同时，作为行政执法单位，也是新闻媒体监督和效能检查的重点对象，明察暗访、跟踪随访都对我们的执法和服务工作带来新的考验。大家应该清醒地看到，随着公民意识的觉醒和民主法治精神的深入人心，当前我国社会正经历着前所未有的深刻变化，纳税人的维权意识将越来越强，社会监督的力量也将越来越大，网络监督、全民监督已经成为一种常态，大家一定要有强烈的危机意识和忧患意识，时刻保持警醒，严格要求，洁身自好，谨言慎行，维护好国税部门的形象。

最后，要认清当前我省国税系统廉政建设的严峻形势。上周四，省局党组对我省国税系统2013年党风廉政建设情况进行了分析，总体上看，成绩很大，但是问题也不少。根据纪检监察部门的统计，去年我省国税系统信访举报件增长较多，全年收到181件，比上年增加65件，尤其对于违反廉洁自律规定、财经纪律和组织人事纪律的信件都有不同程度的增加，案件的发案率也有所反弹，全年共查处违法违纪案件12起。这些都反映出我们的党风廉政建设工作仍然存在着薄弱环节，在系统内仍有一些不正之风和腐败问题亟待解决。党风廉政建设和反腐败工作是一项长期的艰巨任务，特别是我们税务部门，直接面对企业，我们的工作与企业的切身利益直接相关，手上掌握着公权力，职务犯罪和不正之风多发易发的特性还没有从根本上得到改变，真正建设一支清正廉洁的队伍任重道远。从外部环境看，新形势下社会价值观的多元化、复杂化给国税干部的人生观、价值观带来较大冲击，税收工作的特性使得国税干部面临的诱惑和风险也越来越大；一些地方对财政收入增长的要求不断提高，对国税部门下达的收入指标也逐年提高，在造成组织收入巨大压力的同时，也带来了执法和廉政风险；法治政府建设进程加快也对国税部门的依法行政水平、国税干部的依法从税意识提出了更高的要求。从内部因素看，有的单位党风廉政建设责任制落实不够到位，一些制度没有得到严格的执行，反腐倡廉工作与税收工作“两张皮”，一些单位的纪检监察部门主业意识不强，不敢担当，工作被动，对人事、财务、采购等领域和环节的监督有待进一步加强；个别单位领导班子软弱涣散，纪律松弛，在干部的管理和监督上放任自流，一些领导干部或是自身不硬不净、底气不足，或是碍于情面、怕得罪人，对违法违纪、纪律松弛现象不愿管，不敢管；一些干部缺乏责任心、事业心，作风懒散，消极怠工；极少数干部世界观人生观扭曲，贪图享乐、腐化堕落、以税谋私、以权谋私，“吃拿卡要”甚至贪污受贿。这些问题，有的是潜在风险，有的是薄弱环节，都需要我们予以高度重视，坚决整改。总之，要切实把思想和行动统一到中央、省委和总局的各项部署上来，努力营造廉洁从税的良好风气，维护风清气正的良好氛围。

二、明确任务，突出重点

党风廉政建设和反腐败斗争是一场持久战，需要长抓不懈。对今年的工作，光辉同志已做了具体部署，请大家认真抓好落实。我这里再着重强调四个方面。

第一，持续改进作风，让正气成为“风向标”。去年以来，中央从作风问题抓起，连发15道禁令，通过抓党风政风带动社风民风，努力营造廉洁从政的政治生态，取得了显著成效，赢得了广大干部群众的衷心拥护。我省国税系统特别是省局机关，按照上级要求，结合党的群众路线教育实践活动，从具体问题入手开门整风，坚决反对形式主义、官僚主义、享乐主义和奢靡之风，工作作风有了明显转变。改作风，不仅是看一时之变，更要追求长远效果。实践告诉我们，作风问题具有顽固性、反复性，抓一抓就好转、松一松就反弹，有的还会变本加厉。我们必须发扬“钉钉子”精神，紧盯不放、一鼓作气、锲而不舍，防止不良作风的变异反弹，打好改作风的持久战，使求真务实、艰苦奋斗、厉行节约等优良传统真正成为一种习惯，成为一种自觉，成为一种文化，内化于心，外化于行。当前，我省系统第二批党的群众路线教育实践活动已经正式启动，各级国税机关要抓住作风建设这个重点，聚焦“四风”问题，各级领导干部带头，注重抓细节、抓载体、抓本源，着力解决纳税人和基层群众反映强烈的突出问题，有效根治作风之弊，洗涤行为之垢。要深入贯彻落实总局“服务税户、服务基层、服务大局”的“三个服务”要求，进一步转变职能，不断加强机关效能建设和政风行风建设，坚决反对“慵懒散”，持续推进“马上就办”，积极响应纳税人需求，优化办税服务。要坚决贯彻落实中央八项规定以及中央出台的一系列规定和禁令，严格遵守《党政机关厉行节约反对浪费条例》和领导干部报告个人有关事项等规定，及时修订经费、接待、会议、基建、资产管理、政府采购、内部行政管理等制度，建立健全配套制度规定，提高各项制度执行力。总局今年将继续在全国范围开展对税务机关政风行风制度性、经常性的明察暗访，一旦发现问题将予以查处和曝光，省局也将开展相应的察访工作，请大家以此为动力，抓好各项工作的整改落实。

第二，加强监督制约，给权力涂上“防腐剂”。权力观是党执政的核心问题，也是体现党的先进性的本质问题。对权力运行的制约和监督不到位，尤其是对各级各部门“一把手”的制约和监督不到位，是腐败现象产生的重要原因之一。习近平总书记深刻指出，要把权力关进制度的“笼子”里。唯有通过全面深化改革，通过制度性的安排实现制约和监督，让权力在阳光下运行，才能真正保证权力的正确行使。我们要立足税收工作实际，通过合理配置权力、整合监督资源和强化公开力度，形成科学的权力结构和运行机制，提升权力运行流程的科学化和规范化水平，提高监督的效率和保障力。作为垂直管理部门，的确存在“上级鞭长莫及不易监督、同级之间碍于情面不愿监督、下级怕得罪上级不敢监督”的现象，如何解决，要在今后的实践中认真探索。首先，各级国税机关要着力改进对领导干部特别是“一把手”行使权力的监督，加强领导班子内部制约，严格执行《领导干部监督管理办法》及其实施细则，认真执行领导干部报告个人有关事项有关规定，按上级要求开展抽查。其次，要进一步完善集体领导和个人分工负责相结合的工作机制，明确各层次权力主体的职责和权限，对容易滋生问题的工作环节和职能进行分解、交叉负责，要落实“一把手”不直接分管人事、财务的工作制度，坚决防止在重大问题上一个人说了算。三要认真贯彻党的民主集中制原则，严格执行党组议事工作规则，在去年省局对部分县区局的巡视检查中发现，党组议事规则在一些单位没有很好落实，影响了民主集中制的贯彻执行，弱化了党内监督。四要强化制度的执行力，制度已经规定很明确的，就一定要执行到位。要进一步完善党务、政务办事公开制度，落实权力清单和税务审批清单制度，依法大力推进各重点工作领域和环节的信息公开工作，努力打造“阳光税务”，接受广大干部群众、纳税人和社会各界的监督。要大力改进巡视工作，加强行政监察和审计工作，进一步发挥好法律监督、民主监督、舆论监督和群众监督的作用，建立起纵向到底、横向到边的监督制约网络，有效防范权力滥用，打造预防腐败的“铜墙铁壁”。

第三，保持高压态势，对腐败实行“零容忍”。坚决反对腐败，防止党在长期执政条件下腐化变质，是我们党必须抓好的重大政治任务。一年来，中央始终保持对腐败的高压态势，重拳反腐，一查到底，绝不手软，查处了一批大案要案。事实表明，党纪国法面前没有例外。根据中央的要求，今年将继续保持反腐败高压态势，坚持以“零容忍”态度惩治腐败，对干部队伍中的腐败分子，发现一个查处一个。在腐败多发易发的情况下，惩治既是最有效的教育，也是最有力的预防。纪检监察工作要坚持抓早抓细，对问题早发现、早提醒、早纠正，不姑息护短，不讳疾忌医，防止养痈遗患。要加大惩处问责力度，紧盯税收征管、工程建设、财务管理、政府采购、干部选任等重点领域，监督领导干部等重点人群，认真落实“一案双查”，既要追究具体责任人员的责任，也要追究领导应负之责。从去年开展“一案双查”的情况看，一些重大涉税案件，特别是虚开增值税专用发票、骗取出口退税案件，往往存在税务人员不作为、乱作为，不负责，或者个别人与不法分子内外勾结、串通谋利、收受贿赂等问题，对此，省局党组将坚持“零容忍”，坚决予以查处和通报。对那些有案不查、瞒案不报的行为，要坚决追究领导干部和直接责任人的责任，要让内外勾结、串通谋利、肆无忌惮地收受贿赂的腐败行为在我省国税系统绝无藏身之处。要按规定梳理信访举报线索，对问题集中、时间集中、反映对象集中的信访举报要及时对信访对象进行廉政提醒、诫勉谈话，必要时进行工作调整。在加强惩治的同时，要加强廉政教育，防患未然，全省国税系统要继续落实好各类培训班按规定设立廉政课的制度，今年省局将专门组织县（市、区）局“一把手”培训班，着力加强理想信念和廉政教育，提高教育的针对性、有效性和渗透力，教育各级领导干部务必牢记“手莫伸，伸手必被捉”的道理，做到“见善如不及，见不善如探汤”。

第四，严明各项纪律，为法纪通上“高压电”。党要管党、从严治党，关键靠严明纪律。“遵守党的纪律是无条件的，要说到做到，有纪必执，有违必查，不能把纪律作为一个软约束或是束之高阁的一纸空文。”习近平总书记在中央纪委三次全会上的讲话，表明了从严治党、正风肃纪的坚决态度，对各级党组织和广大党员干部提出了严格要求。我们国税部门作为行政执法部门，严格遵守各项纪律是做好税收工作的重要保障。全省国税系统各级党组织要切实维护党的纪律，绝不允许有令不行、有禁不止，绝不允许在贯彻执行上级的决策和部署中打折扣、做选择、搞变通。要着力严明组织纪律，做到个人服从组织，下级组织服从上级组织，全体党员干部特别是领导干部要严格遵守民主集中制、党内组织生活制度等各项组织制度，认真执行请示报告制度。要着力严明人事纪律，认真贯彻新修订的《党政领导干部选拔任用工作条例》，形成正确的用人导向，选好用好干部。省局党组今天再次强调，在我们国税系统绝不允许存在跑官要官、买官卖官行为，发现一个，查处一个，狠刹歪风邪气。关于干部工作中“民主推荐”的问题，要有正确的认识。目前评先评优、竞争上岗或考核委任，都需要民主推荐或测评，这是组织工作程序，也是发扬民主的体现，落实群众公认的一种方法。但推荐票多少只是一个重要参考，看看群众基础如何，得不到半数以上群众的拥护恐怕也不能提拔。要认真分析是什么原因造成某个干部推荐票不是很高，对于勇于担当、大胆管理、不怕得罪人的领导干部，各级党组都要给予大力支持，看一个干部，不仅要看一时一事，更要看长期一贯的表现。在干部选拔任用过程中，要严格执行有关人事纪律，按照中央和总局新的要求，注意克服唯票、唯分、唯年龄的倾向，下大力气树立选人用人的清风正气。要着力严明财经纪律，严格执行国务院“约法三章”，严禁违规发放津补贴，严格“三公”经费、会议费、培训费管理。认真落实“三清三察三审”专项整治行动，对办公用房、公务用车、基本建设以及“小金库”进行专项治理。要切实落实税务师事务所与税务机关完全脱钩的规定，切断与事务所的经济利益联系，支持税务代理依法依规开展业务。各级纪检监察部门要加强刚性执纪，敢抓敢管，敢于动真碰硬，不允许搞特殊、有例外，坚决防止“破窗效应”，使纪律真正成为带电的“高压线”。

三、落实责任，强化领导

党风廉政建设和反腐败工作关系着我们事业的兴衰成败。总局已将执行党风廉政建设责任制情况纳入绩效管理，对反腐倡廉工作实行严格的考核与评定，对出现问题的将实行“一票否决”，严肃追究责任。省局也将对全省各级国税机关党组落实党风廉政建设责任制的情况进行专项检查。各级国税机关要认真落实中央和上级关于党风廉政建设和反腐败工作的各项体制机制和改革举措，加强统一领导，切实负起主体责任和监督责任，更好地把反腐倡廉工作融入各项工作中。

一要改革创新，进一步健全反腐倡廉体制机制。在全面深化改革的历史时期，推进党风廉政建设和反腐败斗争同样离不开改革的精神、创新的思路和发展的办法。从目前的实际情况看，税收工作的一些领域体制机制还不够健全，对涉及人、财、物等重点领域的监督有时还难以形成合力，有些已有制度执行落实不到位，影响了反腐败工作的成效。全省各级国税机关要按照“坚持用制度管权管事管人”的要求和“制度+科技”的思路，在全面落实党风廉政建设责任制的基础上，发扬改革创新精神，推进反腐败领导体制和工作机制的健全完善。要持续做好惩防体系建设，贯彻落实中央惩防体系2013—2017年工作规划，抓紧制定我省国税系统的实施办法，抓好反腐倡廉各项工作任务的责任分解和执行。要继续完善内控促廉管理信息系统，将系统监控从税收执法权领域延伸到行政管理权领域，加强系统分析应用和通报反馈，推动内控机制建设向各责任主体落实风险防控职责转变。要进一步整合监督资源、提升质量效率，推进重点领域制度建设，防控廉政风险。继续探索对税收工作新问题的应对预防机制，对税制改革和征管改革过程中可能产生的苗头性、倾向性问题，及时研究新对策，建立新规定。要巩固检税协作成果，深化职务犯罪预防工作机制。推进廉政教育常态化机制建设，着力完善福建国税廉政文化教育平台，不断提升廉政文化建设水平。

二要敢于担当，进一步落实领导干部主体责任。“领”者，率领之义，“导”者，引导之义。可以说，表率作用就是领导者资格的通行证。领导干部的表率作用是一种无形的力量，会产生强大的示范和导向作用，在相当程度上决定着工作成效和事业进步。党风廉政建设，首先要从各级党组做起，从“一把手”做起，从各级领导干部做起，上行则必下效。各级国税机关党组特别是主要负责人要切实担负起党风廉政建设主体责任，纪检监察部门要承担监督责任，两个责任不能一头重一头轻，不能用主体责任代替监督责任，也不能用监督责任涵盖主体责任，否则，党风廉政建设工作就会出现缺位和偏离。各级党组要牢固树立不抓党风廉政建设就是严重失职的意识，把党风廉政建设和反腐败工作列入重要议事日程，做到常研究、常部署。“一把手”作为党风廉政建设的第一责任人，要坚持管好班子，带好队伍，管好自己，当好廉洁从税的表率，做到重要工作亲自部署、重大问题亲自过问、重点环节亲自协调、重要案件亲自督办。从近年发案有关情况看，对县区局“一把手”的监督和管理是薄弱环节，存在失之于软、失之于宽的问题，个别设区市局领导和纪检部门不敢抓、不愿管，做老好人，小错不及时提醒，结果酿成大祸。省局党组认真分析了这个问题，今天我们对各设区市局党组提出明确要求，要重点加强对县（市、区）局“一把手”的监督管理，有的“一把手”可能不想接受监督、不愿接受监督，严管是爱，放任是害。请同志们认真思考。去年年底，省局要求各设区市局对任期8年以上的县（市、区）局“一把手”进行交流轮岗，这也是对“一把手”加强监督管理的必要措施，也是爱护保护干部的重要体现。长期在一地任职，很容易放松要求，放松警惕，甚至以老大自居无人敢管，最后被人“拉下水”。今后要将这一制度保持下去，形成常态化。我们一方面要选好配强“一把手”，另一方面要管住“一把手”。对干部提拔重用是关心爱护，监督严管同样是关心爱护。各级国税机关领导班子成员要增强“一岗双责”意识，种好“责任田”，看好自家门，管好自家人，无论是“一把手”还是班子成员或副职，都要对承担的党风廉政建设责任进行签字背书，出了问题就要追究责任。各级领导干部要时刻牢记“公款姓公，一分一厘都不能乱花；公权为民，一丝一毫都不能私用”，带头讲党性、讲政治、讲大局、讲责任、讲纪律、讲廉洁，做到自身正、自身硬、自身净、自身强，以身作则，正确行使手中的权力，永葆共产党人本色。

三要突出主业，进一步加强纪检监察自身建设。纪检监察是个特殊的岗位，纪检监察部门担负着反腐倡廉的重要使命。岗位承载责任，使命需要担当。长期以来，我省国税系统纪检监察部门和广大纪检监察干部认真履职尽责，严格执法执纪，付出了辛勤劳动，做出了积极贡献。在新的形势下，纪检监察部门面临的任务更多，要求更高，责任更重，压力更大，各级国税机关党组要高度重视纪检监察工作，旗帜鲜明地支持纪检监察部门履行职责，为纪检监察部门敢抓敢管创造良好的条件。各级纪检监察部门要聚焦中心任务，明确职责定位，转职能、转作风、转方式，提高法治和创新能力，要认真执行纪检组长不分管具体税收业务的相关规定，专心致志做好本职工作，全面落实监督责任。要配齐配强纪检监察干部队伍，严格落实总局党组关于省、市、县各级国税机关纪检组长在4月底前全部配备到位的要求，把政治素质高、敢于担当的优秀干部选配到纪检组长的岗位上。省局有关部门统计了一下，全省国税系统还有17个县（市、区）局领导班子未配纪检组长，全部配齐到位是政治要求，希望各设区市局党组认真落实，并向省局报告。要关心爱护纪检监察干部，加大对干部的培训培养力度，提升能力水平，对积极作为、业绩突出的纪检监察干部要大胆使用。要打造过硬的纪检监察队伍，做到严格要求、严格监督、严格管理，对那些不适合纪检监察工作的干部要坚决予以调离。广大纪检监察干部要进一步增强责任感、使命感，按照“打铁还需自身硬”的要求，加强自身建设，带头纠正“四风”，求真务实、真抓实干，真正做到忠诚可靠、服务人民、刚正不阿、秉公执纪。纪检监察干部是我们国税队伍保持清正廉洁的“守护神”，也是抵制歪风邪气的“守门员”，这里，我特别想对广大的纪检监察干部说几句话，提几点希望和要求：一是要勤于学习，厚德载物。二是要敏于鉴别，明辨是非。三是要敢于担当，履职尽责。四是要勇于突破，攻坚克难。五是要慎于言行，公道正派。六是要安于职守，守拙笃行。七是要严于律己，示范表率。八是要甘于奉献，建功立业。

同志们，今年是全面深化改革的第一年，做好党风廉政建设和反腐败工作责任重大、使命光荣。新形势下，我们所面临的任务将更加繁重艰巨，面对的考验将更加严峻复杂。大家一定要按照中央和总局的要求，牢记使命，坚定信心，改革创新，锐意进取，不断开创党风廉政建设和反腐败工作新局面，为福建国税事业的发展和税收现代化的实现做出新的更大贡献！

把法纪刻在心上　把责任扛在肩上

——在全省国税系统县、市、区局局长廉政教育专题培训班结束时的讲话

福建省国家税务局局长　臧耀民

（2014年5月22日）

同志们：

这期县、市、区局“一把手”廉政教育专题培训班，今天就要结束了。培训时间头尾四天，时间不长但内容丰富，安排紧凑，省局监察室邀请系统内外的专家学者，精心设计课程，通过课堂讲授、视频培训、实地参观、分组讨论、廉政测试等多种形式，让大家通过学习进一步认清了形势、坚定了理想信念，理清了工作思路，提高了廉洁从税意识，取得很好的效果。刚才几位学员代表畅谈了这次学习的心得和感悟，从收税、带队、管理、服务等不同侧面谈了如何提升站位、如何履职尽责、如何廉洁自律等等问题，讲得都很好，很实在，说明大家都非常珍惜这次学习机会，做了精心的准备和深入的思考，我听了感到非常欣慰。

县、市、区局是税务系统组织体系的关节点，是税收征管和为纳税人服务的最前线，是税收工作的基石，对上承接决策部署，对下联系基层群众，至关重要。县市区局局长是税务战线的一线指挥员，责任重大，使命光荣。只要每个县、市、区局局长都能牢记使命，敢于担当，自觉提升站位、依法治税、深化改革、倾情带队，就一定能够收好税、带好队、执好法、服好务，顺利推进和实现福建国税现代化。

上周我刚刚参加了总局举办的“深入学习贯彻习近平总书记系列重要讲话精神、全面推进税收现代化”主要领导干部专题研讨班，总局王军、解学智、丘小雄、冯惠敏等领导分别作了专题报告，这些报告视野开阔，思路前瞻，听了很受启发，特别是对党风廉政建设，总局领导非常重视，语重心长，深入浅出，循循善诱，让人很受教育。借这个机会，结合自己在学习中的一些体会和想法，就一把手如何廉洁自律、如何履职尽责，收好税、带好队，和同志们做个交流。主要提三个希望：

一、善于学习，把法纪刻在心上

这次廉政教育专题培训，大家比较系统地学习了习近平总书记关于党风廉政建设和反腐败斗争问题的一系列新论断。以习近平同志为总书记的新一届中央领导集体高度重视反腐败工作，将之提到一个新的高度，摆在更加重要的位置，据不完全统计，过去一年，总书记讲话涉及党风廉政建设和反腐败斗争的有60多次。党的十八大以来，习近平总书记反复告诫全党，如果腐败现象得不到遏止就会亡党亡国，提出以“踏石留印，抓铁有痕”的精神，

以“猛药去疴、重典治乱”的决心，以“刮骨疗毒、壮士断腕”的劲头，对腐败实行“零容忍”；强调要把权力关进制度的“笼子”里，形成不敢腐的惩戒机制、不能腐的防范机制、不易腐的保障机制。一年多来，中央纪委坚持“老虎”“苍蝇”齐打、刹风肃纪互促，形成强力反腐的高压态势。对于十八大以来党风廉政建设的新形势新特征新要求，大家要加强学习，保持清醒头脑，自觉提升廉洁从税意识和防腐拒变能力，切莫心存侥幸，以身试法。

大家应该清醒地看到，当前社会环境正在发生着深刻变化，许多矛盾相互交织，各种诉求相互碰撞，社会价值观的多元化、复杂化给国税干部的人生观、价值观带来较大冲击，税收工作的特性使得国税干部特别是领导干部面临的诱惑和风险也越来越大，“一把手”手中掌握着税收执法权和行政管理权，容易被各种各样抱着不同目的和动机的人所包围，一旦心防失守，不能正确对待手中权力，搞擅权谋私，以税谋私，监督失守、制度失灵的风险就加大了。这样的教训很多，从我省国税系统看，2012年和2013年两年间，全省国税系统发生涉及司法立案案件16件，涉案人员16人，受贿问题集中高发，占已定性案件总数的61.54%；科级领导干部集中高发，其中担任县（市、区）局局长、副局长或分局长等有行政职务的人员10人，占涉案人员总数的62.50%。尤其是赵惠忠、吴波等两个县级局“一把手”违法违纪案件，十分典型，教训深刻，严重损害福建国税形象。一些有能力、有培养前途的县区局领导干部，一念之差，断送了前程，痛悔莫及。这些案件虽然已经时过境迁，但警钟务必长鸣。大家要认识到权力越大，风险越大，“紧箍咒”就是最好的“护身符”，多一些制度铁笼里的约束，就会少一些监狱铁窗下的痛悔。

“打铁还需自身硬”，领导干部在纷繁复杂的形势面前如何抵住诱惑？关键就两个字——“严”和“实”。今年3月9日，习近平总书记在参加十二届全国人大二次会议安徽代表团审议时发表重要讲话，对各级领导干部提出“严以修身、严以用权、严以律己，谋事要实、创业要实、做人要实”的要求，“三严三实”不仅囊括了我们党对领导干部的所有要求，也饱含着人民群众对领导干部的所有期盼，更饱含着对各级领导干部的关爱和提醒，是领导干部全部工作的出发点和落脚点，是珍贵的从政经验之谈。“三严三实”直指为人为政的根本，切中干事创业的要害，为如何做一个好干部指明了方向。当前的关键就是要把“三严三实”的要求，更好地落实到税收工作当中，让“三严三实”成为各级领导的自觉追求，成为推动和实现税收现代化的强大动力。严以修身就是要牢记为国聚财、为民收税的神圣使命，以党的先进性、纯洁性标准和税务职业道德操守要求自己，不断提高服务群众、推动发展的能力和素养。严以用权就是要坚持不懈地推进依法行政，按职履责，谨慎用权，不该批的文坚决不批，不能做的事坚决不做。严以律己就是要坚持用党纪国法、税法税纪约束自己，把廉政规定作为做人的底线，把各项纪律当作带电的高压线，把住思想和行为的关口，坚守底线、坚决不碰高压线。谋事要实就是要深入基层、深入群众、深入税户，想问题、办事情坚持从实际出发，不唯书、不唯上、只唯实。创业要实就是要敢于担当、勤于实干，优化一方环境、助推一方经济、促进一方发展。做人要实就是对党、对组织要忠实，对同志、对群众、对纳税人要诚信，说实话、办实事、做实功、谋实效。希望大家以“三严三实”为标尺，以焦裕禄同志为榜样，内化于心，外化于行，认认真真学习，干干净净办事，老老实实做人，进一步发挥示范带头作用，以高尚的人格力量去赢得群众的敬佩和信赖。

二、敢于担当，把责任扛在肩上

县、市、区局局长是基层税收工作的“第一责任人”，其作用发挥如何，直接决定工作成效。总局王军局长指出：“要想收好税，首先要带好队。要想带好队，首先要加强班子建设。要想加强班子建设，首先要抓好班长”。一个班子有没有战斗力，一支队伍有没有精气神，一个地方的税收工作有没有起色，关键还得看“一把手”。

税务部门是政府行政执法和经济管理部门，肩负着筹集财政收入和调控经济、调节分配的重要职责；与此同时，税收又是利益分配矛盾的焦点，社会关注度越来越高。当前税收工作面临许多新的形势，特别是基层税务机关面临的风险挑战更多、更直接，比如，在收税方面，一些地方对财政收入增长的要求不断提高，对国税部门下达的收入指标也逐年提高，在造成组织收入巨大压力的同时，也带来了规范执法的风险；在治税方面，法治政府建设进程加快对国税部门的依法行政水平、国税干部的依法从税意识提出了更高的要求，纳税人对纳税服务、税收维权期望越来越高，新闻媒体和社会舆论对税收执法的公平性、透明度也越来越关注；在带队方面，基层面临经费不足、干部成长空间有限、队伍年龄老化活力不够等诸多现实问题，困难多、考验多，责任大、压力大。因此在新的形势下，基层“一把手”肩上的担子很重，带好队、收好税的任务十分艰巨。

从省局到市局党组，对于加强县（市、区）局基层建设一直是挂在心上，包括解决基层经费的困难，解决基层干部年龄老化、队伍青黄不接的问题，都多次进行研究，想方设法采取一些措施。我到基层调研时也听到一些反映，经济欠发达地区特别是山区县留不住人，好不容易分到一两个大学毕业生，待两年就要调走，不安心，这些情况我们也都知道，同时我们也做了一些探索。去年，宁德几个未分设的山区县从本县公务员中定向招录一些到我们国税部门来工作，全是80后的年轻人，地方组织部门也支持，现在看来是条路子。还有经费问题，这几年主要从提高人均经费的保障水平入手，每年提高人均最低保障线。连续三年，省局向总局争取来的经费，基本上倾斜到了山区经费相对比较紧张的地方。当然不能说山区就能达到沿海发达地区的水平，不敢说经费很充足，但起码有很大的改善，这也是支持一把手履好职、带好队很重要的保障措施。

班长在班子建设和队伍建设中起的作用至关重要。“一把手”如何带好班子？我认为要做到“四个坚持”：一要坚持以人格的力量带班子。“一把手”的权威不能只靠职权来支撑，“威信”的树立，关键还是要以人格的力量感召人。要以自己的人格魅力，为班子创造心情舒畅、和谐共处的良好环境。“一把手”要有胸襟，必须做到宽容大度，要以广博的胸怀，做到容言、容才、容错。要团结班子成员，最大限度地发挥班子的整体合力，发挥班子的整体效率，努力创造团结、活泼的生动局面。二要坚持以民主的意识带班子。“一把手”要当“班长”不当“家长”，搞“议事堂”不搞“一言堂”，主动团结和支持班子成员工作，要让班子成员有权、有责、有位、有为，放手让他们在分管工作和集体领导中发挥才干、施展本领。对班子成员分管的工作，要善于听取和采纳他们的意见，支持他们大胆开展工作。三要坚持以规范的制度带班子。严格落实党风廉政建设责任制，认真履行第一责任人的职责，坚持业务、党风两手抓、两手硬，把主体责任记在心上、扛在肩上、抓在手上，明确责任分工，层层抓好落实，推动党风廉政建设落到实处，要旗帜鲜明地支持党组纪检组履行工作责任，自觉接受监督。四要坚持以严格的纪律带班子。在去年省局对部分县区局的巡视检查中发现，党组工作规则在一些地方、一些单位没有很好落实，影响了民主集中制的贯彻执行。民主集中制是我们党重要的组织原则，务必贯彻落实好。省局对各地巡视也将加强对各级党组民主集中制执行情况的检查。在座的同志有些是做了多年的县局“一把手”，经验丰富、很有心得。有些是从市局机关的科长刚到县（市、区）局当“一把手”。在市局当科长抓业务和抓某一方面的工作，和到基层当“一把手”带班子、带队伍、抓收入有很大的差别。新任职的“一把手”，虽然在机关也是干了多年的老科长，但你是个新局长，要尽快适应新的工作岗位、工作环境和工作职责给你带来的新的要求。要转变观念，迅速学会、学好怎么当好局长，怎么带好班子。其中，很重要的一条，就是要落实好党组工作规则。这里面要求得很具体很细致，包括什么事情党组书记可以做，什么事情不能做，包括对党组成员的分工，包括开会时的末位发言，包括每次开会前的预告和议题的确定，包括最后形成会议纪要，签发会议纪要。我们的老局长也要不断学习，也要与时俱进。这次培训，监察室把中央、总局到省局一些重要的规章制度汇编成册，作为学习资料发给大家，其中最后一篇就是省局今年新修订的党组工作规则，对于如何议事，如何决策，都有明确的规定，包括对重大事项的决定权和重大项目、大额资金的审批权、重要人事任免权都有明确界定，“一把手”在实际工作中要认真落实，防止越位、缺位、错位。

“一把手”如何带好队伍？税务部门直接面对纳税人，手上握着公权力，职务犯罪和不正之风多发易发的特性还没有从根本上得到改变，真正建设一支清正廉洁的队伍任重道远。在今年初的全国税务工作会议上，王军局长谈到未来七年要实现税收现代化，从六个方面描绘了税收现代化的基本框架，其中他还谈到要使税务行业成为受人尊重的行业。要做到这点，我们的队伍就必须是规范的、高效的、廉洁的。这次党的十八大提出税收法定原则。收税是按照国家制定的法律来实施的，不是税务部门想怎么收就怎么收。甚至用法学家的观点来看，不是政府想怎么定就怎么定，必须到人大的法律层面来决定，收税的程序也必须是规范的、公开的、透明的。执行国家的税收法律的队伍必须是廉洁的、高效的。你以权谋私，老百姓能尊重吗？虽然你没有谋私，但你不作为、办事拖拉、态度不好，老百姓能尊重吗？王军局长提出实现税收现代化，使税务成为受人尊重的行业的这句话，对于我们整个队伍的建设，包括我们税收法治的建设都是很高的要求。

作为“一把手”，不仅要管好自身，还要从严要求、从严教育、从严管理、从严监督每一个班子成员和干部，抓好班子，带好队伍。要敢于正视存在的问题，勇于纠正存在的问题，要及时掌握干部的思想动态，发现有苗头和倾向性的问题，要有针对性地采取措施加以解决，只有敢抓敢管，才能带出一支作风正派、干净干事的干部队伍来。我们要落实王军局长讲的“倾情带队、严管善待”“倾情”就首先要尊重人、关心人、理解人、爱护人，以理服人，以情感人，把干部的切身利益放心上、对干部的苦恼感同身受；其次要时刻牢记“严是爱，宽是害”，以负责任的态度加强对干部的教育、管理、监督，教化使其不想涉险，内控使其不能成险，监督使其不敢冒险，让制度成为管权管事管人的铜墙铁壁，让纪律成为通电的高压线，让好的作风成为引领导向的风向标。有的一把手不敢担当，对歪风邪气，甚至是一些违法违纪行为不敢抓不敢管。对一些干部身上出现的一些“小错”、一些苗头性问题，不去提醒，不敢批评教育，那就很可能导致小问题演变成大错误，甚至滑向违法犯罪的深渊。党的十八大以来，习近平总书记特别强调敢于担当的问题。这几年确实在社会上“老好人”盛行，大家都不愿去得罪人，不敢担当。当然这和社会风气有关系，同时也跟我们干部的选拔任用体制有很大的关系。特别是干部选拔任用中民主推荐的问题，过去较多把推荐票作为一个比较重要的依据，也给我们一些领导干部带来一些困扰压力。对干部进行批评教育是一把手职责所在，但批评人就会得罪人，也许长时间他理解了，但短时间他不理解，赶上民主推荐投票时，他就不投你一票。从前由于这个办法，使得不少干部都要去“找票”，票数低了就失去列入考察对象的机会，没有列入考察对象就不可能提拔。党的十八大以后，习总书记对干部选拔任用当中的唯票、唯分、唯GDP的问题进行了深刻的剖析，新的干部选拔任用条例对这些问题做了比较大的调整，大家要好好学习。《条例》有很多新精神、新规定，为干部选拔任用开阔了新的思路，包括这次总局选拔副厅级领导干部也体现了中央的新要求新精神。下一步省局在选拔任用干部当中也要体现中央的新要求新精神，把真正敢于负责、敢于担当，把事业放在心上、不怕得罪人的优秀干部选拔到各级领导岗位、领导班子里来，不再为票去苦恼。当然，不能说有些干部不敢担当、不敢管理都是因为这个原因，这只是其中一个因素。我们各级领导干部的理想、信念、责任心、事业心，对党的忠诚，对事业的忠诚，也是非常重要的因素。

各级税务机关主要负责同志是党风廉政建设的第一责任人，要带着感情、带着责任、带着压力，一刻也不放松、丝毫也不懈怠地抓好反腐倡廉工作，抓好班子、带好队伍、管好自己。要管好自己的人、看好自己的门，做到守土有责、守土尽责。今年年初，中组部等三个部门专门下发了关于严禁超职数配备干部的通知，对于严禁超职数配备干部的问题，包括领导职务和非领导职务都做了明确的规定。4月15日，总局党组转发了这个通知，对我们税务系统如何贯彻好中央组织部等三个部门的通知提出了明确的要求。5月5日，省局党组转发了总局党组的通知，同时省局人事处也结合我们福建的实际情况，就副主任科员超职数问题专门传达了省局党组的决定。今天各县（市、区）局的“一把手”都在，对中央组织部的通知和总局党组、省局党组的要求要有高度的政治敏感性和责任心。2007年以来，我们在基层副主任科员的配备上，放宽了职数限制，这些年也确实配备了不少副主任科员。现在中央组织部和总局的要求很清楚，两三年内，要逐步消化，达到职数配备的要求。可能未来8—10年，我们有将近4000多人陆陆续续退休，这也为逐步消化超职数配备创造了条件。转发了总局党组的通知后，我听到个别同志有些想法，以前的都解决了，现在轮到我了，正好规定来了，解决不了了。“一把手”要守土有责，守土尽责，你们要做好干部的思想工作，要把思想认识统一到总局党组和省局党组的要求上来，绝不允许跟着个别干部一起发牢骚。中组部今年工作重点之一就是抓干部职数，包括领导职数和非领导职数配备的问题，我们绝不能在这个问题上含糊，不能有错误的思想认识。当然，我们对这些同志要关心，要做好思想工作。前天，省局党的群众路线教育实践活动督导组反映了这个问题，以及个别同志来信都希望这件事能继续做，心情可以理解，但是这件事一定要按照总局党组和省局党组的要求办，也拜托同志们把自己的队伍管好，把干部的思想工作做好。

三、勇于攻坚，把工作抓在手上

“一把手”是基层干部的主心骨，是干

好事业的顶梁柱。前不久，税务总局专门发了《关于在税务系统第二批教育实践活动中充分发挥市、县税务局长作用的通知》，强调“一把手”要把责任扛在肩上，把工作抓在手上，把成效映在税上，在工作中做示范、当标杆。如何让习近平总书记“三严三实”的要求和总局王军局长提出的“三个三”方针落地生根，开花结果，打通基层建设的“末梢神经”，解决为纳税人服务“最后一公里”的问题，关键在基层的“一把手”有没有作为。

“千斤担子人人挑，人人肩上有目标”。这个担子，“一把手”要挑最重的那一副。

一要做服务发展的推动者。围绕中心，服务大局，是我们税务部门的重要职责；聚财为国，收税为民，是我们税收工作的神圣使命。我们各级领导干部要自觉提升站位，牢固树立税收经济观，以服务经济发展为己任。要充分发挥税收职能作用，为国家宏观调控发挥更大作用，为地方聚集财力多做贡献。要不折不扣地把各项税收优惠落到实处，为纳税人减轻负担。要结合总局部署的“便民办税春风行动”，转变职能，简政放权，把总局和省局出台的具体措施一项一项落实下去。特别是省局出台的方便出口退税、促进外贸发展的十条举措，得到了苏树林省长等省政府领导的高度肯定，各地要认真贯彻落实。

二要做群众路线的践行者。党的群众路线教育实践活动是中央的重大部署，市县局作为第二批开展单位，目前已经进入了第二环节，“一把手”要自觉履行“第一责任人”的职责，牢固树立“抓好教育实践活动是本职，不抓好教育实践活动是失职，抓不好就是不称职”的工作理念，增强思想自觉和行动自觉，充分发挥总揽全局、全面部署、抓纲带目的作用。要当好示范者，带头学习抓导向、带头调研找问题、带头查摆剖根源、带头交心凝共识、带头批评鼓实劲、带头整改促提高。要当好质检员，坚持全程控管，严把质量关；坚持聚焦“四风”，不能跑偏；坚持从严从实，该提醒的及时提醒，该纠正的坚决纠正，解决好服务群众和纳税人“最后一公里”的问题。前一段时间，我到福州、福清做了调研，省局领导也都到各自的联系点做了督导检查。总的来说，市县局第二批党的群众路线教育实践活动开展得不错，做得很扎实。当前大家要认真贯彻总局关于党的群众路线教育实践活动第二环节的通知精神，特别是要开好一个高质量的专题民主生活会，做好会前的各项准备工作。准备工作的核心就是班子和班子成员搞好问题剖析材料，要结合第一阶段第一环节的查摆问题，每个班子成员都要认真分析自己在“四风”方面有哪些表现，要敢于亮丑、敢于揭丑，然后要认真分析这些表现的思想根源是什么，同时提出下一步要怎么整改。材料怎么撰写，各级怎么审阅，党的教育实践活动都有明确而具体的要求。领导班子的对照材料“一把手”要亲自组织起草，“一把手”还要审阅班子成员的材料。要开展深入的交心、谈心，虚心听取班子成员意见，同时要大胆地对班子成员带队履职提出要求、提出批评，这些都要体现在剖析材料中。各市县局要开好专题民主生活会，省局领导也要到自己的联系点参加专题民主生活会。习近平总书记到兰考县参加县委常委会的民主生活会，中央政治局常委都要分头到联系点所在县参加民主生活会。总局领导也要到联系点的县国税局参加民主生活会。第二环节开好高质量的民主生活会，前提就是要聚焦“四风”查摆问题，真正通过这次民主生活会，使思想上受到一次洗礼，受到一次震动，“红红脸、出出汗”，认识我们在“四风”方面存在的问题，认识这些问题的思想根源，有针对性地加以整改，那就达到了党的群众路线教育实践活动的目的。要真正使我们基层的税务干部，使纳税人对我们国税队伍、国税队伍的领导班子有一个新的认识，感觉通过党的群众路线教育实践活动，作风确实有转变，取得了实实在在的效果。

三要做税收事业的领头人。王军局长在年初全国税务工作会议中提出了“到2020年基本实现税收现代化”的宏伟目标，还提出，“推进税务部门成为国家治理体系和治理能力现代化建设的主力军之一；推进我国成为在国际税收规则制定中拥有重大话语权，在国际税收舞台上发挥强大影响力的重要成员。”这样的目标和定位，为税收工作的发展描绘了宏伟蓝图，也为每一位税收工作者指明了方向，十分鼓舞人心。当前和今后一个时期，我们要按照中央全面深化改革的要求，朝着税收现代化的目标，积极稳妥地推进税制改革、征管改革、人事制度改革、内部管理改革等各方面的改革，建立健全科学高效的税收工作体制机制。要坚持问题导向，哪里存在问题，哪里就是改革的指向，哪里就是攻关的重点。特别是在深化征管改革过程中，要针对基层和群众反映的问题，进一步健全岗责体系，完善配套制度，夯实征管基础，优化业务流程，改进风险管理，提高管理质量，把工作安排得更加周密一些，做得更加扎实一点。要把优化服务融合到税收工作全过程，扎实推进“便民办税春风行动”，减少进户检查，努力提速增效，最大限度地方便纳税人，最大限度地规范税务人，努力构建以需求为导向的纳税服务新机制，不断提升纳税人满意度和税法遵从度。

同志们，“桥的价值在于承载，人的价值在于担当”。当前第二批党的群众路线教育实践活动正在火热开展，税务系统正迈上税收现代化的新征程，大家责任重大、使命光荣。希望大家努力提升廉政修养和履职水平，在带领队伍推进税收现代化的进程中发挥更加重要的作用、做出更大的贡献！

用好指挥棒　汇聚正能量

——在全省国税系统绩效管理工作动员会上的讲话

福建省国家税务局局长　臧耀民

（2014年6月4日）

同志们：

今天，我们在这里召开全省国税系统绩效管理工作动员大会。这次动员会通过视频方式面向全省国税系统的全体干部，主要是对7月1日即将正式上线的绩效管理工作进行动员和部署，进一步深化认识，理清思路，增强信心，凝聚力量，扎实推进全省国税系统绩效管理工作顺利启动、平稳开展，为推动福建国税现代化建设提供重要保障。下面，我讲四点意见。

一、总结经验，目标管理考出新气象

绩效管理在我省国税系统有很好的实践基础。2011年省局制定实施《福建省国税系统年度工作目标管理考核办法》，三年来，省局

坚持把目标管理考核作为工作的总抓手，不断健全目标管理考核体系，加大考核力度，充分发挥目标管理考核导向、督导、评价和激励的作用，初步实现了管理精细化、工作规范化、办事流程化、监督常态化的目标，各级国税机关创先争优的积极性、主动性和创造性充分调动，各项工作任务加快推进、成效显著。对我省国税开展的目标管理考核工作，总局给予了充分肯定。

总结我省实施的目标管理考核办法，归纳起来，有三个鲜明的特点：一是直考到县。由省局直接对各县（市、区）国税局进行考核，省局对基层的政策执行情况和各项工作开展情况有更直接的了解和掌握，“一把尺量到底”，既体现考评的公平公正，也有利于保障在全省国税系统中推行的“扁平化管理”的全新工作格局。二是重点突出。在全面考核的基础上，突出对税收收入、纳税评估、查补收入、执法督查、创先争优、干部违法违纪等内容的考核，对全年各项任务及目标实行监督指导，半年检查落实，年底评估验收，确保考核任务完成。三是正面激励。将考核结果作为评比先进、实施奖惩的重要依据，每年评选出若干个名列前茅的设区市局和县区局作为优秀等次单位，给予精神和物质奖励，使全省国税系统学有榜样、赶有方向。

目标管理是根指挥棒，实施以来，在全省国税系统起到了“不用扬鞭自奋蹄”的良好效果。其中有一些很生动的例子，比如说莆田市国税局，为什么能够连续三年考核排名第一？这绝不是偶然，关键就在于奖惩分明的目标管理考核办法得到了全局上下的高度认同，大家以目标考核为指引，群策群力，齐心协力，汇聚起了强大的正能量，各方面工作扎实有力，成效明显。再比如说南平市国税局，本身条件不是很好，地处山区，经济税收总量也不大，经费方面也比较紧张，但是他们有一股劲，良辉同志到南平工作后，提出“要以优秀为目标”，通过严管善待，把干部的精气神提起来了，目标管理从2012年的全省倒数第一一跃成为2013年的优秀等次单位。他们的经验值得各单位学习。在动员会后接下去进行的绩效管理工作培训会上，我们还要请这两个单位做全省经验交流介绍。大家要认真学习，把好的做法带回去，促进今年的绩效管理持续提升。当然，还有不少单位，实行了目标管理之后，工作效率显著提高，干部队伍活力显著增强，各项工作质量显著改善。这里无法一一列举。总体而言，目标管理工作做得好的单位，都有一些共同的经验可资借鉴，归结起来主要有以下几个方面：

第一，领导高度重视是保证。目标管理做得好，要靠“一把手”重视，靠领导班子全力抓。曾经有一个区国税局，连续9年在市局的考核中位居倒数第一，2010年调换了“一把手”后，狠抓了一下目标管理考核，结果连续三年在该市排名第一。显而易见，“一把手”重视不重视，抓不抓，抓得怎么样，效果大不一样。

第二，稳抓工作质量是前提。目标管理考核是对工作质量和成效的全面反映，只要踏踏实实地将各项工作做到精益求精，树立质量观念，夯实管征基础，目标管理考核指标自然就上去了。有的地方，虽然“先天不足”，但是后天努力才是目标提升的关键。比如说光泽县国税局，在工业基础薄弱，经济结构不合理等情况下，提出“不比数量比质量”，注重质量管理，2013年取得全省考核排名第一的好成绩。

第三，完善奖惩制度是关键。有的单位将目标管理考核的结果作为其主要领导工作绩效的重要依据，有的单位把目标考核结果与每个干部的年度考核、评先评优、职务调整和奖金分配结合起来。机制完善，奖惩分明，就能有效增强队伍的凝聚力、向心力和战斗力，从而凝聚起干部队伍的磅礴力量。

我省国税系统目标管理成功的做法和积累的经验，为我省推行绩效管理打下了坚实的基础。应该说，绩效管理和目标管理本质是一样的，都是一种通过量化考核促进工作落实和提升的管理手段。二者一脉相承，所不同的是，目标管理更加注重结果的考核，而绩效管理除了注重结果考核外，还注重动态管理和过程监控。尽管路径不大相同，但是目标是一致的。因此，对我省目标管理工作做总结回顾和梳理，对推行绩效管理具有重要的借鉴和指导意义。这些好的经验，在推进绩效管理工作中要加以借鉴，取其精华，发挥优势，在继承中创新，在发扬中光大。

二、提高认识，深刻领会绩效管理重要性

根据总局的部署，我省将于7月1日正式上线运行绩效管理，现在距离正式启动只有不到1个月的时间，时间非常紧迫，任重道远，时不我待。绩效管理既是税收工作的“指挥棒”，也是干部活力的“催化剂”。实施绩效管理是总局今年主抓的一项工作，各级领导和广大国税干部务必深刻认识开展绩效管理工作的重大意义。

（一）实施绩效管理是党中央、国务院的重要部署

21世纪以来，党中央、国务院高度重视服务型政府建设和政府绩效评估工作，坚持推进行政体制改革和管理方式创新，对政绩考核评价体系和绩效管理制度进行了不断探索完善，对政府绩效管理提出了一系列要求。党的十八大报告提出“创新行政管理方式，提高政府公信力和执行力，推进政府绩效管理”。十八届三中全会审议通过的《中共中央关于全面深化改革若干重大问题的决定》强调“严格绩效管理，突出责任落实，确保权责一致”。新一届国务院工作规则明确规定“国务院及各部门要推行绩效管理制度和行政问责制度”。自2011年国务院批准试点以来，目前已有20多个国务院部门、近30个省（区、市）政府以不同形式开展绩效管理或考评工作。推进政府绩效管理工作，既是党中央、国务院的战略部署，也是建设创新型、法治型、廉洁型、服务型政府的大势所趋，成为了中央要求的“规定动作”。推进政府及部门的绩效管理，有利于促进确立人民至上的行政理念，建设服务性政府；有利于深化政府体制改革，创新行政管理方式，提高政府服务管理水平；有利于促使政府部门全面履行职能，更好满足公众和社会的服务需求；有利于明确行政责任，提高行政效能，增强政府的公信力和执行力，对我国加快转变政府职能、全面推进国家治理现代化进程必将产生重大的现实意义。

（二）实施绩效管理是做好新形势下国税工作的客观要求

在今年的全国税务工作会议上，王军局长提出了“到2020年实现税收现代化”的宏伟目标，从六个方面描绘了税收现代化的基本框架，其中他还谈到“要使税务成为受人尊敬的行业”。要做到这点，我们的工作就必须是规范的、高效的、廉洁的。国税部门作为与民生息息相关的重要经济管理和执法部门，肩负着“为国聚财、为民收税”的神圣使命。当前我们税收工作面临的形势艰巨而复杂，税收作为社会的关注点，税收收入的一毫一厘、税务干部的一举一动，都时刻处在风口浪尖，是社会舆论关注的焦点，这些都对国税工作提出了严峻挑战，客观上要求我们适应新形势、新任务的要求，不断提高履行职责的能力和水平。我们实施绩效管理，就是要着力提高全体国税干部特别是领导干部的执行意识、岗位意识、能力意识，

与时俱进地提升国税干部的综合素质和能力，着力提升服务大局、服务基层、服务纳税人的本领，从而不断推进税收工作，努力实现税收现代化。

（三）实施绩效管理是带好税务大军的有力抓手

绩效管理对于激发干部队伍动力活力，充分发挥税收职能作用，进一步提升税收工作站位、树立税务良好形象，具有重大意义，功在当前，利在长远。总体上看，当前我们这支队伍主流是好的，是有战斗力的，但是也存在不少问题。从省局机关来看，“阳光工资”实行后干部的待遇与过去相比有所下降，对干部的积极性、主动性和创造性都产生了一些影响。从基层来看，干部队伍年龄老化、思想观念陈旧、工作积极性不高的矛盾日益突出。经过近几年不断补充新鲜血液，干部整体学历水平有所提高，活力有所增强，但知识结构、能力结构仍不尽理想，干部素质良莠不齐，给队伍管理带来新课题。要正视和解决干部队伍建设存在的问题，首先要正视现实、解放思想、转变观念，要改变以往僵化和粗放的管理模式，通过有效的制度设计加以引导，既要为广大干部职工开辟其他激励通道，也要让每一位干部明白“有为才有位”的道理，切实解决“干与不干一个样、干多干少一个样、干好干坏一个样”的难题，让潜心工作、埋头苦干和实绩突出的干部有出路，有盼头。可以说，科学实施绩效管理是破解这些难题的钥匙。我省过去三年实施的工作目标管理考核已经充分证明了这一点。

（四）实施绩效管理是开展党的群众路线教育实践活动的重要保障

党的群众路线教育实践活动开展以来，全省国税系统查摆“四风”方面存在的突出问题并逐一整改，总体上讲，效果比较好，在转变职能、改进作风方面有了一定的成效，但是对照总局的要求，特别在责任落实方面还有一定的差距。还有些部门和同志往往是推一推，动一动，甚至推了也不动，在一些重大工作事项上不能主动协同配合、抓好落实。更有甚者，有的把执行的出发点不是放在总局、省局党组的工作部署，而是有利则干，无利则推，推磨转圈。上述问题归结起来恐怕主要是三个方面的原因：一是责任意识不强，要权不要责，有权不尽责，遇事推诿，遇难退却。二是履职能力不够，习惯墨守成规，照搬照抄，只求过得去，不求过得硬。三是问责机制不完善，在有些问题上名为集体负责，实为都不负责，系统上下长期存在年终考核都过关、出了问题不问责等不良现象。全面开展绩效管理工作，通过制定考评指标、落实工作责任、评价工作业绩、强化结果运用，为解决这些问题提供了重要契机和保障。

总局王军局长，对绩效管理工作高度重视，20多次亲自召集专题会议研究，全程指导把关考核办法及指标的制定，并多次在《绩效动态》上做出批示。各级各部门和广大国税干部要把思想统一到总局的重大决策部署上来，切实增强责任感和紧迫感，按照“一年试运行、两年见成效、三年创品牌”的总体要求，坚定不移抓好绩效管理，让总局部署在指标和责任分解中得以落地，让干部表现在过程控制中得以展示，让工作业绩在考核评价中得以显现，持续推动税收事业跨越发展。

三、明确思路，有序规范实施绩效管理

根据总局总体部署和要求，遵循“统一领导、分级管理，结合实际、探索创新，科学合理、客观公正，重点突破、整体推进”的基本原则，按照“绩效计划、绩效监控、绩效考评、结果运用”的基本流程，有序规范地推进绩效管理工作。

（一）遵循三个原则

一是分级管理，整体推进。绩效管理工作在税务总局党组统一领导下开展。税务总局负责绩效管理顶层设计和总体规划，并对税务总局各司局和省税务局实施绩效管理；税务总局各司局和省税务局向下延伸，形成下管一级、分级实施的绩效管理工作格局。根据总局的部署和省局的决定，2014年我省国税系统绩效管理工作实行统一领导，分级管理。省局负责绩效管理考核办法、实施方案和指标的制定，考评各设区市局，各设区市局再向下延伸，分别考评所辖县区局。总体上，要将省局、市局和县局共同纳入绩效管理，机关与基层上下互动，业务与政务协同发展，以一体化运行盘活全省国税系统“一盘棋”；税收工作与绩效管理同安排、同部署，整体推进税收工作持续健康稳定发展。

二是注重过程，加强评估。绩效管理强调过程控制和动态管理，这是与之前目标管理的最大不同。各单位要在平时抓好工作监控和绩效考评，建立重点工作任务和关键指标的日常监控机制，把绩效管理与过程监控、工作改进和减轻基层负担统一起来，掌握工作进度和重点指标完成情况，对发现的问题加强评估分析、及时纠偏，需要平时考核的，不能搞年底“算总账”，确保绩效计划得到有效执行和全面完成。前一阶段，我们完成了第一季度模拟考评，结果差强人意，既有客观原因，也有主观因素。同志们必须明白，不足和问题并不可怕，可怕的是发现不了问题、知道了问题不去解决。绩效管理本身就是发现问题、改进工作的重要方法和手段。各单位要高度重视考评结果，针对模拟考评反映的情况和问题认真分析、抓好整改。整改不到位的，要追究责任人的责任。在正式上线前还要继续做好模拟考评工作，通过问题排查、分析、整改和持续改进，确保7月1日正式上线、正常运行。

三是严格考评，促进提升。绩效管理的核心环节是绩效考评。各单位要科学制定绩效考评工作方案，合理确定考评方式方法。被考评单位要重点关注指标对应的工作运行效果，对绩效计划和绩效指标完成情况开展自查自评，针对绩效考评反映的情况和问题，纵横比较分析，查找问题，分析原因，制定整改措施，对各项管理制度、业务流程存在的不足进行完善和优化。省局各处室要加强对市局的工作指导和督促，通过绩效考评，提出改进工作、加强管理、提升绩效的意见和建议。

（二）克服三个误区

一是克服把绩效管理等同于绩效考核的误区。绩效管理不是物理过程，而是化学反应，不仅强调目标的制订，而且注重过程的管理；不仅注重目标的实现，而且注重实际成效，包括投入产出；不仅强调组织的考核，而且强调公众的参与评议。而绩效考核只是绩效管理其中的一个环节，是评价税务机关的工作和税务干部的行为是否符合目标的方法和手段，关注的是结果。将二者等同，以考核代替管理，将导致绩效管理流于形式，不能发挥出应有的作用。

二是克服实施主体角色错位的误区。很多干部包括一些领导都认为绩效管理是绩效办或者办公室的事情，领导只对绩效管理作原则性的指示，剩下的工作全交给绩效办，这实际是对绩效管理中角色分配上的认识误区。绩效办对绩效管理的实施负有不可替代的责任，设计绩效管理实施方案，提供有关绩效管理的咨询，组织绩效管理的实施，但更多的是扮演一种顾问或咨询师的角色。实施主体应该是每一位国税干部，离开各级国税干部支持与参与的绩效管理将只见其“形”，不见其“实”。

三是克服绩效管理只是一种奖惩手段的误区。在很多人心中都有意无意地把绩效管理与

奖惩划上等号，认为绩效管理就是淘汰、惩罚不合格的干部，升迁、奖励优秀的干部。绩效管理不是单纯为了奖惩而设立，它的主要目的是为了提升国税整体绩效，在工作目标实现的过程中，同时实现个人的自我诊断、持续改进和价值体现。

（三）坚持三个导向

一是坚持务实创新导向。绩效管理是公共管理的一个最新的理念和方式，是一种管理科学。管理是一个世界性的难题，到目前为止，还没有一个完全成熟的绩效管理方式，还没有一个国家的政府可以讲其绩效管理已经很完美了。我们在以往的目标管理上已经积累了一定经验，在推进绩效管理的过程中可以借鉴，但是更需要进一步解放思想、大胆探索、不断创新。要逐步健全管理创新的激励机制，针对绩效管理工作的重点、难点问题，增强实践创新的针对性和实效性。要运用发展的眼光分析、看待绩效管理的全过程，通过绩效改进、沟通反馈等手段及时发现问题、解决问题，保证绩效管理体系的科学性、先进性和适用性。要针对社会经济环境的变化、税收政策的调整、机构设置的变动、纳税人期望的提高等新情况，及时对绩效管理进行调整，全面提升绩效管理的水平。

二是坚持以人为本导向。对税务干部的管理一方面要强调制度和思想政治教育的作用，但是，以人为本的人性化关怀同样不可忽视，不能过度强调集体利益而忽略税务干部个人利益。要将绩效管理与政治地位、责任意识和个人荣誉紧密结合，充分发挥精神激励作用，激发基层税务干部的责任感和敬业意识，使其保持持续的工作热情。

三是坚持价值效能导向。开展绩效管理，不仅要关注绩效考核结果，更要审视该项工作是否达到了预期目的，是否提升了组织绩效，是否有利于提升税务形象，是否符合税收事业长远发展的价值取向。在设计考核模式和内容时必须摒弃不计成本、不问效益的做法，加强对各项税收工作成本和投入的考核评价，以最小的成本实现既定的工作目标。

（四）完善三种机制

一是完善重大事项协调推进机制。总局的绩效管理指标，以及省局向下延伸的指标，有相当一部分是需要多个部门相互支持、配合完成的，要完善重大事项协调推进机制，确保牵头部门切实负起责任，配合部门主动协调，防止各部门因为指标表述不清、定责不明或无法定量考核而推诿扯皮。省局各处室和各设区市局要有全局观，共同推动工作落实，真正形成手拉手、肩并肩，人人担当、荣辱与共的团队工作局面。

二是完善督促检查机制。千难万难落实最难。实施绩效管理工作任务重、要求高、难度大，要把督促检查贯穿于工作的全过程，通过督查加强与基层的交流沟通，及时发现工作中的困难和问题，帮助分析原因、研究对策、指导工作。各级都要建立信息双向反馈机制，对基层反馈上来的问题做到及时研究解决。要不断建立健全领导督查和职能部门督查相结合的工作机制，改进督查方法，突出督查重点，尤其注重绩效考评和结果运用两个环节的督查，确保各项工作措施落实执行到位。

三是完善激励约束机制。要以绩效管理深入推进为契机，把绩效考核与评先评优、干部选拔任用、问责问效等结合起来，发挥绩效考核弘扬先进、鞭策落后的双重作用。在政策允许的范围内，尽量多一些激励措施，让成绩突出者得到实实在在的利益。要建立“末位受责”机制，对绩效成绩长期滞后者作出相应处理，营造“能者上、平者让、庸者下”的氛围。要确保绩效考核结果可靠，赢得公认，使绩效管理的公信力得到长期维护。

（五）统筹三种关系

一是处理好当前工作与长远规划的关系。绩效考核是对综合工作的考核。开展绩效管理，既要避免为实现短期目标而急功近利，也要克服因片面追求长远发展而华而不实。要在不断实现短期目标的基础上，最终实现工作的长远目标。要做到指标选择切中要害、突出重点，选择那些能“牵一发而动全身”的项目作为考评指标。考就要考出实效，考出优劣，考出干劲。每项指标都要有针对性，不能“虚设”，不能烦琐，要牵“牛鼻子”、抓关键。同时要注意顶层设计和基层实际相结合，避免考核目标因脱离实际而成为空中楼阁。

二是处理好定性考核与定量考核的关系。对可以量化的工作目标必须量化，权重系数的确定、数据的选取、计算与合成等都要力求客观公正，符合实际，简便科学。但有些指标不能用准确的数据来描述和表达，只能定性地加以阐述。在考核中必须将两者有机结合起来，保证考核结果的科学性，以达到绩效考核的预期效果。

三是处理好相对稳定与适时调整的关系。根据阶段性工作目标和任务，考核指标应保持相对稳定，防止大起大落，保持工作连续性。同时要根据经济发展变化、税收政策调整等实际情况，与时俱进，适时调整工作目标。对现有考评项目要清理，该整合的整合，该精简的精简，该纳入绩效考评的纳入，该归入日常工作的归入，防止“政出多门”，切实减轻基层负担。

四、务求实效，吹响绩效管理集结号

一分布置，九分落实。全面实施绩效管理的号角已经吹响，时间紧、责任大，希望各级领导率领广大干部职工发扬钉钉子精神，一步步推进，一项项落实，把绩效管理工作抓紧、抓好、抓实。

（一）组织领导要有力

绩效管理工作头绪多、任务重，要打攻坚战。在今年年初的全省国税工作会议上，省局已经做了要求。从目前的情况来看，还是要再强调、再部署。省局绩效办已经把总局的各项指标进行了再分解、再梳理，在明确责任处室、责任人的基础上，按局领导工作分工，明确了每位局领导分管负责的指标、分值，各设区市局也要参照这种做法。绩效管理是“一把手”工程，主要领导要亲自抓、亲自研究、亲自部署、亲自督促，分管领导具体抓，重点指标一级抓一级，一级带一级，抓重点，抓关键，确保责任落地、一抓到底。省局绩效办将对省局机关各单位、各市局推行绩效管理工作进行考核，随时通报工作进展情况，哪个单位准备工作不充分，敷衍了事，拖了后腿，就要追究哪个单位负责人的责任。

（二）责任落实要强化

省局对各设区市局的绩效管理考核办法和指标都已经下发了，省局机关的考核办法也会在培训会上进行讲解说明。每项考评指标、每个工作考点都要实行责任制，谁的指标谁负责领，谁的工作谁负责抓，谁的任务谁负责落实，谁的责任谁负责承担。各级绩效办要倒排工期，认真研究，建立绩效管理体系，拿出实施方案，确保考评指标在总局和省、市、县局层层落地，将绩效管理的触角延伸到基层的每个岗位、每名干部，形成全覆盖的绩效管理体系。省、市、县各级国税机关既是绩效管理的组织实施者，又是被考评的责任主体，既要认真抓好对下绩效考评的组织实施，又要把绩效管理作为改作风、带队伍、促管理的重要抓手，努力提升工作绩效。

（三）全员参与要到位

基层每位干部对绩效管理的理解和参与程度对工作成败起着至关重要的作用，将影响到全省国税系统年度绩效目标的实现。全省国税就是一个大团队，要打好这场战，不能靠“单兵作战”，而是要靠全员共识、责任共担，真正参与其中。只有做到“一个都不能少”，才能上下互动、左右协同，才能取得预期成效。在全员参与的同时，还要有大局意识，特别是在落实组织收入、纳税服务、满意度调查等涉及多个部门和单位的综合性指标方面要有大局观，不能相互推诿，既要明确相关责任部门和具体责任人员，还要确保无缝对接，防止形成工作盲点。要在系统上下深入动员、广泛宣传，促进全系统思想统一、认识统一，凝聚各级税务机关和全体税务干部的最大共识，为开展绩效管理工作营造良好氛围。

（四）沟通联系要加强

绩效沟通是绩效管理的灵魂和主线，它贯穿于绩效管理工作始终，渗透于绩效管理各环节，是区别于传统考核的重要标志。在这方面，省局各处室要加强与总局主管司局的沟通协调，将结果及时反馈省局绩效办，省局绩效办也要保持与总局绩效办的沟通联系，做到万无一失。设区市局则是要加强与省局绩效办的沟通，加强市局各科室之间的沟通，加强与被考评单位的沟通。特别是在指标设置、过程管理、绩效改进等环节，进行深入广泛交流，形成工作共识和价值认同，确保绩效管理工作良性运转。

同志们，今年是绩效管理的启动年，今年工作的好坏将直接影响到明年乃至后年的绩效管理工作，因此打好绩效管理“揭幕战”至关重要，各单位“一把手”要高度重视，勇于担当，切实把绩效管理装在心上、扛在肩上、抓在手上。希望大家咬定青山不放松、鼓起勇气不松劲、紧抓落实不减力，吹响集结号，汇聚正能量，高标准、高质量地推进绩效管理，不断取得绩效管理新成效，为全面推进税收现代化做出新的贡献！

明责　履责　问责
推动党风廉政建设“两个责任”落到实处

——在2014年上半年党风廉政形势分析会上的讲话

福建省国家税务局局长　臧耀民

（2014年7月23日）

同志们：

今天召开省局党风廉政建设领导小组会议，一起学习了总局王军局长接受媒体访谈时关于落实党风廉政建设主体责任和监督责任的有关精神，曾光辉纪检组长通报了上半年党风廉政建设工作的主要做法、成效和存在的主要问题。监察室介绍了前一阶段信访、案件情况，莆田市国税局纪检组还就本单位党风廉政建设及内控机制建设情况作了汇报发言。这个会准备充分，开得很好，对于光辉同志的汇报分析我完全赞成，请大家结合实际认真加以贯彻落实。下面，我讲三点意见：

一、善于明责，深刻认识落实“两个责任”的重要意义和内在联系

党的十八届三中全会明确要求，落实党风廉政建设责任制，党委负主体责任，纪委负监督责任，制定实施切实可行的责任追究制度。习近平总书记在第十八届中央纪委第三次全会上强调，要落实党委的主体责任和纪委的监督责任，强化责任追究，不能让制度成为纸老虎、稻草人。中央纪委书记王岐山同志先后6次主持召开专题座谈会，强调要抓住党风廉政建设的主体责任和监督责任这个“牛鼻子”。总局王军局长最近在接受中央媒体访谈时指出，税务系统点多、面广、线长，廉政风险点多，肩负起主体责任，抓好党风廉政建设和反腐败工作，确保干部廉洁从税，对税务总局党组而言，是义不容辞的重大政治责任，必须常抓、细抓、长抓。这些决策和要求，释放出的信号强烈而且明确——权力意味着责任，责任需要担当，我们要深刻理解和把握党中央、总局党组的要求，突出一个“责”字，把主体责任和监督责任记在心上、扛在肩上、印在税上，真正做到税收业务和党风廉政两手抓，两手都要硬。

主体责任和监督责任既相互联系又有所区别，不能以监督责任代替主体责任，也不能以主体责任涵盖监督责任，更不能以党组的集体责任掩盖个人领导责任，一定要去除错误的认识。抓党风廉政建设不仅是纪检组长的事，更是班子全体成员的事，在党风廉政责任体系中，党组负全面责任，党组书记是第一责任人，班子成员在职责范围内负领导责任，履行一岗双责，形成环环相扣的责任链条。怎样才能真正做到“明责”，主要是要正确认识和处理好以下两个重要关系：

一要处理好党组主体责任和党组书记第一责任人的关系。党风廉政建设党组要负总责，党组书记是第一责任人，要对党风廉政建设负全面的责任。党组要充分发挥纪检组的作用，把党风廉政工作作为日常工作统筹抓起来，抓党风廉政教育、抓制度建设、抓重大案件查处，建立不想腐、不能腐、不敢腐的防火墙。党组书记履行好第一责任人职责是落实党组主体责任的关键。自己要站得稳、立得住，认真抓班子、从严带队伍、当好廉洁从政的表率，以身作则、防微杜渐、洁身自好；要坚持重要工作亲自部署、重大问题亲自过问、重点环节亲自协调、重要案件亲自督办。

二要处理好党组主体责任和纪检组监督责任的关系。党组是领导核心，党风廉政建设是党组的“硬任务”，党组纪检组的监督责任是主体责任的重要保证，同时也是履行主体责任的职能机构和组织保障。把握好主体责任和监督责任重点在于三个方面：一是党组要切实加强对党风廉政建设工作的领导，进一步增强政治意识、忧患意识、责任意识，敢于管党、善于管党、严于管党，切实担负起全面领导本单位党风廉政建设的主体责任。二是党组书记和班子成员要自觉接受纪检组监督。要充分认识到监督是关心与爱护，接受监督是基本执政素质，不能自觉接受监督的人不具备当领导干部的起码素质。党组书记要自觉养成在监督下工作的习惯，坚决防止权力滥用。三是党组书记要支持纪检组履行监督责任。要保证纪检组监督权的相对独立性和权威性。同时，纪检组也要大胆监督，认真履职，不怕得罪人，更好地发挥党内监督的作用。

二、认真履责，把“两个责任”落到实处

在中纪委十八届三次全会上，习近平总书记精辟概括了党委主体责任的五个方面，为我们将主体责任落到实处指明了方向，中共中央政治局审议通过的《党的纪律检查体制改革实施方案》也进一步强调和明确了党章赋予纪检监察部门的监督责任。各级党组和纪检组要做到守土有责、守土负责、守土尽责。下半年落实“两个责任”要突出“五个抓”，重在“三转”。

（一）落实主体责任要突出“五个抓”

一是抓用人责任。要认真贯彻落实新修订的《党政领导干部选拔任用工作条例》，突破旧的思维定式，把中央的新精神新要求落实到我们选拔使用和考核评价干部上来，为国税事业健康发展提供人才保证，要通过开展巡视检查等，发现和坚决防止跑官要官等选人用人上的不正之风；要不拘一格选人才，不搞论资排辈，不唯票、不唯分，把真正敢于负责、敢于担当、把事业放在心上、不怕得罪人的优秀干部选拔到各级领导岗位、领导班子里来，努力形成“让想干事者有机会、能干事者有舞台、干成事者得重用”的良好氛围。

二是抓纠正责任。要抓党风促政风行风，认真落实总局《税务系统第二批教育实践活动“四风”突出问题专项整治方案》，逐条逐项自查自纠，不断深化“三清三察三审”、推进“三治”工作，深入查找在履职尽责、工作效率、服务质量以及遵章守纪方面存在的问题和不足，以整改落实推动党的群众路线教育实践活动不断深入，把制度笼子织得更紧更密，推动作风建设常态化长效化发展。

三是抓监督责任。强化对权力运行的制约和监督，是推进税收现代化建设的必然要求，省局机关作为全省国税系统的司令部，在规范权力运行中肩负着以上带下的作用。一方面要按照总局深化内控机制建设的要求，扎实开展以明确内部责任、合理分解权力、规范优化流程、排查内部风险和健全完善制度为主要内容的部门内控机制建设；另一方面要针对行政管理和税收管理的薄弱环节，升级优化内控促廉管理信息系统，开发设置内部行政管理权相关风险防控指标，实现业务全覆盖。加强系统运行动态效应分析，督促各级税务机关对廉政风险指标进行实体性核查，及时纠正不规范的执法行为。有效加强税收执法和行政管理权力运行的廉政风险防控，提升各项工作管理水平。

四是抓支持责任。按照总局加强反腐体制机制创新的有关要求，支持纪检组监察室认真履行职责，聚焦主业，监督执纪问责。加强纪检组对下级纪检组的指导，组织好下级纪检组每年向上一级纪检组报告工作、采取不同形式述职等，完善约谈汇报制度。按照“两个为主”的要求，探索建立和完善查办案件以上级纪检组为主的工作机制，制定案件线索处置和查办案件工作在向同级党组汇报的同时，必须向上级纪检组汇报的工作制度，加强纪检监察队伍建设。

五是抓管理责任。按照“三严三实”的要求，贯彻群众路线、改进作风，严格执行中央八项规定精神和廉洁从业有关规定，认真贯彻落实《国家税务总局关于进一步严肃财经纪律加强财务管理的通知》精神，严格执行中央和税务总局制定的会议费、培训费、差旅费、招待费、出国费和专项经费管理制度和办法。加强“三公”经费使用管理，严格开支范围和标准，严格审批手续。执行好民主集中制，强化健全“三重一大”决策制度的执行，形成风清气正、团结奉献、务实高效的氛围。

（二）履行监督责任重在“三转”

一是转职能。党组纪检组要聚焦主业，精准发力，把正风肃纪、查办案件作为最基础、

最根本的职责，盯住元旦、春节、“五一”、中秋、国庆等重要节点，严肃查处违规行为，始终保持惩治腐败的高压态势。坚持抓早抓小，按照案件线索的五类处置标准做好举报线索清理，对存在苗头性问题的党员干部，采取约谈、委托约谈、联合约谈等方式进行提醒告诫。

二是转方式。坚持把监督的重点放在“监督的再监督、检查的再检查”上来。根据年初下发的《2014年党风廉政建设任务分解意见》，加强检查考核，督促下级党组落实主体责任。根据联合监督检查工作计划，有效整合纪检监察、巡视、内审等监督资源，实现资源共享、成果共用，形成更加强大的监督合力，依纪依规对违纪违规行为予以问责，起到警戒教育、规范执法、改进工作的目的。

三是转作风。要树立监督者更需要受监督的理念，解决灯下黑的问题。对纪检监察干部严格监督、严格管理、严格要求、严格教育，培养善于执纪、敢于问责的业务能力，锤炼公道正派、刚正不阿的清正品质。

三、敢于问责，建立健全落实“两个责任”的责任机制

有权必有责，权责要对等，严格的责任追究，是贯彻落实党风廉政建设责任制的最后一道防线。主要做到以下几点：

一是贯彻落实《全国税务系统党风廉政建设责任制实施办法》，对腐败问题多发，不正之风长期蔓延的单位严肃问责，对于软弱涣散，长期不敢抓不敢管的领导班子要坚决调整。二是按照总局要求，建立健全“一案双查”制度，把相关要求和内容具体化，形成责任分解、检查监督、倒查追究的完整链条。三是督办几个重大典型案件。对问题线索反映集中、群众反映强烈的违法违纪行为，紧紧抓住案件查处这个重要手段，解决好“追究难”的问题。四是严格依法依纪按程序追责，防止以问责代替法纪追究，使责任追究经得起历史检验。五是加强绩效管理。承接总局指标的同时，结合基层实际，突出指标的可操作性和可考性，要通过树状分责、链条传导、网格覆盖、倒逼追责，把党风廉政建设主体责任和监督责任落到实处。

同志们，党风廉政建设和反腐败工作既是攻坚战又是持久战，建设廉洁国税人人有责，希望大家勇于担当，敢于负责，推动任务再细化、部署再深化、举措再实化，力求善始善终、善做善成，使“两个责任”落到实处。

总结经验　巩固成果
让党的优良作风在福建国税系统发扬光大

——在福建省国税系统党的群众路线教育实践活动总结大会上的讲话

福建省国家税务局局长　臧耀民

（2014年10月20日）

同志们：

近日，中央和国家税务总局先后召开大会，对党的群众路线教育实践活动进行总结。习近平总书记和税务总局局长王军的讲话具有很强的指导性和针对性，对进一步巩固和拓展教育实践活动成果，持续推动作风建设，更加扎实地做好税收工作，具有重要意义。今天省局召开大会，主要是深入学习习近平总书记和王军局长在党的群众路线教育实践活动总结大会上的讲话精神，对我省国税系统党的群众路线教育实践活动进行全面总结，对抓好问题整改、落实从严治党要求、持续推进作风建设进行部署。

税务总局第三巡回督导组对我省国税系统党的群众路线教育实践活动非常重视，倾心关怀，悉心指导，热心帮助，使我们深受教育、倍受鼓舞。今天，周永卫组长、龚建全副组长又专程来参加我们的总结大会，周永卫组长一会儿还要作重要讲话，我们一定要认真抓好贯彻落实。

下面，我代表省局党组讲三个问题：

一、把握主题，突出特色，圆满完成党的群众路线教育实践活动任务

根据税务总局的统一部署，省局参加第一批党的群众路线教育实践活动，市局、县局参加第二批党的群众路线教育实践活动。从2013年7月开始，活动自上而下分两批开展，目前已基本结束。在总局党组的正确领导和第三巡回督导组的具体指导下，全省国税系统包括省局机关、8个设区市局和平潭综合实验区局、87个县级国税局6575名党员和近万名干部职工参加了党的群众路线教育实践活动，整个活动进展有序、扎实深入，达到了预期目的。近期在全系统开展了党的群众路线教育实践活动群众满意度测评工作，对党的群众路线教育实践活动总体评价为“好”的占97.61%，取得了群众满意的成效。在活动中，省局和各级党组坚持把责任牢牢扛在肩上，认真贯彻总局“三个服务、三个实在、三个禁止”的“36字”落地要求，敬终如始，善做善成。主要做法可以概括为“五个三”：

（一）“三位一体”深化学习教育

以强化群众观点为宗旨不断深化学习教

育，全省国税系统共组织集中学习1364次，人均学习天数7天，撰写心得体会9787篇。一是经典论述深入学。领导干部带头，认真学习中央规定的必读书目，特别是习近平总书记系列重要讲话和在河南省兰考县调研指导时的重要讲话精神，加强理想信念、党性党风党纪和道德品行教育，增强党员干部践行党的群众路线的自觉性和坚定性。全省国税系统共举办学习专题辅导报告158场次，各级党组主要负责同志讲党课121次。宁德市国税局专门编印了《教育实践活动知识问答60题》，举办知识测试，以考促学。二是红色文化现场学。结合福建革命老区特色，以上杭古田“共和国税收摇篮”陈列展和“福建省国税系统红色廉政文化教育基地”2个平台为依托，采取理论学习与实地学习相结合的方式提升学习效果。龙岩市国税局充分利用古田会议旧址、才溪乡调查纪念馆等红色教育资源，开设“红色课堂”，补强“精神之钙”。三是先进典型身边学。用心总结郭爱莲等同志的先进事迹，号召全省国税系统学习郭爱莲同志的“三心五满意”服务模式。组织全省国税系统5位先进典型开展“为民务实清廉”先进事迹巡回报告，通过深入学习身边的先进典型，自觉把践行党的群众路线内化于心、外化于行。各地大力开展向身边典型学习活动，漳州市国税局开展了学习谷文昌精神活动，三明市国税局开展向领军人才黄显福同志学习活动，南平市国税局组织党员干部参加了先进人物詹红荔事迹报告会，筑牢党员干部爱岗敬业、全心全意为人民服务的理念。

（二）“三轮齐驱”反复征求意见

我们推出了“三百”工程，拓宽听取意见渠道，座谈讨论集中“会诊”，调研走访主动“问计”，问卷调查请人“把脉”，以群众呼声为导向反复征求意见。一是举办“百家出口企业大宣讲”。邀请郑晓松副省长与100家大型出口企业的代表面对面沟通，我在会上重点宣讲出口退税政策，介绍促进外贸出口新举措，听取出口企业的意见建议。二是开展“百题经济热点大调研”。各级国税机关组建100多个调研组，由领导班子成员亲自带队，深入企业调查研究，共形成调研报告141篇，为地方党政领导提供决策参考。福州市国税局关于推行企业商事登记“三证一章合一”的建议获得郑晓松副省长批示；泉州市国税局关于新型业态税收管理与扶持措施得到市委、市政府的肯定；莆田市国税局针对辖区内企业生产经营存在的困难起草的“八条建议”引起了省委党的群众路线教育实践活动第一督导组组长潘心城和有关部门的高度关注，中国税务报头版头条进行报道；平潭综合实验区国税局积极探索封关后税收政策，提出“选择性报关”的建议，被财政部采纳，并加以实施。三是启动“百户重点企业大走访”。秉承习近平总书记倡导的“四下基层”优良传统，省局领导班子成员分赴各挂钩联系点开展“一次走访、一次交流谈心、一次大检查、一次重点企业座谈会、一次明察暗访”等“五个一”活动，市、县两级领导班子也分别走访各基层局和当地党政机关、纳税人，听取基层党员干部和群众的意见。据统计，全省国税系统共发放征求意见函20040份，发放调查问卷17186份，征集意见建议3041条；省、市、县三级班子成员赴基层召开座谈会799场，走访税户4105户，听取意见5685条。

（三）“三级联动”认真查摆问题

各级领导班子自觉端正态度，深刻查摆问题，努力把检查材料写深写透。省局党组及其班子成员查找出101个“四风”方面存在的问题，各市、县、区国税局班子及其班子成员查找出4368个“四风”问题。一是立足“自己

找”。在认真查摆的基础上，由各单位党组主要负责同志主持起草领导班子对照检查材料，每个班子成员严格按照要求，自己动手认真撰写个人对照检查材料，坚持剖析自己不护短，自我检查不遮掩，亮出问题不修饰。二是依靠“群众提”。各级领导班子对照检查材料初稿形成后，各单位多次组织召开党组会议进行审议，并在一定范围内征求意见，向工作对象和服务对象进行公示，根据反馈意见反复修改，最后形成终稿。各级领导班子成员对自己的对照检查材料也进行了多次修改，力求个人对照检查材料摆得准、查得实。三是重视“上级点”。省、市、县三级党组及主要负责人分别按要求对市、县级班子及班子成员对照检查材料进行一一审阅，提出修改意见；省、市两级督导组按照职责分工，严格把关被督导单位班子和个人对照检查材料，确保问题找准查透。省局活动办组织人员对各级班子及班子成员对照检查材料进行集中审阅，逐一提出修改意见，并督促做好修改。省局班子对照检查材料十易其稿，各设区市局和县级局班子对照检查材料普遍修改6次以上，个人对照检查材料最多修改12次。总局在抽查我省国税系统部分单位对照检查材料后，对材料质量给予了高度评价和肯定。

（四）“三环亮丑”开展深刻批评

以“红红脸、出出汗”为标准认真开展批评与自我批评，会前会上会后敢于亮丑，坚持高标准、严要求开好民主生活会。一是会前谈心交心不遮掩。按照“畅思想、深入谈、求共识”的要求，各级党组书记与党组成员之间，党组成员与党组成员之间、班子成员与分管部门负责人之间按照“四必谈”要求，分别进行了三轮交心谈心，每个领导平均谈心次数达5次以上。省局领导班子成员深入到挂钩联系点单位与所联系单位班子成员进行谈心，大家敞开心扉、坦诚相见，主动征求意见，相互沟通思想，做到了见人见事见思想。二是会上批评与自我批评有“辣味”。按照省局党组“讲标准重质量、讲程序重实效、讲原则重团结”的“三讲三重”原则，认真开展批评和自我批评，不护短，不遮掩，开诚布公，积极诚恳。民主生活会上，领导班子成员脱去“隐身衣”，捅破“窗户纸”，相互批评不留情面。省局班子成员互相提出批评意见57条，各市级局班子成员互相提出批评意见586条，各县级局班子成员互相提出批评意见3248条。专题民主生活会达到了“红红脸、出出汗”的效果，得到了总局督导组的充分肯定。三是会后通报凝共识。各活动单位会后及时将专题民主生活会情况在本级机关中层以上领导干部范围内进行通报，并向上级局报送了专题民主生活会情况报告。省、市级督导组全程参加会议进行指导并对民主生活会效果给予了充分肯定。

（五）“三管齐下”推进整改立制

认真梳理教育实践活动中征集到的问题，以问题为导向扎实推进整改，完善“两方案一计划”和个人整改措施，督促整改落实。一是认真完成领导班子整改任务。省局班子坚持责任制、督办制、公示制、销号制、通报制“五制”并举，分类限时抓好整改任务落实，目前整改进度达到93.4%。各级领导班子针对查摆出的3590项问题，进行细化分类，制定整改方案和整改任务书、时间表，现已完成整改任务2409项，已公示1508项，已销号1258项。领导班子成员个人也聚焦“四风”问题，着力整改，第二批党的群众路线教育实践活动单位领导班子个人整改任务5565项，已完成3820项，销号2426项。二是着力开展“四风”突出问题专项整治。下发专项整治工作方案，在深化“三清三察三审”的同时，大力推进“三治”，开展培训中心等六项专项整治工作，下大力气开展整治文山会海、检查评比泛滥，整治门难进、脸难看、事难办等21项专项整治工作，坚决纠正当前纳税人和干部群众反映强烈的突出问题，树立国税机关良好社会形象。三是严格落实制度建设和班子成员整改任务。按照边整边改、近期、中期、远期等时间表制定整改目标和具体路径，完善领导班子制度建设计划。省局机关计划制定和完善30项制度，现已完成30项；全省国税系统第二批活动单位共计划制定完善2077项制度，已完成1548项，公示972项，销号853项。

二、提升站位，真抓实改，党的群众路线教育实践活动取得明显成效

全省国税系统各活动单位紧紧围绕党的群众路线教育实践活动主题，以反对“四风”为切入点，着力解决社会高度关注、纳税人热切期盼、基层反映强烈的问题，达到了“照镜子、正衣冠、洗洗澡、治治病”的总要求，实现了预期目标，取得了实质性成效。这些成效集中体现在“五个到位和五个新”：

（一）精神补“钙”到位，认识跃上新高度

通过党的群众路线教育实践活动，广大党员干部经历了思想的洗礼，群众路线和群众观念明显增强，党性党风党纪意识明显增强，对照“四风”问题，通过问题查找、自我批评和互相批评，以高度的思想自觉，对作风之弊、行为之垢来一次彻底的大扫除，增强了党性修养。特别是全省国税系统结合总局“三个服务、三个实在、三个禁止”主题，大力实施“扎根工程”，深入开展“四下基层”活动，进行广泛调查研究，不断丰富对群众路线和群众观点的认识。广大党员、干部普遍反映，自己经历了一次严格的党内政治生活锻炼，思想受到洗礼，灵魂受到触动。

（二）为民服务到位，群众得到新实惠

省局机关制定出台了“三个服务”的具体实施意见43条举措，各级国税机关细化分解措施，通过服务模式创新，打通服务纳税人的“最后一公里”，让党的群众路线在全省国税系统深深扎根，结出硕果。一是流程再造，构建“最后一公里”运行模式。把税源管理分局涉及的基础管理事项全部转移出来，在办税大厅集中办理，实现了涉税业务“一窗式”服务，行政审批“一审一核”，申报征收等五大类涉税业务全省“同城通办”。10月1日起试行《全国县级税务机关纳税服务规范》，全面优化升级我省《涉税业务规程》，与2013年版相比审批环节减少23.4%，审批时限提速36.2%，审批总时限数和《纳税服务规范》相比，提速51.4%。二是便民办税，提升“最后一公里”运转效率。在全省国税系统深入开展“便民办税春风行动”，以“六提速、三减负、三公开、一首问”为主要内容，细化出台31项便民办税举措，推出“方便出口退税、促进外贸出口”十大措施，最大限度便利纳税人、最大限度规范税务人，受到苏树林省长等3位省领导充分肯定。实行权力清单制度，取消28种涉税文书报表，落实进户审批制度，规范进户执法项目，取消29项执法项目。三是个性化服务，打造“最后一公里”特色品牌。全面提升服务品质，提出“安心、舒心、称心、放心”的“四心”服务理念，积极向纳税人问需问策，努力实现纳税服务“零距离”。全面推行上杭县局首创的“三零四点五到户”纳税服务工作法，福建电视台新闻联播头条以“反对‘四风’服务群众”专题报道我局创新举措。

（三）典型示范到位，队伍积聚新能量

在党的群众路线教育实践活动当中，福建省国税系统涌现出了一批“为民务实清廉”先进典型，其中，福州市鼓楼区国税局局长郭爱莲同志被中央党的群众路线教育实践活动领导小组办公室确定为践行群众路线好干部，《人民日报》、新华社、《经济日报》和中央人民

广播电台等中央主流媒体集中报道了她的先进事迹，总局局长王军在郭爱莲先进事迹上作出重要批示，要求在全国税务系统加强宣传学习。省局党组发出通知，号召全省国税系统广大干部职工开展学习郭爱莲活动。省局组织郭爱莲等5位先进典型在全省开展“为民务实清廉”先进事迹巡回报告9场次，全省国税系统2000多人聆听了报告，近万人接受了教育。

（四）“四风”整顿到位，作风呈现新面貌

按照总局统一部署，在全省国税系统打好“四风”突出问题专项整治工作攻坚战。在第一批活动中，集中力量打好以“三清三察三审”为重点的专项整治攻坚战。在第二批活动中，推进超编制限额进人、违反规定程序进人、超职数和超规格配备领导或非领导职务等“三项治理”，开展培训中心、为税不廉、纵酒行为等“六项集中整治”。各活动单位对照专项整治任务主动对号入座、认真自查自纠，各督导组及时开展督促检查和明察暗访，各项整治工作成效明显。全省国税系统大力压缩“文山会海”，各类会议数量同比减少15%，各类简报数量减少21%；集中整治“门难进、脸难看、事难办”，各项便民服务举措同比增加18%；全面开展“三清”，调整清理办公用房24002.06平方米；加强预算管理，压缩“三公”经费27.97%，减少因公临时出国（境）5批19人次；开展会员卡清退活动，做到“零持有、零报告”。通过正风肃纪，机关作风明显改进，基层窗口服务单位门难进、脸难看、事难办等问题得到有效整治，随意执法、选择性执法，不给好处不办事、给了好处乱办事的现象大为减少。

（五）履职尽责到位，工作迈上新台阶

全省各级国税机关在党的群众路线教育实践活动中重实际、求实效，开展活动与推进工作两不误、两促进，各项工作迈上新台阶。2013年全省国税部门（不含厦门）组织税收收入1224.2亿元，增收126.4亿元，增长11.5%，比全国平均增幅高1.8个百分点，增幅居31个省市第10位，在华东地区国税部门排第2位。在总局对全国各地2013年税收收入质量综合评分中，福建国税综合得分排在前五名。特别是今年1—9月，在经济增速放缓的复杂形势下，全省国税部门组织的税收收入完成1322.3亿元，收入规模在全国31个省市中列第10位，同比增收104.9亿元，增长8.6%，增幅比全国同口径高出0.9个百分点，实属不易。税制改革稳妥推进，“营改增”试点政策效应明显，今年1—8月，我省（不含厦门）共有7.1万户试点纳税人纳入“营改增”范围，累计实现改征增值税19.93亿元，税负减轻15.25亿元，减税面达98%以上；全省国税系统（不含厦门）共为4.75万户小型微利企业减免企业所得税1.07亿元，减税效应日益凸显，改革红利持续释放。绩效管理顺利实施，干部选拔任用制度进一步健全完善，干部队伍活力有效激发，党风廉政建设和作风建设持续推进，总局、省纪委、省监察厅多次专题介绍我局党风廉政建设做法和经验，《中纪委纪检监察信息》第45期专期刊载推介《福建省国税局党组认真履行主体责任》的做法。精神文明建设再创辉煌，我们福建国税前有税务铁人袁庭钰，今有先进典型郭爱莲，树立了“为民务实清廉”的国税好形象。

回顾一年多来的党的群众路线教育实践活动，成效突出，成绩可喜。我们有辛苦更有快乐，有汗水更有收获。总局、省委信息简报24次介绍我省国税开展活动的做法和经验，《人民日报》等中央主流媒体和《中国税务报》《福建日报》先后30多次报道了我省国税党的群众路线教育实践活动的经验和成效。总局和省委、省政府领导先后11次对我省国税系统开展党的群众路线教育实践活动和服务经济社会发展大局作出重要批示。这些成绩，得益于总局党组的领导有方，得益于总局第三督导组的指导得力，得益于各级党组的敢于负责，更得益于全系统干部职工的齐心努力。各级活动办和督导组为此倾注了大量的心血和汗水，借此机会，我谨代表省局党组向同志们表示衷心的感谢！

三、总结经验，巩固成果，推动作风建设再上新的台阶

总结我省国税系统党的群众路线教育实践活动，我们感到，之所以能够顺利进展，取得预期的效果，关键是我们在开展活动的过程中，始终加强组织保障，强化责任担当，加强督查指导，坚持统筹兼顾，注重突出特色，充分发挥了各方面的有利因素和积极作用。主要经验可以概括为五条：

一是组织保障是做好党的群众路线教育实践活动的前提。国税系统党的群众路线教育实践活动单位点多、线长、面广，涉及省局、市局和县局等各级国税机关，覆盖到全省近万名国税党员干部。要保证教育实践活动的效果，必须充分发挥省、市、县三级国税机关的协调联动作用，才能层层传导压力，确保中央党的群众路线教育实践活动各项部署和措施落到实处。省局成立了以我为组长的全省国税系统党的群众路线教育实践活动领导小组，抽调精干人员充实办公室力量，建立省局领导班子联系点制度，明确职责分工，确保任务落实到位。各活动单位也相应成立领导机构，制定工作方案，细化时间安排，召开动员大会，落实规定动作，创新自选动作，有部署、有计划、有落实。有力的组织保障，推进了实践活动的层层落实，取得了相应成效。

二是责任担当是做好党的群众路线教育实践活动的关键。各级主要领导亲自抓、作表率，是这次活动取得成效的关键。省、市、县局三级党组牢记主体责任，特别是“一把手”主动带领班子成员坚持以身作则，身体力行，深入一线，靠前指挥，带头执行和遵守各项规定要求，真正做到认识高一层、学习深一步、实践先一着，剖析解决突出问题好一筹，以实际行动带动党员干部的积极性，在各级机关形成了领导示范、上行下效的生动局面。实践证明，领导敢于负责、勇于担当就是无声的命令，就是鲜明的旗帜。

三是强化督导是做好党的群众路线教育实践活动的动力。税务总局督导组的领导和同志们不辞辛劳，认真负责，严格把好质量关，对教育实践活动中每一个环节都给予了具体指导和有力帮助，确保了教育实践活动沿着正确的方向健康开展。在第二批活动中，省、市局分别组建了3个、25个督导组，层层传导压力，确保活动有效开展。省局、市局督导组积极发挥督促指导作用，紧扣各个环节重点任务、重点工作，一环紧着一环拧，一锤接着一锤敲，认真审阅活动材料，加强审核把关和指导，确保活动开展有痕有印、有序有效。

四是统筹兼顾是做好党的群众路线教育实践活动的根本。各活动单位坚持从大局出发，统筹兼顾，运筹帷幄，把开展教育实践活动同各项税收工作紧密结合起来，与党员干部履职尽责紧密结合起来，用各项税收工作的发展来检验党的群众路线教育实践活动的成果，确保了两不误、两促进、两提高。

五是突出特色是做好党的群众路线教育实践活动的重点。有特色才有亮点，各活动单位既原汁原味地做好“规定动作”，又大胆探索、勇于创新，鼓励多做“自选动作”，实现规定动作不走样，自选动作有特色，充分突出时代特色、福建特色和税务特色，因时因地因人拓展学习教育活动内容，让群众路线的观念真正入脑入心。

在充分总结这次党的群众路线教育实践活

动取得成绩的同时，我们也要看到存在的问题和不足。经过这次活动，全省国税系统改进作风有了一个良好开端，但取得的成果还是初步的，基础还不稳固，工作仍有许多不足之处。少数党员理论学习不够自觉，存在厌学情绪，学习教育不够平衡；有些问题的整改还没有完全到位，还需要进一步跟踪，一些深层次问题还没有从根本上破解，上下联动解决问题还没有真正形成合力；有些制度在少数单位落实得还不够好，联系服务纳税人和群众机制还需要进一步完善，等等。对于这些问题，我们将在今后工作中进一步加以解决。

同志们，党的群众路线教育实践活动虽然告一段落，但总结不等于收场，践行群众路线没有终点。每个党员领导干部都要把新时期党的群众路线要求，作为加强党性锻炼和修养的标准，用毕生的精力去追求、去实践，作风建设永远在路上。我们在今后的工作中，要坚持标准不降，力度不减，继续在密切联系群众上下功夫，使“为民　务实　清廉”的要求内化于心、外化于行、固化于制；必须以锲而不舍、驰而不息的决心和毅力，把作风建设不断引向深入，使党的优良作风真正在全省国税系统落地生根；我们要认真贯彻习近平总书记重要讲话精神，始终保持“永远在路上”的精神状态，始终绷紧作风建设这根弦，坚持不懈地把党的群众路线教育实践活动成功经验拓展到税务系统党的建设和干部管理的各个方面，落实到税收工作的各个方面。

一是“严”字当头，落实从严治党要求。习近平总书记在总结大会上就新形势下坚持从严治党提出了八点要求。习近平总书记的重要讲话不仅仅是总结，更是一份宣言书和指导新时期党的建设工作的纲领性文件。讲话释放出了以习近平同志为总书记的党中央决心以党的群众路线教育实践活动为新的起点，把作风建设不断引向深入，在新形势下坚持从严治党的强烈信号。全省国税系统一定要认真学习、深刻领会习近平总书记重要讲话精神，把思想和行动统一到重要讲话精神上来，切实增强做好新时期党建工作的责任感紧迫感，深入推进党的建设，不断增强党的凝聚力、国税公信力、干部执行力和制度约束力。各级局党组书记要认真履行“第一责任人”的职责，聚精会神抓党建，用心用功抓党建，绝不能有“抓业务是硬任务、抓党建是软指标”的错误认识。各级局党组成员要守土有责，切实履行好分管部门从严治党责任。各基层党组织书记要坚持把贯彻上级指示精神与本部门实际结合起来，探索新形势下党建工作新方法新路子。要进一步加强思想建设，严明党的政治纪律、组织纪律；进一步加强作风建设，紧紧扭住“四风”不放松，真正让好作风成为系统上下的一种风气、一种氛围；进一步严肃党内政治生活，持续开展批评与自我批评，营造良好的民主氛围；进一步加强党员干部教育管理，严格执行干部选拔任用和监督管理各项规定；进一步加大执纪执法力度，坚决查处违反党纪国法的行为；进一步加强制度建设，严格执行制度，强化制度约束，用制度管权管事管人。各级各部门“一把手”要自觉把党建工作作为“主业”来抓，持续推进新时期党的建设。

二是认真梳理，着力搞好活动总结。搞好总结的过程是认识再提高、措施再完善、工作再推进的过程，我们要坚持边总结边提高，边总结边完善，边总结边深化。要抓住重点搞总结。在活动中，各级国税机关结合实际创造了很多新鲜做法和生动实践，为加强作风建设提供了丰富经验。搞好活动总结，就是要把这些经验提炼好、升华好、推广好，让经验发挥更持久的作用，推进作风建设制度化。要把握特点搞总结。每一个单位都有自己的特色做法，活动的每个环节、每项任务都有其特点，要从具体工作中抽出普遍规律，为今后作风建设提供指南。要盯住问题搞总结。在实事求是评价成效的同时，进一步查漏补缺，看看还有哪些做得不到位的地方，还有哪些方面可以做得更好，明确今后的努力方向，推动作风建设向纵深发展。关于总结大会的时间安排，根据总局的部署，市局、县局要分别在10月25日、31日前压茬召开总结大会。

三是深化整改，持续巩固活动成效。要在前期工作落实的基础上，按照“四个回应”的要求，进一步修改完善“两方案一计划”，提出针对性强、力度大的整改措施。重点是深化“三清三察三审”，大力推进“三治”，做好培训中心等六个专项整治，突出解决“为政不为”问题，突出解决服务税户“最后一公里”问题，突出解决“为税不廉”问题，突出解决制度规范问题，进一步加大推进力度，狠抓21项重点专项整治任务。在前期贯彻立行立改、边查边改的过程中，我们已经解决了一些问题，改进了一些不足，整治了一些不良作风。但是，按照锲而不舍抓整改、善始善终抓落实的要求，下一步的整改落实工作不得有半点含糊。要进一步发扬钉钉子精神，根据两个方案制定的措施、责任、时限、目标，巩固党的群众路线教育实践活动成效。各级党组主要负责人要认真履行第一责任人责任，切实抓好整改；分管领导要主动作为，牵头抓好整改；主办部门要承担好具体负责，一丝不苟完成好整改任务；相关部门要积极配合，确保整改落到实处。要建立健全整改落实责任制、督办制、公示制、通报制、销号制，以台账式管理一项一项抓好落实。同时，要加强对开展整改落实情况的检查评估，确保整改落实不留空白，不留死角。

四是建章立制，形成活动长效机制。作风问题具有顽固性、反复性，抓一抓会好转，松一松就会反弹。当前，基层干部和广大纳税人最担心的是不良作风反弹，最盼望的是把改进作风的好态势坚持下去。税务系统点多、面广、线长，巩固党的群众路线教育实践活动成果，任务更加艰巨。抓作风如逆水行舟，不进则退。越是这个时候、越是见功力的时候，越要警惕“四风”回潮，越要持续用劲，打赢作风建设的攻坚战持久战。要把制度建设贯穿于作风建设始终，围绕解决“四风”方面突出问题，深入研究问题产生的制度根源，把改进作风、改进工作的行动固定到制度规范建设的层面上，求实效、抓长效。在建章立制过程中，必须遵循科学规范、开门立制和强化制度落实的原则，认真梳理现有的制度，认真做好废、改、立工作，重申行之有效的制度、废止不适应现行形势的制度，修改不完善的制度，抓住空白点建立新制度。要紧跟总局步伐，继续围绕构建税收现代化“六大体系”，深入推进纳税服务规范化、内控机制信息化、绩效管理持续化、监督检查常态化等机制制度建设。同时，加大制度执行力，制度一经形成，就要严格遵守执行，不能让制度成为“稻草人”“纸老虎”。要大力推动制度执行的监督检查，构建督查评议机制，自觉接受群众评议监督。加强台账管理，整改一项、公示一项、销号一项。强化后续监管，建立全过程整改落实执行情况跟踪督导反馈机制，确保制度发挥硬约束、管长远的作用。

五是开拓奋进，推动各项工作完成。党的群众路线教育实践活动的根本目的在于转变作风，推动工作。要把党的群众路线教育实践活动成果转化为做好各项工作的新动力，以税收工作的新业绩来检验教育实践活动的新成效。当前推进税收现代化建设的任务十分繁重，我们必须提振精气神，大力弘扬“为民务实 清廉”的作风，以“钉钉子”的精神抓执行、抓落实、抓成效。一是依法组织收入。今年第四季度组织收入形势相当严峻。要坚持组织收入原则，毫不松懈抓收入，认真落实各项税收优惠政策，坚决不收“过头税”，确保完成全年税收任务。二是深化税制改革。继续推进“营改增”试点，做好12月1日实施资源税从价计征改革工作，百分之百地落实好支持小微企业发展等方面税收优惠政策。三是做好服务和征管工作。抓好《全国县级税务机关纳税服务规范》试行工作，不断积累经验加以完善。同时要抓紧制定风险管理规范，做到有机衔接、相互促进。四是做好典型引路，激发干部队伍活力。省局党组已经作出决定，在全省国税系统深入开展学习郭爱莲活动，学习她牢记宗旨、心系群众的为民情怀；学习她爱岗敬业、忠于职守的务实作风；学习她严于律己、无私奉献的清廉操守。各级国税机关要广泛动员，加强宣传，组织形式多样的学习活动，通过在全省国税系统掀起学习高潮，“比学赶超”，激发干部队伍活力动力，全力以赴完成总局和省委、省政府交付的任务，为福建科学发展跨越发展做出更大贡献。

同志们，好的作风就是无坚不摧的战斗力，就是雷厉风行的执行力。全省国税系统要不断巩固党的群众路线教育实践活动成果，转变作风、务求实效，更加履职尽责、更加奋发有为，努力开创我省国税工作新局面，为实现税收现代化和海峡西岸经济区建设做出更大的贡献！

在设区市国税局党组书记抓基层党建工作述职评议会上的讲话

福建省国家税务局局长　臧耀民

（2014年12月11日）

同志们：

根据税务总局党组要求和统一安排，今天召开各设区市和平潭综合实验区国税局党组书记抓基层党建工作述职评议大会。这是我省国税系统第一次以抓基层党建工作为专题召开的评议会。刚才，9位党组书记分别就自身履行抓党建工作责任的情况进行了述职，系统内熟悉了解基层党建工作的党代会代表、人大代表、政协委员、基层党员干部和群众代表还要一起参加评议。总体感觉，时间紧、内容多，会议开得很好，很充实，取得了预期效果，既全面展示了我省国税系统党建工作的成效，提炼了工作特色和亮点；又深入分析了存在的问题，提出了改进工作的意见和建议。这说明各位党组书记对基层党建工作是重视的，抓工作有思路、有举措、有方法、有成效。这种形式既是巩固和拓展党的群众路线教育实践活动成果的有效方式，也是落实党建工作责任制的重要举措，有利于推动各级党组从严管党治党，今后要把这一做法坚持好、完善好。

总的来看，近年来，我省国税系统基层党建工作抓得比较实，成效比较明显。听了刚才大家的述职，我个人的感觉是思路宽、抓得准、投入多、效果好。大家抓基层党建工作认识是到位的，措施是有力的，成效是明显的，工作也各具特色、各有千秋。总体上看，主要有以下特点：

一是责任更加明确。按照“书记抓、抓书记”的要求，各单位党组织书记严格履行党建工作“第一责任人”的职责，把基层党建工作摆上党组的日常工作议程。党组书记都能亲自研究部署基层党建重要工作、重要活动，注重协调解决重点、难点问题，第一责任人的作用越来越凸显。各级党组也深入结合党的群众路线教育实践活动和“四下基层”“四进万家”活动的开展，带头深入基层党支部指导党建工作，取得了良好效果。

二是基础更加扎实。各级党组始终坚持健全组织与完善制度一并推，增强活力与提高保障一起抓，基层党支部建设进一步强化，党支部活力和能力明显提高。特别是结合党的群众路线教育实践活动，各基层党组织思想重视，措施得力，推动务实，软弱涣散基层党组织得到初步整顿。重视抓建章立制，学习制度、组织制度、党内生活制度不断完善。与此同时，党建工作制度体系进一步健全，坚持和创新了领导干部“四下基层”制度，探索创建了机关“1263”党建工作机制，基层党建科学化水平不断提高，各级党组织的凝聚力、战斗力和创造力有很大程度的提高。

三是特色更加鲜明。在抓基层党建方面，各单位在思维方式、组织设置、活动载体、考核激励等方面进行了大胆创新，特色亮点频闪，培育了一批典型，形成了许多好的经验做法。比如，福州局持续推进“369工程”党建品牌建设，开展“学爱莲 学标兵”活动，组织开展巡回演讲；漳州局自主开发“税信通”手机纳税服务平台；泉州局以“五项服务”全面推进基层党组织转型升级；莆田局破解“熟人经济”；龙岩局总结推广“三零四点五到户”工作法；三明市局深入开展“两星”创评活动；南平局抓党建促服务；宁德局“抓党员，抓典型，抓规范，抓保障”；平潭局开展了专项调研，这些都是很好的经验和做法。而且非常值得高兴的是，我们选树的先进典型郭爱莲被中央党的群众路线教育实践活动领导小组办公室确定为全国践行群众路线好干部的先进典型，这是全国税务系统、也是福建省唯一获此殊荣的干部。《人民日报》、新华社、中央人民广播电台等中央媒体集中报道郭爱莲先进事迹，被各大网站广泛转载，引起很大的反响。

四是保障更加有力。各地普遍重视基层党建工作，重视党组织带头人队伍建设，通过下派村支部书记、轮岗锻炼、举办培训班，使他们服务群众、服务发展的能力得到提高。各级党组对基层党组织建设的投入力度也越来越大，保障水平普遍得到提升。今年1—11月份，全省国税收入平稳增长，税收征管、纳税服务、队伍建设、文明创建等各项国税工作态势良好。这些，都与我们重视党建、加强党建工作密不可分，与在座各位党组书记们的共同努力密不可分。

在肯定成绩的同时，我们也要看到，各地党组在聚精会神抓党建、从严治党方面，仍有许多需要总结、研究和下功夫去解决的问题和不足。主要有：一是少数基层党组织对党建工作的重视不够，在职责履行、作用发挥和创新意识等方面存在一定的差距。二是结合不够紧密，党建工作服务中心服务大局的作用还需要进一步加强，个别基层党组织面对新情况、新问题，工作创新力度不大，办法措施不够。三是“自选动作”亮点不够突出，有特色、有影响的工作还不多等。这些问题都需要我们各级党组正确对待，积极应对，以高度的政治责任感和现实紧迫感，扎扎实实地做好党的建设各

项工作。

同志们，基础不牢，地动山摇！我们一定要按照中央、省委和税务总局的要求，进一步增强党要管党、从严治党的责任感、紧迫感和使命感，全面推进基层党的建设，着力加强全省国税系统党的思想、组织、作风、制度和党风廉政建设。

下面，就进一步加强基层党建工作，我再谈几点意见。

第一，要提高思想认识，强化责任抓党建。党组书记是否重视党建工作，会不会抓、能不能抓好党建工作，不仅是工作重视问题，更是政治责任问题。责任不举，事业不兴！在党的群众路线教育实践活动总结大会上，习近平总书记强调，各级各部门党委（党组）要把抓好党建作为最大的政绩，考核各级党组织负责人特别是党委（党组）书记，首先要看抓党建的实效。我们贯彻落实习总书记的要求，最根本的就是要切实担负起从严管党治党的政治责任，不断增强党的意识、忧患意识、责任意识，真正把党建工作当主业，作为硬任务，在其位谋其政，始终把党的建设放在心上、抓在手上、扛在肩上、映在税上、落实到行动上。各级党组书记要当好第一责任人，切实担负起管党治党的政治责任。党建重要工作要亲自部署、重大问题要亲自研究、重点环节要亲自协调、重大事项要亲自督办，要亲力亲为地做好工作。要坚持党建工作与税收中心工作一起谋划、一起部署、一起考核。对管党不严、治党不力、问题突出的党组织，要严格追究相关责任人特别是“一把手”的责任，确保党的建设各项任务真正落到实处。

第二，要抓好税收工作，围绕中心抓党建。党建工作成效如何，不仅要看基层党组织自身建设成效，最终还要用推动税收工作和服务经济社会发展的实际效果来检验。只有始终围绕中心抓党建，自觉做到党建工作与税收中心工作同频共振、互促共进，党建工作才有大舞台，中心工作才有大发展。一是要努力完成税收收入任务，坚持组织收入原则，毫不松懈地抓好收入。眼下已近年底，各单位要认真落实好各项税收工作，确保完成全年税收任务。二是要深化各项税收改革，落实好支持小微企业发展等税收优惠政策。抓好《全国县级税务机关纳税服务规范》的落地，不断积累经验加以完善。三是抓好内控机制和绩效管理工作，加强党风廉政建设，推进绩效管理，做好年终的绩效考评工作。四是认真做好2014年的工作回顾，在完成好今年的各项工作任务的基础上，谋划好明年的工作思路。党建工作不能就党建而抓党建，不能搞“两张皮”，要通过抓好基层党建，促进班子建设、队伍建设、制度建设、阵地建设，保障和促进税收各项工作的圆满完成，真正实现两促进、两提高。

第三，要聚焦重点任务，注重服务抓党建。全心全意为人民服务是我们党的根本宗旨。党的十八大作出了“以服务群众、做群众工作为主要任务，加强基层服务型党组织建设”的重大部署。今年，中央办公厅印发了《关于加强基层服务型党组织建设的意见》，省委和税务总局也对服务型党组织建设做出了工作部署。全省系统各级党组要把服务群众作为基层党组织建设的根本价值取向，着力推动基层党组织的工作中心转到服务改革、服务发展、服务民生、服务群众、服务党员上来，推动基层党组织不断完善服务群众职能，提高服务群众能力。具体来说，当前要结合开展“便民办税春风行动”和服务规范落地，落实服务举措，强化服务功能，增强服务纳税人的针对性和实效性，让纳税人缴公平税、明白税、满意税和放心税。特别是要按照创建服务型党组织的要求，以公开承诺、志愿服务、星级管理、积分考评为重点，对党员服务群众实行分层量化动态积分制管理。要巩固和拓展教育实践活动成果，抓好整改落实，兑现向群众做出的承诺。要继续完善各级党员领导干部基层联系点制度，积极开展调研，帮助基层国税机关谋划发展思路、解决发展难题，提升国税部门的服务能力和服务水平。

第四，要贴近时代要求，创新思路抓党建。党建工作只有不断创新，才能适应时代的要求。要坚持以改革创新为动力抓基层党建，根据新形势、新实践，不断推进理念创新、思路创新、方法创新、载体创新。全省系统各级党组要把探索创新作为破解难题、增强活力的重要手段，不断提升党建工作的科学化水平。具体来说，要关注好以下几个方面：一是必须坚持正确的方向，注意研究新情况、新问题，有的放矢探索新方法、新手段。二是必须处理好继承与创新的关系。创新不是标新立异，也不是否定过去，而是要在继承中创新，立足实际来创新。要善于结合实际，把握时代潮流，探索党建工作的新载体；要善于总结，善于挖掘，提炼党建工作的好做法；要善于学习，借鉴别人的经验，他山之石，为我所用。前面讲到的，各单位在抓基层党建中都有好经验、好做法，这些都是在结合当地实际的基础上的探索和创新，非常好。三是必须注重总结推广，要善于挖掘、提炼和提升，精心培育工作中的“亮点”，扩大宣传、积极推广成功经验和特色做法，打造出基层党建的工作品牌来。

第五，要强化组织领导，汇聚合力抓党建。要坚持“书记抓、抓书记”，上下联动抓党建、抓落实。各级党组要把党建工作纳入本部门党的建设总体布局，定期听取汇报，研究解决党建工作中存在的问题。党组书记要切实增强管党意识，认真履行第一责任人的职责，领导班子成员和兼职党支部书记要自觉落实“一岗双责”的要求。要加强对机关工会、共青团和妇联的领导，根据其特点，创新工作机制和方式方法，充分发挥他们在推进机关各项工作中的积极作用。要加强上下联动，进一步加大“三级联创”工作力度，整合各级各方面力量和资源，综合协调，以上带下，多方面配合，多举措并举，帮助基层党组织提高党建工作水平。要加大督促检查和跟踪落实力度，完善基层服务型党组织考核制度，把促改革、促发展、促民生的成效作为检验基层党建的重要标准，形成一心一意谋发展、聚精会神抓党建的浓厚氛围。要发扬钉钉子和滴水穿石精神，既要打好攻坚战，又要打好持久战，长抓不懈，久久为功。

同志们，“桥的价值在于承载，人的价值在于担当”。今天的会议既是一次专题述职会、工作交流会，也是一次问题分析会、任务部署会。希望大家认真总结、深刻领会，切实承担起责任，以强烈的事业心和高度的责任感，凝心聚力、扎实工作，攻坚克难、开拓进取，大力推进我省国税系统基层党组织建设，为推动福建国税事业科学发展提供坚强的组织保证。

全省国税工作概要

2015

福建国税年鉴

概　况

领导批示

2014年3月27日，福建省副省长郑晓松在省国税局报送的《方便出口退税　促进外贸出口——省国税局推出十大措施》上批示："感谢国税局的大力支持。希望服务纳税人的春风能够持久，成为为民办实事的'四季风'。"3月28日，副省长陈冬批示："十项措施具体实在，切实可行。望抓好落实。"3月29日，福建省省长苏树林再批示："省国税局认真贯彻总局要求，在全省国税系统开展'六提速、三减负、三公开、一首问'便民活动，推出方便出口退税、促进外贸出口十大措施，将总局的'便民办税春风行动'落到实处，赢得了各界好评，支持了福建经济社会发展，感谢省国税系统同志的努力。"4月6日，副省长陈冬批示："国税局要以苏省长的批示为动力，把方便出口退税等十项措施进一步落实好，为促进我省经济社会发展发挥更大作用。"

7月16日，福建省副省长郑晓松在省国税局报送的《省国税局加快出口退税进度　大力支持外贸出口》（《政讯专报》第503期）上批示："今年上半年，我省外贸在面临诸多困难的情况下，出口实现了0.9%的增长。省国税局提高工作效率，为企业排忧解难，作了大量工作。感谢省国税部门对支持我省外贸发展做出的贡献。"

7月19日，福建省省长苏树林在省国税局报送的《省国税局大力支持外贸企业发展获税务总局督导组肯定》（《国税信息》第11期）上批示："总局督导组的肯定是省国税局同志创新、努力的结果。望再接再厉，为转变出口形势作出新贡献。"

（供稿：兰延灼）

税收收入与税源结构

【税收计划执行】 2014年全省国税税收完成2300亿元，比上年增收193.7亿元，同比增长9.2%。扣除海关代征后国税部门组织的税收完成1795亿元，规模居全国第10位，比上年提升2个位次；完成年度计划的101.3%，比上年增收156.8亿元，增长9.6%。其中，中央级税收1319.5亿元，增长7.6%；地方级税收475.5亿元，增长15.4%。

【各设区市国税局税收完成情况】 平潭、宁德、漳州、莆田、泉州、龙岩、福州市国税局税收收入实现两位数增长，增幅分别为26.9%、12.3%、11.9%、10.8%、10.7%、10.4%、10.3%，厦门、南平市国税局税收收入分别增长8.6%、3.8%，三明市国税局税收收入下降2.9%。福州、厦门、泉州三大中心城市增收额均在35亿元以上，分别入库426.2亿元、449.6亿元、407.1亿元，合计增收114.8亿元，贡献率达73.2%，拉动税收收入增长7个百分点。从规模看，福州、泉州市国税局税收收入年度规模首次突破400亿元，宁德市突破50亿元。

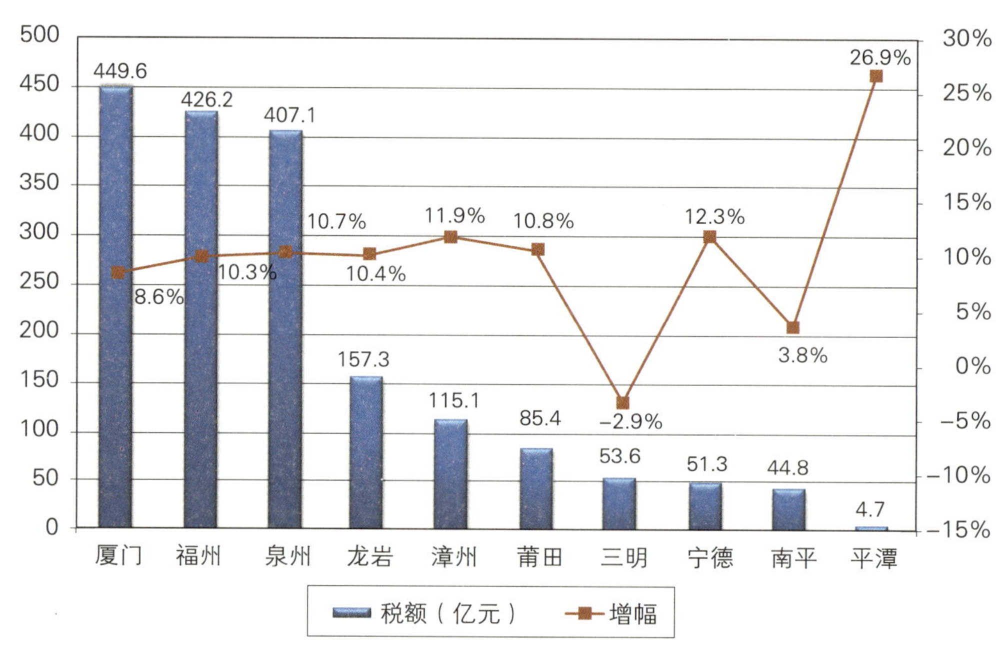

图1　2014年福建省各设区市国税局税收收入情况

【税收弹性系数】　全省实现地区生产总值（GDP）24056亿元，增长9.9%。在经济发展的基础上，全省国税收入增长稳定，全省国税税收增长9.6%，税收经济弹性系数为0.96，税收与经济协调增长。2014年度全省税收收入增幅分别比上半年、前三季度提高1.9个和1个百分点。与全国相比，全省国税税收收入增幅高于全国同口径平均水平0.8个百分点。

【税种税收结构】　国内消费税入库241.2亿元，比上年增收48.7亿元，增长25.3%，增幅居各税种之首，高出全省税收收入平均增幅15.7个百分点。企业所得税占比继续提高，入库588.7亿元，占税收收入的比重为32.8%，比上年提高0.3个百分点；增收56.2亿元，增长10.6%。国内增值税增势放缓，全年税收入库876.1亿元，增长5.5%。车辆购置税入库88.9亿元，增长8.1%。

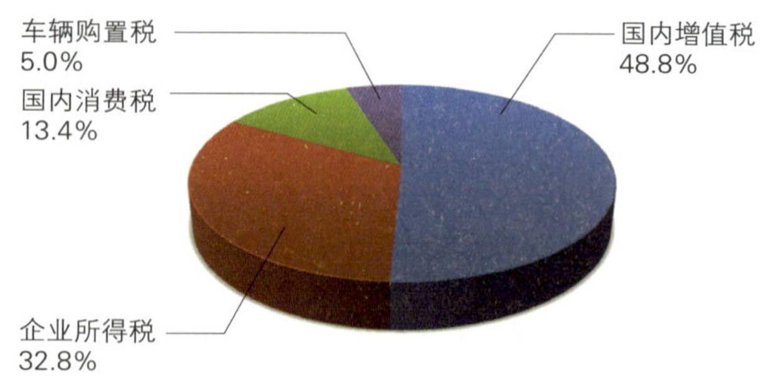

图2　2014年度全省国税收入分税种比重

【行业税收结构】 第二产业税收收入完成1108.1亿元，占全省税收收入的61.7%；比上年增收105.5亿元，贡献率达67.4%；增长10.5%，高出全省税收收入平均增幅0.9个百分点。第三产业税收入库685.2亿元，增长8%，增幅低于第二产业2.5个百分点。优势行业“油、电、烟”分别入库99.5亿元、115.9亿元、152.9亿元，分别增长55.9%、17.5%、9.1%，合计增收65.6亿元，占全省税收收入增收总额的41.9%。现代制造业中科技含量较高的电气机械和器材制造业，仪表仪器制造业，计算机、通信和其他电子设备制造业，税收分别增长27.3%、22.7%、16.7%，均明显高于化工、金属、钢坯钢材等传统制造业。

【“营改增”运行情况】 2014年全省累计入库改征增值税58.6亿元，比上年增长57.5%，增收21.4亿元，拉动国内增值税增长1.3个百分点。现代服务业和交通运输业分别入库37亿元、10.4亿元，分别比上年增长28.3%、23.3%；2014年纳入试点的邮政业和电信业分别入库0.34亿元和10.9亿元。随着“营改增”试点扩围稳步推进，减税效应日益凸显，试点纳税人减税面达98%，合计减税31.8亿元，同期非试点行业一般纳税人因进项抵扣范围扩大新增抵扣22.1亿元。

（供稿：薛东晖）

税收业务工作

税收法治

【概述】 按照建设法治政府和服务型政府的要求，多措并举不断加强和改进依法治税工作，强化权力制约和监督，加强法治工作队伍建设，做好行政复议和诉讼工作，加强重大税务案件审理工作；提高领导干部依法治税、依法带队能力；组织2014年度税务人员执法资格统一考试，2014年度下半年税务人员执法资格考试共计176人，平均分数81.32分，参考人员及格率达100%。加速推进简政放权工作，目前共保留税务行政审批事项52项，其中行政许可事项7项，非行政许可项目45项。

【行政复议】 2014年福建省国税系统共收到行政复议申请19件，上期结转2件。其中，依法受理10件，占本年全部申请的52.63%。19起新收行政复议申请中，被申请人为市国税局的7件，占全部申请的36.84%；被申请人为县、区国税局或设区市属稽查局的12件，占全部申请的63.16%。从具体行政行为类型看，行政复议申请事项主要在行政征收，其中行政征收类12件，占全部申请的63.16%，行政处罚类2件，占全部申请的10.53%；信息公开1件，占全部申请的5.26%；行政不作为3件，占全部申请的15.79%；其他1件（行政奖励），占全部申请的5.26%。2014年共审结案件10件，占全部受理案件的83.33%；未审结2件，占全部受理案件的16.67%。其中维持2件，驳回1件，撤销1件，责令履行2件，和解协议2件，自愿撤回申请2件

【行政诉讼】 2014年共办理行政应诉案件10件，其中本期受理案件5件，复议后应诉4件，占本期受理案件的71.43%；未经复议直接应诉1件，占本期受理案件的28.57%。7起行政应诉案件中，应诉机关为地市级国税部门的6件，占全部申请的85.71%；应诉机关为县区级国税部门的1件，占全部申请的14.29%。应诉机关为原具体行政行为机关的7件，占全部申请的100%。其中审结6件，占全部申请的85.71%；未审结1件，占全部申请的14.29%。审结案件中，驳回起诉4件，驳回诉讼请求1件，确认违法或无效 1件。

【重大税务案件审理】 下发《关于进一步加强重大税务案件审理工作的意见》，结合福建实际，对重大税务案件审理工作提出指导意见。各级国税部门按照要求严格规范地开展审理工作，不断完善审理制度，规范审理程序，经过审理后退回补正、改变原处理意见的案件有所增加。2014年，福建省国税系统重

大案件审结469件，结转下年25件，案件类型多为重大行政处罚案件或移送公安机关案件，审理方式以书面审理为主，维持初审意见403件、退回重新处理或调查29件、改变调查部门拟处理意见51件、征求上级单位或有权机关意见2件，终止1件。

【加速推进简政放权】 根据《国家税务总局关于公开行政审批事项等相关工作的公告》（国家税务总局公告2014年第10号）的精神与要求，对现有的89项审批事项逐项甄别，对现存的行政审批事项逐项梳理，该取消的取消，该下放的下放，摸清“底数”，经梳理减少审批事项19项，占比为21.35%。

【国务院政策措施落实情况跟踪审计工作】 按照《国务院办公厅关于印发稳增长促改革调结构惠民生政策措施落实情况跟踪审计工作方案的通知》《国家税务总局关于做好配合审计机关对国务院政策措施落实情况进行跟踪审计相关工作的通知》，对照国税部门涉及的相关税收优惠政策落实情况进行督查，并配合审计部门做好跟踪审计工作，以此作为查找不足、改正工作、推动各项政策措施落实的重要契机，确保工作落实到位。

【政策调研】 一是抓好综合税政调研工作，参与税制改革中的相关税收政策出台及实施的调查研究，做好重大税收决策的效应及反馈相关问题的研究，为领导科学决策提供参考。共完成国家税务总局《扶持创业税收问题研究》和《自由贸易区税收制度和政策研究》两篇调研课题的上报工作，向国家税务总局上报《税收政策执行情况反馈意见》材料9件。二是探索福建自贸区税收政策。成立自贸区税收工作组，对福建自贸园区税收政策进行研究。通过召开各层级座谈会和专题研究会初步确立了自贸园区税收管理与服务“接轨国际规则、转变工作职能、彰显海西特色”的工作原则，基于这一原则，确定“服务最优化、干预最小化、办税网络化、纳税诚信化” 四个工作目标，提出关于福建自贸园区创新税收管理服务的探索研究，为自贸园区建设和发展做好服务工作。

【执法资格考试】 根据《国家税务总局关于印发〈全国税务系统税务人员执法资格考试与新录用公务员初任培训结合工作实施办法（试行）〉的通知》，省国税局成立执法资格考试工作领导小组，省国税局党组成员、总经济师林茂椿任组长，办公室、人事处、法规处、教育处、监察室、税干校等单位负责人为成员。省国税系统参加2014年度下半年税务人员执法资格考试共计176人，另外，免试人员8人。平均分数81.32分，最高分95分，其中，90分以上20人；80～89分90人；70～79分53人；60～69分13人，参考人员及格率达100%。全省国税系统考试工作没有出现违纪现象。

（供稿：陈　泓）

征收管理

【税务登记管理】 2014年年末，全省国税系统税务登记总户数702372户（口径为正常开业户期末户数+停业户期末户数+非正常户期末户数，下同）。按纳税人类型分：企业纳税人347419户，个体纳税人352292户，其他纳税人2661户；分税种类型看：增值税纳税人685131户，其中增值税一般纳税人116635户；企业所得税纳税人261234户，其中居民企业所得税纳税人261036户；消费税纳税人3324户。总体来看，2014年与2013年同期相比，全省国税系统税务登记总户数以及增值税、企业所得税、消费税这三个主要税种的税务登记总户数均有所增加（分别为16.26%、16.97%、29.66%、23.20%），平均增长幅度为21.52%

（分别增长14.86%、15.84%、26.86%、22.48%），高于全国20.01%的平均水平。按纳税人状态分：正常营业户数为660401户，非正常户数为41220户，停业户数为751户。

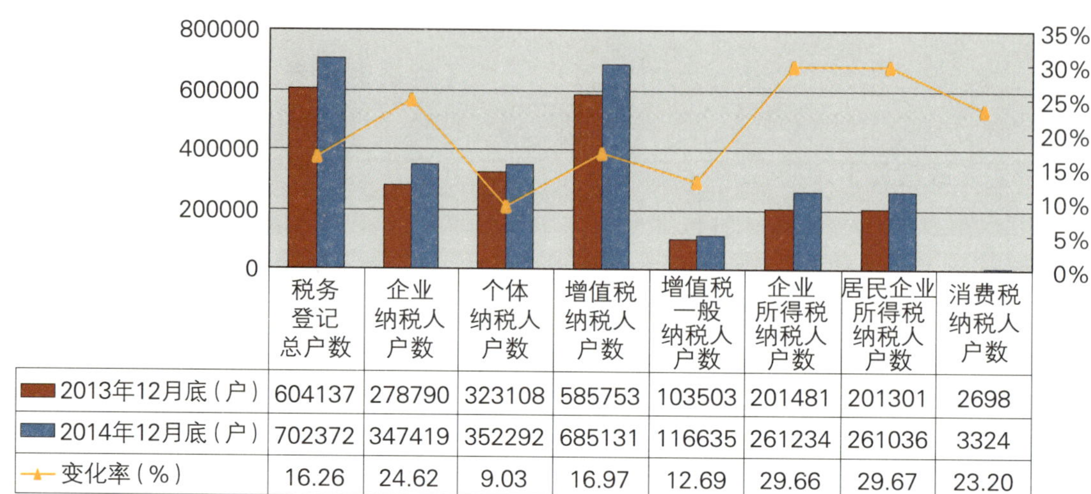

	税务登记总户数	企业纳税人户数	个体纳税人户数	增值税纳税人户数	增值税一般纳税人户数	企业所得税纳税人户数	居民企业所得税纳税人户数	消费税纳税人户数
2013年12月底（户）	604137	278790	323108	585753	103503	201481	201301	2698
2014年12月底（户）	702372	347419	352292	685131	116635	261234	261036	3324
变化率（%）	16.26	24.62	9.03	16.97	12.69	29.66	29.67	23.20

图3　2014年全省国税系统各类型纳税人户数同比变化状况

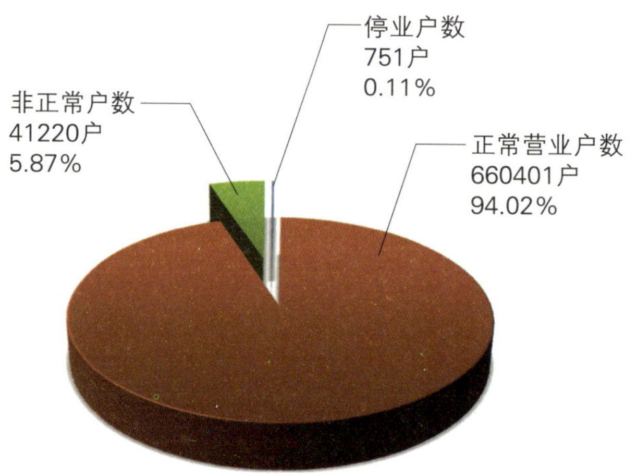

图4　2014年全省国税税务登记按纳税人状态占比状况

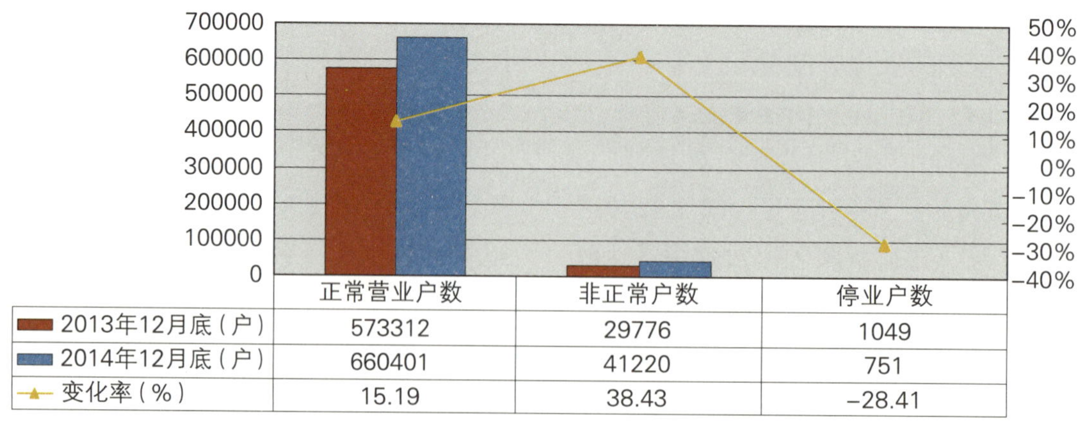

	正常营业户数	非正常户数	停业户数
2013年12月底（户）	573312	29776	1049
2014年12月底（户）	660401	41220	751
变化率（%）	15.19	38.43	-28.41

图5　2014年全省国税系统纳税人状态同比变化状况

【纳税申报管理】 2014年全省国税系统月平均申报户数为412626户，月平均按户申报率为97.66%，同比提高0.02%，但低于2014年全国国税系统99.25%的月平均按户申报率。2014年月平均申报户数同比增加了55574户。

表1　　2014年全省国税系统申报情况表

单位：户

月份	正常营业户	应申报户	已申报户	按户申报率（%）	已申报占正常营业户数比例（%）
2014年1月	578142	558876	549343	98.29	95.02
2014年2月	578218	327004	314959	96.32	54.47
2014年3月	585255	327882	317948	96.97	54.33
2014年4月	595204	570489	560884	98.32	94.23
2014年5月	603612	345422	337284	97.64	55.88
2014年6月	610570	345096	336696	97.57	55.14
2014年7月	619225	596075	587509	98.56	94.88
2014年8月	626681	346962	336520	96.99	53.70
2014年9月	634139	351041	340713	97.06	53.73
2014年10月	641919	620602	611422	98.52	95.25
2014年11月	650959	332196	325795	98.07	50.05
2014年12月	660401	340714	332443	97.57	50.34

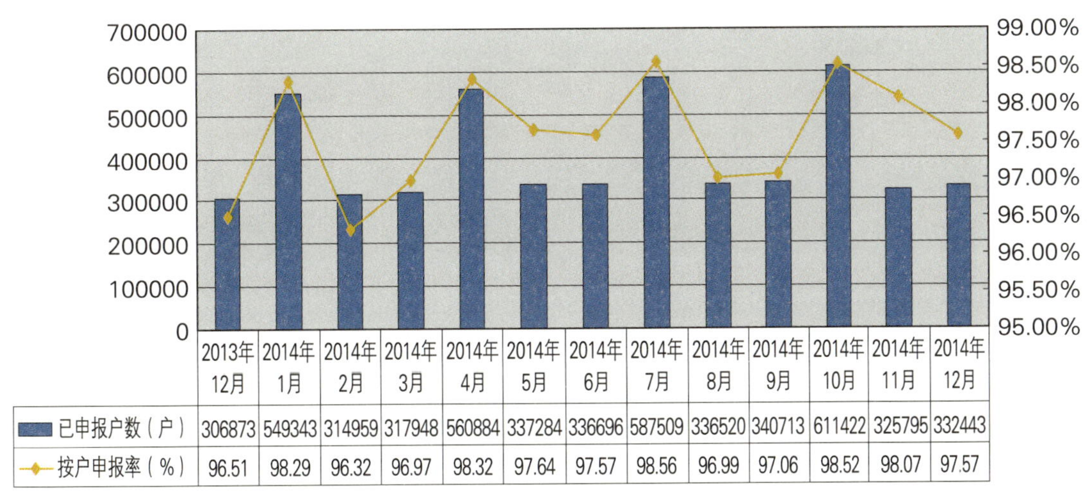

图6　2014年全省国税系统按月按户申报率变化状况

【税款入库管理】 2014年，全省国税系统月平均税款入库户数为118612户，同比减少0.07%，月平均入库率（按户）为98.56%，同比减少0.07%。

表2　**2014年全省国税系统按月按户税款入库情况表**

单位：户

月份	应入库户数	已入库户数	按户入库率（%）	已入库占已申报户数比（%）
2014年1月	156275	153500	98.22	27.94
2014年2月	114799	112397	97.91	35.69
2014年3月	103055	101648	98.63	31.97
2014年4月	144120	142019	98.54	25.32
2014年5月	130809	129411	98.93	38.37
2014年6月	117068	115421	98.59	34.28
2014年7月	144341	142052	98.41	24.18
2014年8月	114329	112724	98.60	33.50
2014年9月	114913	113457	98.73	33.30
2014年10月	138486	136141	98.31	22.27
2014年11月	80283	79333	98.82	24.35
2014年12月	86067	85246	99.05	25.64

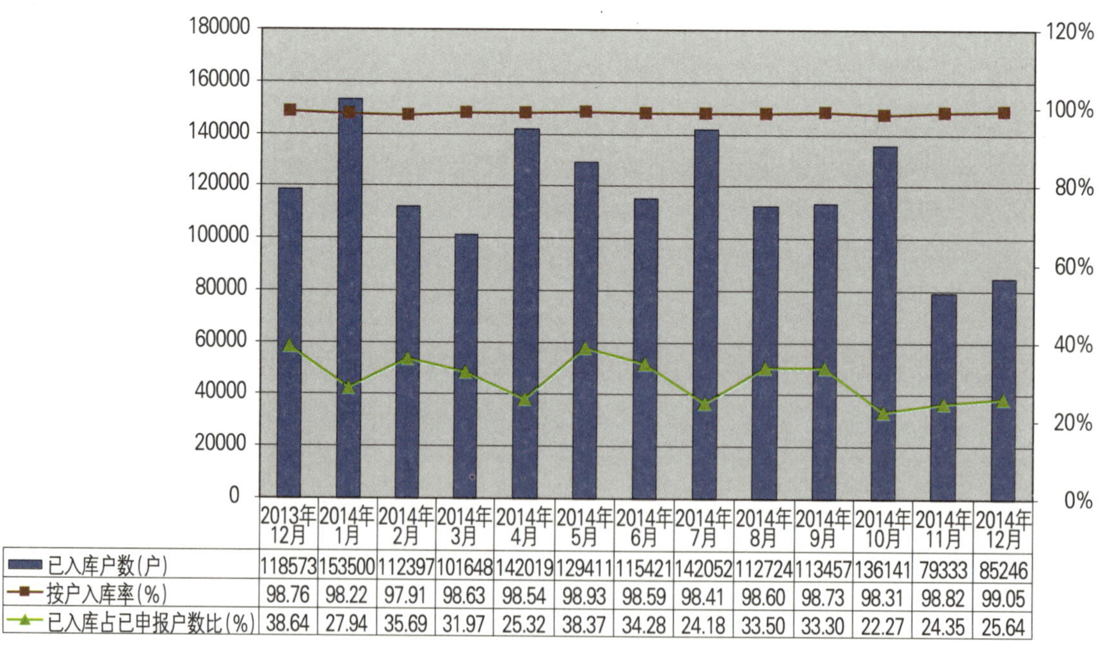

	2013年12月	2014年1月	2014年2月	2014年3月	2014年4月	2014年5月	2014年6月	2014年7月	2014年8月	2014年9月	2014年10月	2014年11月	2014年12月
已入库户数(户)	118573	153500	112397	101648	142019	129411	115421	142052	112724	113457	136141	79333	85246
按户入库率(%)	98.76	98.22	97.91	98.63	98.54	98.93	98.59	98.41	98.60	98.73	98.31	98.82	99.05
已入库占已申报户数比(%)	38.64	27.94	35.69	31.97	25.32	38.37	34.28	24.18	33.50	33.30	22.27	24.35	25.64

图7　2014年全省国税系统各月已入库户数、按户入库率和已入库户数占已申报户数比例变化状况

【税收集中度】 2014年全省国税系统税收收入（指统计期内已入库税款累加值，不含海关代征、免抵调、出口退税部分，下同）11766682.06万元。与2013年同期税收收入11386768.15万元相比，增加379913.91万元，变化为3.34%。

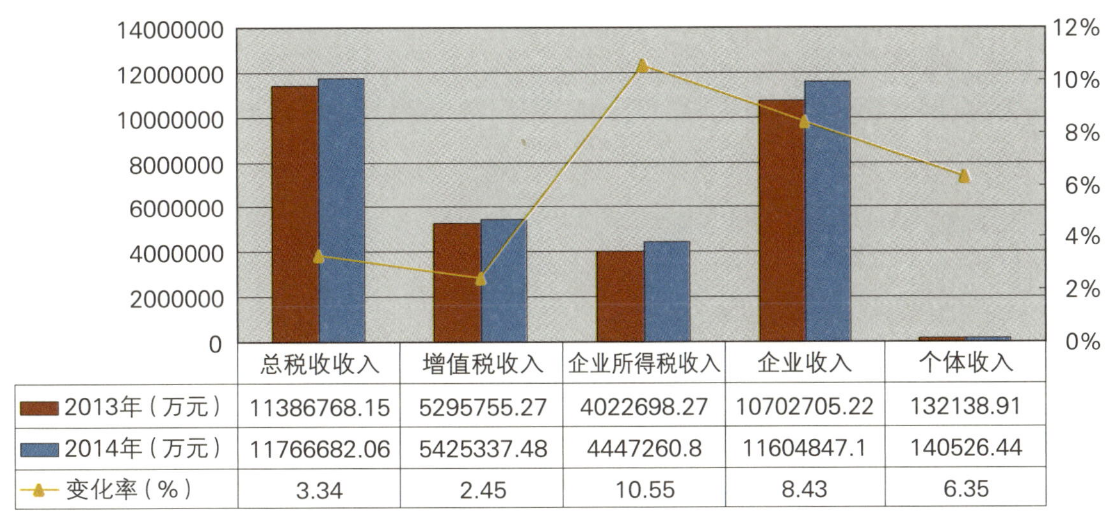

	总税收收入	增值税收入	企业所得税收入	企业收入	个体收入
2013年（万元）	11386768.15	5295755.27	4022698.27	10702705.22	132138.91
2014年（万元）	11766682.06	5425337.48	4447260.8	11604847.1	140526.44
变化率（%）	3.34	2.45	10.55	8.43	6.35

图8　2014年全省国税税收收入同比变化情况

2014年，全省国税系统支撑税收收入90%的纳税人总户数为11370户，比上年同期减少13652户，降幅54.56%；支撑税收收入50%的纳税人总户数为132户，比上年同期减少91户，降幅40.81%；支撑企业收入90%的纳税人户数为9621户，比上年同期减少1311户，降幅11.99%；支撑企业收入50%的纳税人户数为119户，比上年同期减少42户，降幅26.09%；支撑个体收入90%的纳税人户数为66951户，比上年同期增加15876户，升幅31.08%；支撑个体收入50%的纳税人户数为11371户，比上年同期增加1748户，升幅18.16%。支撑增值税税收收入90%的纳税人户数为19144户，比上年同期增加1352户，升幅7.60%；支撑增值税税收收入50%的纳税人户数为557户，比上年同期减少14户，降幅2.45%。支撑企业所得税税收收入90%的纳税人户数为2361户，比上年同期减少189户，降幅7.41%；支撑企业所得税税收收入50%的纳税人户数为66户，比上年同期减少3户，降幅4.35%。

表3　2014年税收集中度同比情况

指标名称	2013年	2014年
全省税务登记总户数（户）	581346	702372
增值税纳税人税务登记户数（户）	563038	685131
企业所得税纳税人税务登记户数（户）	199039	261234
企业纳税人税务登记户数（户）	275611	347419
个体纳税人税务登记户数（户）	303070	352292

续表

指标名称		2013年	2014年
支撑总税收收入90%的纳税人户数（户）		25022	11370
占全省税务登记总户数比例（%）		4.30	1.62
支撑税收收入50%的纳税人户数（户）		223	132
占全省税务登记总户数比例（%）		0.04	0.02
其中：增值税纳税人	支撑增值税收入90%的纳税人户数（户）	17792	19144
	占增值税纳税人税务登记户数比例（%）	3.16	2.79
	支撑增值税收入50%收入的纳税人户数（户）	571	557
	占增值税纳税人税务登记户数比例（%）	0.10	0.08
其中：企业所得税纳税人	支撑企业所得税收入90%的纳税人户数（户）	2550	2361
	占企业所得税纳税人税务登记户数比例（%）	1.28	0.90
	支企业所得税收入50%收入的纳税人户数（户）	69	66
	占企业所得税纳税人税务登记户数比例（%）	0.03	0.03
其中：企业纳税人	支撑企业收入90%的纳税人户数（户）	10932	9621
	占企业纳税人税务登记户数比例（%）	3.97	2.77
	支撑企业收入50%的纳税人户数（户）	161	119
	占企业纳税人税务登记户数比例（%）	0.06	0.03
其中：个体纳税人	支撑个体收入90%的纳税人户数（户）	51075	66951
	占个体纳税人税务登记户数比例（%）	16.85	19.00
	支撑个体收入50%的纳税人户数（户）	9623	11371
	占个体纳税人税务登记户数比例（%）	3.18	3.23

税收集中度的指标口径：统计时期内，入库税款占全部税收收入90%或者50%的纳税人户数，以及纳税人户数占统计期末税务登记户数的比例。

【税收征管改革】 按照2014年福建省国税局工作会议精神和总体要求，跟踪全省税收征管改革运行情况，不定期深入基层开展工作调研，进一步明确税收征管改革目标方向，理清工作思路，收集梳理改革中存在的问题，鼓励基层坚持改革自信，正视存在问题，解决问题，化解改革中遇到的新问题，持续推动改革向前走，继续探索完善3年来改革实践建立起来的福建国税税收征管运行模式，合力打造税收征管模式升级版。

【漏征漏管户清理】 组织落实税务总局征管科技司《关于对漏征漏管户清查及创新催报催缴方式情况进行调研的通知》（税总征科便函〔2014〕134号），紧急下发通知，做好漏征漏管户清理检查情况和创新催报催缴方式开展情况、存在问题及意见建议报送工作。全省以工商登记信息为切入点，挖掘税源管理信息，加强源头管理和户籍巡查，突出铁路运输、邮电业和电信业等营改增纳税人信息接收和户籍管理。2014年全省清理漏征漏管户共

11741户，查补税款2523.03万元。

【涉税业务流程】 组织修订省国税局涉税业务工作规程（2013版），梳理税收管理变化事项，规范所有涉税文书，明确业务创新程序规范，无缝承接税务总局《全国县级纳税服务规范1.0》，做好与《全国税务机关出口退（免）税管理工作规范（1.0版）》和《全国纳税服务规范2.0》对接准备工作，下发了福建省国税局涉税业务工作规程（2014版），并制作成电子书挂在福建省国税局内部办公网上，便于基层对照查阅，规范审批事项和环节，确保征管改革后各有关征管事项顺利运行。

【文书报表梳理】 落实《国家税务总局关于发布取消简并涉税文书报表的公告》和《国家税务总局关于进一步规范涉税文书报表管理工作的通知》，制定下发《福建省国家税务局关于进一步规范涉税文书报表管理工作的通知》，部署开展梳理工作。省国税局成立规范涉税文书报表管理工作协调小组，下设办公室挂靠征管科技处，由征管科技处负责牵头，统筹管理省局自印文书报表，协调督促各单位进行文书报表梳理，明确原则上应使用由税务总局统一下发的涉税文书报表及表样。省局各业务部门有必要自行印发文书报表的，需报协调小组审核通过后方可印发；设区市级（含）以下国税机关原则上不允许使用自行印发的涉税文书报表，已自行印发的涉税文书报表全部作废。

【简政放权工作】 落实国家税务总局关于贯彻落实《国务院关于取消和下放一批行政审批项目的决定》《国家税务总局关于公开行政审批事项等相关工作的公告》《国家税务总局关于发布取消简并涉税文书报表的公告》《国家税务总局关于发布第二批取消简并涉税文书报表的公告》《国家税务总局关于发布第三批取消进户执法项目清单的公告》等，做好办理税务登记等税收征管领域简政放权工作落实。

【信息管税工作】 贯彻落实《福建省税收保障办法》，持续推进外部涉税信息获取工作，拓展信息获取部门与范围，挖掘涉税信息交换的深度、广度。2014年福建省通过第三方数据提供的信息，共查补税款6.38亿元。

【管理软件推广】 为破解征管改革过程中基础事项弱化等新问题，制定下发《福建省国家税务局关于推广“任务管理与服务回访系统”的通知》，加强纳税人基础信息的采集，明确下户人员工作任务，夯实纳税人登记信息。软件推广分：准备阶段，1—2月，省国税局集中组织一期各设区市国税局“任务管理与服务回访系统”师资培训班；实施阶段，3月，各设区市局自行安排进行相关业务集中培训及系统初始化、岗责配置等各项软硬件准备工作；全面推广运行阶段，4月1日，开始正式全面推广运行“任务管理与服务回访系统”，下户开展调查核实、纳税评估、税务检查（稽查）等工作。

【调整申报制度】 组织落实税务总局关于印发《纳税人财务会计报表报送管理办法》的通知，制定下发《福建省国家税务局关于做好纳税人财务会计报表报送管理工作的通知》，完善纳税人自主申报制度，进一步明晰征纳双方职责，推行财务报表申报制度。2014年7月1日，省国税局正式启用国家税务总局电子申报软件网络版（2.0）采集纳税人报送的财务会计报表。报送范围为福建省国税系统管征的增值税一般纳税人、全省重点税源企业、缴纳企业所得税且征收方式为查账征收的企业。分为小企业财务报表、一般企业财务报表、金融企业财务报表（银行类、保险类、证券类、担保类）。

【管理服务创新】 落实税务总局《关于创新税收服务和管理的意见》，税务登记方面，在做好国税局、地税局联合税务登记的基础上，鼓励基层国税局进驻政府行政服务中心，推进税务登记“三证合一”工作试点，从多部门联合办理做起，建立营业执照、组织机构代码证、税务登记证等多证联办机制，相关部门同步审批，证照统一发放（三证统发），便利纳税人；简并征期方面，在泉州晋江市国税局推行小规模纳税人简并征期申报工作试点，着力减轻纳税人负担；在泉州市安溪县国税局和洛江区国税局委托邮政网点代开发票工作试点。

【风控领导机构】 落实《国家税务总局关于加强税收风险管理工作的意见》，推动福建省国税系统税收风险管理工作，成立省国税局税收风险管理工作领导小组，下设领导小组办公室，挂靠省国税局风控中心。领导小组由局长臧耀民为组长，副局长邱大南、总会计师林国镜为副组长，省国税局办公室、法规处、货物劳务税处、所得税处、规划核算处、纳税服务处、征管科技处、人事处、大企业管理处、国际税务处、稽查局、信息中心、风控中心主要负责人为领导小组成员。领导小组办公室由林国镜兼任主任，阮诗雄、李增源、林太桂、陈霖、王烈（专职）为副主任，省国税局办公室、法规处、货物劳务税处、所得税处、收入规划核算处、纳税服务处、征管科技处、人事处、大企业管理处、国际税务处、稽查局、信息中心、风控中心等单位1名处领导为办公室成员。

【风控系统应用】 福建省国税局税收风险管理信息系统自2013年12月招投标，2014年1月进入正式开发阶段，6月10日，通过下发农产品进项税额抵扣的风险任务进行系统试运行，并进入“边开发、边分析、边运用、边完善”阶段。省、市、县三级风控部门等，依托该系统持续开展日常性分析、拓展性分析、协同性分析、专题性分析等四个层次的分析，初步建立福建国税系统立体式、多层次、全方位的税收风险分析管理模式。局长臧耀民等省国税局领导班子成员先后三次听取风控中心对该系统建设进展工作的汇报，观摩该系统各模块的功能演示。

【风险任务推送】 福建省突出重点风险

表4　　2014年福建省国家税务局网络

序号	税务机关名称	开户情况			
		总户数	当期开票户数	当期末开票户数	正常
1	福建国税	144463	98307	46158	41626279
2	福州国税	44211	28332	15879	10938267
4	莆田国税	8289	5549	2740	2137527
5	三明国税	6622	4557	2065	3584359
6	泉州国税	25859	18937	6922	11409473
7	漳州国税	19740	13802	5938	4413945
8	南平国税	9395	6483	2912	2865359
9	龙岩国税	12095	8573	3522	2837759
10	宁德国税	16835	11287	5548	3297243
11	平潭国税	1417	786	631	142347

管理项目工作导向。2014年，省国税局已通过该平台下发高风险“三无”企业、农产品进项税额抵扣、木制家具退（免）税、商品混凝土、增值税发票等风险任务共计五批次，涉及风险企业2068户，实现评估税款1.33亿元。各设区市国税局及县（区）国税局也通过风险管理信息系统进行风险分析，推送风险任务423批次，涉及企业12985户，进行风险应对。2014年全省共推送税收风险任务19868户次，其中高风险84户、中风险13420户、中低风险6364户。

【风险应对管理】 全省通过人机结合方式实现纳税评估23.03亿元，入库税款20亿元，风险分析识别命中率达62%，风险应对率达95%。省级层面，重点部署开展专项评估工作：组织混凝土行业风险应对，实现纳税评估税款入库6201万元；组织“三无”企业税收风险应对，筛选2013年销售收入规模较大的具有“三无”税收风险特征的企业96户，实现纳税评估税款入库222万元；组织增值税普通发票“大头小尾”风险应对，先后三次组织开展涉嫌虚开增值税普通发票专项风险应对，月平均嫌疑发票量从3000份降低到不足100份；组织农产品收购企业专项风险应对，筛选三年来农产品收购金额远高于销售收入的风险企业233户，实现纳税评估税款入库2986万元；对全省2013年度的代开发票管理情况进行分析，查找代开发票风险事项，提出加强管理的措施。

【网络发票管理】 组织落实国家税务总局关于开展全国税务系统2014年网络发票推行情况调查统计工作的通知。2014年年末，全省网络发票开户户数144463户，总开票数量42489104份，其中正常开票41626279份，正常开票金额321803591283.81元。按行业分类，网络发票开票数量列前4位的分别为：货物销售开票35810133份，收购专用开票1301652份，现代服务业开票994241份，邮电服务业开票897705份；网络发票开票金额列前4位的分别为：出口专用开票180705051014.05元，货物销售开票62738479542.48元，收购专用开票53458346253.73元，现代服务业开票6362504066.74元。

发票开户和开票情况（按地区分类）

单位：户、份、万元

开票份数		开票金额		
作废	红冲	正常	作废	红冲
660017	202808	32180359.128381	17179368627.95	−4111317632
236234	41442	8490798.01313	5579888673	−1555270606
32837	11268	2443912.727895	1849549875	−294997001.5
32473	21603	1179319.990834	445462962.8	−87667842.16
125688	54322	8416946.696142	3238448361	−818712346.3
78075	13963	6637153.12969	2544665771	−449354537
39974	17752	1517162.045283	1044075112	−147842528.4
48174	21177	1248005.448716	1093367356	−553663523.1
61135	20862	2133964.132109	1305140344	−182533307.6
5427	419	110868.486652	90747441.41	−21275403.12

表5 2014年度福建省国家税务局网络

序号	行业类别	开票份数			
		总份数	正常	作废	红冲
1	工　业	873	812	42	19
2	其　他	648776	620131	24975	3670
3	商　业	3380	3214	150	16
4	收购业	286170	285493	549	128
5	水电业	577519	561648	4946	10925
6	出口专用	569447	546044	18025	5378
7	货物销售	35810133	35166448	483048	160637
8	粮食收购	14	9	4	1
9	收购专用	1301652	1276623	23459	1570
10	修理修配	391465	370405	19779	1281
11	银行代开	3128	2939	155	34
12	成品油销售	159136	157282	1819	35
13	电信服务业	349612	344006	5204	402
14	交通运输业	470985	455448	12719	2818
15	农产品收购	98	92	6	0
16	现代服务业	994241	944914	41237	8090
17	邮政服务业	897705	867264	22655	7786
18	收购业普通发票录入	634	559	72	3
19	税务代开（货物销售）	17408	16586	808	14
20	税务代开（应税服务）	1448	1372	76	0
21	税务代开（交通运输业）	3	2	1	0
22	税务代开（加工修理修配）	5277	4988	288	1
23	合　计	42489104	41626279	660017	202808

【发票代码标准】 落实《国家税务总局关于发布〈发票种类代码标准〉的通知》（税总发〔2014〕23号），转发国家税务总局关于发布《发票种类代码标准》的通知（闽国税发〔2014〕42号），补充规定福建省编制的发票种类代码：《福建省国家税务局通用机打发票》（单联卷式），规格82mm×127mm，发票种类代码为135003350101；《福建省国家税务局通用机打发票》（单联卷式），规格8282mm×177mm，发票种类代码为135003350103。

【征管理论研究】 开展税收征管前沿理论研究，加快推进税收治理能力和税收治理体系现代化探索，组织完成省国税局2014年重点课题《关于现代化税收征管体系建设的研究》《关于税收风险管理的研究》和《关于税收情

发票开票情况（按行业分类）

单位：份、万元

开票金额			
总金额	正常	作废	红冲
6731518.22	7894801.58	740325.00	-1163283.36
3371591501.18	3448657172.89	327598352.01	-77065671.71
17298403.38	17501427.15	1129437.56	-203023.77
3070186943.91	3074413344.07	5544849.10	-4226400.16
522497002.23	543459888.17	16605563.48	-20962885.94
180705051014.05	183041480807.83	9541018067.37	-2336429793.78
62738479542.48	63512325614.17	4712774550.02	-773846071.69
15133.00	15153.00	19190.00	-20.00
53458346253.73	53591394814.23	1413828883.60	-133048560.50
845701187.74	851487846.26	86614020.21	-5786658.52
49579692.63	51462474.13	2594585.28	-1882781.50
67825921.39	67886243.44	2280445.65	-60322.05
511674441.33	515597206.62	16451024.46	-3922765.29
3124687184.00	3153562216.41	163375862.67	-28875032.41
4777341.20	4777341.20	252807.00	0.00
6362504066.74	6514803208.53	566618070.28	-152299141.79
2507702815.77	3056212838.81	291884838.91	-548510023.04
1413497.57	1425779.57	731814.80	-12282.00
272609004.06	295623484.06	26127074.82	-23014480.00
31078641.27	31078641.27	1687535.51	0.00
19653.00	19653.00	600.00	0.00
22502893.42	22511327.42	1490730.22	-8434.00
317692273652.30	321803591283.81	17179368627.95	-4111317631.51

报收集与应用的研究》的专家指导工作。协同办好《海西税务》第10期福建税收征管现代化实践之路专刊，通过总结实践中有效做法，借鉴国内外有益经验，把实践提升为理论，用创新理论指导再实践。其中《关于现代化税收征管体系建设的研究》获2014年福建省税收重点研究课题一等奖。同时，做好《2007—2011年国税年鉴》和《2014年国税年鉴》税收征管篇的编写工作，真实、准确记载福建省国税系统税收征管走过的历程。

【税收制度修订】 组织研讨落实税务总局办公厅关于征求《中华人民共和国税收征收管理法修订稿（征求意见稿）》意见的通知、国家税务总局征管科技司关于征求修订《中华人民共和国发票管理办法实施细则》第五条意见的函和税务总局征管科技司关于征求对修订

《税务登记管理办法》意见的函，提出福建省相关意见和建议，按时上报。

【征管人才库建设】 做好税务总局税收征管人才库2014年入库人员选拔推荐工作，全省拟推荐税收征管人才库之征管制度流程管理人才库、税收风险分析监控人才库、纳税评估人才库、税收业务需求和标准管理人才库、信息化规划和项目管理人才库候选对象各1人，上报国家税务总局审定。

【征管业务培训】 按照征管科技工作业务需要，有针对性地开展征管领域领军人才培养，改进业务培训方式，提升队伍全员工作能力。举办2期纳税评估培训、1期CTAIS新增业务培训、1期财税库银联网系统培训，1期省国税局机关交互式电子白板培训等；编发《福建省2013年度纳税评估优秀案例》下发全省学习借鉴。

【废弃基金征收】 2014年，全省废弃电子处理基金缴纳义务人共28户，应征销售数量1490435台，出口免征销售数量32833058台，进口数量8台，国内购进数量767台，实际应征数量1489660台，应征基金金额15646110元。

【“营改增”征管工作】 落实《福建省国家税务局关于做好电信业营业税改征增值税试点工作的通知》，做好“营改增”试点工作任务分解表及征管部门承担的工作任务，主要涉及各类方案和配套制度的制定，“营改增”户籍信息的获取、交接、基础信息采集和补录，普通发票印制使用、CTIAS系统等工作衔接和夯实。落实《关于加强“营改增”后税收服务和管理的通知》，协同税种管理部门做好服务和管理工作。

【财税库行联网】 配合做好财税库银横向联网（TIPS）电子缴税系统国库端系统升级、数据清理，各商业银行系统功能优化等，及时解决软件升级后纳税人税款缴纳方面出现的问题；落实《国家税务总局、中国人民银行关于规范横向联网系统银行卡缴税业务的通知》，推广安全规范的POS机银行卡缴税业务。2014年，全省通过财税库行联网入库税

表6　　2014年福建省国家税务局财税

征收机关	总业务量	实时扣款			
		总量	成功	失败	总量
福州市国税局	1084243	533010	512556	20454	472584
莆田市国税局	432936	155811	142113	13698	210770
三明市国税局	299210	170818	161641	9177	54353
泉州市国税局	1372212	896618	510146	386472	357055
漳州市国税局	609809	211206	192212	18994	322172
南平市国税局	294593	120481	111097	9384	115353
龙岩市国税局	297055	114008	103735	10273	88652
宁德市国税局	314983	143474	98114	45360	58740
平潭区国税局	18378	5090	4686	404	7486
合计	4723419	2350516	1836300	514216	1687165

款交易数量为4723419条，其中：税款实时扣缴量2350516条，税款通过各类银行批量扣缴1687165条，通过银行端缴税685658条，税款自缴核销80条。

2014年，全省通过财税库行联网税款入库（金额）交易数量为11817715.27万元，其中：税款实时扣缴金额11683999.25万元，税款通过各类银行批量扣缴金额35108.82万元，通过银行端缴税98503.01万元，税款自缴核销金额104.19万元。

表7　　2014年福建省国家税务局财税库银联网交易（金额）统计表（按地区分类）

单位：万元

征收机关	总金额	实扣金额	批扣金额	银行端金额	自缴核销金额
福州市国税局	3717940.85	3692398.00	11414.27	14128.58	0.00
莆田市国税局	703611.68	686114.15	4993.69	12404.76	99.08
三明市国税局	505248.25	496281.56	1076.02	7890.68	0.00
泉州市国税局	3609971.82	3582027.50	7107.45	20836.33	0.53
漳州市国税局	899168.61	883397.23	5619.06	10152.32	0.00
南平市国税局	382810.54	373686.94	2273.32	6850.18	0.09
龙岩市国税局	1517206.56	1504682.64	1553.69	10965.75	4.49
宁德市国税局	448691.98	434140.31	960.40	13591.26	0.00
平潭区国税局	33064.98	31270.91	110.91	1683.16	0.00
合计	11817715.27	11683999.25	35108.82	98503.01	104.19

库银联网交易量统计表（按地区分类）

单位：条

批量扣款		银行端查询缴税			自缴核销		
成功	失败	总量	成功	失败	总量	成功	失败
110084	362500	78649	71914	6735	0	0	0
56924	153846	66293	61552	4741	62	58	4
14434	39919	74038	66906	7132	1	1	0
78874	278181	118527	108291	10236	12	12	0
66185	255987	76431	67590	8841	0	0	0
29783	85570	58757	49900	8857	2	2	0
21163	67489	94392	85601	8791	3	3	0
12350	46390	112769	101036	11733	0	0	0
1423	6063	5802	5243	559	0	0	0
391220	1295945	685658	618033	67625	80	76	4

【系统业务运维】 做好平潭综合实验局国税局综合征管系统由县级提升为设区市级，包括信息数据迁移、系统上线与初始化工作，于2014年4月1日调整到位；做好国家税务总局CTAIS升级业务运维，支持管理和服务工作顺畅。包括：车辆购置税征收管理系统（27号补丁）和综合征管系统（国税）配套升级；增值税纳税申报调整等应用系统升级，内含“营改增”扩围增值税纳税申报调整，个体户按季申报纳税，税款缴库退库功能调整，应用系统优化升级；综合征管系统（国税）功能（37L18、47L18补丁）升级；综合征管系统（国税）等系统协同升级，内含综合征管系统（国税）2.0版本37L21补丁，税库银系统13号综合补丁，出口退税审核系统V13.20补丁，电子传输系统与综合征管系统（国税）的接口、与出口退税审核系统的接口，信息资源整合平台XTZHFW_1.0_025补丁；综合征管系统（国税）功能（37L22、47L22补丁）升级；申报表调整及落实纳税服务规范有关系统升级。

【业务运维团队】 制定下发《福建省国家税务局关于规范综合征管软件V2.0系统业务运维工作的通知》，建立新一届CTAIS业务运维省国税局专家组，保留已连续为CTAIS业务运维省局专家组工作8年的庄丽云（漳州）、周建聪（莆田）、施琨（泉州）、吴昌建（宁德）、王嫔（南平）等5人，新增刘雯（福州）、李颖（福州）、曾俊（福州）、苏婧（莆田）、詹婷（莆田）、蔡金旋（泉州）、苏毅斌（漳州）、华海峰（宁德）、陈东星（南平）、林茵（三明）、陈建民（龙岩）等11名省国税局专家组成员。同时，建立省局各业务处室CTAIS业务运维联络员：林本强（征管科技处）；陈泓（法规处）；孟立文（货物劳务税处）；詹冰、黄小丽（所得税处）；武林仙（规划核算处）；吴红萍（纳税服务处）；陈建钦（大企业管理处）；潘晓耿、严安琪（国际税务处）；吴旭琳（进出口处）；吴建业（稽查局）。

【征管绩效管理】 开发使用征管绩效考核软件，无缝对接税务总局、福建省国税局绩效考核1.0和提升2.0工作，按季通报福建省国税局税收征管绩效运行情况，推动税收征管基层工作稳步提升。从全省税收征管系列指标运行情况的年度考核来看，有6个设区市局在“风控指数”“收入质量”“纳税评估”3项指标上均都取得了满分。特别是在前期季度考核中，得分较低的“未按期缴纳税款催缴率”和“未按期申报催报率”，在这次考核中除个别地市外，均达到零未催缴户和零未催报户。同时，按照税务总局税务系统关键性绩效指标编制要求，组织做好2015年税务系统绩效管理3.0版实施准备，下发《关于征集税收征管关键性绩效考核指标的通知》，选取5项体现税收征管工作重点并具有导向性、关键性、可考性的征管绩效考评指标，形成福建省《税务系统税收征管关键性绩效指标》，按时上报。

【落实主体责任】 发挥征管科技处党支部战斗堡垒和凝聚作用，收集整理国税局、地税局分设以来征管科技部门所获得的荣誉，建立规范化的支部党建活动室，通过支部党建，落实“一岗双责”，加强征管业务、信息化建设、项目管理和培训工作等领域的内控管理，防控廉政风险，打造一个政治清明、能力专业、作风过硬、团结协作、廉洁从税、勤政文明的坚强集体。4月，在省国税局内部办公网转载仙游县国税局勤廉兼备强化行业税收管征做法，推介《熟人经济巧破解，特色行业廉管征》工作经验；8月，转载莆田市国税局规范行业税收管理防控廉政风险的做法，推介其《推行阳光税权，防控廉政风险》的工作经验，进一步推动税收征管领域执法监督，落实党风廉政建设主体责任。

（供稿：黄德兴）

货物和劳务税管理

【营业税改征增值税试点扩围】 成立以省国税局局长臧耀民为组长的“营改增”试点工作小组，梳理任务、制定方案、倒排工期，将责任落实到人，推进各项征管基础工作；组织人员根据最新试点政策修订编印培训教材，科学制订培训计划，做好系统内外的各项培训工作；畅通纳税人咨询反映问题的渠道；通过12366纳税服务热线、国税门户网站、办税服务厅专栏、宣传手册等方式，从培训辅导、税控器具配置、技术服务支持、办税流程指引等方面为纳税人提供服务；关注“营改增”试点过程中潜藏的虚开发票、逃避缴纳税款等风险，选取货运专票开票同比变动率、抵扣比例、应税扣除比例、“营改增”税负变动率、代开预警值等指标，依托“营改增”管理信息系统，设置预警值，从开票、抵扣、申报三个环节全面排查风险，弥补管理短板。两次试点扩围均成功启动，试点启动后运行平稳，改革红利持续释放。2014年，全省共有7.85万户企业纳入“营改增”范围，累计实现改征增值税58.2亿元，与原缴纳营业税相比税负减轻34.7亿元，减税面高达98%；非试点纳税人因进项抵扣增加，间接享受结构性减免优惠，新增抵扣税额27.6亿元。试点纳税人和非试点纳税人合计减税62.3亿元。

【农产品加工企业增值税管理】 制定《农产品加工企业增值税管理办法》，从农产品收购、加工到销售实现全环节覆盖；从发票使用、会计核算到纳税申报实现全方位监控；从征管基础、账证管理、申报抵扣到纳税评估实现全流程管理；从2月1日起，将生产销售水产品加工产品、食用菌加工产品、皮革加工产品的农产品加工企业，统一纳入农产品增值税进项税额核定扣除试点范围，取消农产品收购发票的抵扣功能，从源头上消除纳税人虚开收购发票的动机。同时编印《农产品加工管理办法解读》及其宣传手册，通过办税服务大厅、互联网、新闻媒体等多种渠道，向纳税人进行资料发放和政策宣传工作。

【增值税发票专项评估】 针对纳税人开具“大头小尾”增值税普通发票、大面额红字增值税发票和增值税专用发票认证后失控等主要风险点，在全省范围内组织对1387户企业开展专项核查工作，经过近3个月的专项核查，共查补税款8557.2万元，36户企业移交稽查。

【重点落实小微企业税收优惠政策】 出台《福建省国家税务局关于小微企业免征增值税有关事项的公告》，全面明确政策执行口径，取消优惠备案手续；修改网上申报软件，实现系统自动免征税款，避免纳税人因误填申报表无法享受优惠政策；利用信息化手段动态监控小微企业税收优惠享受情况，组织小微企业政策执行情况专项检查。是年，全省增值税小规模纳税人58.2万户，申报享受小微企业优惠政策的纳税人（含零申报）44.9万户，其中，个体工商户和个人29.2万户，占65.03%；企业和非企业性单位15.7万户，占34.97%。符合条件的小微企业免征增值税10.2亿元，其中，个体工商户和个人免征增值税9.36亿元，占91.77%；企业和非企业性单位免征增值税0.84亿元，占8.23%，实际惠及面100%。福建省报送的《福建省小微企业暂免征收两税政策落实情况》得到国务院领导批示，国家税务总局局长王军在全国税务工作会议上对福建省国税局工作进行表扬。

【落实各项税收优惠政策】 2014年7月1日，增值税纳税人6%和4%的增值税征收率统一调整为3%。全省对内做好纳税申报系统准备工作，对外组织开展多渠道政策宣传，确保政策执行到位。简并和统一增值税征收率后，年减少税收近9亿元。落实平潭综合实验区特殊政策，落实国家关于平潭岛内货物交易免税、文化创意服务以及“营改增”试点企业离岸服务外包等多项增值税优惠政策，同时为岛内企业提供更加方便、优质服务，进一步简化增值税减免的备案及审批程序，全面明确岛内企业享受的优惠项目、办理时限、涉税文书、办税流程等相关事项。

【开展消费税征管问题调研】 多次调研腾龙芳烃（漳州）有限公司重芳烃、石油苯等产品消费税征收管理问题，并向国家税务总局和省政府汇报有关情况，提出妥善解决腾龙芳烃有限公司消费税问题的意见建议，得到省政府的肯定与采纳。此外，还就福建蓝海专用车公司反映的改装车消费税重复征税问题进行调研，并向国家税务总局提出完善改装车消费税有关政策的意见和建议。

【委托经销商代办车辆购置税试点】 制定《车辆购置税委托代办试点实施方案》，在保证税款和票证安全的前提下，选择福州作为试点单位，开展委托经销商代办车辆购置税工作。在经销商处安装车辆购置税委托代办系统，待车主购买车辆后，通过扫描纳税申报表和车辆合格证上的二维码将车辆和纳税人信息导入委托代办系统，再通过POS机刷卡方式将税款缴入主管税务机关指定账户，最后开具车辆购置税完税证明和税收缴款书。2014年，共选择10家经销商开展委托代办试点，办理车辆购置税纳税申报业务450笔，入库税款682.7万元。

【车辆购置税关联信息比对排查风险】 组织对全省车辆购置税纳税申报和交警部门车辆注册登记信息进行比对，发现车辆纳税申报数和注册登记数相差6773辆，占纳税申报总数的0.83%。通过对差别较大的南平和漳州两地进一步核实，发现存在车辆纳税申报地和注册登记地不一致、业务未归档、申报信息录入错误等问题，提高车辆购置税的管征质量。

【汉字防伪项目管理】 将福建省686户成品油生产及委托加工企业统一纳入防伪税控系统汉字防伪项目管理，实现采集成品油经销企业进、销项专用发票货物名称的定期比对，并对比对不符的情况进行跟踪检查，杜绝利用“变名”手段偷逃税问题，实现堵漏增收的目的。

【增值税发票印制】 按时向国家税务总局报送福建省发票印制计划；对国家税务总局下发的增值税发票，按规定进行库存管理并分发到各地市确保发票足额供应；定期检查各地市发票库房环境，保证增值税专用发票的良好保存，加强发票库存管理。2014年，省印制增值税专用发票三联版1147.4万份，六联版336.8万份；增值税普通发票二连版598万份，五联版877.6万份；货物运输业增值税专用发票三联版28.4万份，六联版34万份。

【业务培训】 根据分级分类原则，组织实施“营改增”、车辆购置税等多场全系统货物劳务税业务培训班。通过培训，总结巩固前四轮营改增试点工作成果，帮助基层税务干部进一步熟悉和掌握“营改增”及其他货物劳务税政策，规范税收基础管理，建立健全税收风险防控体系。同时安排师资力量为省局其他业务处室举办的培训班授课，还应相关行业协会邀请，派员为各类纳税人业务培训班授课，加大政策宣传解读力度，帮助基层税务干部和广大纳税人理解和掌握税收政策，研究解决政策疑难问题。

（供稿：孟立文）

所得税管理

【概述】 全省国税（不含厦门，下同）累计入库企业所得税448.53亿元，占国税部门组织收入1345.41亿元的33.34%，比上年同期增收44.9亿元，同比增长11.1%，比全省国税部门组织收入累计增长（9.9%），高1.2个百分点。

【所得税汇算清缴】 全省做好汇算清缴事前宣传辅导、事中监控审核、事后评估稽查等工作，并于2014年7月对汇算清缴数据集中会审，逐户、逐表、逐环节审核，提高数据质量，完成2013年度企业所得税汇算清缴工作。全省企业所得税登记户204136户，开业户数190748户，应参加汇算清缴户数184265户，实际参加汇算清缴183893户，汇算面达99.80%。实际应纳所得税额合计440.43亿元，比上年应纳所得税额364.7亿元增长75.73亿元，同比增长21%。本年累计实际已预缴的所得税额353.69亿元，预缴率达80.30%，本年汇算清缴应补所得税额75.39亿元。

【重点落实小微企业税收优惠政策】 全省国税管征的小微企业共有210254户，其中盈利企业67926户，零申报企业105180户，亏损企业37148户。盈利企业67926户中扣除212户享受其他优惠、477户企业主动放弃享受小微优惠，共有67237户企业享受小微企业所得税优惠，实际惠及面达100%，减免所得税23633万元。其中查账征收企业60066户，减免税额21085万元；核定定率征收企业为6759户，减免税额2494万元；核定定额征收412户，减免税额54万元。

【贯彻落实有关税收优惠政策】 一是做好高新技术企业有关工作。参加国家税务总局召开的会议，研究讨论省高新技术企业认定管理办法修改意见，完成高新技术企业的重点检查；参加省高新技术企业认定工作会议，配合做好高新技术企业专项检查，分四批认定和复审高新技术企业247户，分两批认定税前捐赠资格企业94户，认定免税资格的非营利组织59户，认定资源综合利用资格企业32户。二是落实研发费加计扣除优惠政策。牵头草拟《福建省企业研究开发费用税前加计扣除实施办法》，经省政府领导同意，对研发费用的会计口径、税收加计扣除口径、归集要求等进行明确和规范。随后，统一核算台账格式、文书样本以及明确流转程序，方便企业了解政策与办事程序，进一步促进此项税收优惠政策的贯彻落实。三是落实固定资产加速折旧政策，召开全省科长会议，贯彻落实固定资产加速折旧工作会议的精神，部署全省落实此项工作的任务及要求。做好固定资产加速折旧数据统计工作，并组织不同行业、不同类型的大企业来试填报、反馈，收集有用信息。

【汇总纳税企业管征调研】 跨地区汇总纳税企业新所得税征收管理办法执行情况，要求分支机构参与汇算清缴，较大地影响了企业所得税的收入。2014年5月，省国税局设计相应表格，布置全省做好汇总纳税企业管征情况的调查分析工作。全省汇总纳税企业管征的跨省总机构201户，汇算清缴有税款的总机构98户，跨省总机构的二级分支机构2265户，汇算清缴有税款的二级分支机构739户，跨省总机构汇算清缴分出税款242398.62万元，跨省总机构的二级分支机构分入税款68653万元，二者相减，全省国税系统汇算清缴净分出税款173745.62万元。

【银行总分支机构专项评估】 2014年6月，将银行金融机构作为所得税管理重点行业，按国家税务总局银行金融机构要求的风险点进行排查评估，各地成立收入专项评估工作小组，抽调人员，组成若干个小组开展工作，通过专项评估，入库企业所得税20637.34万元。

【税源调研分析】 一是布置全省专题调研有关棚户区改造企业所得税政策执行情况，并形成调研报告及时上报国家税务总局。经调查，福建省辖区内目前只有南平市顺昌县国有林场棚户区改造项目符合棚户区改造有关文件

要求。该棚户区改造项目惠及区内困难职工、群众2468户，分三期完成，第一期470户，第二期950户，第三期1048户，其2012年度改造支出在税前扣除金额470万元，2013年改造支出在税前扣除金额665万元。二是对全省2008—2013年度企业重组政策执行情况及政策效应进行调研分析，特别是对特殊重组业务适用政策的情况进行分析。2008—2013年全省已适用特殊重组企业27户，交易金额896920.84万元，涉税收入90.6万元，涉及上市公司4户；适用一般重组企业6户，交易金额6439.03万元，涉税收入4338.94万元，其中2013年度申请特殊重组的企业6户，交易金额37176万元。三是对福州马尾造船厂有关企业重组税收政策问题进行解释、辅导，降低企业重组的税务成本，以减轻企业资金压力。

【全国所得税工作会议】 承办国家税务总局全国企业所得税工作会议，国家税务总局副局长汪康、所得税司司长刘丽坚、有关司局代表一行及全国各省国税、地税所得税处代表近150人参加会议。全国十个单位做现场经验交流，福建省国税局副局长邱大南代表福建省国税局首先发言，演示介绍福建省国税局在以信息化建设为依托，建设企业所得税风险管理新模式方面取得的成效。

【配合做好总局督导组检查工作】 2014年10月，国家税务总局督导组来闽检查督导福建省小微企业税收优惠政策的执行情况，经督导组核实确定，福建省小微企业实际享受优惠惠及面达99.54%，接近100%，福建省国税局落实小微企业优惠政策的有关工作受到税务总局督导组的好评，也受到税务总局局长王军和副局长汪康的表扬。

【新申报表推广工作】 一是发文要求全省上下做好新申报表的推广和应用工作，要求各级干部学习掌握新申报表；做好对纳税人的宣传，消除纳税人抵触心理，辅导纳税人正确理解、准确填报新申报表。二是在福建省国税局门户网站上制作弹窗，告知纳税人新企业所得税申报表的国家税务总局公告、政策解读、电子表格及填报说明的下载路径等有关内容。三是整理、汇总新企业所得税申报表的业务需求，提交并协调信息中心完成年度纳税申报网上申报软件的开发工作，以满足纳税人不同层次的申报需求。同时，组织各地对申报表进行研究，进一步细化业务需求，做好所得税网上申报软件的修改和完善，减轻纳税人负担，提高纳税服务质量。四是全省举办企业所得税新申报表培训班，各地开展新企业所得税申报表的巡回培训班，对所得税干部、纳税人、第三方机构等进行新申报表讲解、政策宣传及解答，保证新申报表的推广使用和2014年度企业所得税纳税申报工作的顺利开展。

【信息化建设】 开发全省企业所得税电子台账系统并在三明市进行试点，期间共发现企业所得税管征的疑点2805户次，评估入库企业所得税7143万元，调减以前年度亏损额7275万元。在此基础上，又对该系统经过反复修改完善，于年底召开全省推广现场会，为全省推广企业所得税管理系统做准备。

【业务培训】 2015年年初，举办全省企业所得税业务骨干的汇算清缴培训班，主要围绕汇算清缴管理办法、税收优惠管理等内容，为汇算清缴做好前期准备。举办新企业所得税年度纳税申报表专题培训班，对新申报表的有关业务进行讲解培训。举办企业所得税业务培训班，对新旧政策进行梳理和衔接，对政策执行的热点和难点进行专题研讨。举办全省企业所得税管理系统培训班，对管理系统的设计理念、主要功能及操作流程等内容进行详细的讲解。

（供稿：黄小丽）

出口退税管理

【概述】 全省（不含厦门，下同）共办理出口退（免）税375.4亿元，比上年增退37.9亿元，同比增长11.2%，增幅超过同期出口增幅4.6个百分点。其中：直接退税273.9亿元，同比增长6.97%，占同口径国内增值税直接入库总额644.99亿元的42.47%；免抵调库101.5亿元，增长24.54%。

【出口退税政策落实】 利用多种现代媒介多形式传达、宣传、解读新政策、新规定；举办100家大型企业经理参加的出口退（免）税政策宣讲会；举办一期一百余人的业务培训；落实国家税务总局关于外贸综合服务企业、增值税零税率企业以及延期申报等相关通知公告，共为13户适用增值税零税率的国际运输和研发设计等“营改增”企业累计办理免抵退税2446万元；共受理并审批51户出口企业逾期未办理出口退（免）税5800多万元的延期申报申请；组织人员编印《出口货物退（免）税基本知识手册》；策划发行《海西税务》出口退税专刊。

【出口退税管理】 结合“便民办税春风行动”推出“方便出口退税、促进外贸出口”十大措施；兑现15个工作日限时办税服务承诺制；集中人力全面清理出口退税历史遗留问题和案件；规范函调管理，对各地回函情况开展监督，全年共发布14期回函提醒信息，1期全省函调情况通报；抽调各地业务骨干分4批8个工作组历时四个月对各设区市国税局及16个县（市、区）国税局开展出口退（免）税管理情情况重点检查。

【防范打击出口骗税】 与广东、广西、浙江、厦门、江西等五省市国税部门签订防范和打击骗取出口退税工作协作备忘录，强化省际协作、信息交换等协作机制；按月分析、定期通报全省情况，全年共发布12期出口退税情况分析、4期预警分析报告；对286户出口木制家具企业开展评估核查，评估异常企业61户，应补税额164万元，核减留抵税额63万元，移送或建议移送稽查立案7户；配合稽查局开展集中打击骗取出口退税专项行动；协助货劳税处对2013年、2014年1—8月全省出口不退税货物征税情况进行核查。

【信息管税】 做好出口退税审核系统软件的应用、升级和出口退税函调系统的运行；依托福建省税收风险管理系统，编写出口退税业务需求，开发出口退税审核辅助与预警分析监控系统五个功能模块，在全省试运行；继续推行“福建省国家税务局出口退税远程综合服务系统”，实现出口企业“足不出户”即可办理出口退税申报预审。

【出口退税计划管理、调库资源分析及预测】 根据全省出口情况，预测、分配、调整下达2014年度出口退（免）税计划。加强与收入规划核算部门配合，测算免抵调库资源，安排调库总量和进度。加强全省生产企业退、调比例分析，做好免抵调库资源的按月分析与预测。

（供稿：刘　琨）

国际税收管理

【概述】 2014年，福建省国际税收工作通过落实日常管理、强化风险监控、创新调整方法、保障重点工作、探索国际税收经济分析，圆满完成各项任务。全年共完成国际税收24.73亿元，同比增长75.51%，其中，组织反避税收入3.68亿元，比2013年增长51.75%；组织非居民管理收入21.05亿元，同比增长80.54%。落实国家税务总局堵漏增收的要求，开展股息、红利非居民税收专项检查，查补税款过亿元，位居全国第8位。

【反避税】 落实国际税收特别纳税调整立案、结案案审会制度，全年通过反避税案件系统结案8户，单案补税入库过千万的就有6户；新立案3户。全年反避税结案累计实现税收收入1.96亿元，是考核指标2500万元的684%，同比增长126.7%。全省特别纳税调增监控管理环节共调整100户，调增补税1.72亿元，同比增长10.51%。拟定下发《关于上报对外支付大额费用反避税调查的通知》，制定相应的工作方案、设计全省统计表样，指导全省工作开展。同时，结合2008—2013年跨国企业利润监控反避税调查的关联交易数据，通过分析比较，筛选跟踪疑点。

【参与总局专家会审】 根据国家税务总局专家会审制度要求，参与12件江苏省反避税案件的会审，会审税款30亿元。

【非居民企业股息、红利专题检查】 通过股息、红利非居民税收专题检查工作，检查7710户企业，对6829户企业进行风险核实，其中无问题企业6768户，并对61户企业实施风险应对。本次检查共查补税款1.59亿元，征收滞纳金406.73万元。对此项工作，国家税务总局国际税务司在《关于股息红利专项检查有关工作情况的通报》中点名表扬福建“检查工作取得了较好成效”。

【非居民企业间接股权转让案件】 2014年“91无线”非居民企业间接股权转让案，终于取得企业的理解与配合，并由企业自行主动申报补税。入库税款5.8亿元，刷新福建同类案件补税纪录。

【情报交换】 继续对国际税收各项工作的开展提供支持，在莆田某鞋业案件调查过程中，通过国际联合反避税信息中心（JITSIC）的中国税务官员代表，与美国税务局实现情报交换，获得关键的再销售价格信息。在泉州某房地产企业非居民股权转让案件调查中，通过与香港的专项情报请求，获得香港税务局的反馈。全年共收集、制作自动情报324份。其中：向美国提供90份，向日本国提供198份，向韩国提供11份，向加拿大提供4份，向澳大利亚提供21份。

【制度制定】 重点落实三项配套制度：一是落实2013年国际税收立功嘉奖工作。根据案件调整补税金额过千万元或调整方法有创新的标准，表彰2013年度专项工作中表现突出的个人，表彰涉及案件6个，授予个人三等功6人、个人嘉奖8人。二是举办2014年国际税收业务提高班（重点班）。邀请国家税务总局、省国税局、中介机构、高校的专家学者，从多个角度介绍并讨论国际税收新秩序的背景与发展脉络、OECD应对税基侵蚀与利润转移（BEPS）最新的15项行动计划、中国应对BEPS的最新进展、未来国际税收工作的转变方向等议题，以及国际税收工作平台的操作流程、税收协议及两地安排等。省国税局国际处、各设区市国税局国际科（处）、县（区）国税局班子代表、县（区）国税局业务骨干等共60人参训。三是落实全省国税系统国际税收人才库，共计有18位干部入选，涵盖了国际税收工作反避税、非居民管理、税收协定执行、情报交换等各个方面。

（供稿：严安琪）

大企业税收管理

【税务审计】 对中国烟草总公司、中国工商银行股份有限公司、中国大唐集团公司3户国家税务总局定点联系企业开展税收风险管理工作，对其2008—2012年度纳税义务履行情况，分为五个阶段进行核查，即前期准备、企业税收风险自查、税收风险评估和初审、税务审计和总结反馈。时间从2013年6月起至2014年6月结束。在税收风险自查、税收风险评估阶段，3户国家税务总局定点联系企业总计应补缴税款8154万元。对工商银行福建省分行营业部（本部）2008—2012年5个年度72项重点税收风险问题及11个重点业务和事项进行延伸审计。

【全流程风险管理】 对中国石油天然气集团公司、中国建设银行股份有限公司、中国农业银行股份有限公司、中国华能集团公司、中国冶金科工集团公司、华为技术有限公司、中国五矿集团公司和三星（中国）投资有限公司等8户企业集团2009—2013年度纳税义务履行情况开展全流程税收风险管理工作，采取国家税务总局和省国税局统筹、系统联动、国地税局联合、部门协作、税企合作的方式开展。截至2014年11月30日，8户企业集团在福建省成员企业的全流程风险管理工作已全部结束，此次8户企业集团全流程风险管理涉及福建省管辖的有7个集团48户成员企业：其中：中国石油天然气集团公司9户、中国建设银行股份有限公司18户、中国农业银行股份有限公司10户、中国华能集团公司6户、中国冶金科工集团公司2户、中国五矿集团公司2户、三星（中国）投资有限公司1户，此项工作共分为五个阶段实施，信息收集与风险评估、风险自查、案头审计、风险组织应对、反馈提高，其中风险应对工作阶段，除了稽查局负责应对外，其余的全部由大企业管理部门进行现场审计工作。风险自查阶段补税4000.54万元，案头审计阶段、风险应对阶段国税部分应补税款4465.22万元，调增应纳税所得额320.55万元。

【分事项风险管理】 分事项风险管理重在关注企业重大事项从而进行重点税收风险防控。根据税务总局的统一部署，国家税务总局推送的3户企业：通用电气（中国）有限公司、中国中化集团公司、中粮集团有限公司中，涉及在闽企业为中粮集团。对此，省局大企业处组成专业团队，以上下联动，横向互动、信息共享等方式进行审计，通过对该集团在股权转让、跨境投资和关联交易等三个事项的税收风险进行分析评估，得出审计结论，并将分析评估结果反馈国家税务总局大企业司。

【税收风险问题整改】 对4户国家税务总局定点联系企业存在的共性税收风险问题进行整改。根据国家税务总局的统一部署，对中国石油化工集团公司、中国工商银行股份有限公司、中国烟草总公司、中国大唐集团公司本地成员企业的共性税收风险问题进行对照整改。一是针对离退休人员的工资、福利等与取得收入不直接相关的支出的税前扣除问题进行对照整改，补税额1590.76万元，纳税调整额9771.57万元。二是针对企业超范围和标准为职工缴纳的基本养老保险、医疗保险、失业保险、工伤保险、生育保险、基本社会保险和住房公积金等的税前扣除问题，进行对照整改，补税额1033.61万元，纳税调整额6583.47万元。三是针对未足额代扣代缴个人所得税问题进行对照整改，补税额833.7万元，纳税调整额1304万元。四是针对劳务派遣人员工资薪金未纳入国资委核定工资薪金总额核算企业所得税问题进行对照整改，补税额2494.05万元。五是针对烟草企业广告费和业务宣传费的准确归集和税前扣除问题进行对照整改，补税额48.95万元，纳税调整额195.81万元。4户企业存在的五大共性税收问题对照整改的补税额合计6001.07万元，纳税调整额合计17854.85万元。

【风险内控调查】 按照国家税务总局大企业司2014年大企业税务风险内控调查工作方案，福建省2014年税务风险内控调查的企业为中国石油天然气集团公司、中国建设银行股份有限公司、中国农业银行股份有限公司、中国华能集团公司、中国冶金科工集团公司、华为技术有限公司、中国五矿集团公司和三星（中国）投资有限公司等8户，此项工作分为三个阶段：制定调查方案阶段；调查实施阶段；调查结果汇总阶段。对企业调查取得的各类信息进行整理、分类、汇总，对调查结果进行综合分析，初步判断企业税务风险内控机制情况。并对企业税务风险内控建设基本情况、通过内控调查反映出企业可能存在的涉税风险、对企业内控建设的改进建议等内容形成企业税务风险内控调查报告上报税务总局大企业司。

【风险评估】 全省各县（区）国税局对334户企业进行风险评估，发现风险点450个，采取针对性措施463条，补税金额73069万元，滞纳金4475万元。

【谈签遵从合作协议】 为提高大企业税收管理个性化服务质效，创新纳税服务途径，大企业管理部门按照省国税局统筹、系统上下联动、扁平化管理的方式，开展税收遵从合作协议谈签和执行工作。如福州市国税局与福州兴业银行、福建电力、永辉超市、海峡银行和福建移动等5户定点联系企业签订《税收遵从协议书》，宁德市国税局与宁德核电签订《税收遵从协议书》。

【数据统计】 大企业税收管理是一项建立在优良数据质量基础上的工作，大企业税收征管信息的采集是开展大企业税源分析和纳税评估的基础性工作。因此，每月对45户税务总局定点联系企业的增值税、消费税、营业税、企业所得税和其他税种缴纳情况，以及企业的利润、资产负债、现金流量等数据进行采集，通过大企业数据采集分析平台（VICDP）运行系统进行归集分析，并上报国家税务总局大企业司。

（供稿：王丽华）

税收规划核算

【税收计划】 贯彻落实组织收入原则，依法组织税收收入，防止和纠正各种应收不收、应抵不抵、应退不退、应减免不减免行为，切实提高税收收入质量，国家税务总局《关于2013年税收收入质量情况的通报》中，福建国税收入质量综合得分名列全国国税系统第五位。遵照从经济到税收的原则，在了解各地经济、财政主要目标和税源情况的基础上，综合考虑政策、征管等因素，将国家税务总局下达的收入任务分配到各设区市国税局，并参考设区市国税局的建议由省国税局下达县、市国税局（不含城区局和直属单位）的税收收入考核计划，发挥税收计划的指导作用。开展税源调查，利用科学方法和经济税收历史数据，预测收入走势，尽早制定组织收入预案，掌握组织收入的主动权。全省月度税收收入预测准确率保持在99%以上，年度预测准确率在全国名列前茅。

【税收分析】 落实《税收分析工作制度》，坚持按季召开税收收入形势分析会，发现组织收入中的新情况、新问题，剖析原因，掌握潜力所在，提出依靠打击违法增收、堵塞漏洞增收、科技管理增收的建议和措施，指导各地组织收入工作。贯彻国家税务总局《关于进一步完善税收分析工作机制的意见》，在做好关键时点税收分析的基础上，抓好不定时的专题分析，从税收角度观察经济运行情况，《基于税收调查数据的福建省制造业产业结构变动情况分析》《近三年福建国税减免税情况分析及思考》《从近年税收收入透视福建经济发展态势》三篇文章被国家税务总局《税收分析报告》采用。关注各项税收政策的变动，加强政策效应分析，《福建省扩大“营改增”试点落实减轻企业税负政策的情况》报告被国务院办公厅信息刊物采用。

【税收会计统计】 规范税收会统报表，加强基础数据的审核把关，改进审核体系和方法，梳理会统报表数据差错，提高处理效率和质量。根据国家税务总局《关于2013年全国税收会计统计年报会审情况的通报》，福建国税税收会统报表工作获得全国优秀级次。做好减免税统计调查与分析，对截至报告期末已办理税务登记的近26万户纳税人2013年度的减免税情况开展统计调查工作，掌握减免税政策执行情况，实现减免税政策效应量化分析。

【重点税源监控】 全省（不含厦门）纳入国家税务总局监控的重点税源企业户数共1080户，缴纳税收收入（包括国内增值税直接收入、国内消费税、企业所得税）709.7亿元，比上年可比口径增收31.2亿元，对全省税收收入的增收贡献率为25.8%，增长4.6%。全省通过后台提取征管数据、加强国地税信息交换等优化数据采集方式，切实减轻企业填报及基层审核负担。完善数据审核机制，设计27个审核公式和40套分析表嵌入到监控软件企业端、推广应用省局开发的查错表，有效提高数据质量。对重点税源企业的税收运行情况开展季度和年度分析，为加强管理、挖潜增收、判断组织收入形势提供参考依据。与省地税局联合发布福建省2013年度纳税百强企业和民营纳税百强企业。

【税收调查】 全省（不含厦门）国税系统共调查各类独立纳税企业12404户，较上年增加329户，增长2.7%，其中抽样调查企业2749户，重点调查9655户，实现国税收入718.6亿元，占全省同期同口径国税收入的58.7%。福建国税连续8年被财政部和国家税务总局评为“全国税收调查工作先进单位”。全省国税系统积极利用税收调查数据开展税收经济分析，服务税源管理和组织收入工作，其中省国税局撰写的《后金融危机时代福建省对外出口发展变化研究》，为省委、省政府推动对外贸易、转变外贸发展方式建言献策；龙岩市国税局对铜产业发展现状及存在问题进行研究，提出促进行业优化升级的政策建议，得到龙岩市委、市政府的好评。

【税收票证】 强化、规范税收票证日常管理，确保国家税款安全、及时、足额入库。遵守“分级负责、逐级领发”的原则，全年向地市（不含厦门）发放各类税收票证3840250份，基层征收单位共填用各类税收票证1009800份。平稳推进票证管理工作。CTAIS系统税收票证管理模块于2014年1月正式上线启用，实现税收票证管理工作由手工操作向计算机网络化操作管理的跨越，对减轻基层工作负担、规范税收票证日常管理、加强税收资金安全管理起到一定作用。同时，根据《福建省国税系统税收票证管理实施办法》规定，做好旧版税收票证的销毁工作。

（供稿：薛东晖）

纳税服务

【概述】 围绕工作中心，以提升纳税人满意度为目标，以“便民办税春风行动”和推行县级纳税服务规范为轴线，以创新服务方式为突破口，以绩效管理为抓手，圆满完成全年各项工作任务，取得明显成效。省委书记尤权专程视察省国税局12366纳税服务热线，省政府领导对平潭综合试验区国税局、晋江市国税局的纳税服务工作给予高度评价。平潭综合实验区局办税厅获“全国工人先锋号”称号。

【三个平台建设】 落实所有涉税事项进办税大厅，推行五大类共64项涉税业务“免填单”服务（包括税务登记17项、发票管理12项、申报缴纳办理19项、证明管理5项、税收优惠11项等）。梳理简并表单证书，重组优化办税流程，纳税人报送资料减少39%，办税时限平均缩减50%，税务机关审批环节减少25%，审批时限缩短36%，即办事项比例提高25%，达到125项。建立健全大厅主任值班制度、领导巡查制度及突发事件应急处理。完善

并推行网上办税二期建设项目，现有网上办税功能涵盖网上涉税事项申请（报备）、网上发票核销、涉税信息查询、涉税提醒、税企互动、短信提醒、网站页面改版、业务管理等8大项28小项。全省网上涉税审批申请系统（包括网上申请报备类、审批（核准）类等涉税事项）于2014年11月1日正式上线运行，首批四大类33项审批事项实现网上办理；提升12366热线服务质效，开展咨询业务整合，电话咨询、网站咨询和现场咨询“三位一体”的专业咨询服务格局初步形成。2014年，12366热线服务总量44.9万个，较2013年增加14.9万个，增幅为49.67%，接通率为80.57%。

【春风便民行动】 福建省国税局成立领导小组，研究部署便民办税各项措施，制定《福建省国家税务局关于进一步贯彻落实便民办税春风行动的意见》，提出31条便民办税措施，全面推行首问责任制、一窗通办。建立导税服务、全程服务、限时服务、延时服务、预约服务、提醒服务、一次性告知、缺件备忘等基本服务制度。

【纳税服务规范】 福建省国税局成立以局长臧耀民为组长的领导小组和业务组、技术组、培训组、宣传组四个专门工作小组，制定下发《服务规范的实施意见》和《纳税服务规范推进工作路线和任务分解表》，明确路线图、时间表、责任人。对照规范重新修订《福建省国家税务局涉税业务工作规程》。组织开展与《纳税服务规范》规定不一致的文件清理和基层税务机关自行开发应用的外挂软件修改工作。确保各项县级纳税服务规范落地生根。2014年10月1日，按照国家税务总局的统一部署，推进《全国县级税务机关纳税服务规范（1.0版）》，实现全省系统“服务一把尺子，办税一个标准”。

【个性化服务】 创建网上纳税人学校，试点实体纳税人学校建设，成立省国税局网上纳税人学校和县级纳税人学校2所，为纳税人学习交流搭建平台。福州市国税局首个开发“网上发票申领与验旧系统”，纳税人可随时随地通过互联网进行手工版普票和通用机打票的申领与验旧，并可选择自行领取发票或由税务机关邮寄送票。平潭综合试验区国税局提供“三证一章合一”登记便捷服务，即将工商营业执照、组织机构代码证、税务登记证、公章刻印合一，由一个窗口统一受理。三明市梅列区国税局自主研发“自助发票代开系统”，大大缩短窗口代开发票办理时间，解决纳税人排队难的问题。总结推广《纳税服务规范管理系统》，将“春风行动”活动提出的“六提速、三公开、二减负、一首问”任务要求和县级纳税服务规范9类72项212个服务事项进行信息化、全程式管理，提高服务和管理质效。福州市国税局推行“任务管理与服务回访系统”，解决任务管理、基础信息维护、下户监管、纳税人满意度等四个管理难题，该做法经《中国税务报》报道后，引起各地税务机关关注。南平市国税局开发“纳税人信用等级评定系统”，实现纳税人信用等级评定工作自动化；采用快拍仪扫描采集数据，让免填单真正做到无纸化、信息化、高效化。龙岩市国税局开发的“视税通”全程监控系统，实现对办税服务厅的远程监控和应急处理。三明市国税局持续三年开展“星级办税厅”和“服务之星”创评活动，从环境建设、制度建设、服务开展、作风纪律、纳税人满意度等42项指标进行考评，国家税务总局《税务专报》刊发了三明市国税局的经验做法。宁德市国税局制定《纳税人维权服务管理办法（试行）》，在县级国税局设立“纳税人维权服务中心”，办税服务厅设置“维权服务岗”，受理、调查、处理、反馈纳税人维权事项。泉州市国税局在洛江区、安溪县安装委托邮政代开发票系统，解决纳税人用票难的问题，在晋江开展个体工商户小规模纳税人简并征期和按季纳税试点工作，实现“两个减负”。

【纳税人满意度】 福建省国税系统纳税人满意度调查名列全国20位，省会城市福州位列16，地级市平均得分位列15，县（市、区）平均得分位列15。按照《福建省国税系统2014年绩效管理考核指标（升级版）》要求，制定全省国税系统纳税人满意度和基层满意度调查方案，12月，组成三个调查组，分别从各设区市国税局选取3个县（区）国税局办税服务厅，以现场随机拦截访问的形式，选择10个纳税人作为样本对象，就各单位政策咨询、办税服务、政策落实、规范执法、保护权益、廉洁自律等方面的情况开展纳税人满意度问卷调查，并对照“请示办理、减轻负担、工作指导、管理水平、善待基层”等调查内容进行服务基层满意度问卷调查，同时对市国税局机关服务基层工作情况进行检查并予以通报。

【投诉和反馈】 健全维权服务体系，全省各办税服务厅均设立现场投诉处理岗和电话投诉处理岗，建立健全纳税人意见、投诉的快速处理机制和纠纷处理应急反应机制。落实办税公开制度，定期召开纳税人需求座谈会，推行纳税人信用等级评定系统，实现评定过程的公平、公正、公开，提高税务机关的公信力和纳税人的遵从度。2014年，共受理并办结服务投诉100个，其中纳税咨询类6个，办税服务类63个，权益保护类27个，税法宣传类4个，投诉均得到了及时办理，办结率为100%。

（供稿：江俊强）

税务稽查

【概述】 2014年，全省国税系统共有稽查机构69个，其中：省级稽查机构1个，级别为正处，内设办公室、选案科、检查一科、检查二科、审理科、执行科、举报中心等7个正科级机构；市级稽查机构9个，级别为副处，内设综合科、选案科、检查科、审理科、执行科等机构；县级稽查机构59个，内部一般不设固定机构。全省共有稽查人员838人，占全省国税系统在编总人数的9.39%。按机构层级划分，省级机构21人，市级机构303人，县级机构514人。按年龄结构划分，35岁以下67人，35～45岁234人，45岁以上537人。按文化结构划分，研究生以上23人，大学本、专科793人，其他22人。

【稽查查补收入及分析】 2014年度，全省国税稽查部门实现查补收入16.25亿元，比上年同期增加2.14亿元，同比增长15.21%；实现入库查补收入15.71亿元，比上年同期增加2.48亿元，同比增长18.73%。其中：稽查部门直接查补入库收入11.74亿元，占全省国税直接收入入库总额（不含免抵调库、车辆购置税、联合石化及龙岩烟厂入库税收）的1.14%；组织自查入库收入3.97亿元。

【税收违法案件查处】 2014年，全省立案检查企业1479户，有问题企业1435户，结案1358户，其中：100万元以下案件1263户，100万～500万元案件66户，500万～1000万元案件17户，1000万～5000万元案件11件，5000万～1亿元案件1件；组织企业自查1171户。全年移送公安机关立案查处案件198件，公安立案查处158件。

【稽查质量指标】 全省选案准确率97.03%，高于税务总局90%考评指标7.03个百分点；查补入库率96.71%，高于税务总局90%考评指标6.71个百分点；选票准确率达84.18%，高于税务总局15%考评指标69.18个百分点；按期回复率达100%，完成税务总局100%的考评指标。

【重大案件查处】 贯彻执行大要案报告制度、重大案件督办管理办法，落实重大案件查处责任制，重点查处虚开增值税专用发票、骗取出口退税等违法行为，加大涉税违法行为打击力度。承办国家税务总局督办的"8·22""8·26""1·20"等案件4件，特别是"8·22"案件查办成效得到国家税务总局、省委省政府领导的批示性表扬和税务总局稽查局、公安部经侦局的通报表扬。

【打击骗取出口退免税专项行动】 国家税务总局、公安部、海关总署在"深圳会议"上向福建省下达10户重点外贸出口企业检查任务，涉及应退税额10360万元，已查结9户、查补收入1872.34万元。此外，省国税局稽查局还根据风控中心移送的疑点、海关缉私部门移送的案件、举报信件提供的举报信等线索，对涉案企业的出口增长、出口商品、报关、结汇等情况进行综合分析，对疑点大、问题多的企业立案检查，全年查处企业46户、查补收入4.28亿元。

【税收专项检查】 成立以局长臧耀民为组长、副局长雷致青为副组长、相关业务处室为成员的税收专项检查工作领导小组，确定房地产及建筑安装业、出口退（免）税企业、股权转让交易企业为指令性检查项目，确定地方商业银行、高污染高能耗及产能过剩企业为指导性检查项目，确定虚开、骗税等税收违法行为易发、多发的和涉及农产品收购、矿产品、成品油购销较为集中的行业为区域专项整治重点。全省税收专项检查实现查补入库收入8.9亿元。分项目看，检查房地产及建筑安装行业入库收入3.66亿元；办理出口退（免）税企业入库收入4089.74万元；股权转让企业8957万元；地方商业银行入库收入4834.25万元；高污染高能耗及产能过剩企业入库收入2419.35万元；各地自行开展的检查项目入库收入3.13亿元；区域专项整治入库收入180.7万元。

【重点税源企业检查】 根据《国家税务总局稽查局关于开展2014年全国重点税源企业税收专项检查工作的通知》和《福建省国家税务局稽查局关于开展2014年部分重点税源企业检查工作的通知》精神，全省选择4户房地产重点税源企业、10户全省重点税源企业以及部分税务总局定点联系企业等开展检查，累计查补收入3.6亿余元。

【打击发票违法犯罪活动工作】 根据全国打击发票违法犯罪活动工作协调小组和国家税务总局的统一部署，履行福建省打击发票违法犯罪活动协调小组办公室职责，部署2014年全省打击发票违法犯罪活动工作，加强各成员单位协作，打防并举，综合治理，继续保持打击发票违法犯罪活动的高压态势，遏制发票违法犯罪行为，维护正常税收秩序。比如针对各十字路口公开倒卖、兜售各种假发票以及传播发票违法信息的行为，莆田市国税局联合莆田市公安局、市地税局成功开展"20140514"制售假发票专项收网行动，抓获5名犯罪嫌疑人，现场缴获一批涉假的增值税专用发票、普通发票和通用机打发票，缴获企业财务专用章、税务机关代开发票专用章，扣押手机、电脑、打印机等作案工具，摧毁一个从浙江台州流入福建莆田的销售假发票的犯罪网络。

【整治虚假发票"买方市场"】 开展对建筑安装、石油石化、商业批发与零售、餐饮娱乐、营利性教育培训、中介机构、农产品加工、纺织服装、房地产和"营改增"试点行业的重点整治。全省共查处违法企业1412户，超额完成国家税务总局年初下达1000户的目标任务，查处违法企业户数比目标任务增长41.2%；查处非法发票6.9万余份，涉及金额42.8亿元，查补收入4.98亿元。此外，在餐饮企业专项整治中，全省检查餐饮企业164户，查处违法企业81户，查处非法发票4251份，涉及金额1707.83万元，查补税款、滞纳金及罚款共计552.71万元。

【涉税违法案件检举】 根据国家税务总局

《税务违法行为检举管理办法》《税务稽查工作规程》等法律法规，健全、完善检举案件管理、保密等制度，使检举工作纳入规范化、制度化管理之中。全省各级税务违法案件举报中心受理税收违法检举案件591件，立案查处445件，查结384件，结案率达86.29%。实现查补收入2.54亿元。

【案件协查工作】 加强对协查系统运行数据信息的监控和分析，全省协查系统平稳运行。委托协查方面：全省委托发出协查1506起，涉及发票2.8万份、金额30.74亿元、税额5.22亿元，收到回复发票2.94万份，选票准确率达84.18%，查补入库收入2399.39万元。受托协查方面：全省受托收到协查986起，发票1.27万份，金额13.87亿元，税额2.30亿元，累计回复发票1.33万份，回复率达100%，查补入库收入450.50万元。

【稽查队伍建设】 以领军人才和稽查专业人才库培养为引领，加强尖端人才储备，全省稽查队伍中拥有注册会计师、注册税务师、律师执业资格人员44人。注重稽查培训工作，提升稽查队伍整体素质，省国税局稽查局于2014年6月在江苏省税务干部学校举办为期20天、参训学员高达110人的信息化管理企业税务稽查实务培训班，培训内容涵括查账软件介绍及操作、稽查执法程序解读、信息化企业调查取证方式方法、稽查执法风险防范等，培训效果得到各级稽查部门的高度肯定。注重对稽查人员法治意识、廉政意识的培养，围绕中央八项规定和“六项禁令”，狠抓党风廉政和作风建设，全年全系统未发生稽查干部违法违纪现象。

【稽查制度建设】 一是规范进户执法，根据国家税务总局的统一部署，省国税局稽查局牵头落实、统筹安排所有需要进户执法的事项，明确规定“在同一年度内，除涉及税收违法案件检查和特殊调查事项外，对同一纳税人不得重复进户开展纳税评估、税务稽查、税务审计”，纠正多头执法、重复检查问题。二是贯彻《税务稽查办案专项经费管理暂行办法》，遵循专款专用、厉行节约的原则管理、使用稽查办案经费，坚持大要案件查办质量等工作实绩与稽查办案经费挂钩，加大对一线稽查办案和基层稽查办案的经费投入。三是部门协作，落实与福州海关、省外汇管理局等部门的合作备忘录，加强与省公安厅经侦总队、省地税稽查局的交流协作。

【稽查系统建设】 一是开展积案清理，省国税局稽查局对系统历年稽查积案进行全面清查，全年清理积案599件，清理率达93.01%。二是以案件查办质量为纽带，加强对设区市局稽查工作的指导，逐步完善案件管理制度、工作跟踪反馈办法等。三是建立对单案查补收入3000万元以上的专案主办人员给予立功嘉奖的激励机制，全年共对8个案件、19名稽查干部立功嘉奖。

【稽查宣传】 一是推行税收“黑名单”制度，制定并对社会公告了福建省国税局、设区市国税局公布标准，全省通过重大税收违法案件信息系统完成违法企业信息的录入、审核和审批工作并通过门户网站对外公布53件，其中：符合国家税务总局公布案件7件，符合省国税局公布案件15件，符合设区市国税局公布案件31件。二是曝光重大税收违法案件，全年通过东南网、省国税局门户网站和《海西税务》曝光福建中大进出口有限公司骗取出口退税案等11起税收违法案件，通过《福建日报》《中国税务报》进行福建“4·17”专案的深度报道。三是通过办税厅电子屏幕等途径宣传税收法规、政策，向纳税人讲解税收知识，并通过设立举报箱、举报电话方式，发动群众举报涉税违法行为。

（供稿：蔡燕青）

税收信息化建设

【综合纳税服务平台】 重新规划纳服平台系统架构，降低系统耦合性，优化网上办税系统，拓展系统功能，建设纳税人学堂。纳税服务平台按照功能进行逻辑划分，门户网站、纳税申报、发票认证、二期拓展项目和纳税人学堂等几大核心功能实现独立部署。改变单一入口的状况，缓解网络堵塞压力，新增两台代理服务器，安装4个Apache服务，扩展系统吞吐量，增加二级域名wssw.fj-n-tax.gov.cn，该域名专门用于网上办税，实现门户网站和网上办税部分分流。优化纳税服务平台基础设施配置，增配负载均衡设备，实现电信、联通双线路运行，提升系统运行效率。2014年，完成网上办税系统增值税申报表、企业所得税申报表等业务需求变更20项，系统优化16项，完成财务报表采集系统、车购税网上申报系统的安装调试工作。2014年网站访问量共计845万次，网站部分共发布信息14775条，答复社会公众和纳税人询问4306条。有47万户纳税人通过网站办理涉税业务，网站共接受414万户次的纳税人申报业务，网上申报税款848.1亿元，其中：增值税302.8万户次，申报税款478.3亿元；消费税10920户次，申报税款132.2亿元；企业所得税95.7万户次，申报税款235.9亿元。文化事业建设费92235户次，申报税款1.7亿元。网上认证专用发票1274.8万份，网上认证货物运输发票43.6万份，网上抄报税78.2万户次。网上实现扣缴税款846.1亿元，占全省税收收入1345.39亿元的62.9%。

【应用系统升级与维护】 完成增值税防伪税控系统FWSK_V5.00.05_LS04，FWSK_V5.00.05_ZS_20140410和FWSK_V5.00.06_ZS_20140610补丁升级工作；完成增值税专用发票稽核系统JHXT_V6.3.03_ZS_20140630补丁升级工作；完成协查管理信息系统JHXT_V3.3.00_ZS_20140410补丁、V3.3.01_LS_20140515、JHXC_V3.4.00_ZS_20140903和JHXC_V3.4.01_LS_20140926补丁升级工作。完成增值税发票系统升级版数据库安装。完成CTAIS补丁升级工作。做好12366系统维护与后台支持工作，及时回复12366热线提交的咨询工单。做好纳服平台系统升级维护工作。全年受理各税种网上申报400多万笔，网上认证发票1100多万份；完成网上办税系统增值税申报表、企业所得税申报表等业务需求变更20项，系统优化16项，完成财务报表采集系统、车购税网上申报系统的安装调试工作。

【福建国税高清视频会议系统】 2014年10月，福建省国税局与省电信公司就建设福建国税高清会议系统项目谈判成功，省国税局通过购买省电信公司高清视频会议系统服务的方式，建设覆盖3个省级会场、8个市级会场以及83个县级会场的福建国税高清视频会议系统。该系统采用H.323体系标准和2级MCU组网模式，实现省、市、县三级会场1080P高清图像传送，具有双视频流功能。系统于12月底全面建成，2015年1月在全省国税系统投入使用。

【信息化制度建设】 2014年8月，制定《福建省国家税务局网络安全管理制度（试行）》《福建省国家税务局办公网个人计算机及非涉密移动存储介质安全管理规定（试行）》《福建省国家税务局容灾备份管理制度（试行）》《福建省国家税务局信息系统运维制度（试行）》《福建省国家税务局信息资产管理办法（试行）》《福建省国家税务局机房管理规定（试行）》《福建省国家税务局软件开发项目管理制度（试行）》《福建省国家税务局信息系统建设管理制度（试行）》。

【软件评审】 2014年11月，福建省国税局信息中心组织相关部门对自行开发的软件进行评审鉴定。其中有莆田市国税局申报了《纳税服务规范管理系统》和《绩效考核指标监控系统》，漳州市国税局申报了《数据质量维护考核平台》和《“税信通”移动应用软件》。

【信息系统安全】 配合国家税务总局对福建省国税网络安全制度落实、网络边界完整性、网上办税系统等进行为期近一个月的安全检查，并对发现的问题进行整改。加固网站安全，购买运营商流量清洗服务，部署抗DDOS设备（ADS）和应用防火墙（WAF）。通过切换存储的方式成功进行两轮灾备演练，演练结果表明省国税灾备系统在省局数据介质和相关主机损坏的情况下，可通过正常运行的市局存储在较短时间内恢复对应系统，保证相关系统正常运行。制定福建省国税系统税务数字证书认证建设方案，实施税务数字证书认证与各主要应用系统的对接工作，建设内外网福建国税身份认证系统。以绩效考核为契机，将安全责任落实到人，各项绩效考核指标均超过税务总局要求。

【实施平潭综合实验区国税局应用系统数据迁移】 2014年年初，平潭综合实验区国税局成立，根据地级市的业务需求，3月，实施平潭综合实验区国税局应用系统数据迁移。

【本年度上线的应用系统】 完成福建省国税税收风险管理信息平台第二阶段需求开发并上线运行。完成内网“税务网校”建设工作，并上线试运行。推广上线税务总局下发的银行账户监控系统、财务报表网上申报系统和增值税发票管理系统升级版。增值税发票管理系统升级版于2015年1月1日正式上线。

【计算机设备配备】 福建国税信息化运行维护投入资金3182.5万元，其中购置PC服务器29台、台式计算机1779台、便携726台、路由器55台、交换机58台、打印机806台。

（供稿：谢小雄）

税收科研与书刊

【课题研究】 在福建省国税局科研所与货物劳务处、征管科技处、法规处、纳税服务处等业务处室以及各设区市国税局的努力下，经过初稿、二稿、讨论、修改等过程，撰写一批调研文章。主要涵盖征管改革、流转税风险以及税收与经济关系等热点领域。一方面紧紧把握税收中心工作的节奏，从当前税收工作热点入手，开展政策效应、风险分析、应用研究，为税收工作的改进和优化建言献策；另一方面突破在税言税，结合福建省招商引资、产业结构、经济发展等状况，探索税收与经济运行互联互动的客观规律，为促进福建省经济与税收的进一步健康发展提供对策建议。经过包逸生等6位专家的独立评审，最终评选出9篇优秀的调研文章，一等奖1名，二等奖3名，三等奖5名，并给予公开表扬。优秀论文陆续在《海西税务》上刊登。

【《海西税务》刊物】 编辑部紧紧围绕为国税中心工作服务的办刊方针，突出税收工作的行业特色，多角度、多方位、广泛深入地报道福建国税工作，发挥杂志出版物宣传、教育、传播、导向作用。全年出刊12期，完成年度工作。一是发挥刊物宣传引领作用，配合省国税局中心工作。2014年5月，全系统上下开展便民办税春风行动之时，编辑部组织人员用两个星期的时间在全省10多个市、县、区开展采风行动，在此基础上，编辑出版《便民办税，春风行动》专刊，对全省的便民办税春风行动进行报道，宣传春风行动中的先进典型、先进经验。7月，绩效管理体系在全省国税系统正式运行之际，编辑部联系省国税局绩效办，编辑了《绩效管理》专刊，对绩效管理体系进行全面解读，从绩效管理的起源、设计思想、组织原则、指标体系乃至各项具体的绩效指标等各个方面进行介绍，同时对各设区市国税局已经开展的绩效管理试点进行报道，使国税干部对福建国税绩效管理体系有更全面的认识，对于该项工作的推行起到积极作用。10月，编辑《税收现代化之路》专刊，对近年来福建国税系统税收现代化建设情况进行全面总结回顾，加深干部对于税收现代化六大体系的认识，明确下一步工作的工作标准和要求，提振干部推进税收现代化的信心与士气。二是贴近工作实际，服务基层。在办刊过程中，注重倾听基层的声音，了解基层的实际，对于基层反映的一些问题和建议，及时刊载，同时，针对基层干部的需求，联系相关单位、个人，制作相关专刊、刊登相关文章，如《大数据与税收现代化》《新媒体与纳税服务》《金融九堂课》等专刊，既联系当前税收工作实际又能开阔干部视野、丰富干部知识；在论坛栏目开设《海西考场》《税会差异》等子栏目，对干部提高专业素质有较好的效果，受到干部的欢迎。三是突出地方特色，以全新视野报道工作亮点。继续编辑出版地方专刊，如《走进漳州》，突出漳州国税浓厚的文化氛围，从一个侧面反映该地市的国税工作情况，使地方专刊的税务特色更加突出，受到当地税务部门的欢迎。

【编撰税务年鉴】 按福建省方志委要求，组织收集各设区市国税局、省国税局各部门的年鉴材料，并按照年鉴写作规范进行撰写，出版《福建国税年鉴（2013）》。

【全省国税系统税收科研骨干培训班】 2014年7月22—25日，科研所在南平培训中心举办为期4天的全省国税系统科研骨干培训班。培训班邀请国家税务总局科研所国际税收研究室处长李本贵做了题为“近期税收科学热点”的讲座，启发科研骨干围绕税收热点开展调研工作。省国税局副局长刘孟全、省国税局副巡视员包逸生担任授课老师。此外，《海西税务》编辑部借培训班讨论课的机会，与科研骨干面对面探讨杂志的发展和改进方向，听取读者意见，为后续发展奠定基础。

（供稿：杨美珍）

注册税务师管理

【概述】 福建省注册税务师管理中心是全省注册税务师行业（不含厦门，下同）的行政管理部门，职责主要是组织贯彻注册税务师行业管理政策及管理制度，承担行业执业资格审核认定工作；监督、检查行业执业情况。截至2014年12月31日，全省共有税务师事务所150家，执业注册税务师1202名，从业人员3169名，全行业经营规模达2.89亿元。共为35658户企业开展涉税鉴证业务。其中，为22002户企业开展企业所得税汇算清缴鉴证，共调增应纳税所得额96.15亿元，调减应纳税所得额54.68亿元，净调增应纳税所得额41.47亿元；为318户企业开展企业资产损失所得税税前扣除鉴证，审定资产损失税前扣除金额21.56亿元；为50户企业开展企业所得税税前弥补亏损鉴证，审定可税前弥补亏损金额0.45亿元；为194户企业开展研发费所得税税前加计扣除鉴证，审定可加计扣除的研发费用金额80.54亿元；为279户企业开展土地增值税清算鉴证，补缴土地增值税额15.11亿元。

【制度建设】 出台《福建省物价局　福建省国税局　福建省地税局关于重新规范福建省税务师事务所服务收费标准的通知》（闽价服〔2014〕281号），规范税务师事务所服务收费行为，维护委托人和税务师事务所的合法权益，促进注册税务师行业有序发展。

【资质管理】 落实国家税务总局出台的《关于税务师事务所公告栏有关问题的公告》。要求全省各区市在采信鉴证报告时，对未在国家税务总局网站公告的其他中介机构，一律不得承办涉税鉴证业务；对其出具的涉税鉴证业务报告，各地税务机关不予受理。落实《关于省外及厦门税务师事务所到福建省（不含厦门）从事涉税业务执业备案的公告》，加强税务师事务所跨地区开展涉税鉴证业务的监督管理，规范市场秩序，提高执业质量。要求经国家税务总局网站公告的省外及厦门税务师事务所来福建省（不含厦门）开展涉税鉴证业务，应先到管理中心备案，如实填报《跨地区从事涉税鉴证业务备案登记表》并提供相关材料，经管理中心审核并在“福建省国家税务局”“注税之窗”栏目中公告后方可在福建省（不含厦门）开展当年经备案的涉税鉴证项目。

【行业监管】 2014年4月，福建省注册税务师管理中心为加强行业监管，在福州市召开全省注税行业管理工作会议。全省各设区市、平潭综合实验区国税局、地税局纳税服务科分管注税管理工作负责人参加会议，会议总结交流2013年全省注册税务师管理工作经验，部署全省注册税务师管理工作绩效考评等有关工作，布置2014年注册税务师管理工作任务。9月，省国税局、省地税局联合下发《福建省国家税务局　福建省地方税务局关于开展2013年度税务师事务所及执业注册税务师年检工作的通知》，加强对税务师事务所和执业注册税务师的监管。对于年检工作，由各设区市国税局、地税局收集本辖区内事务所和执业注册税务师上报的年检材料和各市、县、区国税局报送的《税务师事务所涉税服务采信情况表》，并逐项审验，签署意见并加盖公章，集中报省注册税务师管理中心。省注册税务师管理中心根据各设区市国税局、地税局年检开展情况实地抽查18家税务师事务所。年检结束后，将年检结果在福建省国税局外网上先进行公示，无异议后，再正式发文向社会通报。

【日常管理】 按照设立税务师事务所的审批规程，全年共审核报批新成立的税务师事务所11家，共注销税务师事务所2家。做好注册、备案、转所和转籍等工作事项。全年共办理注册税务师执业注册登记92人，其中非执业转执业44人，调入18人；办理非执业注册登记66人，其中执业转非执业3人；办理转所98人，转出9人；办理税务师事务所名称、股权、注册资金、法人代表、注册地址变更备案等34次。

（供稿：李香美）

机构与队伍管理

人事管理

【机构设置】 福建省国税局机关设16个内设机构，分别为办公室、政策法规处、货物和劳务税处、进出口税收管理处、所得税处、收入规划核算处、纳税服务处、征管和科技发展处、财务管理处、督察内审处、人事处、巡视工作办公室、教育处（思想政治工作办公室）、监察室、大企业税收管理处、国际税务管理处；1个直属机构，为稽查局；5个事业单位，分别为信息中心、机关服务中心、税收科学研究所、注册税务师管理中心、福建省税务干部学校；另设机关党委办公室、离退休干部处。下辖福州市国税局、漳州市国税局、泉州市国税局、莆田市国税局、龙岩市国税局、三明市国税局、南平市国税局和宁德市国税局等8个设区市国税局及平潭综合实验区国税局。

【人员编制】 全省国税系统在编干部职工8917人，其中：行政编制8454人、事业编制110人、工勤人员353人；本科及以上学历人员共计5556人，占总人数的62.31%；硕士、博士学位303人，占总人数的3.40%；中共党员6395人，占总人数的71.72%。

【班子建设】 学习《党政领导干部选拔任用工作条例》，在全省国税系统贯彻传达条例精神。制定《中共福建省国家税务局党组关于切实贯彻落实县（市、区）国税局主要领导干部任期制的通知》，对县（市、区）局领导班子正职共65人进行交流轮岗。进一步配强设区市、县、区国税局领导班子，探索在设区市国税局设立党组副书记、副局长，为龙岩、宁德市国税局配备党组副书记、副局长；选配漳州、龙岩、三明、宁德市国税局领导班子副职共4人，选配龙岩、三明市国税局稽查局局长共2人；配强、配齐县（市、区）国税局纪检组长23人。

【队伍建设】 选配福州、漳州、莆田、泉州市国税局副调研员共4人，选拔省国税局机关副调研员1人。遴选10名基层干部充实到省国税局机关。省国税局机关共交流任职处级干部7人，安排2人驻村、1人到省外挂职锻炼，选派2人分别挂任设区市国税局党组成员兼县（市）国税局党组书记、局长；从基层选调8人到12366纳税服务热线轮岗，延长6人轮岗时间，并从2014年度新招录公务员中选调5人到12366纳税服务热线锻炼；接收新疆、西藏国税系统挂职干部5人、地方政府挂职干部2人；从福州、宁德、莆田、泉州等单位选拔5

名年轻干部到平潭综合实验区国税局任正科级机构负责人；出台《选派干部到省局机关上挂锻炼暂行办法》，从基层选派6名年轻干部到省国税局机关挂职锻炼。

【干部监督】 完成全省国税系统179名处级干部个人有关事项报告材料的收集、系统录入、确定抽查核实对象名单工作。按照国家税务总局部署开展超职数配备干部清理整改工作，做好党政领导干部在企业兼职（任职）清理工作，开展领导干部在社会团体兼职规范管理工作，开展全省国税系统选人用人问题自查自纠工作。

【人才培养】 制定《福建省国税系统中长期人才队伍建设规划（2014—2020年）》《福建省国家税务局专业人才库管理办法（试行）》等管理制度。2名干部新入选第二批全国税务领军人才。18位干部入选国家税务总局各类专业人才库，建立健全省国税局政策法规、国际税收、综合文秘、督察内审等一批人才库。

【人员调配】 2014年新招录公务员175人，其中：福州市国税系统21人，漳州市国税系统23人，泉州市国税系统27人，莆田市国税系统9人，龙岩市国税系统21人，三明市国税系统21人，南平市国税系统21人，宁德市国税系统24人，平潭综合实验区国税系统8人。接收军转干部6人，其中福州市国税系统2人，漳州市国税系统1人，泉州市国税系统1人，莆田市国税系统1人，龙岩市国税系统1人。公开招聘12名事业编制工作人员充实到12366纳税服务热线岗位。共审批调动工作人员45人，其中：非国税系统调入3人，外省国税系统调入4人，调出外省国税系统3人，调出系统外3人，本省系统内跨地市调动31人，取消新公务员录用1人。

【人事档案】 对444卷福建省国税局管理的干部档案资料进行全面审查，梳理和登记缺失的档案资料，对照档案管理制度规定补充完善。组织开展干部人事档案抽查，抽查档案43卷，并对存在的问题进行通报。布置开展干部人事档案专项审核，完成政策宣传、业务培训、重新填写干部履历表等前期工作。对省国税局管理的干部人事信息数据进行集中采集和导出，导出干部人事信息子集约9000多个；对系统信息数据进行抽查，对发现的主要问题进行通报、敦促整改；配合国家税务总局做好厦门市国税、平潭综合实验区国税局人事管理系统数据迁移调整工作。

（供稿：温笑露　康培阳）

廉政建设

【党风廉政建设主体责任】 2014年2月26日，福建省国税系统党风廉政建设工作会议在福州召开。省国税局党组书记、局长臧耀民作讲话，并分别与省国税局领导班子成员和各设区市主要负责人签订《2014年度党风廉政建设责任书》；省国税局党组成员、纪检组长曾光辉作《明确责任　强化监督　扎实推进党风廉政建设和反腐败工作》的工作报告。省国税局党组进一步完善党风廉政建设责任制执行情况专题报告、党风廉政建设形势定期分析和主要负责人述责述廉制度，并将落实主体责任细化为6大类24项；“一把手”切实承担第一责任人的职责，对重大任务、重大问题、重要事项亲自部署、协调、督导；班子其他成员根据分工抓好职责范围内的党风廉政建设工作，做到党风廉政建设与分管工作紧密结合。省国税局主要领导及班子成员带队，对设区市国税局班子进行集体廉政提醒谈话和述责述廉、惩防体系建设、党风廉政责任制执行情况的检查，推动责任制的落实。各级党组大力支持纪检监察部门监督执纪问责，配齐配强纪检监察干部队伍，选拔27名干部担任县级国税局纪检组长，在稽查局或较大的管理分局增加6名专职纪检监察干部。省国税局在国家税务总局党风廉政建设135分绩效考核指标中得满分。7月23日，中纪委专期简报刊登了省国税局党组落实主体责任的做法。

【“两权”监督制约】 对权力运行的重点领域和关键环节进行严格管理、强化监督。一是注重领导干部监督。对77位县（市、区）国税局“一把手”进行岗位调整，组织11名厅级领导干部、70名地市级班子成员进行述责述廉，3名领导干部主动上交礼金、有价证券和支付凭证2.1万元。开展审计项目56个，其中领导干部经济责任审计47个。二是注重重点环节监督。针对热点、难点问题开展监督检查，实行婚丧喜庆报告制度及廉政承诺制度，全系统共有133名科级以上领导干部按规定进行事先报告并作出廉政承诺。推广莆田市国税局阳光税权做法，着力防控廉政风险。三是注重整合监督资源。按照“统一进驻、按责分工、分组实施、信息共享”的方式，整合巡视、执法监察、执法督察等监督资源，有效减轻基层负担，提高联合监督效率。全年对9个单位开展巡视，对5个单位开展巡视回访，对4个单位开展执法监察，发现问题273项，全部督促整改。完成执法督察项目128个，追究责任3478人次，提出整改措施246项，提出改进建议272条。纳入执法责任追究的过错行为为8210项，过错责任追究13910人次。四是注重谈话诫勉提醒。坚持抓早抓小，对苗头性、倾向性问题采取函询、诫勉谈话等方式早提醒、早纠正，把问题解决在萌芽状态。对反映失实的问题予以澄清。全系统上级局主要负责人同下级局主要负责人谈话35人次。纪检组对领导干部开展任前廉政谈话281人次，诫勉谈话45人次，函询34人次。

▲福建省国税局参加福建省电视台“政风行风热线”节目。

【作风建设】 围绕落实中央八项规定精神，紧盯重要时间节点，筑牢“作风墙”。一是强化建章立制，以第二批党的群众路线教育实践活动为契机，修订经费、接待、会议、基建、资产管理等制度，2014年，全系统共制定完善2077项制度。二是开展全省国税系统八项规定的落实情况检查，自查面达100%，发现各类问题32个，提出整改建议35条。省国税局对3个地市进行重点检查，重点抽查面达33%。三是开展以“三清三察三审三治”为重点的专项整治，先后对79个县（区）国税局、193个基层分局税风税纪开展明察暗访，通报批评69人次，效能告诫6人次，“四风”突出问题得到整治，机关作风得到改进，队伍形象得到提升。四是加强行风效能建设。落实“马上就办、办就办好”的要求，开展以“六提速、三减负、三公开、一首问”为主要内容的“便民办税春风行动”。2014年11月21日，走进省电视台“政风行风热线”节目，以“放心税、明白税、便捷税”为主题宣传便民办税新举措，获得省民主评议代表及电视观众的肯定。在全省各级政府组织的民主评议政风行风活动中，有83个市、县（区）国税局获得前三名或免评单位、行风信得过单位，占比为93.26%。

【查处违法违纪案件】 一是案源管理，对反映国税机关、国税干部违法违纪的信访件和问题线索逐一进行规范登记，建立台账，集中管理。注重从信访举报、执法监察、巡视、审计和专项检查、专项治理中发现案件线索，加强对交办、督办案件的检查和指导。二是信访核查，落实信访件排查制度，坚持集体排查研究，按照五类标准规范处置、动态管理，2014年全系统收到来信来访191件次（其中自收64件次，国家税务总局、省纪委交办127件次），初核86件，办结76件，转立案10件。三是案件查办，突出查案重点，加大案件查办力度，2014年全系统共立案查处18起，政纪处分23人，刑事处理5人。加大税收违法案件“一案双查”力度，对国家税务总局督办的4起涉税案件开展“一案双查”，追究责任40人，其中：党纪政纪处分9人，移送司法机关3人，组织处理28人。

【内控机制建设】 针对“熟人经济”问题和近几年违纪违法案例分析情况，着力推进内控机制信息化建设，实行科技控权。一是优化指标体系。紧跟征管业务流程的不断优化和“营改增”新业务的需求变化，对内控风险指标进行梳理、评估、论证，确定应重点和优先控制的风险，实现税收业务和廉政风险防控深度融合。二是优化软件系统。组织内控促廉管理信息系统的第三次研发，完成新增4个指标的开发工作并投入运行，力促电子化指标的可控、管用、实用，形成风险管理的闭环系统。三是优化内控监管。加强部门联动和信息分析，定期召开部门联席会议，按月通报内控促廉系统运行情况，积极推动内控机制建设，向各责任主体落实风险防控职责转变，发挥内控预警功能。2014年，全省国税系统共推送风险事件16117件，其中事前预警6456件，事中监控1877件，事后核查7784件；事中核查率、事后核查率和转纪检处理率100%。系统推送风险事件从2013年月平均2766件下降到2014年月平均1343件，风险事件逐月减少。内控机制信息化建设工作分别在2014年全国税务系统党风廉政建设工作会议和内控机制信息化升级版建设会议上作经验交流。

【廉政预防教育】 探索建立科技与文化竞辉映、网上与网下相交融的立体式廉政教育体系，打好“预防针”。一是打造特色廉政教育品牌。在深化税检合作，共同预防职务犯罪的同时，通过举办全系统“自律与他律”主题辩论赛，与福建电视台、莆田市国税局联合制作《新闻启示录：破解“熟人经济”》，推出

▲福建省国税局举办县区局长廉政教育专题培训班。

《爱廉者说》海西税务廉政专刊，弘扬国税正能量。全年共有137期培训班开设了党风廉政课程，举办8期纪检监察培训班，培训2071课时，受教育7847人次。各地（市）开展倡廉活动，福州市国税局组织“一岗双责”标兵评选，南平市国税局开展廉政论文征集，莆田市国税局举办《镜戒》精神专项教育，平潭区国税局开通“清风税苑”廉政微信，漳州市国税局联合检察院制作“廉政清风”电子台历等，引领廉洁从税精神新风尚。二是打造特色廉政教育基地。利用声光电技术，改造省国税局机关25楼廉政教育基地，集中展示全系统文明创建和党风廉政建设成果，成为国税干部廉政教育的重要阵地。各地（市）也有一批展厅，如，龙岩的“闽西共和国税收摇篮”、三明的“半亩方塘·廉如水”、泉州的“茶文化”、宁德的“剪韵廉风”等廉政教育展厅。三是打造特色网络教育平台。在全国率先开设覆盖全系统的网络廉政教育平台，汇聚1211项反腐倡廉资料，获福建省直机关创新项目一等奖，并在2014年全国税务系统党风廉政建设工作会议上作经验交流。平台自上线以来，累计访问量突破20万人次，组织5次在线考试，参考率达99.49%以上，平均分达97分以上，达到“以考促学，以学促廉”的目的。廉政文化教育工作得到国家税务总局肯定，被命名为“全国税务系统廉政教育基地”。

（供稿：程晓君）

干部教育与国税文化

【第二批党的群众路线教育实践活动】 2014年2月20日，福建省国税局召开全省国税系统第二批党的群众路线教育实践活动部署大会，局长臧耀民作动员讲话，启动全省国税系统第二批党的群众路线教育实践活动。全省国税系统8个设区市局和平潭综合实验区局以及87个县级国税局447个党支部6371名党员和近万名干部职工参加第二批教育实践活动。省国税局成立以党组书记、局长臧耀民为组长的全省国税系统党的群众路线教育实践活动领导小组，成立领导小组办公室负责教育实践活动日常工作。省国税局领导班子成员分赴各挂钩联系点，指导推动活动开展。各市、县、区国税局在省国税局领导小组的领导下成立相应领导机构，制定工作方案，落实各环节教育实践活动任务。活动期间，全省国税系统共组织集中学习1364次，举办学习专题辅导报告152场次，市、县级国税局党组主要负责同志讲党课119次，召开座谈会500多场，发放征求意见函22576份，发放调查问卷22666份，省、市、县三级国税局班子成员赴基层调研647次，征求意见建议2779条。市级国税局和县级国税局班子共95个单位（包括市局直属单位）全部召开民主生活会，449个基层党组织召开组织生活会。各级领导班子查摆问题3590项。建立整改落实销号制度，按照边整边改、近期、中期、远期时间表制定整改目标和具体路径，抓查摆问题的整改落实，做好建章立制工作。在教育实践活动群众满意度测评工作中，全省国税系统教育实践活动总体评价为“好”的占97.61%。国家税务总局第三巡回督导组在福建省国税系统开展随机抽样群众测评，对教育实践活动总体评价为“好”的占99.03%。在2014年税务总局绩效考评中，福建省国税系统“第二批教育实践活动”指标被评为满分。

【国税文化建设】 福建省国税局对福建国税文化建设基地进行改造提升，优化版面设计、更新展示内容，新增部分现代高科技展

▲福建省国税局组建福建国税体育代表团参加第十五届福建省运动会。

示设备，突出声、光、电展示效果。以国税文化这根主线串起“依法治税、科技管税、人才强税、廉洁从税、文化兴税”五大部分内容，使福建国税文化建设基地焕发出新的时代特色。国家税务总局副局长汪康出席基地开通仪式，对福建省国税文化建设给予高度评价。省国税局组建福建国税体育代表团参加第十五届福建省运动会。国税体育代表团由团长1人、副团长2人、秘书长1人、工作人员2人、领队3人、运动员17人和教练员3人组成，共参加了福建省第十五届运动会男子气排球、男子羽毛球、桥牌等3个项目的比赛。经过激烈角逐，国税代表团气排球项目获得男子团体第三名，羽毛球项目获得男子双打第四名、男子团体第八名，桥牌项目获得团体第五名的成绩。国税体育代表团还获得福建省第十五届运动会体育道德风尚奖和福建省第十五届运动会代表团开幕式入场式三等奖。5月，省国税局业余登山队队员李滨、陈宁、张桦第二次来到尼泊尔，徒步EBC（EBC是Everest Base Camp的英文缩写，意思为珠峰大本营）和攀登岛

▲2014年5月，福建省国税局业余登山队攀登岛峰创造了6000米高度的新成绩，图为队员在岛峰前合影。

▲福建省国税局组建福建国税体育代表团参加第十五届福建省运动会，图为参赛的部分代表。

峰（Island Peak），当地名称：IMJA TSE，是一座位于尼泊尔昆布冰河地区的标高6189米的山峰。他们3人经过近9个小时的攀爬，到达海拔高度6000米的要冲顶大雪坡前，由于体力透支出现严重的高原反应没能登顶，但创造了省国税局业余登山队6000米高度的新成绩。

【先进典型】 第二批党的群众路线教育实践活动中，福建省国税系统选树的先进典型福州市鼓楼区国税局局长郭爱莲被中央党的群众路线教育实践活动领导小组办公室确定为践行群众路线好干部的先进典型在全国宣传。省国税局党组发出向郭爱莲学习的通知，《人民日报》、新华社、《光明日报》《经济日报》和中央人民广播电台等十多家中央主流媒体集中宣传报道了郭爱莲先进事迹，国家税务总局局长王军作出批示。省国税局组建“为民　务实　清廉”先进事迹巡回报告团，郭爱莲等5位报告团成员，历时6天，走遍8个设区市和平潭综合实验区，在全省国税系统举办了9场先进事迹报告会。

【税务总局调训】 全省共组织4名厅局级领导干部、7名处级领导干部参加国家税务总局党校或省委党校领导干部进修班；选派47名处级干部参加国家税务总局的专门业务和知识更新培训；派出15名处级领导干部参加国家税务总局举办的任职培训班；选送121名业务骨干参加国家税务总局举办的各类专业化业务培训。

【省局培训】 在福建省委党校举办2期全省国税系统处级干部学习贯彻习近平总书记系列讲话精神培训班，全省国税系统处级干部89人参加培训。举办全省国税系统科（局）级干部更新知识培训班，组织省国税系统共165名科（局）级干部分3期赴南平培训中心进行更新知识培训。举办全系统税务干部培训管理软件操作应用培训班，落实国家税务总局税务干部培训管理软件推广应用工作。

【人才基础建设】 制定下发福建省国税

▲2014年9月，福建省国税局举办“为民　务实　清廉”先进事迹巡回报告会。

系统干部教育培训工作5年规划，力争用5年时间，有计划、有重点地选拔培养一批高素质专业化人才，打造省国税教育培训“十千万工程”：配合国家税务总局选拔一批具有突出工作成绩和较大发展潜力的优秀年轻干部，入选全国税务领军人才达到或超过10人；对覆盖主要税收工作领域、业务技能精通、工作绩效优异的千名各级专业人才实施分级分类培训；开展对全省近万名国税干部的轮训。

【专业化人才培养】 举办纳税评估、风险管理、纳税服务、税务稽查、反避税、所得税、税收分析、督察内审等38期专业化培训班，累计培训3245余人次。实施“纳税评估千人培训工程”选派委托培养攻读硕士、博士学位人员，鼓励干部参加注册会计师、注册税务师和国家司法考试等执业资格考试及计算机高级工程师评定。在2014年税务总局开展的第二批全国税务领军人才选拔中，省国税系统又有2名干部入围全国税务领军人才培养对象。

（供稿：李叶华）

巡视工作

【巡视检查】 贯彻落实中央和税务总局巡视方针，把巡视工作的重心由过去的“五大方面”转变为“问题导向”，把巡视重点集中到领导班子及其成员特别是“一把手”，突出税务行业特点，围绕“四个着力”发现问题。2014年，福建省国税局巡视组共对9个单位开展巡视和对5个单位开展巡视回访，发现贯彻上级工作部署、执行民主集中制、干部选拔任用管理、作风建设、党风廉政建设等方面问题273项，同时指导设区市国税局完成对12个县（市、区）国税局的巡视，实现巡视范围和深度的新拓展。省国税局党组召开党组扩大会议听取巡视工作报告，强化巡视成果的运用，要求明确指出问题，限时整改；查找问题根源，提出改进措施，切实发挥巡视监督威慑作用，不断提高各级领导班子的领导能力和工作水平。国家税务总局税务简报报道了福建省国税局扎实开展巡视加强监督的经验。

【税务总局巡视反馈意见整改】 2014年9月4日，国家税务总局巡视组专程到福建省国税局反馈巡视意见。对于国家税务总局巡视意见中所提出的主要问题和不足及整改建议，进行细化分解，提请省国税局领导召开专题会议，要求相关处室根据国家税务总局巡视意见指出的问题和不足结合群教活动整改情况，研究整改措施，对已经整改的问题写出书面说明，尚未整改的要制订整改方案及措施。省国税局巡视办对相关责任单位的整改说明或措施进行汇总整理后，提请省国税局党组召开专题会议，对照国家税务总局巡视组反馈的意见，研究整改意见，落实整改工作，并将整改情况报告上报国家税务总局。

【加强巡视纪律】 2014年以来，福建省国税局分管领导均在巡视动员讲话中强调巡视工作的重要性，并就巡视工作提出纪律要求。巡视期间，巡视组成员讲规矩、守纪律，遵守中央八项规定、执行《巡视组工作人员守则》，得到被巡视单位的褒扬和赞誉。

【培训指导】 2014年12月，派员参加国家税务总局巡视人员培训班，举办全省国税系统巡视工作业务培训班，对巡视工作人员近50人开展培训。做好最新巡视工作政策文件汇编，整理近年来中央、国家税务总局、省国税局出台的与巡视相关的政策文件，内容涵盖干部选拔任用条例、党政机关厉行节约反对浪费条例、党组工作规则等内容，汇编成三本书，指导各设区市国税局开展巡视工作。

【绩效管理】 参加绩效管理培训班、绩效管理会议等，传达会议精神；多次召开讨论会，分析探讨国家税务总局巡视绩效指标，分析指标落实过程中存在的问题与难点；结合实际制定设区市国税局考核指标，确保与设区市国税局巡视工作无缝衔接。建立指标分解树状结构图，将国家税务总局指标和对设区市国税局考核指标分解到每个人，要求增强责任意识，守土有责。强化绩效日常管理，指定专人负责日常联系，实时记录工作节点和进度，对照监督，查遗补缺。2014年，承接国家税务总局绩效考核指标所有项目均没有扣分。

（供稿：郑少玲）

离退休干部管理

【概述】 截至2014年12月31日，全省国税系统离退休干部、职工总人数2243人，其中离休干部73人，“5·12”退休干部（1950年5月12日以前参加工作的退休干部）65人，其他退休干部、职工2105人。省国税局机关离退休干部、职工63人，其中离休干部2人，厅（局）级退休干部18人（含享受待遇），一般退休干部35人，退休工人（含原瑞兴公司）8人。

【落实政治待遇】 组织福建省国税局副厅以上离退休干部参加省委、省政府召开的厅局级离退休干部读书班、学习报告会、情况通报会6场次。召开省国税局机关离退休干部春节座谈会，在会上向老干部通报全省税收收入和本单位重要工作情况。邀请副厅级离退休干部参加全省国税系统工作会议。省国税局党组民主生活会前召开会议征求离退休干部意见建议。为省国税局机关每一位老干部的家中订阅3份报刊。重大节日开展走访慰问老干部活动，2014年元旦、春节期间组成慰问小组分赴全省各地上门走访慰问，共慰问全省系统离退休干部、职工以及离退休干部职工特困户、遗属特困户2545人次，并发放慰问金。在新中国成立65周年之际共走访慰问全省国税系统75位离休干部和66位“5·12”退休干部。

【落实生活待遇】 协助落实离休干部高龄护理费提高标准以及“5·12”退休干部护理费提高标准，惠及全系统158位离退休干部。组织一年一度健康体检，及时完成厅级二级保健对象保健证、病历的年审工作。协助落实省局机关一位患重病老干部重大灾病基金的补助。全年共看望慰问生病住院老同志13人次。鼓励老同志参加老年大学学习，有6位老同志报名参加了20门课程的学习。

【思想政治建设】 福建省国税局通过召开全省系统离退休干部党支部书记座谈会、举办省国税局机关离退休干部暑期政治理论读书班、邀请专家授课、选派老干部党支部书记、支部委员参加省直机关离退休干部党支部书记骨干培训班、协助离退休干部党支部开展学习活动日等形式组织省局机关老干部学习领会党的十八大报告，十八届三中、四中全会和习近平总书记系列重要讲话精神。

【开展活动】 组织老干部参加“古田杯”省直单位老干部运动会、省直单位老年人门球邀请赛和老干部春节游园活动，于5月承办了“国税杯”省直机关老干部门球赛，邀请了76支省直机关单位的老年门球队参赛，省国税局老干部门球队在比赛中荣获团体第三名。在新中国成立65周年之际举办第四届全省国税系统离退休干部书画笔会，围绕“同心共筑中国梦”主题，30多位老干部现场创作50余幅书画作品。组织省国税局老干部就近就地参观闽清宏琳厝古民居、晋安区寿山乡农业生态园。

【老干部活动场所建设】 福建省国税局2014年利用清理腾退的办公用房设立离退休干部党支部书记办公室、老体协办公室，于5月正式启用新建老干部活动室，新建活动室286平方米，设立了阅览室、乒乓球室、棋牌室、休闲室，订购了20多种报刊、杂志，配备了1名工作人员专职负责活动室管理、服务工作。

【离退休干部信息库】 按国家税务总局通知要求建立全省系统退休干部信息库，共录入了全省系统1942位退休干部个人信息。

（供稿：林小鹓）

党建和精神文明建设

【思想建设】 福建省国税局机关始终以“提高理论素养、坚定理想信念、密切联系群众、创造新的业绩”为目标，按照“以局党组中心组为龙头、处以上干部为重点，机关党委组织开展，各党支部狠抓落实”的理论武装格局，组织广大党员干部学习党的十八大，十八届三中、四中全会精神和习近平总书记讲话精神。注重方法创新，采取个人自学、专家辅导、集体讨论等学习方式，提高学习质量，不断加强学习型机关的建设，经常性对机关党员干部进行理想信念、形势任务和税收政策教育，确保机关干部职工思想稳定。

【组织建设】 2014年，福建省国家税务局共有党员246人，年内新发展党员2人，基层党组织25个，调转党员关系37人次。共举行1次党员发展培训班，组织1期全省国税系统党务干部培训班，召开1次全省国税系统党的工作座谈会。机关党委注重党建工作基础，配齐配强党务领导干部，指导各党支部按时换届，推进基层党支部班子建设。7月，报省直机关工委批准，由省局党组成员、纪检组长曾光辉任省局机关党委书记。8月，增选李雄、叶生成为省局机关纪委委员。12月，局党组召开省局机关支部书记抓党建工作述职评议大会，24个处室党支部书记进行述职发言。为全面提升机关基层党组织建设标准，省局严格党内组织生活，认真落实“三会一课”制度和民主评议党员制度，不断完善党内激励、关怀、帮扶机制。为了表彰先进，树立典型，省局机关党委在“七一”前夕评选表彰省局机关7个先进党支部、41名优秀共产党员和22名优秀党务工作者。

【作风建设】 福建省国税局机关按照“为民　务实　清廉”的要求，以“踏石留印、抓铁有痕”的工作作风，开展第一批党的群众路线教育实践活动，纠正“四风”方面存在的突出问题。坚持践行责任制，强化督办制，推行公示制、严格销号制、实行通报制的“五制并举”，制定整改任务台账，完成整改落实任务。持续开展好“三清三察三审三治”专项整治，做到善始善终，善做善成。推进福建国税机关作风建设“巩固深化拓展”主题活动以及党的群众路线教育实践活动整改落实“回头看”，不断巩固教育实践活动成果，推进作风建设新常态。省国税局机关党委组织各单位参加工委“学雷锋、学厦航、学长汀”等一系列“三学”举措评选活动。在“学厦航、打造优质软环境第三轮十佳举措评选活动”中，省国税局“便民春风行动”取得提名奖。在“学长汀、推进生态省建设十佳开放地区策征集评选活动”中，省国税局“用好用实税收政策，助力福建生态经济”的举措也获得提名奖，都受到工委表彰。

【制度建设】 福建省国税局机关各党支部履行“一岗双责”，以制度抓党建，保证党建工作与税收中心工作有机统一，同频共振。在政治学习方面，制定了《福建省国家税务局党组理论学习制度》，进一步促进机关理论学习制度化、常态化。在组织建设方面，坚持密切联系群众，落实“1263工作机制”，持续开展“三级联创”，加强上下级国税系统机关党建工作指导和交流。

▲全省国税系统"自律与他律"主题辩论赛冠军获得者福建省国税局机关代表队辩手风采。

【党风廉政建设】 先后举办两次廉政知识测试，参观检察院廉政教育基地和榕城监狱警示教育基地。举办"为民　务实　清廉"演讲比赛和"自律与他律"主题辩论赛，省国税局机关代表队获得第一名的好成绩。加强网络廉政文化教育平台建设与应用，把平台建设成全省国税反腐倡廉宣传教育、网络监督、引领示范、切磋交流、案件警示、风采展示和廉政知识测试的教育平台，受到全省国税系统党员干部的欢迎。该项目获省直机关工委党建创新项目一等奖。

【机关精神文明建设】 2014年8月7日，福建省委常委、秘书长、省直机关工委书记叶双瑜陪同省委书记尤权到省国税局调研时，赞扬"福建国税机关党建工作抓得好，文明创建成绩明显"。福建省国税局被评为福建省第十二届精神文明建设先进单位。省国税局机关坚持以社会主义核心价值观建设为主线，多形式开展思想道德实践活动。开展文明礼仪知识宣传教育，倡导文明新风，文明办事；开展"讲文明，树新风""爱心献血"等志愿服务活动，为群众提供"送温暖、献爱心"活动；开展"我们的节日"主题活动。根据节日主题，不断创新传统节日活动的形式和载体，不断增强节日活动的群众性、广泛性和吸引力、感染力。省国税局机关组队参加2014年度全省国税系统"国税之歌"文艺演出，增强国税青年队伍的凝聚力和向心力。深化军民共建活动，组织部分机关人员到省军区过军事活动日，进一步密切军民关系。

【群团建设】 福建省国税局机关乒乓球队、网球队、男女气排球队多次参加省直机关举办的赛事活动。组织开展"左海杯"扑克牌比赛，在"翰墨情怀，共筑中国梦"省直机关

▲2014年1月24日，第三届“检税文化杯”棋类比赛在福州举行。

书法作品征集赛活动中，多幅作品获奖。省国税局机关团委组织开展团员青年读书交流会活动，每月一期，促进青年更新知识，培养勤奋好学、积极向上的风气。为配合做好未成年人思想道德建设，省国税局机关团委坚持每年办好干部职工子女一年一度夏令营，促成未成年人健康成长。2014年1月24日，“第三届检税文化杯”棋类比赛在省检察院大楼举行，比赛项目为中国象棋和围棋，省国税局和省检察院各有10名选手参加角逐，中国象棋项目比赛省国税局以5∶0获胜，围棋项目比赛省国税局以4∶1获胜。

（供稿：陈　佳）

【基层党组织建设】 制定《关于在第二批教育实践活动中开展基层党组织书记专题培训的通知》，分层分批开展基层党组织书记专题培训。开展党组书记抓基层党建述职评议考核工作。制定《中共福建省国税局党组关于印发〈福建省国税系统开展市县局党组书记抓基层党建工作述职评议考核实施方案〉的通知》，组织市级、县级国税局党组书记抓基层党建述职评议考核工作。2014年12月11日，省国税局召开设区市局党组书记抓基层党建工作述职评议会议，省国税局党组听取各设区市国税局和平潭综合实验区国税局党组书记抓基层党建工作述职报告，省国税局党

▲第三届“检税文化杯”棋类比赛现场。图为包逸生（左）与李以福（右）对弈。

组书记臧耀民对各设区市国税局党组书记述职报告进行点评，并在会上同时开展民主评议。各设区市国税局和平潭综合实验区国税局也于省国税局述职评议会议后陆续召开县级国税局党组书记抓基层党建工作述职评议会议。

【基层精神文明创建】 全省国税系统完成了第七届福建省文明行业总评工作，完成了新一届全国文明单位、省级文明单位、省级青年文明号等推荐评审工作。泉州市国税局总会计师、晋江市国税局局长王庆福被人力资源社会保障部、国家税务总局表彰为全国税务系统先进工作者；上杭县国税局古田税务分局、莆田市国税局国际税务管理科、建宁县国税局被人力资源社会保障部、国家税务总局表彰为全国税务系统先进工作集体。福建省国税局12366纳税服务热线、南平市高新技术产业开发区国税局纳税服务科、荔城区国税局纳税服务科、建宁县国税局纳税服务科、平和县国税局纳税服务科被新命名为省级青年文明号，上杭县国税局古田分局、邵武市国税局纳税服务科、莆田市城厢区国税局纳税服务科、福建省国税局12366纳税服务热线被评为福建省示范青年文明号集体，龙岩市国税局人教科、石狮市国税局纳税服务科被评为福建省突出贡献青年文明号活动组织单位。

（供稿：李叶华）

行政后勤管理

政务管理

【文秘综合】起草完成年度工作会议、系统党风廉政建设工作会议、省长务虚会等各类大型会议的讲话材料以及年度福建省国税局工作要点、每月省长碰头会、国家税务总局督导组等上级领导莅临检查的汇报材料。同时，发挥机关公文运转的枢纽作用，保障机关各类文件有条不紊地运转。规范制定新公文运转处理系统运转流程，做好公文稿件的审核把关工作和公文格式的规范工作。

【政务信息】全年采编信息被福建省委办公厅采用90篇，省委领导批示1条；被省政府办公厅采用108篇，其中7条信息被省政府领导批示；被国家税务总局采用15篇，其中2篇论文在国家税务总局《税收经济调研》上刊登，《三明市国税局“纵向到底”加强税收风险管理》和《福建省国税局抓实抓细保证规范津补贴工作顺利推进》等3篇经验介绍类信息在国家税务总局《税务简报》专期上刊登；采编《信息专报》26期，省国税局领导批示14条；采编《国税信息》19期，其中2期获得省政府领导批示。2篇“营改增”效应分析调研信息被国办采用并呈送国务院领导参阅；《福建省国税局党组认真履行主体责任》在中纪委信息刊物《纪检监察信息》刊登。

【绩效考核】研究制定系统绩效管理办法及工作实施方案，组织绩效管理专家评审组对指标进行可行性分析，制定下发考核指标体系，科学分解，逐级落实，绩效管理制度体系日益完善。建立重大事项协调机制，督导检查机制和绩效沟通机制，保障绩效管理工作的有序开展。开设内网绩效管理专栏，转发国家税务总局和刊发福建省国税局《绩效动态》，通报工作进展情况和交流经验。利用税收征管绩效考核指标监控系统，实现征管绩效指标的自动考核和监控。安排专人梳理指标节点，做好系统维护，2014年10月，全省各地市正式启用该系统。

【新闻报道】在《中国税务报》刊发稿件46篇，在《人民日报·海外版》刊发1篇，在《福建日报》刊发28篇，在《海西税务》发文图稿40多篇幅。新闻报道呈现好稿多、大稿多的特点。例如，《八条建议救活一批困难企业》《春风报喜早，两岸赶潮忙》和《生态聚宝盆，百姓富起来》等报道，分别从帮扶企业、平潭所得税政策落地、福建绿色税收发展等角度进行报道，引起地方党政关注。围绕党的群众路线教育实践活动开展情况，专题片《弘扬苏区作风　真心为民服务》；围绕创新纳税服务举措，制作电视新闻《创新服务　实现办税零距离》在福建电视台《新闻联播》头条播出。配合监察室、稽查局等部门做好廉政建设和惩防体系建设工作宣传，做好税收宣传月和服务小微企业等专题宣传工作。

【督办反馈】 依托督查工作网络平台，围绕全局工作重点、局务会确定的重点工作事项、局党组的重大工作部署和决策等，全面做好日常督查、目标督查、专项督查及领导交办的重要事项的督查催办，共办理反馈件174件。认真办理人大代表建议和政协委员提案工作。落实安全稳定责任制，分析排查信访矛盾突出问题，处理来信来访问题，共处理来信、来访369件次（来访8件次，来信259件，局长信箱来信102件），按领导批示转职能部门承办。

【舆情监控】 加强门户网站和官方微信平台的运维工作水平，与中国税务杂志社、东南网和新浪福建网合作，利用舆情监测软件监测跟踪税收舆情。共监测发现各类网络舆情6起，应对处置，控制舆情扩散，避免造成更大不良影响。

（供稿：兰延灼）

财务经费

【经费保障】 开展经费保障机制专题调研，完善以中央财政拨款为主，地方财政补助为铺的“双轨制”经费保障机制，不断提高经费保障能力。加强与国家税务总局的沟通，结合津补贴规范工作，细化测算各单位各职级津贴补贴经费需求，尽力争取中财资金支持。2014年，中财安排人员经费比上年增加3596万元，年末国家税务总局一次性拨补以前年度归并津贴补贴调标增量经费11164万元。同时，不断加强与地方政府的沟通协调，争取地方财政资金支持，2014年，全省国税系统地方财政补助收入达到7.7亿元，比上年增加2500万元。落实经费“三个倾斜”的原则，省国税局在编制“二上”预算中，加大对基层和经费水平低的地区的扶持力度，在职人员人均最低经费保障标准由7.15万元提高到7.5万元，缓解了基层人员经费不足的矛盾。2014年年底，省国税局从机动经费中安排2200万元补助各地市经费困难单位，最大程度地缩小地区间经费水平差距。

【预算执行】 增强各级国税部门预算意识，落实预算执行责任制，加大预算执行问责力度。从年初开始，将预算执行纳入绩效考评，实行预算执行进度跟踪管理和定期通报。对重点单位、重点项目进行专题分析、通报，同时加强预算执行过程监督，确保资金安全运行。

【国库集中支付】 做好国库集中支付各项日常工作，各级财务部门在规范预算编制的基础上，及时确认、拆分年度预算和追加经费，按时编报用款计划，落实500万元以上的基建项目实行国库直接支付业务。稳步推进实有资金账户监控管理工作，逐步完善财政资金监控机制。

【资产管理】 做好国有资产处置、配置、使用、划转调拨的审核、批复工作，加强与地方政府部门沟通协调，采取置换、调拨和整合资产等方式，统筹盘活闲置资产，提高资产使用效益。清理出租出借资产，规范资产处置流程，确保国有资产保值增值。严格“收支两条线”规定，认真做好行政单位国有资产处置收入和出租出借收入的上缴工作。全省国税系统共上缴固定资产出租出借收入2403.76万元，上缴国有资产处置收入275.83万元，新增固定资产15289.15万元，处置固定资产5191.27万元。开展清理腾退办公用房专项检查，全省共清理腾退办公用房面积12269.89平方米。加强公务用车购置、处置和使用管理，继续做好违规车辆处理工作，将公务用车实有数控制在国家税务总局核定的编制数内，是年底，全省系统车辆编制为1293辆，实有数为1245辆。开展培训机构清理检查，从省国税局到设区市国税局均成立由单位“一把手”任组长的培训中心清理整顿工作领导小组，制定清理整顿工作方案，组织开展自查、专项检查和统计调查，查处违反中央八项规定精神和群众反映的突出问题，强化对培训中心内部管理和财务监督，严防腐败。

【基建管理】 规范基建项目开工审批管理、竣工项目决算审批和竣工财务决算审核管理。贯彻落实《中共中央办公厅　国务院办公厅关于党政机关停止新建楼堂馆所和清理办公用房的通知》规定，按规定时限停止了办公用房建设和立项、开工审批，停止新建项目共62个，面积117622平方米，包括：省国税局税务干部学校项目1个，县级综合业务办公用房新建项目11个，基层分局（税务所）综合业务办公用房项目48个，附属用房项目2个。

（供稿：马　旻）

政府采购

【概述】 全省国税系统各级政府采购部门共组织项目采购622批次，采购总金额3684.52万元，比预算节约经费745.16万元，资金节约率达16.82%。其中：货物类采购金额2715.71万元；工程类采购金额221.79万元；服务类采购金额为747.02万元，分别占总采购金额的73.71%、6.02%、20.27%。协议供货、公开招标、定点采购、询价采购、竞争性谈判、单一来源六种采购方式采购金额分别占总采购金额的43.95%、39.17%、10.91%、3.84%、2.07%、0.06%。省国税局机关采购47批次，采购总金额达1117.79万元，比预算节约经费100.18万元，资金节约率为8.96%。

【协议供货】 全省国税系统信息化产品11类，包括台式计算机、便携式计算机、服务器（含机柜）、液晶显示器、打印机、多功能一体机、扫描仪、UPS电源、网络设备、网络存储设备和网络安全产品；空调产品4类，包括壁挂式空调、立式空调、嵌入式空调及机房空调；办公设备4类，包括复印机、传真机、投影机、碎纸机，可协议供货。

【税务总局批量集中采购】 国家税务总局批量集中采购范围有所扩大。全省国税系统在台式计算机、打印机继续实行国家税务总局批量集中采购的基础上，也将便携式计算机、复印机、传真机等产品纳入税务总局批量集中采购。为加强对批量集中采购的管理，下发《福建省国家税务局转发〈国家税务总局关于国税系统实施批量集中采购工作有关问题〉的通知》，在转发文件的同时对批量采购实施范围、配置参考、计划填报、审批管理、备案管理等作出明确规定。是年，共组织参加国家税务总局批量集中采购4批次，采购台式计算机1792台，采购金额630.39万元；打印机638台，采购金额63.34万元；便携计算机733台，采购金额319.77万元；复印机20台，采购金额18.33万元；传真机14台，1.86万元。

【省局批量集中采购】 2014年首次由各省统一负责组织实施空调机、扫描仪、复印纸和碎纸机的批量集中采购工作。下半年，省国税局共组织5批次批量采购，项目涉及空调机、碎纸机、扫描仪、复印纸等四类，采购总金额达106.68万元，资金节约率达21.49%。其中，组织空调机采购两批次，采购总金额100.30万元，资金节约率为21.73%；碎纸机采购总额2.21万元，资金节约率为31.52%；扫描仪采购总额2.04万元，资金节约率为3.4%；复印纸采购总额2.13万元，资金节约率为10.79%。此外，全省国税系统普通发票、公务车辆保险项目继续实行省国税局集中采购。普通发票经省局公开招标确定6家定点印刷服务单位和各票种最高限价；公务车辆保险由省局在省直机关单位公务车辆保险公开招标确定承保定点单位及保费基础上，通过谈判确定中国人民财产保险公司福建分公司为承保单位，取得了比省直机关单位更好的优惠和服务。

（供稿：陈佳佳）

督察内审

【税收执法督察】 重点检查贯彻组织收入原则情况、税收规范性文件合法性情况、发票管理情况、注销清算税收管理情况，并在国家税务总局规定的必查项目外增加“推进节能减排和环境保护的税收优惠政策落实情况”督察内容。根据税务总局自查自纠面100%的要求，采取“市、县自查、下查一级”的方式，部署各设区市国税局开展执法督察。福建省国税局税收执法督察与执法监察及执法疑点信息核查、巡视工作等相结合，于2014年9月上中旬，采取抽查的方式对南平市国税局、龙岩市国税局2013—2014年的税收执法情况开展重点执法督察。全年共完成执法督察项目128个，其中：全面执法督察1个、重点执法督察126个、专项执法督察1个。共发现有问题的纳税人15331户次，增加12064户次，同比增长369%；发现少缴税款1072.7万元，增加49.1万元，同比增长4.6%；发现多缴税款252.8万元，2013年未发现多缴税款。已补收税款984.7万元，已退税款158.5万元，补收加收滞纳金91.9万元，补收罚款12.6万元，追究责任3478人次，制定整改措施246项，提出改进工作的建议272条，被采纳的建议215条、已制定或完善规章制度52项。

【税收执法责任制】 省国税局将税收执法责任制工作纳入绩效管理进行考核，一方面日常进一步依托税收执法管理信息系统，实行人机结合的考核办法，实时监控；另一方面，对在税收执法督察、领导干部经济责任审计、上级或外单位监督审计中发现的税收执法过错行为实施过错责任追究。对系统自动考核、执法督察、本单位或外单位检查审计等发现的执法过错，均按照执法责任制的规定进行责任追究和整改。2014年，全省纳入执法责任追究的过错行为8210项，过错责任追究13910人（次，下同），其中，批评教育3095人，通报批评173人，责令书面检查353人，责令待岗3人，取消执法资格5人，经济惩戒10277人（经济惩戒金额268912元），取消评先资格2人，其他2人。

【财务审计】 开展“四费一资金（‘三公’经费、会议费、专项资金）”专项审计；从重点项目着手开展基本建设和政府采购专项跟踪审计。全省国税系统共完成财务审计项目8个。审计查出管理不规范问题114个，查出主要问题涉及金额2501.6万元。

【领导干部经济责任审计】 共完成领导干部经济责任审计项目47个，其中：福建省国税局组织3个项目，八个设区市共组织44个；其中任中审计5个，离任审计42个。离任审计中，先审计后离任的14个；先离任后审计的28个。通过经济责任审计查出主要问题1830个，均为管理不规范问题，涉及金额5275.7万元，均属于领导责任。

【疑点信息库核查】 共核查疑点数据

24050条。其中税务总局下派数据204条，核查完结比率达100%，问题比率达84.8%，共补缴入库税款10304.7元，退税2972.95元。省市局通过系统下派数据23846条，核查完结比率达100%，问题比率达53.4%，共补缴入库税款759.7万元，退税120.1万元，罚款10万元，加收滞纳金72.9万元。

【成果运用】 按照国家税务总局“加强成果运用”的要求，在开展督察审计过程中加强对督察审计结果的综合分析，为领导决策、建章立制、堵塞漏洞提供有针对性的建议，共提出301条审计建议数，均被采纳。制定整改措施203条，被审计单位完善规章制度29项。

【整改落实】 督促各类督察审计查出问题的整改落实。针对执法督察发现的问题，全省下发税收执法督察处理意见书129份、税收执法督察处理决定书4份，制定整改措施246项，提出改进工作的建议272条，被采纳的建议215条、已制定或完善规章制度52个。内部审计提出审计建议301条，已被采纳建议291条，已制定整改措施203条，已完善规章制度29条，其中财务审计已纠正金额104.7万元，经济责任审计已纠正金额1055.4万元。

【业务培训】 全省系统对督察审计人员开展了多种形式的培训，其中，省国税局举办督察内审业务培训班2期，培训154人次；参加国家税务总局培训班5期，参加人数8人。

（供稿：周　芸）

机关后勤

【后勤培训】 2014年10月28日至29日，在福州左海大厦举办全省国税系统后勤工作培训班，80余人参加培训。邀请国务院机关事务管理局公共机构节能司副司长范学臣、国家税务总局机关服务中心主任铁斌、福建省委办公厅副主任王佗、省气象局工程师邵霖、福建农大后勤管理处副处长方桂春等领导和专家，围绕后勤事务管理、节约型机关建设和节能减排、后勤系统法治建设、后勤重要保障部位事故预防等课题，进行授课辅导和专题讲座。

【公务接待】 按照中央八项规定和省局关于接待有关要求，规范公务接待工作，执行公务接待标准、审批程序和工作纪律。全年共承接办理全国、全省性系统会议10场，依据公务接待函，接待外地来省国税局交流商洽工作27批次300余人。

【车辆保障】 加强驾驶员学习教育，落实车辆维修保养制度，按照审批程序办理派车手续，坚持“二定一统（定点维修、定点加油、统一保险）”的管理制度。全年共保障全国会议7场次，接待省内外来闽调研、国家税务总局工作检查组80余批次。完成出车7800台次，行驶413698千米（其中长途出车580台次，行驶283200千米）。

【清产核资】 组织对国家税务总局网络版财务管理系统升级后固定资产登记更改核对工作，共完成对338处出错卡片的重新分类和归档工作。2014年8月下旬，由服务中心副主任林辉龙带队，对南平培训中心财务财产情况进行清理。

【办公用房管理】 按照国家税务总局要求，本着优先改善一般干部办公条件，解决工作实际需求的原则，采取各处室自查自纠和福建省国税局核查整改相结合的办法，对省国税局机关办公用房情况进行全面清理，对清理过程中发现的超标准使用办公用房面积的，按规定标准将干部办公用房、公共服务用房和专业用房进行有效区分，整合调整面积。

【安全管理】 完成福建省国税局办公区

与宿舍区的分隔和机关大院内智能停车系统的更新工作，确保机关内部办公区域安全，规范机关大院停车管理秩序。2014年8月13日，及时发现并处理左海大厦四楼水管爆裂漏水。10月3日，妥善处置市区突发停电导致省国税局配电房断电情况。加强安全保卫工作，保证省国税局机关和宿舍区安全无事故。

（供稿：曹　翔）

社团组织与福建左海大厦

福建省税务学会

【概述】 福建省税务学会成立于1985年3月，每届届期4年，现第七届。现有单位会员9个，分会1个，个人会员1446人。省税务学会每年都承接中国税务学会、省社科联、省国税局、省地税局的重点调研课题，结合中国的税收理论和税收实际及福建省经济建设中的热点、难点问题，组织会员，开展群众性调研，宣传调研成果，促进成果转化；同时办好学会内刊、开展税收宣传咨询、推进闽台学术交流。省学会设有两个内设机构：一是税收学术研究委员会，学术委员20人。二是办事机构秘书处，工作人员7人。

【群众性税收调研】 开展“对我省非公有制经济的税收效应研究”和“现代税收服务体系的研究”两个课题研究以及会员自选课题

▲2014年7月2—3日，福建省税务学会2014年税收调研课题研讨会在福州召开

研究。2014年7月2—3日，在福州市召开2014年税收调研课题研讨会，收到论文129篇，其中“对我省非公有制经济的税收效应研究”课题33篇，“现代税收服务体系的研究”课题45篇，自选课题51篇。

【学术委员学术研究】 2014年4月8日，税收学术研究委员会在福州市召开部分委员座谈会，围绕“深化税收改革”主题和省税务学会重点课题进行座谈。学术委员会主任包逸生组织课题组完成《立足闽台税收收入能力比较分析探索福建经济增长方式》论文，学术委员林德木完成《落实税收法定之现实意义及对策》论文。

【成果质量评定】 开展2014年度税收调研成果质量评定，共收到参评论文132篇，经省税务学会税收学术研究委员会评定，评出论文质量三级（含）以上论文22篇，其中一级5篇，二级6篇，三级11篇（详见表8）。

表8　福建省税务学会2014年度优秀论文获奖名单

论文等级	论文题目	作者及作者单位
一级5篇	厦门市思明区中小企业享受税收优惠现状实证分析	厦门市思明区地方税务局课题组
	基于VAR模型的厦门市经济发展水平对纳税服务需求量影响的实证分析	厦门市地方税务局课题组
	现代税收服务体系的研究	莆田市涵江区国家税务局 刘　勇　林燕金
	漳州市“营改增”试点情况的调查与思考	漳州市国家税务局　沈家骏
	新常态背景下厦门招商引资的财税管理问题初探	厦门市海沧区地方税务局课题组
二级6篇	对电子商务征税影响的理论分析	厦门市国家税务局课题组
	莆田市发展临港产业的财税对策研究	莆田市税务学会课题组
	现代税收服务体系下的税务机构改革	漳州市国家税务局　陈文裕
	建立绩效考评模型量化办税厅纳税服务绩效考评工作研究	建阳市国家税务局 李彦杰　温　睿
	顺昌县国税税收收入与经济增长的实证分析	顺昌县国家税务局 陈高明　吴　诚
	新一轮财税改革背景下三明地方税源建设再思考	三明市地方税务局 符夷杰　纪任太
三级11篇	福建省非公有制经济税收效应分析研究	福州市税务学会课题组
	促进莆田市新型城镇化投融资平台建设的税收问题研究	莆田市地方税务局课题组
	基于房产低价交易现实的核定计税价格工作研究	三明市地方税务局 洪　晖　王明明
	推进泉州市民营经济发展综合配套改革试验区建设研究	泉州市地方税务局课题组
	开展纳税服务绩效考评研究	福清市地方税务局 刘传昕
	建设纳税服务综合平台的研究	泉州市地方税务局征收分局课题组

续表

论文等级	论文题目	作者及作者单位
三级11篇	马斯洛需求理论在纳税服务中的应用研究	莆田市涵江区地方税务局 王国庆　陈圳斌
	在国家治理体系和能力现代化框架下构建税收征管“新常态”——实现税收征管现代化的问题、目标和路径研究	莆田市地方税务局课题组
	十八届三中全会后全面深化财税体制改革对泉州市的影响	泉州市地方税务局课题组
	涉外税制改革对福建经济社会的影响	漳州市国家税务局　陈文裕
	支持企业兼并重组税收政策研究	厦门市地方税务局课题组

【参加全国学术研讨】 厦门市国税局纳税服务处课题组撰写的《公共治理视野下推进纳税服务现代化的思考》论文，参加2014年9月3—4日中国税务学会在山东省青岛市召开的“纳税服务和队伍建设研究”课题研讨会。该论文通过公共治理理论内、纳税服务现代化的提出及其治理逻辑的概述，分析纳税服务实践中的困惑及成因，提出公共治理框架下推进纳税服务现代化的若干改革完善建议。福州市税务学会课题组撰写的《福建省非公有制经济税收效应分析研究》论文，参加9月11—12日中国税务学会在陕西省西安市召开的“宏观经济调控与税收政策应对研究”课题研讨会。该论文从理论和实践角度对税收政策在影响福建省非公有制经济发展方面进行研究，并在此基础上提出促进福建省非公有制经济发展的税收政策建议。省税务学会课题组撰写的《从税收沿革思考“海上丝绸之路发展》论文，参加11月26—29日由福建省发展和改革委员会、福建省商务厅、福建省政府外事办公室、福建省政府侨务办公室、福建省政府台湾事务办公室、福建省政府新闻办公室、福建省社科联、福建社会科学院、泉州市政府等九家单位主办的在泉州市召开的“建设21世纪海上丝绸之路学术研讨会”，论文同时入选《建设21世纪海上丝绸之路学术研讨会论文汇编》。该论文通过追溯“海上丝绸之路”和历代税收的演变，分析“海上丝绸之路”与相关税收的关系，收集福建省的税收收入与外贸进出口额以及GDP等数据，进行回归性分析并建立数学模型，应用现代经济理论，从税收角度提出福建省发展“海上丝绸之路”的思路。

【成果转化】 一年来，通过在福建省税务学会网站上发表论文，向省委、省政府有关部门推荐论文等形式，促进研究成果的转化。各设区市税务学会也自行上报优秀成果，得到有关领导的重视。其中省税务学会会长臧耀民撰写的《以征管现代化为引擎　持续推进税收现代化》、省税务学会副秘书长赖勤学参与撰写的《体制内生分析框架视野的地方税改革研究》和省税务学会课题组撰写的《立足闽台税收收入能力比较分析探索福建经济增长方式》分别在省政府发展研究中心《发展研究》2014年第8、10、11期发表。漳州市国家税务局沈家骏参与调研的专题信息《福建省国税局关于“营改增”试点中存在的相关问题和建议》被国务院办公厅信息刊物采用。漳州市国家税务局陈文裕撰写的《促进福建省非会有制经济发展和政策研究》在国家税务总局科研所主办的《税收研究资料》2014年第7期发表。漳州市国家税务局沈家骏撰写的《漳州市“营改增”试点情况的调查与思考》、林绍君撰写的《纳税服务手机客户端的实践与探索》分别在中共国家税务总局党校、国家税务总局税务干部学院主办的《税官论坛》2014年第3、4期发表。税收学术研究委员会编写了5期《研究报告》，刊发会员优秀文章，供有关部门参考及交流。

▲2014年10月18日，福建省税务学会以“便民办税春风行动”为主题，重点宣传与高校师生生活密切相关的税收政策、税收理论、税收知识，解答高校师生提出的税收问题，并向他们分发税收宣传资料。

【税收宣传】 2014年10月，福建省税务学会组织税收业务骨干参加省委宣传部、省社科联举办的社会科学普及宣传周活动，以“便民办税春风行动”为主题，重点宣传与高校师生生活密切相关的税收政策、税收理论、税收知识，解答高校师生提出的有关税收问题，向高校师生分发税收宣传资料。设计230多道有关税收的问答题和谜语，进行现场有奖问答和竞猜。省税务学会网站“海西税苑”等栏目，长年累月宣传税收，全年共更新350条信息。

▲2014年8月7日，中国税务学会第二十九次海峡两岸税收学术交流会在厦门召开。

【对台交流】 2014年8月4日，会长臧耀民、副会长陈滨、学术委员会主任、副秘书长包逸生参加由中国税务学会、（台湾）中国租税研究会在厦门市共同举办的第29次海峡两岸税收学术交流会。交流会围绕“房地产税制与征管问题研究”和“两岸金融业课税制度之比较与研讨”两个主题开展交流。会后，（台湾）中国租税研究会还到泉州、漳州市税务学会考察。

（供稿：张云江）

福建省国际税收研究会

【概述】 福建省国际税收究会自2013年年底换届以来，在中国国际税收研究会、省国税局、地税局的领导下，在省民政厅、社科联的大力支持下，以党的十八届三中全会、四中全会精神为指导，全面落实中国国际税收研究会的工作计划和工作安排，围绕国、地税中心工作开展调研活动，实施“精品战略”，拓宽国际税收调研模式，完成各项工作任务。省国税局、省地税局重视国际税收研究会工作，在办公场所、经费、车辆方面给予保障，确保研究会工作运转，本届研究会还成立了学术评审委员会，聘请厦门大学、集美大学、国家税务总局国际司等有关方面的专家学者担任学术委员会委员，提升福建省国际税收研究会的层次，在国税、地税部门的支持下，部分地市国际税收研究会进行了换届，确保各地市研究会工作的正常开展。

【课题调研】 2014年，福建国际税收研究会承担中国国际税收研究会“完善地方税体系国际借鉴研究”“大企业税收管理的国际借鉴研究”“综合与分类相结合的个人所得税征管机制研究”“税收预测与分析的国际借鉴研究”“电子商务税收征管的国际借鉴研究”“企业组织架构制经济性质与国际反避税”6个课题，承担课题的人员按时提交课题调研论文，并参加中国国际税收研究会组织的结题会议进行交流，受到与会专家的好评。除了完成中国国际税收研究会课题外，该会还立足福建实际，做好自选课题的调研工作，布置“海峡两岸税收制度比较研究”“房地产企业所得税反避税工作探讨”等自选课题，各设区市研究会发动国税、地税课题骨干，参与课题研究，开展调查研究，按时提交课题研究论文。

【理论研究】 理论研究是国际税收研究会的主业，为此，福建省国际税收研究会从课题的选题、认题、开题、调研、结题、成果转化等方面抓起，着力打造理论研究“精品战略”。各设区市研究会保质保量完成课题任务，有的研究会还自行组织了结题会、论文交流会以及论文评选工作。2014年，各研究会共提交78篇论文，创福建省国际税收研究会历年课题调研提交论文之最。经研究会学术委员会评审，共评选并表彰一等奖3个、二等奖6个，三等奖12个。部分获奖论文在《东南税务》杂志分期刊登，从2014年交流的论文来看，各地完成的调研论文质量有明显的提升。

【发展企业会员】 全省共有53家企业加入福建省国际税收研究会。在这些企业会员中，既有外商投资企业，也有国有企业和民营企业。省国际税收研究会将召开企业会员座谈会，倾听企业对研究会的诉求，也将走访部分企业会员，直接与企业高层面对面交流，进一步拓宽研究会与企业的沟通渠道。

【组织建设】 按照本届理事会总体目标要求，研究制定2014年的工作要点，明确年度各项工作任务，并抓好落实。发挥研究会秘书处作用，不定期召开秘书处人员碰头会，研究部署各阶段工作事项，检查落实上一阶段工作目标的落实情况，做到任务明确，职责分明。

同时加大对地（市）级研究会秘书处工作的指导，召开首次秘书长会议，听取各设区市研究会工作运转情况汇报，下达2015年总会和省会国际税收调研课题，通过这种机制，使研究会的工作得到升级，得到领导的重视和支持。

【学术交流】 加强与台湾中华产业租税学会的学术交流。福建省国际税收研究会参与总会组团赴台访问，与台湾方面联合举办“第二次两岸国际税收交流研讨会”，福建省国际税收研究会就常设机构课税的国际比较研究在会上作主旨演讲，得到台湾同行的赞扬。同时，利用参加中国国际税收研究会课题会议的机会，与兄弟省份研究会同行进行交流，达到取长补短的目的。2014年6月，安排人员参加总会在扬州税务学院举办的国际税收研究会业务培训班。

（供稿：李　斌）

福建省注册税务师协会

【概述】 福建省注册税务师协会是经福建省民政厅批准，在福建省国家税务局、福建省地方税务局领导下，由注册税务师和税务师事务所组成的福建省注册税务师行业（不含厦门，下同）自律性社会团体。截至2014年12月31日，协会具有团体会员150个，个人会员2283人，其中执业会员1202人。2014年行业经营收入2.89亿元。

【行业党建】 中央组织部批复同意成立中国注册税务师行业党委后，国家税务总局党组和中税协行业党委下发《关于进一步加强注册税务师行业党的建设工作的通知》等文件，就加强注册税务师行业党建工作作出具体部署。省税协协调福建省行业党委成立的相关报批工作，2014年5月，经省委组织部批复，省注册税务师行业党委正式成立，并召开行业党委成立大会。省注税行业党委成立后，为加强对行业政治上的领导，还召开会议专题研究省注税行业的具体党建工作。

【信息化管理】 继续采用信息化手段进行业务报备监管，规范各税务师事务所的执业行为。凡在福建省执业的税务师事务所，出具的鉴证报告，均须通过报备系统进行合同报备、报告报备，打印统一格式的报告封面，并在封面上粘贴防伪标签。报备系统对事务所的收费进行监管，凡不符合福建省注税行业收费标准的业务将无法进行合同报备。只有带有规范格式报告封面的鉴证报告，各级税务机关方可采信，否则一律不得受理。省税协还派专人参与中税协信息化建设，了解中税协信息化建设最新动态，并结合福建省实际做好报备系统的后期开发和完善。

【行业收费专项检查】 为进一步规范税务师事务所服务收费行为，加强行业自律，遏制低价恶性竞争，维护委托人和税务师事务所的合法权益，促进省注册税务师行业健康有序发展，同时了解《福建省税务师事务所服务收费标准》试行一年来的落实情况，省税协对全省税务师事务所服务收费行为开展专项检查。此次检查，大部分税务师事务所做到了按要求报备，按收费标准收费；少数事务所存在一些问题，已责令其整改。此次收费专项检查，督促整个行业规范收费，促进了行业公平竞争。

【会员年检】 2014年7月，福建省税协开始开展2013年度会员年检工作，实行对所报送的年检资料进行审核和实地抽查。一共抽查48家事务所，抽查率超过30%。协会对检查中较好的事务所给予通报表扬，对违规的事务所，给予通报批评，并责令限期整改。

【等级认定及年检】 继续开展事务所等级认定、等级年检工作。达到等级认定基本条件的税务师事务所几乎都申请认定或申请等级年检。省协会会长、副会长带队，抽调行业奖惩委员会、专家委员会委员和部分事务所业务骨干，于2014年9月15—21日对申请等级认定和申请等级年检的事务所进行实地检查，对事务所进行评分。本着促进行业做大做强，提升行业品牌的原则，不对等级税务师事务所的比例和数量进行限制，但按等级认定标准进行评定，只要符合标准即予以认定等级。经公示无异议后，公告了等级税务师事务所43家，其中AAA级税务师事务所3家，AA级税务师事务所3家，A级税务师事务所37家。

【规范执业标准】 召开奖惩委员会和专家委员会会议，多次组织奖惩委员会和专家委员会成员讨论制定《农产品加工企业增值税审核操作指南》《总分机构增值税“汇总计算，属地入库”纳税审核操作指南》，并提交省国税局货物劳务税处审核。针对《福建省企业所得税年度汇算清缴纳税申报鉴证业务审核工作指引（试行）》试行来的情况进行总结，并结合新的企业所得税政策进行修改完善，分别提交省国税局、省地税局所得税处审核。

【行业宣传】 定期发行《福建省注册税务师》，宣传福建注册税务师行业；向《注册税务师》杂志供稿；开展税收宣传月的税法宣传和注册税务师行业宣传，组织各税务师事务所和注册税务师参与中税协与国家税务总局办公厅联合举办的第四届“税收和注册税务师知识竞赛”活动，并获组织奖优胜奖。

【教育培训】 举办了四期执业注册税务师继续教育面授培训班。首次针对税务师事务所所长，在辽宁大连开设一期所长培训班。组织注册税务师参加中税协组织的各类面授培训班及中税协网校的远程继续教育。

【国内外行业交流】 中国台北地区税务代理人协会来闽考察、全国政协无党派人士政协委员考察团一行来闽考察、吉林税协来闽考察，省税协注重与其进行行业交流，并做好相关接待工作。参加华东地区注册税务师协会第十七次、第十八次协作会，提交书面材料在会上交流，同时也学习兄弟省市税协好的经验和做法。

【协会建设】 加强组织建设，制度建设，增强为会员服务意识，加强调研，反映行业诉求和困难，与税务机关等相关部门做好沟通协调工作。对行业收费文件，国、地税政策，下发的工作指引等落实情况及执行过程中遇到的问题进行专题调研，了解困难及存在的问题，并寻求解决对策。对国家税务总局下发的清理规范注税行业的有关文件，开展宣传贯彻，协调省国税局、省地税局，正面引导，趋利避害，确保行业可持续发展。根据国务院《关于取消和调整一批行政审批项目等事项的决定》（国发〔2014〕27号）取消注册税务师等11项职业资格许可和认定，省税协通过网络、期刊、会议、面对面沟通等多种渠道和方式，尽量做到让行业思想保持稳定。主动向事务所宣传正确解读27号文，组织事务所收看中税协主办的“注册税务师行业发展论坛”网上直播视频。专门召开2场部分税务师事务所所长会议，通报行业情况和协会所做的工作，倾听事务所的心声，探讨在新形势下如何稳定和促进行业发展。

（供稿：李香美）

福建左海大厦

【经营状况】 2014年，大厦共实现经营收入2798万元。其中客房共接待各类客人达47703间／天，营业收入1563万元；餐厅共接待52场喜宴、45场公司团体宴席以及247场会议用餐，营业收入1177万元；其他收入58万元。

【接待情况】 大厦全年共接待各类会议362场，团队134个。重点接待了福建省政协十一届二次会议、福州市政协十二届三次会议、省科技厅项目评委会、省外事办会议等外部会议及培训班247场。系统内部接待了全省国税工作会议、全省党风廉政会议、国家税务总局法规处会议及省国税局各处室培训班合计115场。

【修缮改造】 完成末端空调清洗及保养、员工宿舍用电线路的改造、客房及餐厅冰箱维护、酒管系统的内网维护、水管爆管抢修、海鲜池制冷泵维护、各楼层新风机的清洗与保养、客房检修、强弱电间供电设备的维护、一楼管道井消防阀门更换等工作。并与外单位配合完成了后区办公区域、美发厅、厨房吊顶的修缮改造。完成了餐厅音响、厨灶的更新及大堂水晶灯加装防护网等工作。

【内控管理】 2014年4月，大厦成立内控监督工作小组，对大厦管理工作上存在有风险的环节进行监督，主要对大厦采购管理、仓储管理、收费管理、工程维修等工作进行监督检查。对大厦的大宗商品的采购工作，在制定方案上要以时间表的形式，分时段、分内容、分步骤，有计划地落实；对餐饮部与机关食堂实行二级核算制度，以加强经营成本核算管理；继续完善质检管理工作；完成资产核查清理工作；完成大厦新旧厨师团队交接等工作。通过日常管理学习活动，养成员工自觉执行规范、严守规程的习惯，建立良好的工作秩序。

【安全管理】 加强治安管理工作，按照实名验证、实时报送、实数录入、实情填写等要求加强对客入住登记工作，落实“三问三核四严禁”规定，把好入住登记关，对房间入住人数有疑义的，客房部配合实行跟踪管理。消防安全方面，着重加强对动力电控开、煤气管道及消防栓的安全检测。2014年3月，大厦邀请鼓楼区消防大队人员对大厦全体员工开展消防安全知识培训并指导员工进行灭火演练。食品卫生方面，主要把好食品检验关、卫生清洁关、四害消杀关，全面加强食品安全管理。继续加强保安员各班次的巡查，杜绝各类安全隐患。

（供稿：刘伟杰）

设区市国税工作概要

2015

福建国税年鉴

福州市国家税务局

税收概况

【税收收入】 全年共组织入库国税税收收入426.19亿元，完成年度税收任务413.6亿元的103.04%，增加39.75亿元，同比增长10.29%（详见表1）。完成财政规模收入（不含平潭）276.01亿元，同比增收37.95亿元。其中直接收入391.69亿元，增收24.14亿元，同比增长6.57%；免抵调库34.5亿元，同比增加15.61亿元。在全省九市一区中，税收收入总量仅次于厦门，居全省第二位；直接收入居全省第一位，增量居全省第二位，增幅居全省中游。办理出口退（免）税129.05亿元，比上年同期增加16.71亿元，增长14.87%，其中出口退税94.55亿元，比上年同期多退1.1亿元，增长1.17%；海关代征税款71.77亿元，比上年同期减收5.58亿元，减少7.22%。实现地方公共预算总收入（含平潭）280.08亿元，比上年同期增加38.48亿元，增长15.93%。实现地方公共预算总收入276.01亿元，比上年同期增加37.95亿元，增长15.94%。实现市本级地方公共预算收入36.57亿元，比上年同期增加8.75亿元，增长31.46%。

表1　　2014年福州市国税系统各单位税收收入情况

单位：万元

单位名称	税收收入					
	计划数	完成数	进度（%）	上年同期	增减额	增长（%）
合计	4136000	4261901	103.04	3864353	397548	10.29
鼓楼区国税局	577500	586187	101.50	436322	149865	34.35
台江区国税局	1302000	1373054	105.46	1416962	-43909	-3.10
仓山区国税局	186000	202252	108.74	170111	32141	18.89

续表

单位名称	税收收入					
	计划数	完成数	进度（%）	上年同期	增减额	增长（%）
晋安区国税局	260000	264657	101.79	241916	22742	9.40
高新区国税局	460000	460007	100.00	371939	88068	23.68
开发区国税局	268000	285696	106.60	236460	49235	20.82
琅岐区国税局	6500	7034	108.21	5965	1069	17.91
福清市国税局	290000	310053	106.91	263170	46883	17.81
长乐市国税局	198000	198181	100.09	199976	-1795	-0.90
闽侯县国税局	340000	341309	100.39	309934	31376	10.12
连江县国税局	80000	94699	118.37	73176	21522	29.41
罗源县国税局	53500	53932	100.81	48550	5382	11.09
闽清县国税局	52500	59092	112.56	67333	-8241	-12.24
永泰县国税局	24000	25748	107.28	22539	3209	14.24

【各税种入库】 增值税税收收入165.18亿元，比上年同期增加18.56亿元，增长12.65%，增收贡献率46.67%；所得税税收收入227.49亿元，比上年同期增加20.22亿元，增长9.76%，增收贡献率50.86%。消费税入库10.12亿元，比上年同期减少6684万元，下降6.19%。车辆购置税入库23.4亿元，比上年同期增加1.66亿元，增长7.61%（详见表2）。

表2　　2014年福州市国税局各税种税收收入情况

单位：万元

项目	税收收入合计	直接收入					
		小计	增值税	消费税	企业所得税	个人所得税	车辆购置税
2014年	4261901	3916901	1306841	101212	2274852	26	233969
2013年	3864353	3675453	1277386	107895	2072645	107	217420
增减额	397548	241448	29455	-6684	202207	-80	16550
增减（%）	10.29	6.57	2.31	-6.19	9.76	-75.15	7.61

【各级次税收收入】中央级收入299.64亿元，增收9.69亿元，同比增长3.34%；地方级收入126.55亿元，增收30.06亿元，同比增长30.16%。受2013年起实施的“跨省市总分机构企业所得税分配及预算管理办法”的影响，中央级明显慢于地方级收入增长。地方级收入中各级次收入表现差异较大。省级收入29.93亿元，增收11.67亿元，同比增长63.94%；县区级收入60.05亿元，增收9.64亿元，同比增长19.12%；市本级收入36.57亿元，增收8.75亿元，同比增长31.46%。

征收管理

【税务登记】截至2014年年底，共管征各类纳税人16.06万户，比上年同期增加2.04万户，增长14.55%。其中，企业10.85万户，个体工商户5.21万户；增值税一般纳税人3.50万户。

【征管改革】2014年9月，对征管改革运行情况开展调研，形成2万多字的报告，收集和解答了50个问题和建议，提出40条改进措施。

【风险管理】全年共确定17个风险分析项目，各级风控中心共推送评估任务3190户/次，评估补税7.04亿元。市国税局风控中心与进出口处配合，选取已出口未申报的疑点纳税人397户，评估补税866.65万元；开展木制家具出口退（免）税税收风险应对，确定重点评估对象128户，自查对象107户。与货物劳务税处配合开展增值税发票、建材行业和汽修行业开具大头小尾嫌疑企业专项分析评估。从市财政局、市土地收储中心取得福州市城区土地收储资金拨付信息52条，从市经委取得117家企业土地收储企业信息，将土地收储企业纳入税收风险监控。

【税收信息化】完成CTAIS2.0系统2352条征管数据和2200条技术数据维护。2014年4月，推行“福建省税收电子数据质量管理平台”，实现电子数据质量自动监控检测。全年清理严重错误数据526条，一般错误数据5.47万条。完成机房改造，达到A级机房标准。相继开发“一次性告知信息系统”“数据匹配系统”“税务自助登记系统”。与福州市勘测院合作完成地理信息系统PC端软件开发和城区局纳税人地理信息标注，并着手手机端软件开发。利用“网络爬虫技术”研发互联网涉税信息监控平台，通过该平台抓取、分类储存股权转让交易等信息222万余条，将全市持有上市公司限售股的管征企业纳入税收风险监控。如监控福建外运汽车维修公司连续减持福耀玻璃原始股，补税3700万元。

【征管基础建设】下发《欠税管理指引》《欠税人多处经营CTAIS查询情况表》。对所有尚未有效送达催缴文书的欠税人以邮寄方式送达《限期缴纳税款通知书》。采取收缴欠税人发票、停止发售发票、强制执行等措施追缴欠税。共4次对1.37万户次欠税人进行公告。规范全市税务登记流程，协调国地税办理共管户税务登记。福州行政服务中心国税、地税联合窗口共办理单位纳税人设立登记1.62万户、跨县（区）移户936户、衔名发票印制256户次。完成外商投资企业年度运营情况网上联合申报。共审批印制普通发票1085.68万份、企业衔名发票1.15亿份。全市已开通网络发票管理系统4.37万户，实际已开票2.83万户，共开具发票1089.89万份，开票总金额845.07亿元。为单位和个人鉴定普通发票374批次2.55万份。全年征收废弃电器电子产品基金796.80万元，同比增长20.13%。“一户式税收征管档案系统”全年受理涉税事项23.79万件，扫描归档资料172.97万页，全市归档比例达到83.93%。

【落实税收优惠】 全年共落实出口退（免）税和各类减、免、退税近300亿元。企业所得税优惠方面：全市企业享受2013年度减免税额、减免所得额、免税收入、加计扣除、抵免税额等各类企业所得税优惠163.33亿元，同比增长40.2%。落实企业研发费用加计扣除196户9.85亿元，户数同比增加31户，扣除额增长28.10%。“营改增”方面：累计减税17.82亿元，其中试点企业减税12.62亿元，非试点纳税人因为增加抵扣范围减轻税收负担5.2亿元。落实小微企业税收优惠政策方面：对月销售额不超过3万元的增值税小规模纳税人暂免征收增值税，共为全市5万多户50.78万户次合计减免增值税2052.90万元。为1.56万户小微企业减免所得税额4267万元，政策落实面达到100%，户数同比增长174.04%，减免税额增长90.15%。此外，将6%和4%两档增值税征收率统一调整为3%的简并征收率政策，为591户减税8523.83万元。

【税收调研】 在福州市国税局网页开辟“调查研究”专栏，建立完善激励机制，组织开展“百题大调研”活动，加大调研工作力度。参与撰写的两篇“营改增”调研信息被国务院办公厅信息刊物采用。采写报送的《关于在我市全面推行企业商事登记“三证一章合一”做法的建议》《建议警惕企业因避税需求外移其他省份导致税源流失的情况》《福州市国税局创新便民办税服务举措优化投资和税收环境》等多篇调研信息被省市党政信息刊物采用，有的还得到省市党政主要领导批示。《从国税税收贡献的角度对我省招商引资的建议》《群众路线导向下完善纳税服务的若干思考》《关于重组业务企业所得税涉税风险的调研报告》等调研文章在各级评比中获奖。

各税管理

【“营改增”试点】 截至2014年年底，全市共有“营改增”试点纳税人3.64万户，其中一般纳税人6645户，占比18.23%，小规模纳税人2.98万户，占比81.77%。分行业看，试点企业主要集中在现代服务业，户数为3.51万户，占比96.36%，其中文化创意和鉴证咨询服务业分别为1.25万户和8811户。全年净增试点纳税人1.51万户，月均增长5.80%，其中现代服务业净增1.47万户，月均增幅5.92%。试点纳税人累计入库改征增值税20.05亿元，增收7.63亿元。分行业看，入库税款行业主要集中在交通运输业和文化创意服务业，分别入库4.63亿元和3.77亿元，入库改征增值税税款占比分别为23.08%和18.79%，2014年纳入试点范围的邮政服务业和电信服务业分别入库633万元和3.45亿元。受益于“营改增”试点，2014年试点纳税人税收负担合计减轻12.63亿元，其中一般纳税人整体减少税收负担10.97亿元，小规模纳税人减少税收负担1.65亿元。非试点增值税一般纳税人因进项抵扣内容增加，直接享受结构性减税的政策优惠，与“营改增”前抵扣范围相比，非试点纳税人新增抵扣税额5.21亿元。

【货物和劳务税】 2014年1月1日起对153户邮政电信与铁路运输企业、6月1日起对114户电信企业顺利推行“营改增”，登记率、税种鉴定率、一般纳税人认定率等均达到100%。对124户“营改增”企业开展风险专项评估，补税、进项税额转出、加收滞纳金合计1793.97万元。开展“营改增”物流快递行业税收管理调研，摸清物流快递行业646户，其中物流业513户，快递业133户，补征增值税98.76万元。推行农产品加工企业增值税管理办法与进项税额核定扣除办法，共有359户农产品加工企业纳入两个办法管理。开展增值税发票专项评估，评估551户，补缴税款、加收滞纳金、冲减留抵税金等合计805.87万元，调整以前年度亏损3516.73万元。通过调研发现纳税人存在用票情况疏于监控等四个问题，总结推广鼓楼区国税局、台江区国税局结存发票清理、发票用量核定等管理经验。开展出口不退税货物专项核查，对45户企业补征2013年度税款56.34万元；对2014年度出口不退税的292户企业，涉及出口销售额1.04亿美元，通知纳税人办理退税。

【企业所得税】 入库企业所得税227.49亿元，同比增长8.6%。企业所得税预缴率从上年的67%提升到78%。应参加所得税汇算清缴54745户，已汇算清缴54666户，汇算面99.86%，比上年上升0.02%，汇算清缴所得税66.12亿元。对2619户次企业申报备案的优惠事项进行审核，发现有问题55户，调增应纳税所得额1495万元，补缴企业所得税及滞纳金201万元；对306户企业申报的资产损失进行审核，调减亏损3892万元。将所有税收优惠审批、备案等信息纳入CTAIS管理，资产损失申报信息纳入税收管理员平台管理。建立“政策性搬迁”“重组特殊性税务处理”等事项的后续管理电子台账，掌握2008年以来各单位发生的涉税案源。对75户红色预警的房地产企业开展重点评估，补税2.69亿元。对纺织、银行等行业开展调研，形成专题税收分析报告。对金融企业开展专项评估，查补银行业所得税6390万元。

【国际税收】 组织入库国际税收收入13.83亿元，同比增长91.29%，其中非居民税收入库12.35亿元，同比增长80.56%；反避税入库1.47亿元，同比增长138.94%。经过持续跟踪管理和十几轮、半年多的协商谈判，91无线公司股权转让案件已预缴税款5.83亿元，入库税款创下全市非居民税收新纪录。日立数字映像（福州）公司对外支付大额技术开发费补税2900多万元。香港民生超市直接转让永辉超市股份入库税款9000万元。对126户代表处及非居民机构、场所开展2013年度非居民企业汇算清缴，汇算面100%，补税195.25万元。对非居民企业来榕承包工程和提供劳务行为加强税源监控。对8户企业开展非居民股息红利专项检查，补税1746.7万元。市国税局完成福建清禄、顺大、开发区福禄，高新区国税局完成福州住电装共4户企业反避税结案工作。经国家税务总局批准立案2户，待上报立案2户，开展反避税案件调查3户。强化关联申报、同期资料管理，调增企业应纳税所得额2.90亿元，调增企业所得税额6253.28万元。高新区国税局三家企业转让定价调查结案补税合计7865万元。开展国际税收交换情报工作，向美、日、韩、加、澳五国提供287条电子情报，对1户涉及哈萨克斯坦企业的合同执行情况进行调查核实，通过国家税务总局向英属维尔京群岛发出企业股权变更核查请求。配齐配强各基层国税局国际税收专职、兼职管理人才，联合市地税局在厦门举办一期国际税收业务培训班。

【出口退税】 全市出口企业4562户，其中外贸企业2051户、生产企业2511户，全年办理出口退（免）税129.05亿元，同比增长14.81%。允许外贸企业一个月多次申报出口退税；增加送国库退税次数，力求做到每周退库一批；应用“出口退税远程综合服务系统”，出口企业可以直接在网上办理退税预审；将“一对一”帮扶的出口企业由45家扩大到56家。与外经贸部门、外贸中心集团等合作开展退税新政策宣讲和风险提示，举办3期退税培训讲座，培训企业近1600户次。发放《出口货物退（免）税新政策问答》等宣传资料6500册。落实零税率退税政策，办理出口退税832万元。落实出口企业延期申报政策，受理21家企业延期申报。组织开展外贸企业防范骗税内控机制建设经验交流。通过信息比对，发现并督促45户存在不符信息的外贸企业及时更正。开展出口退税日常核查，发出函调2010份，涉及退税款4.66亿元。开展出口退税遗案清理，处理各类历史遗留问题30户次，涉及退税款1400万元。

【大企业税收】 完善大企业管理体制，组建大企业税收管理局，制定大企业局主要工作职责、工作制度。举办3期大企业管理业务培训，组织到先进地区考察学习经验。探索大企业个性化服务，召开大企业座谈会，走访重点企业，与部分大企业先期建立联系员制度，与福州永辉等5家重点大型企业签订税收遵从协议。探索大企业税务风险内控管理和风险分析识别，选择4个行业29户大企业开展税务风险内控调查和行业税收风险识别工作，总结59个税收风险识别点。对工商银行和福建茶叶进出口有限责任公司股权转让事项进行税收审计，发现并引导企业规范宣传费用、管理费用等的管理。强化大企业税收风险应对，组成11个审计小组，经过五个阶段，对中国石油天然气集团公司等7个企业集团在福州的20户成员企业开展全流程税收风险管理，补税3588.66万元。对欧浦登（福建）光学有限公司等4户重点企业开展税收风险应对，查补510万元。

税收法治

【执法督察】 对晋安区国税局、仓山区国税局、高新区国税局、闽清县国税局和永泰县国税局开展执法督察，发现存在问题151户、少缴税款58.2万元。

【重大案件审理】 全年共审理重大税务案件51件，全部审结，维持初审意见的48件，改变调查部门拟处理意见的3件，审结案件涉及税款3.44亿元，涉及罚款3809.39万元。

【行政复议】 收到税务行政复议申请7件，受理5件。受理的案件中，驳回1件、维持2件，申请人自愿撤回申请1件，未审结1件，未审结的原因为纳税人对规范性文件提出了审查。

【依法行政示范单位建设】 2014年2月，台江区国税局、连江县国税局和长乐市国税局“依法行政示范单位建设”通过了省国税局的验收。

【疑点核查】 福建省国税局下派疑点信息数据838条，福州市国税局自行抽取下派4040条疑点数据。通过检查总计查补入库税款245.8万元，加收滞纳金20.6万元，加处罚款6000元。退税107.6万元。

【执法责任追究】 共有901人次受到税收执法过错追究，其中批评教育261人次，责任书面检查12人，通报批评4人，经济惩戒874人次。

【税法宣传】 开展全国第23个税收宣传月活动，举办税收热点“微访谈”活动，与福州电视台联合制作播出税收热点访谈节目《出口退税，福州经济的“助推器”》，编印《税法解读》赠送给全市A级纳税人等，评选发布2013年度全市纳税百强榜，开展“以案说法”系列宣传。全年共编发《福州国税要讯》1573条，被省国税局采用196条，在全省排名第一；被国家税务总局采用3条，省委、省政府采用26条。在市级以上报刊、电视、广播发表新闻稿件213篇，其中中央级23篇，省级145篇，市级45篇。通过市国税局门户网站发布信息1629条。网站访问量达90.20万人次，平均日点击数2471人次，在全省国税系统名列第一。通过新浪、腾讯微博发布信息496条，答复问题54条，“粉丝”达到18.09万人，在全国税务系统位居前列。12月，开通福州国税官方微信。市国税局共监控到8起涉税舆情，都平稳进行处置。

纳税服务

【系列便民办税】 落实“六提速、三减负、一首问”为主要内容的系列便民办税措施，主要包括发票领购使用大提速、取消29项进户执法项目、取消26种纳税人填报的涉税文书报表等。2014年10月1日，推行《全国县级税务机关纳税服务规范》，12月15日，正式应用“纳税服务规范管理系统”，做到全市纳税服务流程统一、标准统一、绩效统一。在全市办税服务厅实现免费Wi-Fi全覆盖。推行车辆购置税委托代征试点，车主在首批10家4S店就能办理缴纳车购税所有手续并当场领到凭证。在鼓楼区国税局先期试点的基础上，在开发区国税局成立全市网络领购发票配送中心，从12月起在全市推行网络发票申请领用系统，纳税人通过网上申请、快递送货的方式实现足不出户领取发票。台江区国税局率先推行外省机动车二维码信息采集。琅岐区国税局针对辖区内纳税人距离远的问题，推出QQ 版简易“网络预审”服务。高新区国税局试行“弹性工作制”，中午时段提前为纳税人办税。连江县国税局实行发票验旧、发售分离，推出“3分钟领购”。

【中心办税服务厅】 2014年5月19日，启用整体入住市级行政服务中心的福州国税“中心办税服务厅”，面积1400多平方米，设有咨询维权、申报综合、代开发票、税控发行、发票等38个服务窗口，集自助服务、窗口人工服务、网络服务、同城通办服务为一体。运行首月受理2.38万户次涉税业务。中央办公厅、国务院办公厅督导组、省委书记尤权、省长苏树林、市委书记杨岳、市长杨益民以及省国税局有关领导等相继莅临大厅参观指导工作，《人民日报》要闻版做了报道。

【纳税信用评定】 联合地税部门完成10.07万户纳税人2012—2013年度纳税信用等级评定工作，全市共评出A级纳税人620户、B级纳税人100032户、C级纳税人67户、D级纳税人9户、共计100728户，参评面100%。按照《福州市纳税信用等级分级管理办法（试行）》规定，对纳税人实行纳税信用等级分级管理。与相关单位配合，把纳税信用作为各类评优评先的条件，全年共对345户纳税人进行信用审查。

【下户监管】 拓展“任务管理与服务回访系统”应用，2014年7月，将全市稽查系列进户检查纳入系统管理。全年系统共产生工作任务4.88万条，审批下户7509次，成功回访6284条，总体满意率达到99.67%。通过系统联动维护纳税人基础信息6649条。

【纳税服务基础工作】 做好纳税人满意度调查工作，开展服务纳税人“大走访”活动。台江区国税局在一个月里通过下企业、座谈会、电话、短信回访等方式访问了1.7万户次纳税人。仓山区国税局通过首个办税服务厅开放宣传日活动向政协委员等宣传纳税服务工作。福州市国税局通过12366纳税服务热线“12345”受理公众咨询、举报、投诉497件，及时回复率达到100%。举办8期纳税服务培训班，培训320人，占全系统纳税服务科人员的96%。

【纳税服务规范】 2014年10月1日，在全市试行《全国县级税务机关纳税服务规范》，试行以来，窗口人员普遍适应其流程要求和CTAIS等系统模块变更操作，纳税人报送的资料、办税环节、办税次数、办税时间均不同程度的减少，纳税人满意度得到提高。12月15日，正式推广使用“纳税服务规范管理系统”，进一步规范窗口工作人员服务措施，做到全市工作流程统一、标准统一、绩效统一，最大限度地便利纳税人，最大限度地规范税务人。

【工作任务管理】 “任务管理与服务回访系统”共产生工作任务4.88万条，其中根据CTAIS信息自动生成任务1.92万条，手工下达任务2.97万条。对下户实行审批制度，全市国税系统税务人员所有下户工作必须经过“任务管理与服务回访系统”审批，共审批下户次数7509次。要求下户部门、人员负有税务登记信息核对、维护的职责，每次下户都要对最新的税务登记信息的准确性负责，并及时维护和修正基础信息。共修改注册地址33条、生产经营地址246条，行业明细141条，行业子类74条，法人24条，法人手机533条，财务负责人1282条，财务负责人手机1380条，办税员1388条，办税员手机1471条，投资信息77条。对全市的下户行为进行回访跟踪，共成功回访6284条，其中对国税工作人员下户服务态度满意的6262条、满意率为99.65 %，基本满意的22条、基本满意率为0.35%；下户廉政行为满意的6266条、满意率为99.71%，基本满意的18条、基本满意率为0.29%；下户总体情况满意的6263条，满意率为99.67%，基本满意的21条、基本满意率为0.33%。

【网络发票】 开发“网上发票申领与验旧系统”，对手工版普通发票和通用机打票的网上申领与验旧，纳税人可随时随地通过互联网进行，税务机关为纳税人提供两种领票方式，自行领取或邮寄送票，自愿选择。2014年11月28日，福州市第一单网络发票购领业务在福州经济技术开发区国税局顺利办理。

【维护纳税人权益】 共办理福建省国税局12366纳税服务热线诉求件319件。共回复330件，及时回复率为100%。其中：举报件210件，投诉件43件，建议意见8件，咨询件69件；共办理“福州市便民呼叫中心12345”诉求件178件，及时回复处理178件，及时回复率为100%。其中：建议类诉求件2件，举报类诉求件27件，投诉类诉求件79件，咨询类诉求件70件。

税务稽查

【概述】 共检查364户，查结343户，查补税款2.50亿元，加收滞纳金1999万元，没收非法所得33万元，罚款1706万元，合计查补收入2.87亿元。加上外贸出口退税企业入库8327万元，扣除兴业银行入库100亿元，稽查实际入库收入占全市税收收入的1.33%；选案准确率96%，稽查查补入库率95%，发票协查选票准确率34%、协查函按期回复率100%，完成省国税局下达的绩效考核指标。

【案件审理】 共审结案件178户。其中重大案件移送市国税局审理35户。

【专项检查】 餐饮企业发票专项检查：对9户企业开展检查，查处违法企业9户，检查发票2.07万份，查补税款24.74万元，罚款6.53万元，加收滞纳金0.09万元。铁路运输和邮政服务业“营改增”专项检查：筛选5户企业开展专项检查，其中铁路运输2户，邮政服务业3户，未发现问题。

【发票协查】 通过协查系统共委托发出协查函202件，涉及企业202户次，协查发票1521份（均为内部生成委托发出），总计涉及金额14435万元，税额2453万元。委托收到回复发票2294份，选票准确率34%；共收到（受托）协查函223件，涉及企业271户次，发票2822份，总计涉及金额31897万元，税额5348万元。受托回复涉及发票共2964份，其中正常发票890份，有问题发票1373份，无法核实发票701份。全年受托协查回复率始终保持100%。

【欠税执行】 通过拍卖、强制划缴等措施，追缴税款6298万元，罚款4万元，合计追缴入库收入6302万元，与2013年同期相比增加4868万元，增幅达到339%。

机构队伍

【机构设置】 福州市国税局机关内设13个处室，另设有1个机关党委办公室、1个离退休干部处和3个事业单位（培训中心、信息中心、机关服务中心），3个直属机构（市国税局稽查局、大企业税收管理局、市局稽查一分局〈原开发区局稽查局更名，变更隶属关系〉），下辖14个县（市、区）国税局（原平潭县国家税务局更名为平潭综合实验区国家税务局，隶属省国税局管理），其中福建省国税局福州培训中心、福州市国税局稽查局、福州经济技术开发区国税局为副处级，其余均为正科级别。

【编制人员】 全市国税系统在编干部职工 1600 人，其中：公务员1511人，事业干部23人，工勤人员66人；大专以上学历人员1491人，占总人数的93%，其中本科学历999人，占总人数的62%，具有硕士、博士学位的43人，占总人数的2.7%；中共党员1093人，占总人数的68%（详见表3）。

表3 2014年福州市国税系统人员情况

单位：人

单　　位	合　计	公务员	事业干部	工人
合　　计	1600	1511	23	66
市国税局机关	130	123	2	5
高新区国税局	65	61	1	3
市国税局稽查局	74	71	2	1
鼓楼区国税局	169	162	5	2
台江区国税局	152	146	1	5
仓山区国税局	113	106	2	5
晋安区国税局	132	127	1	4
开发区国税局	88	84		4
琅岐经济区国税局	16	16		0
福清市国税局	142	132	0	10
长乐市国税局	100	94	2	4
闽侯县国税局	112	108	1	3
闽清县国税局	91	85	3	3
连江县国税局	86	77	1	8
罗源县国税局	67	59	2	6
永泰县国税局	63	60		3

【年度考核】 全系统应参加考核1712人，属于省国税局考核12人，实际参加考核1700人，其中干部1625人，职工75人，评为优秀公务员308人，称职公务员1289人，不定等次28人，合格工勤人员75人。

【干部选拔】 共选拔任用正科级领导干部9人，副科级纪检组长、机关副处长6名，考核晋升副主任科员22人、主任科员2人。落实干部交流制度，共交流副科级以上领导干部22人。

【人员招录】 招录公务员21名，接收军转干部2名。

【党的群众路线教育实践活动】 2014年2月，全市国税系统5个党委、9个党总支和103个支部共1105个党员干部，开展历时近8个月党的群众路线教育实践活动。全系统共组织党组中心组学习会107场，举办专题辅导讲座、党课58场，撰写调研文章39篇、心得体会2419篇，举办座谈会118场，征集问题和建议219条并逐条进行整改，制定或者列入计划建立制度311项。在干部思想教育、转变作风、提升服务、树立形象等方面取得良好成效，群众好评率达98.18%。郭爱莲被中央群教办确定为全国8个“践行群众路线好干部”先进典型之一，《人民日报》、新华社、中央人民广播电台等中央主流媒体集中进行报道，税务总局局长王军做出宣传学习郭爱莲的重要批示，省局党组再次发文号召向郭爱莲学习。

【学习型党组织建设】 发挥福州市国税局机关党委学习型党组织示范点、联系点的引领示范作用，围绕税收中心工作，加强思想理论建设，强化党组中心组学习制度和党员干部学习培训，邀请省委党校、市委党校教授作党的十八届三中全会专题辅导报告、举办学习培训班、研讨交流班、学习心得交流会，在网上开设学习专栏等举措，全面推进市局机关深入开展学习宣传贯彻活动。通过个人自学、集中系统学、讨论交流互动学、专家教授辅导学等方式方法，提高干部队伍整体素质，提升学习型党组织建设水平。同时利用网络学习覆盖面广、共享性好、灵活性强的优势，不断充实丰富“网络学校”内容。将先进经验在全市市直

▲福州市国税系统双标兵先进事迹巡回报告会。

机关进行交流。

【基层党组织建设】 考察发展党员6名，预备党员转正3人，列为入党积极分子10人，培训发展对象5人。

【“四个万家”主题实践活动】 开展“三结对三服务”“下基层、解民忧、办实事、促发展”“马上就办、办就办好”等活动，福州市国税局领导班子组成8个调研小组，分头走访各基层国税局和企业，送税法到企业，解决纳税人涉税问题，听取纳税人的意见建议。市国税局班子成员主持和各基层局召开纳税人座谈会32场，征集意见涉及业务政策、信息化办税、纳税服务等多个方面。组织党员干部走进社区结对帮扶，深入挂点村，通过开展送政策、送信息、送书籍、送电脑、送温暖等活动，慰问困难户和孤寡老人，帮助农村和社区建设。

【先进典型】 2014年4月14日，举办郭爱莲先进事迹报告会。组织机关党员干部观看“先进人物——郭爱莲事迹”电视宣传片，邀请“全国五一劳动奖章”“全国十大女税务工作者”“十行百佳”“全国三八红旗手”“全省人民满意的公务员”郭爱莲现身说教育。通过开展向身边的先进人物学习活动，调动党员干部的积极性，增进队伍凝聚力，全方位推动“爱莲品牌”效应，在全市国税系统掀起“学爱莲”热潮。

【绩效管理】 2014年7月，开始推行绩效管理1.0版，10月，绩效管理升级为2.0版。在推行工作中，总结推出“三位一体”百分指标框架、“月通报+季分析”等工作经验，取得成效。通过加强过程管理和动态监控，发现问题，推动工作持续改进，不断提升运行质量。

【创先争优活动】 共评出市国税局机关办公室、收入核算处等42个单位为系统先进集体。开展向“人民满意的公务员——郭爱莲同志”学习活动。开展“一岗双责”和“三服务标兵评选活动”，共评定“一岗双责”标兵10名，“三服务”标兵9名。并举办全市国税系统“双标兵”先进事迹巡回报告会。

【巡视工作】 成立巡视工作领导小组，下设办公室，为其日常办事机构，与人事教育处合署办公。已完成福清市国税局、永泰县国税局、高新区国税局的巡视工作。配合省国税局做好对鼓楼区国税局、台江区国税局和开发区国税局基层单位巡视整改和回访工作，并开展巡视整改工作实地督导。

【国税文化与帮扶活动】 开展福州国税核心价值观“法治、规范、专业、廉洁、和谐”践行活动。开展“读书引领进步，服务新区建设”读书活动，为福州新区建设征集106条建议。整合资源，建成具有健身、阅览、台球、乒乓球等功能的综合性文化活动中心。永泰县国税局举办12期道德讲堂和5期青年小讲堂。开展市国税局机关在职干部职工医疗互助工作，全系统共有824名在职党员干部职工参加活动。进一步健全落实党内关怀帮扶、谈心交心、走访慰问等工作机制，利用建党周年庆、中秋、春节等节日，走访慰问离退休老干部、老党员。开展认领“微心愿”活动，广泛征集社区五保户、低保户、残疾人、困难党员、70周岁以上老党员等困难、弱势群众的“微心愿”，发动在职党员进行认领，主动与求助者对接，通过一对一的帮扶行动，知民意解民忧。“微心愿”活动开展以来，市国税局机关及城区各单位共认领“微心愿”103个。

【文明创建】 福州市国税局和14个基层国税局全部通过省级文明单位测评验收。闽侯县国税局被国家税务总局推荐参评全国文明单位。评选表彰市国税局办公室等42个单位为全系统先进集体。开展向郭爱莲学习活动，拍摄郭爱莲事迹专题片，举办事迹报告会。开展“一岗双责”和“三服务”标兵评选活动，共评定双标兵19名，在全系统各单位举办16场巡回演讲。

【教育培训】共开展各类培训35期，培训4300人天。分别举办一期正科级以上领导干部和副科领导干部培训班，共培训93人。围绕纳税评估、数据建模、税务稽查、所得税等专题业务举办培训25期，培训1700人天。利用鼓岭培训基地承办各类培训、会议33场，培训1300多人次。有4人新入选国家税务总局人才库。

【离退休干部管理】共举办离退休干部座谈、讲座98次，文体活动、考察学习242次，定点家访213次。

【应急工作管理】制定《福州市国家税务局信访应急预案》《福州市国家税务局涉税舆情应急预案（试行）》《福州市国家税务局突发事件总体应急预案（试行）》《福州市国家税务局网络与信息安全应急保障工作综合预案》等系列应急工作预案。加大督促检查力度，开辟“工作督办”专栏，每月督办各部门工作落实情况。

【党风廉政】召开年度党风廉政建设工作会议，部署党风廉政建设和反腐败工作任务，签订《廉政责任书》。印发推进惩防体系建设和落实党风廉政建设责任制的实施意见，细化“一岗双责”任务分解。每季度召开一次党风廉政建设分析会，每半年召开一次党风廉政建设汇报分析会，发现、研究、整改和解决问题。落实廉政谈话提醒制度，福州市国税局党组两次对各县（市、区）国税局班子成员开展集体廉政谈话提醒。

【内控机制建设】整合效能监察、执法监察、领导干部离任审计和巡视检查整改等，提高监督检查效率，减轻基层负担。运用内控促廉管理信息系统、任务管理与服务回访系统、税收执法管理信息系统监察子系统，增强科技防腐实力。其中内控促廉管理信息系统共推送风险事件1.56万件，预警事件3391件，事中、事后监控核查率均达100%，纪检处理6件。

【廉政文化建设】开展预防职务犯罪教育宣传月“十个一”专题教育活动。与福州市检察院召开预防职务犯罪联席会议，联合举办廉政文化作品展览和评选表彰活动。在一楼大厅和15楼至19楼开辟“廉政文化长廊”，总面积超过110平方米；目前全系统廉政文化走廊总面积已经超过1200平方米，福清市国税局“十德立业、十廉固基”品牌受到省国税局局长臧耀民的赞赏。建设福州廉政文化教育展厅，面积约556平方米，分为辉煌成就、开拓求索厅、勤廉八闽厅、法理警示厅、廉政作品厅五大展厅，建立廉政文化学习基地，打造福州国税廉政文化品牌。组织全市国税系统“自律与他律”主题辩论赛，并组队参加全省国税系统“自律与他律”主题辩论赛，荣获亚军。

【政风行风作风建设】在全系统开展“三清三察三审”专项整治活动，2014年1—10月全市国税系统公务接待费下降81.48%，会议费下降53.32%，公车运行费下降29.71%。全面落实“马上就办、办就办好”要求，主动邀请市效能办民评代表、市政协民主监督员和市国税局特邀监督员，针对各单位的工作纪律、纳税服务、税收执法、廉洁自律等情况，加强对机关和基层的明察暗访，并对检查情况进行通报。行风建设取得成绩，市国税局获全市第二名，鼓楼区国税局、长乐市国税局、闽侯县国税局获第一名，晋安区国税局、罗源县国税局、闽清县国税局获免评，其中罗源县国税局连续六年获免评。

【案件查处】收到来信来电来访22件（含重复件3件），其中，省局转办件14件、市纪委转办件1件，自收件7件。初核件16件（其中谈话函询类1件），初核率为84.2%。了结18件，暂存1件。新立案2件，案件来源为“一案双查”。处分干部2人，其中，受行政记大过处分1人，受行政记过处分1人。

行政后勤

【政府采购】 2014年上半年共组织采购9批次。通过公开招标方式采购：行政中心征收大厅改造工程80.48万元、办税厅设备（触摸屏、自助机、办公家具等）44.65万元。通过批量方式采购：台式机25台，2.75万元、普通发票印制费113.76万元。通过询价方式采购：鼓岭培训中心灶具1套，3.76万元、办公家具（办公桌椅）1.1万元、征收大厅改造工程监理1.95万元。

【基建管理】 完成《2014年年度基建决算报表》的汇编。完成市国税局部分楼层改造项目的开工审批、招投标等工作。完成福州市行政中心项目改造的设计、开工、建设以及竣工各环节的实施、监督与管理。办理了鼓楼局附属工程项目的财务审核审批，闽清县坂东分局修缮项目的财务审核审批，晋安区国税局办税厅改造项目竣工结算、财务决算以及晋安区国税局停车场的改造项目开工审批，同时，督促琅岐区国税局办公楼修缮项目、连江县国税局东岱分局修缮项目以及罗源县局部分楼层修缮项目的工程结算以及财务决算。

【财务内部审计】 对仓山区国税局、闽清县国税局和晋安区国税局原主要领导干部开展离任经济责任审计。同时利用近年已有的财务收支审计结果，实现审计结果资源共享，避免重复检查。共审计3个单位，通过审计共查处问题总数209个，金额1013.3万元，均为管理不规范金额，并有针对性地提出整改意见。

（供稿：蔡青青）

漳州市国家税务局

税收概况

【税收计划执行情况】全市国税系统共组织税收收入115.06亿元，增收12.27亿元，同比增长11.93%，增幅位列全省国税系统第二，完成福建省国税局下达年度计划的102.18%，超收2.46亿元。其中：税收直接收入94.36亿元，增收9.52亿元，同比增长11.22%；办理免抵调库20.7亿元，增加2.75亿元，同比增长15.32%。按照财政口径计算，全年实现税收收入106.48亿元，增收12.59亿元，同比增长13.4%，完成调整后年度计划的100%。全年组织征收文化事业建设费980万元；废弃电器电子产品处理基金53万元；税务部门罚没收入237万元。

表4　　2014年漳州市国税局各项税收完成情况

单位：万元

序号	项　目	累计入库				本年度计划数
		税额	比2013年同期增减		完成年度计划（%）	
			税额	增减（%）		
1	一、总　计	1731988	390470	29.11		
2	（一）税收收入	1150590	122669	11.93	102.18	1126000
	其中：华阳、古雷	131600	39646	43.12		
	其他	1018990	83023	8.87		
3	其中：中央级	814106	73500	9.92		
4	地方级	336484	49168	17.11		

续表

序号	项　目	累计入库				本年度计划数
		税额	比2013年同期增减		完成年度计划（%）	
			税额	增减（%）		
5	其中：市本级	52828	6211	13.32	100.19	52730
6	1. 直接收入（含车购税）	943590	95169	11.22	100.81	936000
7	2. 免抵调增值税	207000	27500	15.32	108.95	190000
8	（二）其他收入	1168	51	4.57		
9	（三）海关代征	580230	267750	85.69		
	其中：增值税	510651	198239	63.45		
	消费税	69579	69511	102222.06		
10	二、出口产品退税	-614000	-94500	18.19		
11	其中：出口退税	-407000	-67000	19.71		

注：市本级计划任务数及完成数均含免抵调库数。

【税收优惠落实情况】 全市国税系统落实各项税收优惠政策，共办理各类减免税11.49亿元（含征前减免），比上年同期增加6.28亿元，增长120.54%；办理出口退税40.7亿元，比上年同期增加6.7亿元，增长19.71%。落实免收发票工本费政策，惠及7万户纳税人，全年减收普通发票工本费150万元。落实增值税起征点调整政策，全年共有50526户小微企业和个体户享受免征增值税优惠，免征增值税10958万元，其中：个体户40166户免征增值税9873万元，小微企业10360户免征增值税1085万元，扶持个体经济发展。落实各项企业所得税优惠政策，一是全市符合免税收入优惠的有83户，免税收入44425万元。二是减计收入21户，金额9007万元。其中：企业综合利用资源，生产符合国家产业政策规定的产品有14户，减计收入6987万元。三是加计扣除69户，加计扣除金额28538万元，相当于减免企业所得税7135万元，其中：开发新技术、新产品、新工艺发生的研究开发费用加计扣除37户，金额27929万元，相当于减免企业所得税6982万元；国家鼓励安置残疾人员支付工资的加计扣除32户，金额608万元，相当于减免企业所得税152万元。四是减免所得额504户，金额112079万元，相当于减免企业所得税28020万元，其中：农产品初加工等229户，减免所得额60910万元，相当于减免企业所得税15228万元；从事国家重点扶持的公共设施项目4户，减免所得额4860万元，相当于减免企业所得税1215万元；从事符合条件的环保、节能节水项目12户，减免所得额1801万元，相当于减免企业所得税450万元。五是减免税589户，减免税额13981万元，其中：高新技术企业有53户，减免税额13688万元。

【税源税收结构】 税收弹性系数（税收增幅与GDP现价增幅的比值）为1.06。其中，第一、第二、第三产业税收分别为0.52

亿元、134.6亿元、37.96亿元，占全部税收的比重分别是0.3%、77.77%、21.93%。在第二产业中，制造业收入114.39亿元，占第二产业的84.99%，占全部收入的66.09%，是最主要的创税行业；电力、热力、燃气及水的生产和供应业收入17.82亿元，占第二产业税收的13.24%。在第三产业中，批发业、金融业、房地产业三行业收入分别为17.62亿元、5.1亿元、4.71亿元，分别占第三产业税收的46.42%、13.44%、12.41%。

【各税种比重】 税收直接收入94.36亿元，增收9.52亿元，同比增长11.22%，增幅位列全省国税系统第三位，占税收收入的比重达到82.01%，同比下降0.53个百分点。增值税收入70.28亿元（含免抵调库20.7亿元），消费税4.94亿元，企业所得税34.76亿元，个人所得税3万元，车辆购置税5.08亿元。流转税收入比重超六成，增值税、消费税占全部税收的比重分别为61.08%、4.29%，企业所得税收入的比重为30.21%，其余各税比重4.42%。剔除增值税免抵调库收入，增值税比重下降3.11个百分点，所得税比重上升2.1个百分点。自2010年至2014年，企业所得税年均增速23.04%，超出增值税（不含调库）增速8.5个百分点，超出全局税收增速4.54个百分点。

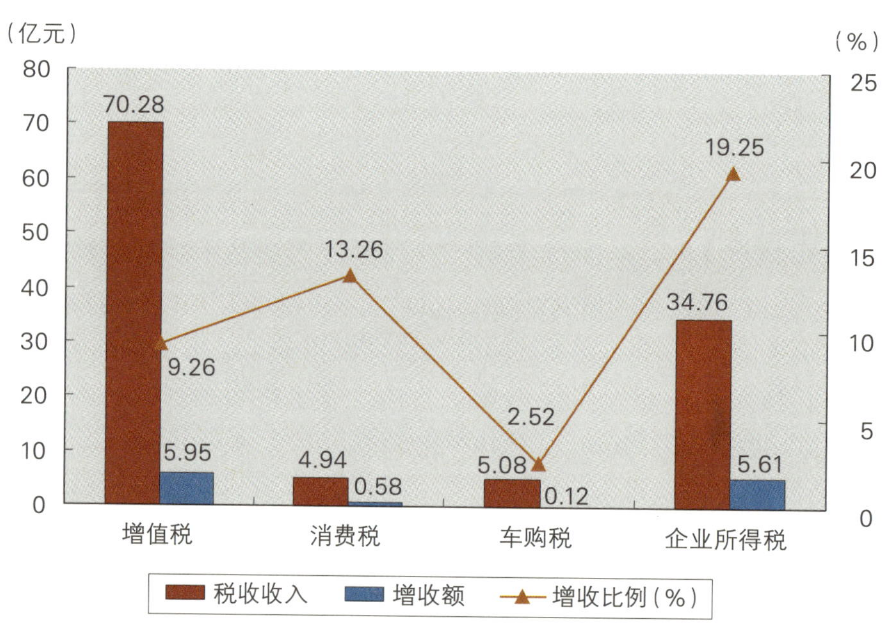

图1 2014年漳州市国税局各税种入库情况

【工业税收】 全市规模工业总产值3990.76亿元，增长16.7%；全市规模以上工业增加值预计实现1087.41亿元，增长16.4%，增幅比2013年增长0.9个百分点；出口商品总值81.3亿美元，增长14.4%。工业税收累计入库74.56亿元，增收7.74亿元，同比增长11.58%，税收弹性系数0.69，增收贡献率为72.08%。其中：直接收入53.86亿元，增收4.99亿元，同比增长10.21%；免抵调库20.7亿元，增收2.75亿元，同比增长15.32%。分行业看，增收较多的有：电力、热力生产和供应业、电气机械和器材制造业和农副食品加工业，分别入库17.12亿元、4.96亿元和9.87亿元，分别增收4.68亿元、1.51亿元和1.24亿元，三个行业共入库31.95亿元，占工业税收的42.85%；三个行业共增收7.43亿元，拉动税收收入增长7.28个百分点。增收较多的企业有：“华阳电业”入库11.6亿元，增收3.86亿元；“南靖万利达科技”入库1.09亿元，增收0.58亿元；“立达信绿色照明”入库1.36亿元，增收0.5亿元。

【县域税源情况】 全市14个征收单位中，除漳州开发区局、华安县国税局受重点企业大幅减收的影响出现下降外，其余单位的税收收入均有不同程度的增长，但各区域间税收收入增幅差高达44.86个百分点。增长较快的有：龙海市国税局（39.46%）、云霄县国税局（22.9%）和东山县国税局（21.32%）。增收较多的单位有：龙海市国税局（5.23亿元）、芗城区国税局（2.06亿元）和台商区国税局（1.65亿元），三个单位共增收8.94亿元，占全市税收增收总额的72.86%。

表5　　2014年漳州市国税局各县（区）国税局税收收入完成情况

单位：万元

序号	单位	累计税收收入			其中：免抵调库			其中：直接收入			完成年度计划任务（%）	本年度计划任务
		总税额	比2013年同期增减		调库额	比2013年同期增减	同比（%）	直接收入	比2013年同期增减			
			增减额	增减（%）					增减额	增减（%）		
1	芗城区国税局	269595	20615	8.28	24436	5133	26.59	245159	15482	6.74	100.60	268000
2	龙文区国税局	83508	6684	8.70	23062	3866	20.14	60446	2818	4.89	100.61	83000
3	市局纳服中心	44590	149	0.34	0	0	0.00	44590	149	0.34	101.34	44000
4	龙海市国税局	184680	52253	39.46	12577	7056	127.80	172103	45197	35.61	154.16	119800
	其中：华阳	116000	38618	49.91	0	0	0.00	116000	38618	49.91	195.62	59300
5	漳浦县国税局	88927	2420	2.80	14095	-5214	-27.00	74832	7634	11.36	100.71	88300
	其中：古雷	15600	1028	7.05	0	0	0.00	15600	1028	7.05	100.00	15600
	其中：腾龙芳烃	12064	-1259	-9.45	0	0	0.00	12064	-1259	-9.45		
6	云霄县国税局	29457	5488	22.90	9257	3547	62.12	20200	1941	10.63	113.30	26000
	其中：常山	10629	2011	23.33	6829	2735	66.81	3800	-724	-16.00		
7	诏安县国税局	29374	1316	4.69	12267	-1510	-10.96	17107	2826	19.79	101.29	29000
8	东山县国税局	83966	14756	21.32	48201	13284	38.04	35765	1472	4.29	111.95	75000

续表

序号	单位	累计税收收入			其中：免抵调库			其中：直接收入			完成年度计划任务（%）	本年度计划任务
		总税额	比2013年同期增减		调库额	比2013年同期增减	同比（%）	直接收入	比2013年同期增减			
			增减额	增减（%）					增减额	增减（%）		
9	平和县国税局	25972	1838	7.62	634	-170	-21.14	25338	2008	8.61	103.89	25000
10	南靖县国税局	41249	3125	8.20	14179	6275	79.39	27070	-3150	-10.42	100.61	41000
11	长泰县国税局	85571	906	1.07	18323	-4148	-18.46	67248	5054	8.13	100.67	85000
12	华安县国税局	26114	-1490	-5.40	482	259	116.14	25632	-1749	-6.39	100.05	26100
13	漳州开发区国税局	47309	-1921	-3.90	4186	-10286	-71.08	43123	8365	24.07	100.66	47000
14	台商投资区国税局	110278	16530	17.63	25300	9407	59.19	84978	7123	9.15	108.12	102000
	全市合计	1150590	122669	11.93	207000	27500	15.32	943590	95169	11.22	102.18	1126000

【商业税收】 商业税收全年入库17.75亿元，增收0.79亿元，同比增长4.64%。从行业看，商业批发业入库14.16亿元，增收0.62亿元，同比增长4.58%；零售业入库3.59亿元，增收0.17亿元，同比增长4.88%。分细类看，烟草制品批发、建材批发、中药批发分别增收7440万元、1136万元、1105万元，分别增长11.15%、18.92%、82.69%，合计增收9681万元，拉动商业税收增长5.71个百分点。

【房地产税收】 全市房地产业入库税收47012万元，减收12431万元，下降20.91%，减收额在全市94个行业中居首位。

【重点企业税收】 全市列入国家税务总局监控的105户年税500万元以上的重点企业，全年入库税收收入（指增值税直接收入、消费税、所得税，下同）475500万元，增收64364万元，同比增长15.66%，收入增幅比全市国税税收收入增幅高出3.73个百分点，高于全市可比同口径税收收入4.44个百分点。重点税源企业税收收入占全市国税税收收入的比重为41.33%，比2013年上升2.83个百分点，占全市可比同口径税收收入的比重为50.39%，比2013年上升3.75个百分点，占整体税收比重有所回升，为47.55亿元，比上年同期增加 6.44 亿元，同比增长 15.66%。105户重点企业税收收入占全市收入规模的41.33%，增收贡献率为52.49%。从行业分布来看，电力、热力生产和供应业，货币金融服务业，批发业，电气机械和器材制造业四个行业税收收入分别入库161648万元、40686万元、95893万元、13556万元，合计入库311783万元，占重点税源企业税收收入的65.57%，比2013年提高了2.62个百分点，增收67510万元，占重点税源企业增收总额的

104.89%，同比增长27.64%，比2013年提高了5.25个百分点，其中电力、热力生产和供应业入库税收占比达34%，比2013年提高了4.85个百分点。重点税源企业中增收额超过5000万元的企业有2户，比2013年减少2户，其中华阳电业入库116000万元，增收38617万元，同比增长49.9%，增幅高出重点税源企业平均增幅34.24个百分点，增收贡献率达60%。全市列入监控的652家年税200万元以上的重点企业，全年入库税收收入84.28亿元（含免抵调库），增收5.78亿元，同比增长7.37%，增幅落后整体水平4.56个百分点，重点企业增收作用明显弱化，主要原因是权重企业大幅减收。减收前三位重点企业合计减收1.42亿元，同比下降74.58%。其中，诺尔起重设备（中国）有限公司、漳州泉丰食品开发有限公司受市场销售景气度影响，出口订单减少，销售锐减，分别减收0.73亿元、0.34亿元，同比下降88.35%、70.13%；新城房地产集团（福建）有限公司因房地产市场疲软，销量减少，该企业减收0.35亿元，同比下降59.17%。

税收法治

【依法行政示范】 福建省国税局验收组上半年对漳州市国税系统首批申报创建依法行政示范单位的创建完成情况进行实地考评验收，验收工作采取听取申报单位工作汇报、查看档案资料、随机抽查行政执法案卷等形式现场进行打分，考核内容包括依法行政基础工作、推进依法行政创新创优成果和社会评价三个部分，经过整体验收，试点单位长泰县国税局、诏安县国税局均以高分通过验收。

【清理行政审批事项】 市、县两级国税局分别对各自终审或参与审核的税务行政审批事项进行清分和核对，并以税收规范性文件的形式向社会公开行政审批事项清单，做好相关公告备案。经核对确认，市国税局本级共涉及14个审批项目28个子项，县级国税局终审以及参与审核层报上级国税机关终审的行政审批事项，初步清分，涉及60个审批项目74个子项。对市国税局本级实施的具体行政行为进行清理，共取消税务行政权力7项，职权下放1项，保留税务行政权力18项，并按程序绘制权力运行流程图。

【重大案件审理】 漳州市国税局稽查局已审结案件数77件，市国税局按标准开展重大案件审理28件，审理率达36.36%，涉及税款454.2万元，罚款1650.9万元，其中：维持初审意见数21件，发回复查数6件，改变调查部门拟处埋意见1件。

【规范税收执法行为】 全市通过执法考核子系统监控的执法行为共计262480户次，申辩调整前过错1654户次，执法正确率为99.37%，比2013年同期提高1.37个百分点；申辩调整后过错622户次，执法正确率为99.76%；依据执法考核结果对326个相关责任人员进行了责任追究，经济惩戒231人次金额25345元，行政处理95人次。加强税收执法管理信息系统疑点信息筛选核查工作，加大对税收执法过错疑点数据的分析和应用，市国税局本级完成省国税局下派的34项532条税收执法疑点实地核查任务，县级国税局完成市国税局筛选下派的26项2236条疑点数据实地核查任务。

【执法督察】 对芗城区国税局、开发区国税局、云霄县国税局、东山县国税局进行重点督察，重点针对4个督察必查项目和3个选查项目。加强对领导干部贯彻落实上级决策部署、本级重大经济决策和本人遵纪守法廉洁从政情况的重点审计，规范经济责任审计评价，增强审计内容的科学性、针对性，先后完成对台商区国税局、漳浦局县国税、诏安县国税局、龙海市国税局、芗城区国税局、长泰县国税局等六个单位的领导干部离任经济责任审计工作。

征收管理

【征管户数】 截至2014年12月31日，漳州国税系统税务登记户数为83860户，其中，企业36789户、个体工商户47071户。

【纳税评估】 拓宽第三方信息的来源，先后从漳州市医保中心取得2012—2013年度全市各医保定点药店的医保结算数据、漳州市电力公司取得全市工业企业2013年度用电情况以及漳州市工商局取得2011—2013年度全市股权转让数据，经过清分、比对，下发各征收单位开展税收风险应对，全年组织开展税收风险应对1931户，存在税收风险企业1322户，查补入库税款20198万元，调减留抵金额983.02万元，冲减退税87.55万元，调减以前年度亏损金额3584.55万元，移送稽查部门查处19户。

【CTAIS系统运维】 做好征管软件日常运行维护工作，清理CTAIS系统垃圾数据，提升问题数据处理意识。编写业务需求“福建省税收数据质量管理平台”，2014年4月，在全省正式推广使用，市、县两级国税局均需定期登录到管理平台查询CTAIS问题数据，做好相关错误数据的修改工作，确保综合征管软件的平稳运行，为绩效考核提供数据依据。加大培训力度，针对今年以来CTAIS日常补丁和升级较为频繁，业务变化较多，多次组织人员收集整理各次补丁和升级文档，制作成培训课件，举办两期对全市相关岗位操作人员的业务培训，以提高操作水平。及时解决基层在系统运行中存在的问题，确保了各系统软件运行顺畅。

【优化涉税流程】 利用CTAIS系统技术优势，进一步优化升级“免填单”服务管理系统操作，在原基础上增加40种“营改增”等涉税业务表格，取消12种国家税务总局公告失效的涉税业务对应表格，修改4种在使用的涉税业务对应表格，使“免填单”服务范围进一步扩大。编写“税信通”征管方面业务需求，推动“税信通”纳税服务系统2.0版本正式上线，软件新增“办税公开”“纳税人学校”两个模块，面向社会公众公开纳税人的非隐私涉税信息，通过税法课堂，使社会公众了解常用的税法知识和办税常识，并进行涉税咨询，同时新增“搜索”功能和丰富“热线”模块功能。组织人员参与涉税业务工作规程修订和全国县级税务机关纳税服务规范对比，结合CTAIS日常操作实际情况，对全市师资和纳税服务科人员进行培训，确保全国县级税务机关纳税服务规范1.0版和省国税局涉税业务工作规程（2014版）于2014年10月1日全市推广。

【规范下户执法】 推行“任务管理与服务回访系统”，做好系统操作培训，购买、安装操作软件，并进行系统初始化、岗责配置等各项软硬件准备工作，搭建系统进行仿真演练和压力测试，8月开始对工作任务进行统筹和审批，进一步建立健全下户评估、稽查、核查等工作中基础信息核实采集机制，以及向网络申报纳税人推送基础信息核对反馈的机制；加强对基层推行工作的指导，并对“任务管理与服务回访系统”运行情况进行通报，以促进推行工作的全面铺开。

【重点税源管理】 实施重点税源企业监控，逐步扩大监控面，在监控2012年度税收收入达到监控标准200万元纳税人的基础上，将本年度累计税收收入达到监控标准的纳税人一并纳入监控。在监控过程中补充完善重点税源监控指标体系，改进数据采集报送方式，提高数据质量，掌握和监控重点行业、重点税源的收入变化情况，定期对重点税源行业税负情况进行分析预警通报，定期编撰重点税源分析报告，为深化税收分析、强化纳税评估提供信息服务，增强组织收入工作的主动性和前瞻性。全市列入监控的652家年税200万元以上的重点企业，2014年入库税收收入84.28亿元（含调库），增收5.78亿元，同比增长7.37%。建立新增项目跟踪负责制度，密切跟踪和掌握新增项目建设情况，为收入计划和预测工作提供可靠信息。与漳州市发改委、经贸委、统计局等相关经济主管部门建立定期联系制度，了解全市重点投资建设项目投建情况。

【税收经济分析】 做好税收收入计划执行情况分析，拓展分析的角度和广度，开展不同地区、产业、行业和重点税源企业的税负水平的横向和纵向比较，发现和解决组织收入中的问题，为各级领导的决策提供参考；密切关注国内、国际宏观经济运行态势，跟踪分析全市投资、消费、进出口、工业生产、企业利润等宏观经济指标变动情况，做好政策效应分析，剖析政策调整对税收收入总量和结构的影响，反映宏观经济政策和各项税收政策的执行情况和实施效果，把握税源整体变化趋势；开展重点企业和重点行业的税收分析，有针对性地采取税收风险应对措施，促进全市税收收入稳步增长。全市列入税务总局监控的105家年税500万元以上的重点企业，2014年入库税收收入47.55亿元，增加6.44 亿元，同比增长15.66%，比2013年提高了4.63个百分点。

【税收资料普查】 根据《福建省国家税务局关于做好2014年税收调查工作的通知》的精神，做好上下沟通与联系，圆满完成税收资料调查相关工作。2014年共调查企业1621户，全部为正常营业的企业，比2013年增加24户，增长1.51%。其中：抽样调查企业230户，比2013年增加80户；重点调查企业1536户，比2013年增加82户。调查户中一般纳税人1532户，占全市一般纳税人总户数的15.05%，调查户数超过省局要求的15%。发生出口业务的增值税一般纳税人690户；外商投资企业555户；上市公司3户。调查企业2013年度实际缴纳税收69.63亿元，占税收收入的67.74%，其中：增值税42.64亿元，占增值税入库数的66.83%；消费税4.33亿元，占消费税入库数的99.31%，基本涵盖全市所有的消费税应税品目；企业所得税22.66亿元，占企业所得税入库数的77.74%。

【减免税统计调查】 根据《福建省国家税务局关于开展2014年减免税统计调查工作的通知》的精神，结合日常申报做好调查前期政策宣传，筛选界定企业征免税种，落实减免税申报和审批制度，纠正纳税人的减免税政策认识误区。全市共调查纳税人70123户，其中：2014年全市国税机关共调查采集企业信息27337户，比2013年增加5243户，增长23.73%；个体工商户42786户。调查纳税人中有减免税的共计36902户，其中：企业3284户；个体工商户33618户。2013年度共计减免税款15.9亿元，其中：企业减免税款15.13亿元（增值税10.57亿元，企业所得税4.56亿元）；个体工商户减免增值税0.77亿元。

【夯实征管基础】 加强欠税管理，分户建立欠税管理档案，分析成因，加大欠税公告和政策宣传辅导力度，落实欠税企业约谈制度，全年清缴往年欠税2790万元，往年陈欠清理率为49.17%（不含稽查部分），位居全省第一；压缩新增欠税，全年新增欠税1585万元，占全年应征税86.8亿元（不含稽查及免抵调库数）的0.18%，全省排名第四位。落实增值税起征点调高优惠政策，做好2014年度双定户定额调整工作。加强发票管理，做好普通发票年度计划与采购招标工作；做好“营改增”发票、新版机动车销售发票及其他发票日常管理、审批、印制工作，审批自印衔头发票73批次，超3100万份；保障用票需求，推行出租车行业启用机打发票；做好网络发票管理系统维护，做好增值税发票升级版相关工作。做好电信业“营改增”税收管理工作，逐户建立征管档案，按时完成税务登记、税种鉴定和税库银扣款初始化工作。做好水产品收购业务网络发票专用版设计开发工作，审定票样，培训各单位师资人员，于9月29日正式启用漳州水产品收购发票专用版；跟踪各单位开具情况，及时与省国税局、开发技术单位反馈、解决存在问题。

各税管理

【增值税管理】 全市共有一般纳税人11548户，其中纳入防伪税控管理的有11012户，100%开通网上申报，网上抄报税的有9000多户占全部防伪税控户的80%以上。做好金税工程运行管理通报考核，全年共采集增值税专用发票本地存根联1257277笔，认证比对增值税专用发票抵扣联1487660笔；货物运输业增值税专用发票存根联53247笔，货物运输业增值税专用发票抵扣联48690笔。2014年1—12月共完成461份发票的审核检查工作，接收并按时完成异地核查函63份。开展增值税税控系统服务单位技术服务情况专项检查，抽查52户增值税税控企业，从抽查结果看未发现服务单位存在违规行为，纳税人满意度100%。做好成品油经销企业纳入防伪税控系统汉字防伪版及机动车销售统一发票开票子系统升级的有关工作，全市共71户成品油经销企业于7月25日前全部完成升级。开展增值税发票专项评估，组织各县（市、区）国税局、大企业管理局抽调专门力量对省局风控中心推送的132户企业开展专项评估，全市共发现问题企业69户，其中6户移送稽查处理，合计查补税款941.4万元，滞纳金59.52万元。开展出口不退税货物征税情况专项核查，全市共核查2013年度有出口业务但未进行正常申报出口退（免）税的企业107户，涉及出口销售额7576.53万美元，2014年1—8月有出口业务但尚未申报出口退（免）税的企业85户，涉及出口销售额3570.12万美元，发现应补征税款企业17户，涉及出口销售额1305.61万美元，应补征税款228.96万元。开展农产品增值税管理，跟踪、指导实施进项税额核定扣除的农产品加工企业首月纳税申报，共转出进项税额4.37亿元，补缴增值税2.52亿元，至7月31日前分期转出并补缴税款。举办农产品增值税进项税额核定扣除办法专题培训班，安排蘑菇罐头、部分水产品核定扣除率的重新测算，布置开展全市农产品管理“两个办法”执行情况的督查工作。建立水产品价格预警机制，制订《水产品收购价格风险预警机制工作方案》，完成水产品的品种分类和编码工作，撰写水产品收购价格预警管理的业务需求，由省局支持协助在原有通用机打发票（收购专用）版本的基础上，新增设“水产品预警专用”版，在漳州顺利上线试行。

【小微企业免征增值税优惠】 组织开展2万元以下纳税人征收情况的清理和整改，全市共有小微企业16863户，累计有92894户次申报，其中8981户次享受优惠政策，全部小微企业共申报增值税3454.38万元，其中享受小微企业优惠政策减免257.29万元。

【“营改增”试点】 2014年1月1日，铁路运输和邮政服务业营业税改征增值税。全市共核实确认电信业试点纳税人43户，其中：增值税一般纳税人38户，小规模纳税人5户。6月1日，电信业营业税改征增值税。对部分“营改增”高风险企业开展专项评估工作，完成涉税风险企业14户，其中：评估发现有问题企业11户，补缴增值税107.75万元，滞纳金1.26万元。

【消费税管理】 做好2013年度烟、酒、汽车、摩托车、成品油消费税涉税信息采集工作，完成数据采集、人工审核、系统录入工作。做好重点税源企业消费税数据采集工作。督促和辅导成品油消费税的政策执行，传达省局关于腾龙芳烃的会议纪要精神，召开腾龙芳烃、翔鹭石化、海顺德等三家古雷重大石化企业税收业务辅导座谈会。及时上报石脑油消费税定点直供计划，对漳浦古雷经济区海顺德特种油品公司等企业产品征免消费税问题进行政策调研并回复。开展石脑油、燃料油退（免）消费税管理系统使用情况调查工作，收集、反馈系统应用中存在的问题。跟踪成品油消费税的政策执行情况，对腾龙芳烃申报缴纳消费税情况实时了解，重要事项及时向省局反映。组织市局与漳浦局相关人员会同省国税局前往河北沧州学习消费税管征经验及退税系统软件的实务应用。

【车辆购置税管理】 做好车辆购置税征管系统的运行与维护，完成《车辆购置税征收管理办法》有关调研工作，抓好车辆购置税《重大请求审批单》规范管理的落实，开展车辆购置税挂牌信息与缴税信息比对及异常情况的核查工作。全年车辆购置税征收入库5.07亿元，车辆数95314辆，全市共办理免税车辆465部，免税金额1639万元，退税车辆130部，退税金额157万元。

【企业所得税征管户数】 全市企业所得税管征27889户，其中：查账征收27009户，占96.84%，核定征收880户，占3.16%。

【所得税汇算清缴】 2014年6月3日，全市共有19993户企业完成2013年度企业所得税申报工作，申报率为99.88%。2013年度实际应纳所得税262802万元，已预缴所得税额230130万元，预缴率为87.57%，汇算清缴应补所得税额47001万元，应退所得税额14329万元，应补所得税净额32672万元，完成工作任务。

【反避税工作】 通过案头审计、实地核查、调取账簿等方式，突破某跨国企业产品作价方式、特许权使用费、资本弱化等疑难点，最终认定该跨国企业通过转让定价向其境外关联方转移利润以避税的行为，共计调增收入21995万元，调增幅度为16.61%；调增企业应纳税所得额22133万元；补征企业所得税及加收利息合计1454万元，同时核增企业免抵税额3739万元。推进反避税案源筛选工作，探索建立反避税案源数据库，对2008—2013年度企业关联申报及财务数据等相关信息进行分类建档；实地走访数家疑点企业，了解企业生产经营状况，重点关注企业关联申报、货物流及资金流等情况，核实潜在的关联关系及关联交易情况；加强反避税第三方信息查询，通过工商查询、香港网上查询注册中心等渠道，加强案头审计工作，排查避税疑点并出具反避税案源审计报告。做好关联企业申报工作，共有266户企业申报关联交易金额3650761万元，占其年申报销售收入比例的45.43%，合计缴纳企业所得税97448万元。加强反避税跟踪管理，通过日常对反避税跟踪管理户的投资、经营状况及其变化情况、纳税申报额变化情况、自行申报盈利情况以及对其监控管理后盈利水平变化情况、关联交易变化情况等进行跟踪分析评估，全年20户反避税跟踪管理企业共计申报销售收入234310万元，调增应纳税所得额19003万元。

【非居民税收管理】 运用国际税收信息管理系统平台，落实合同备案制度，做好事后审核判定，重点关注“受益所有人”身份的判定、技术服务合同适用于劳务或特许权使用费的性质界定等，确保非居民企业及时准确享受税收协定待遇，防止企业滥用税收协定避税，防范税收收入流失风险。加强对重点工程项目的跟踪管理，多方收集第三方信息跟踪核查，并对照企业业务实质进行审核分析判定，辅导和督促企业准确进行纳税申报，确保税款不流失。开展股息红利非居民税收专项检查工作，全面收集企业资料，通过企业报送的调查表及CTAIS系统提取数据的开展案头分析1326户，筛选、查找风险企业，进行风险核实1100户；筛查部分重点、疑点非居民企业深入查找漏洞，对账面未分配利润数额较大且长期挂账不分配的企业进行风险应对，督促企业合理地进行利润分配。2014年度全市征收非居民企业税收9382万元，比上年同期增收1966万元，同比增长26.51%。其中：非居民企业所得税7118万元，增收1389万元，同比增长24.24%；“营改增”增值税2264万元，增收577万元，同比增长34.20%。

【风险预警系统】 做好季度、年度申报数据的导入及日常运营维护，为相关职能部门充分利用“所得税预警系统”反映的预警情况，有针对性地选择大户、重点税源户组织开展纳税评估，提升企业所得税征管质量。依托企业所得税风险预警系统收集、整理和分析相关数据，筛选出2013年度年销售额3000万元以上，利润率偏离行业预警值（-30%以上）的风险企业128户，通过风控中心推送，布置开展税收风险应对工作。另外，根据省国税局下发的银行总分机构的风险点，布置开展银行机构企业所得税收入专项评估工作。

【资产损失税前扣除】 执行《企业资产损失所得税税前扣除管理办法》及省国税局的补充规定，督促企业按照规定进行申报，对实行清单申报的，应在企业所得税年度申报时以清单申报的方式向主管税务机关申报税前扣除，并提交《资产损失清单申报明细表》，作为《企业所得税年度纳税申报表》的附件。对实行专项申报的，应在企业所得税年度申报时以专项申报的方式向主管税务机关申报税前扣除，并提交《资产损失专项申报明细表》，逐项（或逐笔）报送《资产损失专项申请报告表》，同时附送会计核算资料及其他相关的纳税资料。对大宗的资产损失，企业申报后组织开展实地核查，依据规定着重对其确认条件、真实性、合法性、合理性和证据完整性进行核查，以实现对企业资产损失税前扣除的有效管理。全市2013年度企业资产损失申报税前扣除4253万元，其中：清单申报1209万元，专项申报3044万元。

【电子管理台账试点】 在漳州台商投资区国税局和平和县国税局开展企业所得税电子管理台账试点工作，2014年7月在总结试点单位运行经验的基础上，召开全市企业所得税电子台账推广会议，8月1日在全市国税系统推广运行。

【加强预缴管理】 依托CTAIS系统提取企业所得税申报数据，筛选出2013年度预缴率偏低的企业名单，列为重点关注对象，测算2014年上半年的预缴率，对于预缴率低于75%的，查明原因，调整预缴方法或预缴税额，敦促企业规范申报工作，提升年度整体预缴率水平；依托CTAIS系统，提取2013年度企业所得税入库税款50万元以上，且2014年上半年营业收入占2013年度营业收入比例高于50%、2014年上半年实际应补（退）所得税额占2013年度实际应纳所得税额比例低于50%的企业名单及相关数据，查明原因，采取措施，做好企业所得税预缴管理工作。

【大企业管理】 开展个性化服务，2014年4月1日，市国税局局长沈家骏代表市国税局与漳州片仔癀药业股份有限公司等6家大企业集团签订《税收服务与遵从协议》，组成服务团队挂钩联系服务，帮助企业进一步完善税收风险防控体系；建立税企高层对话制度，实现税企沟通的顺畅和常态化，掌握企业组织结构、生产经营、财务核算等变动情况，提高企业纳税遵从度；组织税收宣传志愿者服务队走访企业开展宣传活动，以团队力量应对复杂的大企业涉税事项；做好有关税收政策的汇编和解读，制作成汇编资料发放到各大企业，继续做好纳税辅导、多元办税、税收优惠政策宣传执行，优化纳税服务；根据纳税评估的风险分类，为每户重点企业提供税收政策确定性服务和分行业服务，为企业量身订做税收建议书，从税收角度提出合理化建议，确保企业用足用好税收政策，规避税收风险；制订大企业涉税诉求应对机制，建立联络员制度，每户企业确定2名联络员，负责对大企业办税事项的协助与沟通，解决企业的涉税诉求；组建政策研讨团队，企业复杂的涉税事项由政策研讨团队研讨处理解决。开展税收风险应对管理，通过系统筛查，选择部分存在税收风险的企业，主要按行业开展风险应对工作，做到评估一个行业、规范一个行业，促进大企业税务风险管理意识的提高，全年查补入库税款及滞纳金8089万元。做好定点联系企业基础工作，4月25日前完成284户定点联系企业名册的信息调查核实工作；开展税务审计工作，核实烟草行业税收风险点27个补缴各种税款1077万元，中国工商银行福建省漳州分行2008—2012年五年间企业所得税、增值税税种涉税事项审计补税400万元，大唐漳州风力发电有限责任公司税收风险现场审计补增值税200万元、核减亏损1054万元。

【退税管理】 截至2014年12月31日，全市已办理出口退税认定企业1718户，其中：生产企业1463户，外贸企业255户；有出口业务的企业1171户，其中：生产企业1043户，外贸企业128户。全年共办理出口退税41.24亿元，比2013年同期增加7.24亿元，同比增长21.29%。对进出口税收工作采取“管理+服务”，坚持每月至少召开一次由分管领导参加的退税专题分析会，研究解决退税审核工作中遇到的新情况、新问题，保证各项出口退税政策和管理制度准确落实。扶持企业发展，落实服务承诺制，加快出口退税审核、签批和审批速度。对电子信息齐全、无疑点的出口业务，在15个工作日内完成办理出口退税；增加审批、办理出口退税次数，每周至少办理一批出口退税，并对外贸企业推行一月多次申报制度，提升出口退（免）税办理速度和效率，做到受理、审核、审批、办退“四及时”，全年共办理退税43批次7257笔，退税金额41.24亿元；下放部分业务审批权，将外贸型出口企业出口货物退（免）税资格认定和变更的审批权限下放到各县（市、区）国税局，并将办理时限由原来的20个工作日缩短为7个工作日；将50家大中型企业纳入“一对一”帮扶对象；规范出口货物函调管理，限制发函次数，全年共发出核实函80份，同比减少89份，同比下降111.25%；发布预警信息和采集通报预警信息，对关注企业、关注商品、关注口岸等关注信息实行动态分析管理，提醒企业增强自我防范意识和防骗能力；开展提醒服务，对2013年度出口货物在2014年度出口退税申报期截止之前未申报出口退（免）税的数据，提取、清分、下发，提醒出口企业进行退（免）税申报；靠前服务，助推重点出口企业发展，福建福欣特殊钢有限公司专门给漳州市国税局送来了一封感谢信，漳州市长檀云坤在市国税局呈阅件上批示“市国税局为企业发展和项目建设提供优质服务，积极主动作为，取得明显成效，向市国税系统的同志们表示感谢”；帮助协调解决3户出口企业由于进料加工计算方法的改变而导致的一些企业提前实现免抵而不产生退税的问题；辅导企业进一步建立健全内控机制和财务管理制度，提高财务核算水平，化解企业潜在的涉税风险，规范企业经营行为，得到企业的赞誉；创新服务方式，推广完善“出口退税远程综合服务系统”，使纳税人足不出户即可便捷办理出口退税；加强政策调研，相继对LED灯具出口退税率、对台小额贸易、生产周期超一年的交通工具、机器设备出口等出口退税政策进行调研，了解税收政策的执行情况及落实中存在的问题，向上反映企业的合理诉求，争取有利的税收政策。

【推行内控内管机制】 在全市国税系统开展出口货物劳务退（免）税管理自查，迎接省国税局的交叉检查，之后又组织业务骨干对没有被省国税局检查组检查到的单位开展交叉检查，取得了预期的效果；落实国务院、省、市“关于支持外贸稳定增长的若干意见”的精神，2014年7月1日，国家税务总局督查组对漳州市“稳增长、促改革、调结构和惠民生政策措施落实情况”开展督查，督查组组长、山东省国税局副局长赵莲珍，在反馈时以“时间短、内容多、收获大”的评语对漳州市国税局的出口退税服务工作予以肯定；对出口退税审核系统数据进行全面清理，上半年对系统中历史遗留的退税数据进行清理，7月，对审核系统中的免抵历史数据进行清理，共计清理比对免抵数据7778条，做到办理退税和免抵额全部从审核系统进行审批操作，数据与CTAIS系统相符；完成水产品加工出口企业专项评估和后续跟踪管理工作，并对水产品加工出口企业开展调研，摸清水产品加工出口行业的原材料采购、生产、出口等业务流程，编写《企业制度建设与会计核算抽查提纲》，为加强对出口企业的日常管征提供第一手资料；加强对水产品加工出口企业的管理，防止水产品加工出口行业出现专项评估后的反弹，12月，组织开展对上半年申报出口香港、台澎金马和东南亚国家的出现异常增长的全市21户水产品加工企业开展抽查并逐户提出整改意见；做好木制家具企业下达评估任务的筛选工作，对18户出口企业和13户供货企业进行风险评估。

税务稽查

【概述】 全市共检查入库企业150户，查补入库各项收入14968万元，与上年同期增加1394万元，增长10.27%。其中，查补入库税款、滞纳金、罚款分别为12114万元、1185万元和1669万元。稽查部门直接查补入库收入占全市国税直接收入的比重为1.68%，查补总量名列全省国税系统第三位。

【专项检查】 选择房地产及建筑安装业企业、股权转让交易的企业作为指令性检查项目户以及指导性检查项目地方商业银行。选择将虚开、骗税等税收违法行为易发、多发的，涉及农产品收购、矿产品和成品油购销较为集中的行业列为2014年全市税收专项整治的重点，并对重点税源进行检查，全年共查结案件135户，查补税收收入入库14202万元。其中：税款、滞纳金、罚款分别为11809万元、742万元和1651万元。

【打击犯罪】 发票打假活动中，共检查企业290户，发现有发票问题企业200户，查处违法发票10173份，金额7.3亿元，查补入库税款767.73万元，加收滞纳金214.93万元，罚款284.55万元。根据《国家税务总局关于集中开展打击骗取出口退税专项行动的通知》和《福建省国家税务局关于集中开展打击骗取出口退税专项行动的通知》的精神，继续保持打击骗税违法犯罪活动的高压态势，对省国税局下达的6户出口退（免）税企业开展检查，逐户逐条分析核实出口货物的每个环节、每份单证、每笔资金，做到户户严检查、户户有结果、户户有反馈。截至2014年年底，已查结4户，查补税款和罚款4512万元，并对欠缴企业加大催缴力度，采取阻止出境等措施督促企业缴纳税款，维护正常出口退税秩序。

【涉税举报】 建立举报案件跟踪台账和

"提醒制"的案件督办机制，全年共受理各类举报案件31件，已查结28件，未查结3件，查补税收收入合计4215.32万元。其中：查补税款3535.58万元，滞纳金183.81万元，罚款495.93万元。

【金税协查】 通过协查系统委托发出协查合计进57起，涉及发票3513份，金额32472.92万元，税额5518.80万元，选票准确率达89.83%；全年通过协查系统共收到受托协查户达132起，涉及专用发票1756份，金额16664.57万元，税额2448.84万元，累计按期回复率达100%。

纳税服务

【办税大厅建设】 根据国家税务总局、福建省国税局的要求，推进全市办税服务大厅建设，硬件设施、制度管理等方面均达到规范化、标准化的程度，做到"四个统一"：统一区域划分，全市各征收单位根据办税服务厅的场所规模和业务流程设置六个功能区；统一标识设置，办税服务厅内部各类标识按照要求统一规范，美观大方；统一窗口设置，整合办税窗口，设置综合服务、发票管理两类或综合服务、发票管理、申报纳税三类窗口，推行"一窗多能""一窗通办"；统一服务设施，配置办税用品，设置咨询台、公告栏和电子触摸屏，供纳税人查询办税流程和税收政策等事项，设立意见箱、留言簿和投诉举报电话，接受社会监督。2014年4月21日，举办办税服务大厅业务技能比赛，纳税服务中心和各县（市、区）国税局办税大厅专票管理、综合服务、申报征收、税务登记等相关岗位人员参加。

【市区办税大厅】 中心城区办税服务大厅以"制度简明、程序简单、操作简便、风险可控"为方向，以"小窗口、大服务"为整合目标，梳理纳税人依申请的涉税事项。实现四个"一律"，即所有依法申请的涉税事项一律到大厅统一受理；受理纳税人涉税事项一律按省局业务规程要求报送资料；统一受理的纸质资料由税务机关内部流转，一律不得让纳税人拿着纸质资料在各部门传递审批；所有涉税事项一律按照承诺时限的要求限时办结。全年中心城区办税服务大厅出口退税业务窗口共受理业务165947件，同比增长38%。同时，漳州市行政服务中心税务登记窗口，全年共办理税务登记相关事项7425件；车辆购置税窗口，共办理涉税车辆39939辆，征收车辆购置税4.469亿元。

【纳税信用协查】 推进全市税收信用体系建设，根据省国税局相关处室和地方政府有关部门的协查要求，组织对协查企业的纳税情况进行核查，并按要求向有关部门回复，为企业办理有关认定、认证工作提供方便，提高企业的自觉纳税意识和税法遵从度。

【"便民办税春风行动"】 响应纳税人的服务需求，通过听取汇报、现场查看、调阅审批记录和征管档案、现场测评等方法，对各县（市、区）国税局办税服务厅的各项纳税服务制度执行情况、窗口作风纪律进行检查，对出现的问题进行通报。优化办税环境方面，办税大厅增加无线发射（Wi-Fi）设备，支持纳税人移动设备在线访问；办公设备方面，集中采购计算机、扫描仪、一体机、计算机存储设备、办公耗材等，确保服务到位；简化办税流程方面，到国税窗口办理税务登记，原来应提供的产权证明、租赁合同等，简化为提供《住所或经营场所使用证明》（复印件）即可及时办结。创新服务举措，漳州国税"税企通"QQ群已有5000多位纳税人加入，解答咨询逾1万条；漳州国税官方微信平台已有超过2200名用户关注，全年累计发布涉税通知、消息900条，回复纳税人留言超过1200条，纳税人使用官方微信增加的关键词查询功能的频率不断提高；2014年6月中旬，自主开发的“漳州国税涉税业务容缺备忘服务管理系统”在全市国税系统正式推行，对纳税人在办理发票领用、纳税证明、防伪税控、出口退税、专票管理、网上办税、纳税申报等涉税业务时的21种表证单书实行缺件备忘服务；3月，对“免填单”服务管理系统作进一步优化升级，在原基础上增加40种“营改增”等涉税业务表格，取消12种税务总局公告失效的涉税业务对应表格，修改4种在使用的涉税业务对应表格，升级后的“免填单”服务系统共涉及税务登记管理、认定管理、发票管理、税收优惠管理、证明管理、申报征收等6大类133项涉税事项，最大限度地覆盖了纳税人在办税服务厅所需办理的各项业务，“免填单”服务范围进一步扩大；对纳税服务行为进行“痕迹化管理”，建立各类台账40本，使每项承诺服务“有迹可循”。

【纳税权益保护】 推进纳税人维权服务工作机制建设，先后制订《维权值班制度》《纳税人维权服务工作监督评议办法》《纳税人维权工作规程》《纳税人投诉意见建议反馈办法》，并通过税前公告提醒，保障纳税人知情权；通过税中辅导，提高办税效率；通过税后回访，对侵权行为进行救济，增加纳税人维权服务的广度和深度；在门户网站专门开辟纳税人权益保护模块，为纳税人网上维权提供方便，进一步降低纳税人维权成本。设立纳税服务回访室，配备纳税服务回访员，负责全市纳税服务质量回访工作；自“任务管理与服务回访系统”在全市系统推广以来，纳税服务回访室回访纳税人满意度达到99.3%。2014年5月，启动2014年纳税人满意度问卷调查工作，全市国税系统累计发放调查问卷3000份，纳税人基本满意率达100%。

【税信通】 2014年4月30日，自主开发的“税信通”纳税服务手机应用正式上线，福建省国税局总会计师陈慕斌、漳州市人大常委会副主任吴景辉、漳州市政府副市长黄浦江、漳州市政协副主席柳建聪等领导，《经济日报》《福建日报》、福建电视台等十余家媒体记者及部分纳税人代表出席上线仪式。“税信通”手机应用上线至年底，累计向纳税人推送涉税事项重要通知以及发布最新的税收政策、征收管理、涉税规定等涉税重要提示16条、办税通知公告40条、办税指南118条。“税信通”服务功能经过优化升级，由原来的10大类98个子目增加到10大类113个子目，涉及的涉税业务基本涵盖纳税人日常办理的所有涉税业务。为方便纳税人下载安装该手机软件，纳税服务中心专门制作“税信通”下载二维码海报，供纳税人自行扫描安装；纳税人通过豌豆荚、百度移动应用、360应用平台、QQ应用宝等开放平台搜索并下载安装“税信通”超过500次。

机构队伍

【领导班子建设】 重点做好领导干部调整交流，配齐配强领导班子，2014年共调整交流县（市、区）国税局“一把手”和市国税局机关科室长4人次，提升副调研员1人，提升正科级领导干部2人次，提升副科级领导干部2人次；2014年2月8日，市国税局沈家骏一行先后前往华安县国税局、诏安县国税局宣布相关人事任免决定，宣布曾文基任华安县国税局党组书记、局长，李来福任诏安县国税局党组书记、局长；7月18日，市国税局召开干部大会，省国税局副局长陈慕斌一行受省国税局党组委托，宣布叶剑华任漳州市国税局党组成员、总会计师；9月19日，市国税局召开干部大会，省国税局副局长陈慕斌一行受省国税局党组委托，宣布苏守国任漳州市国税局党组成员（挂职锻炼一年），长泰县国税局党组书记、局长（任职一年）。组织召开市国税局及各县级局领导班子民主生活会，开展领导班子年度考核工作，2月21日，市国税局召开领导班子和领导干部考核大会，沈家骏代表市国税局党组作2013年度工作报告和个人履职报告。

【巡视工作】 按照福建省国税局部署，重新启动对县（市、区）国税局的巡视工作；协助省国税局巡视组完成对漳州开发区国税局的巡视工作；根据《国家税务局系统巡视监督检查指南》和《国家税务局系统巡视工作规定》的要求，组织对龙文区国税局、平和县国税局两个单位进行巡视，按照巡视预告、巡视动员、组织座谈、民主测评等三个阶段29项流程，采取调阅资料、个别谈话、测评分析等方式进行，发现执行民主集中制等方面问题40条，其中中心组学习组织不规范、党组议事规则落实不好、公务接待制度落实不严格等问题对全市国税系统有借鉴意义。

【干部队伍建设】 组织干部轮岗交流，干部队伍建设梯次搭配更加合理，全年共提任主任科员 1人、副主任科员27人，全市国税系统跨县域调动交流干部28人、跨地市（省）调出3人、跨地市（省）调入4人，新招录公务员 23人，新招录军转干部1人，办理退休人员15人，并全部办理完相关报到、转档等手续。落实规范津贴补贴改革，做好政策宣传解释工作，年前已按规定执行到位。做好档案管理等基础性工作，先后组织了人事信息系统的清理检查，核实对照干部人事信息基础数据，并对省管干部的个人档案信息进行重新梳理，做好立卷工作。做好公务员岗位责任制考核、年度考核等工作。

【党的群众路线教育实践活动】 2014年2月26日，下发《漳州市国家税务局深入开展党的群众路线教育实践活动的实施方案》，成立党的群众路线教育实践活动（以下简称教育实践活动）领导小组，负责加强教育实践活动工作研究和系统设计，以及上下协调、沟通等具体工作，全市国税系统两级16个党组、58个党支部、886名党员参与；2月27日，全市国税系统第二批党的群众路线教育实践活动动员大会召开，市国税局党组书记、局长沈家骏作动员报告，省国税局督导组组长张儒生强调活动要求；3月4日，沈家骏到旗滨集团调研，征求意见建议；3月5日，沈家骏、陈汉堤一行到漳浦县国税局指导教育实践活动，先后走访古雷开发区管委会、古雷重大石化项目腾龙芳烃；3月11日，市国税局沈家骏、陈汉堤一行到云霄县开展税收工作调研，召开出口退税企业座谈会，并与云霄县县长王金狮、副县长方蔚煌沟通；3月13日，举办群众路线教育实践活动专题党，沈家骏以《中国梦及实现的路径》为题，为市国税局机关及直属单位全体干部职工授课；3月17日，市国税局副局长傅雄一行到东山县国税局指导教育实践活动，与基层税务人员座谈，并先后走访东山县人大、县经贸局；3月21日，市国税局总经济师林镇权一行到南靖县国税局指导教育实践活动，召开基层税务人员座谈会及纳税人座谈会，走访南靖万利达集团，并与南靖县县委常委、常务副县长曾民座谈；3月24日，市国税局副局长林绍君一行到平和县国税局指导教育实践活动，召开基层税务人员座谈会及纳税人座谈会，走访宝峰罐头食品公司，并与平和县政府、检察院、工商联等单位领导座谈；3月25日，召开全市国税系统教育实践活动第一阶段工作推进会；3月24日，陈汉堤一行到云霄县国税局指导教育实践活动，先后与国税干部、纳税人代表以及云霄县政府副县长方蔚煌座谈，并走访农村信用社和东林电子有限公司；4月2日，在东山县谷文昌纪念馆举办教育集中学习活动，推进第二批党的群众路线教育实践活动开展；4月

3日，省国税局督导组张儒生一行到长泰县国税局检查指导教育实践活动；4月17日，沈家骏一行到漳浦县国税局开展PX石化项目专题调研；4月22日，办公室群众路线教育实践活动知识竞赛，来自市局机关党委所属支部的7支代表队经必答题、共答题、抢答题和风险题四轮竞赛环节，根据总成绩得出最终比赛名次；4月24日，市国税局班子领导、督导组组长、机关各科（室）负责人、各县（市、区）国税局及各直属单位负责人一起到龙岩市才溪乡、古田会议等红色革命教育基地参观学习；5月26日，福建东南电视台在福建卫视新闻“深入开展党的群众路线教育实践活动　边查边改　立行立改”栏目中，以《漳州市国税局“税信通”实现指尖办税》为题，对市国税局践行群众路线、自主研发并推广“税信通”纳税服务手机应用、为纳税人提供便捷优质服务的典型经验做法进行宣传推荐；6月17日，沈家骏一行到漳浦县国税局调研实践活动；6月20日，市国税局和市检察院联合举办“为民务实清廉”演讲比赛，展示新时期国税队伍、检察队伍风采，推动党的群众路线教育实践活动深入开展；6月26日，市国税局党组召开专题民主生活会，陈慕斌和督导组全体成员到会指导；10月11日，市国税局班子成员、副调研员、机关科室负责人及主任科员，直属单位负责人一起听取沈家骏关于市局党组专题民主生活会情况通报、省国税局督导组张儒生到会点评，通报会还对市国税局党组专题民主生活会情况进行评议，好评率为99.9%；10月23日，召开全市国税系统群众路线教育实践活动总结大会，教育实践活动期间共下发各类指导性文件85份，编发活动简报58期，收集上报各类总结、调研文章、数据材料1136份，组织基层检查调研91次，举办集中学习、外出学习等活动15次，组织各类座谈会127场，发放征求意见表2319多份，收集各类意见737条，服务税户、服务基层、规范机关管理三大类12个方面的整改基本到位，各专项任务和制度建设工作基本完成；11月，在全市国税系统开展作风建设“巩固深化拓展”主题活动，对教育活动的成果进行深化拓展。

【思想政治教育】 下发《漳州市国税系统2014年度思想政治工作实施意见》和《关于在全市国税系统思想政治工作中加强干部心理健康咨询和疏导工作的通知》，组织干部职工学习党的创新理论和一系列方针政策，突出抓好道德教育、勤政教育、廉政教育；关注干部职工心理健康，尤其针对征管改革和规范津补贴后干部的思想实际，开展针对性教育引导，做好一人一事思想工作，引导干部职工树立正确的人生观、价值观、政绩观，安心做好本职工作，干部思想总体比较稳定。重新组建了系统干部职工重大灾困补助工作领导小组和办事机构，全年共有10人次得到困难补助，补助金额15.5万元。围绕国税文化建设主题，健全职工文化组织，先后成立游泳、自行车等群众性组织，开展丰富多彩的文体活动，结合春节、重阳、中秋等传统节日举办羽毛球、气排球等形式多样的活动6次，配合省国税局做好第15届省运动会国税系统代表队筹备、后勤、保障等各项工作。

【精神文明创建】 做好思想道德建设，健全和规范以税收志愿服务为主要内容的志愿服务体系，重点做好全省系统行业优质服务指数测评工作，2014年2月26日，漳州市国税局第一党支部部分党员前往漳州城市职业技术学院慰问贫困大学生，为他们送去由支部全体党员筹集的助学金4500元；强化办税服务厅窗口建设，全面提升国税部门文明创建水平。做好文明行业、文明单位、青年文明号、巾帼文明岗以及先进集体、先进工作者和道德模范等文明创建推荐和评选工作，重点做好第七届文明行业创建活动总评年迎评的资料收集整理工作，梳理2012年以来关于文明创建的各类文字、影像、图片等资料，整理归档，综合反映3年来漳州国税系统文明创建成绩；9月，省文明行业创建检查组分别对市国税局纳税服务中心、长泰县国税局、龙海市国税局、平和县国税局、华安县国税局等窗口单位文明行业创建工作进行验收评比，得到较高评价。开展“优秀公务员”评选活动，发挥先进模范人物的表率作用和标杆作用，共有1人次被省国税局树为“为民 务实 清廉”先进典型、5人次被省国税局记三等功一次、12人次被省国税局授予嘉奖、45人次被市国税局记三等功一次、181人次获得市国税局嘉奖。

【党风廉政建设】 落实党风廉政建设责任制主体责任，主要负责同志履行领导责任、执行责任和推动责任，其他领导班子成员按照“一岗双责”对职责内的党风廉政建设承担起领导责任；落实党风廉政责任制，健全责任体系，层层签订党风廉政建设责任书，形成“一级抓一级、一级对一级负责”的责任机制。

【落实中央八项规定】 落实中央八项规定精神，制定实施监督办法，开展以“三清三察三审”专项整治和机关作风整顿巡查；执行党政机关厉行节约反对浪费条例，修订经费、接待、会议、基建、资产管理等制度，2014年全市国税系统公务接待费用同比下降39.09%，公务用运行费用同比下降20.1%；开展中央八项规定精神落实情况等专项监督检查，履行作风建设的监督责任，督促逐条逐项地做好自查自纠工作。

【内控机制】 推进内控信息化建设，把内控机制的要求具体到每项业务、每项流程、每个岗位，形成上下联动、共同参与的工作格局；完善和增强系统的风险防控功能，把内控机制建设和执行情况作为年度监督检查、执法监察的重要内容，纳入绩效管理，按月通报运行进度，发现和纠正责任不落实、防控不得力、预防不到位等问题，全年共推送风险事件5651件，事前预警、事中监控和事后核查三项核查率均达100%，纪检处理43件，风险事项指标条数逐月减少，不规范的执法行为得以纠正。

▲漳州市国税局开展税检廉政演讲比赛。图为选手合影。

【廉政教育】 2014年2月10日，漳州市国税局局长沈家骏带领领导班子成员及相关部门负责人走访漳州市法院和漳州市检察院，共同商讨落实省法院与省国税局联合下发的建立行政审判与行政执法良性互动机制的会议纪要精神；春节前与漳州市检察院联合制作以“廉政清风”为主题的电子台历和电脑桌面壁纸，两部门还联合组织到南安检察院警示教育基地参观，邀请检察院专家开展预防职务犯罪讲座11场次，联合举办“为民　务实　清廉”演讲比赛等“廉政教育月”活动；利用省国税局廉政文化教育平台的学习考试功能，组织进行《监督管理办法》及实施细则和财务管理相关规定在线测试组织参加《廉政大讲坛》视频培训，提高干部廉洁从政、依法行政的意识和能力；巩固廉政文化建设成果，将二楼和茶艺室开辟为廉政走廊，并设置廉政宣传液晶广告机，不定时播放各种警示宣传片，做到以廉政文化建设为载体，教育活动更加务实、更有深度。

【两权监督】 加强“两权”监督制约，以人财物管理为重点，落实《税务系统领导班子和领导干部监督管理办法》及其实施细则，按月组织交叉检查；人事管理、财务管理方面，开展干部选拔任用、大宗物品采购、计算机耗材采购、旧楼固定资产清理、办公楼修缮、基建招投标的监督15次，匡正选人用人风气，加强对行政管理权运行的监督制约；执行领导干部廉洁自律各项规定，督促领导干部遵守中央近期颁布的《党员领导干部廉洁从政若干准则》及其他规定，2014年1月组织15个单位及73名班子成员召开民主生活会，自查自纠57个问题，同时进行了述职述廉考核测评、评定等次。

【查办案件】 落实党风廉政分析会制度，定期召开党风廉政建设情况暨队伍状况分析会，发挥党风廉政分析会议预警、引导、防范、纠正的功能和作用；落实《信访条例》，对信访件进行排查、梳理、分析寻找线索来源，通过开展明察暗访、了解掌握相关信息，把苗头性问题处置查办在未然状态。全年共收到群众信访举报件9件次（已扣除重复件），较2013年增加1件；初核8件，失实7件，行政撤职1人，通报批评2人，无重大违法违纪案件发生。

【效能建设】 按照“福建省国税系统民主评议政风行风工作实施办法”的具体工作要求，做到组织工作“三到位”、选题评议“三结合”、查找问题“三着重”、落实整改“三体现”、成果应用“三对”。2014年1月7日，漳州市政府纠风办公布2013年度漳州市市直单位民主评议政风行风考评结果，市国税局以总分92.6分的成绩，名列行政执法监督序列第三名；在全市国税系统16个县级国税局中，漳州台商投资区国税局、芗城区国税局、龙文区国税局、华安县国税局、南靖县国税局、长泰县国税局、平和县国税局等7个单位获第一名；12月31日，漳州市政府纠风办正式公布2014年度市直单位民主评议政风行风考评结果，市国税局以88.4分位居行政执法监督系列综合评定第2名，连续第14年保持前三名或免评单位。发挥社会监督的作用，共聘请行评代表123名，通过召开座谈会和组织开展明察暗访，收集意见建议，开展满意度测评，并对收集到的意见建议及时制定整改计划，落实责任单位和责任人员。

【机关党建】 做好发展党员工作，对入党积极分子、发展对象、预备党员进行培养教育和考察，落实发展党员民主测评制、公示制、票决制和责任追究制，市国税局机关共研究批准党员发展对象3人，考察选送到市委党培训入党积极分子5人。开展民主评议党员工作，市国税局机关党委要求以党支部为单位，对照《党章》规定的党员标准，对党员一年来的学习、生活、工作和作风等方面进行述职、评议。做好党支部规范化建设，完善党支部规范化建设办法，落实“五有八健全”目标要求，建立党费数据库，做好党费收缴和党内年度统计工作，维护党员信息管理系统。推进“1263”党建机制建设，抓一岗双责、促进履职、思想作风、党内监督、文明和谐和基层组织等六个重点，坚持“三级联创”，以“便民办税春风行动”为主题的党建创新机制，以总分 96.58分的成绩，在市直工委组织竞赛评比活动中跨入优秀项目行列。开展挂钩帮扶活动，结合学雷锋志愿服务活动，发动党员干部踊跃捐款支持贫困大学生，共向三名延安社区的在校大学生捐助9000元、向延安社区创建文明城市活动捐助活动经费1万元，为帮扶挂钩社区贫困学生、群众解决一些学习和生活上的实际困难；落实“富美乡村”建设挂钩村漳浦县佛昙镇后许村亮化工程项目建设资金10万元，并做好与诏安县梅洲中心小学共建工作，为该校新建梯形教室添置桌椅及教学设备、捐献图书等学生读物4000元；组织青年志愿者，配合社区开展文明城市专项整治，参与维护交通安全、文明劝导活动；做好关爱未成年人工作，帮助华港社区建立“少年之家”多媒体教室，并协助做好“青少年网络课堂”日常维护工作。

【老干部工作】 将老干工作纳入年度工作计划，落实各项老干部工作和政策待遇，每月召开一次老干部座谈会，通过学习新党章、按期交纳党费和召开支委民主生活会、民主评议党员，一年两次召开机关老干部座谈会，提高老干部党员意识；按惯例规定给予报销报刊费，支持、协助老干部在社会主义物质文明、精神文明和政治文明建设中继续发挥作用；春节、国庆、中秋节、重阳节对老干部进行慰问，每年对老干部进行全面体检，为生活困难的老干部、老党员、遗属困难户争取困难补助，做到老干部患病及时组织人员到医院看望，老干部逝世及时派人慰问家属，老干部家中有困难及时帮助解决；组织老同志开展一些力所能及的文体活动，如象棋、跳棋、飞镖等比赛；鼓励老同志参加老人大学的学习，使其依个人兴趣分别选择摄影、绘画、舞蹈、保健、烹调等专业就读，并按规定报销学费。

【教育培训】 抓好业务骨干培训，先后举办纳税服务、出口退税、反避税、稽查等业务培训班；做好领导干部的更新知识培训，举办高级业务研讨学习班；选派人员参加国家税务总局举办的国税系统领导干部任职培训班、领导干部党校进修班、中青年干部培训班和县市局长进修班；与漳州市监察局合作，先后举办10期分局长长培训班；聘请高校专职教师讲授心理健康讲座，提升人员素质；鼓励干部职工考取税务师、会计师、律师“三师”资格，共有3人通过考试；鼓励参加学历教育培训，共有4人获得研究生学历；完成《税务系统干部培训管理软件》的推广应用工作，促进培训工作的规范化管理。3月1日，组织20名基层分局长参加漳州市纪委在谷文昌廉政文化教育中心举办的第八期纪检监察干部培训班；3月5日，市国税局局长沈家骏应漳州市纪委邀请，为谷文昌廉政文化教育第八期纪检监察干部培训班授课；4月1日，沈家骏应邀为中共漳州市委党校第25期副县（处）级干部进修班和第27期市直正科级干部进修班学员，以及市委党校教职员工授课；4月10日，沈家骏应漳州市纪委邀请，为谷文昌廉政文化教育第九期纪检监察干部培训班授课。

行政后勤

【领导关怀】 2014年1月1日，漳州市委书记陈家东给市国税局发来新年贺信，感谢全市国税干部职工2013年的努力工作，希望再接再厉。1月15日，省国税局总会计师陈慕斌一行走访慰问华安基层税务分局、生活困难的税务员工和退休老干部，为他们送上新春的祝福和组织的关怀。1月16日，国家税务总局副局长张志勇、人事司副司长梁云才、大企业司副司长刘磊、科研所副所长靳东升，省国税局局长臧耀民、省地税局副局长施维雄，漳州市政府副市长林明良和王毅群一行，看望慰问市国税局中心城区办税服务厅和平和县国税局办税服务厅的窗口办税人员以及困难税务干部职工、离退休人员和干部遗属。1月18日，市委书记陈家东、市长檀云坤分别对国税工作作出批示，肯定2013年漳州国税工作，对2014年漳州国税工作提出要求。3月26—27日，陈慕斌一行到漳州市国税局指导第二批教育实践活动，主持召开漳州市重点企业座谈会，并到华安县国税局听取群众路线教育实践活动开展情况汇报，走访当地党委、政府、人大、政协等主要领导，听取地方党政领导对国税部门开展教育实践活动的意见建议。4月11日，国家税务总局离退休干部司处长孙景到漳州专题调研国税离退休干部工作。5月14日，省国税局巡视员连开光一行到漳州台商投资区省定重点企业福建福欣特殊钢有限公司调研，肯定漳州市国税局优化纳税服务。5月28日，漳州市政府市长檀云坤分别在市国税局报送的《关于艾默生出口退税情况的汇报》和《关于福建省丰盛食品有限公司退税问题有关情况的报告》上批示，肯定了国税部门“便民办税春风行动”成果。7月10日，省国税局副局长邱大南到华安县国税局检查指导办公用房清理工作和纳税服务厅建设，并指导领导班子民主生活会。7月29—31日，省国税局纪检组长曾光辉、监察室主任李晖、国际税务管理处处长吴桀云一行，在市国税局局长沈家骏、纪检组长王跃进的陪同下，先后到华安县国税局、诏安县国税局、云霄县国税局、漳浦县国税局、漳州台商投资区国税局等单位检查党风廉政建设工作落实情况，与办税服务厅工作人员座谈如何提高工作质效，树立良好政风行风形象。8月5日上午，市人大常委会副主任吴景辉率财经委一行4人到市国税局调研，听取上半年主要税收工作情况汇报，市局班子成员及办公室、收入核算科负责人参加。10月22日，陈慕斌一行在沈家骏的陪同下，先后到龙海市国税局、长泰县国税局调研。11月12日下午，副市长张翼腾带领市政府副秘书长朱东风以及市政府办、财政局等有关部门领导到市国税局调研。12月22—24日，省国税局局长臧耀民、副局长陈慕斌一行到漳州市调研，与市委书记陈家东、市长檀云坤就税收工作进行沟通交流，并在副市长张翼腾、市政府副秘书长朱东风、市国税局局长沈家骏等人的陪同下，先后走访了长泰县国税局、南靖县国税局和平和县国税局。12月31日下午，市政府张翼腾副市长、副秘书长朱东风及市财政局、人民银行、银监局等部门负责人到市国税局慰问，感谢国税部门一年来的努力，并祝福新一年国税事业再创辉煌。

【资产管理】 开展办公用房清理腾退，共有办公房产88宗，其中67宗已经办理产权手续，21宗尚未办理；全部房产占地面积为116181.71平方米、建筑面积为150085.68平方米，其中单位自用105324.59平方米、出租出借33586.86平方米、闲置8528.91平方米；经对照检查，全市国税系统超标准使用办公用房面积4666.86平方米，其中领导干部超标准使用2410.66平方米，目前已腾退整改到位。开展基本建设管理情况检查，共有3个基建项目停止建设，分别是东山县国税局铜陵分局综合业务用房、华安国税局沙建税务所综合业务用房、云霄县国家税务局常山开发区税务分局综合业务用房；已立项未开工项目一个，漳州开发区国税局综合业务办公用房部分楼层装修，计划投资48万元，全部中财拨款，资金已到；在建项目一个，漳州台商投资区国税局综合业务办公用房附属工程改建，计划投资280万元，全部中财拨款，资金已到。开展培训中心等相关机构清理，组织对市国税局机关本部、云霄县国税局、东山县国税局、长泰县国税局和华安县国税局五个单位内部招待所开展全面清理检查，所有招待所仅限系统内部人员使用，不对外营业。

【税收调研】 围绕税收工作重点开展调查研究，服务领导决策。向漳州市委、市政府领导报送《国税收入动态》12期；2014年2月18日，福建省税务学会通报2013年度税收科研优秀论文评选结果，市国税局副局长林绍君撰写的《“营改增”后交通运输业的税收执法风险识别》获二等奖、杨柳的《第三方信息在税收征管中的实际应用与国外借鉴》和陈文裕的《大部制背景下的税务机构改革》获三等奖；5月28日，市国税局报送的《关于福建省丰盛食品有限公司退税问题有关情况的报告》，得到漳州市政府檀云坤市长批示：“市国税局工作认真、服务意识强。请漳浦县政府协调落实市国税局的建议意见。”6月下旬，中国税制改革与发展编辑部下发论文入选通知书，市国税局选送的《以教育实践活动推进“营改增”改革》《“营改增”后交通运输业的税收风险识别》《第三方信息在税收征管中的实际应用与国外借鉴》和《大部制背景下的税务机构改革》等4篇税收调研文章经过《税制改革研究》丛书编委会认真审核、编辑、评选，均已入选《2014年中国税官论税制改革》，并被推荐到专家评审委员会参加评奖；12月，省国税局2014年税收科研论文评比结果公布，市国税局报送的论文《关于现代化税收征管体系建设的研究》和《完善税收执法风险管理的国际借鉴》分别获得一等奖和三等奖。

【税收宣传】 紧扣“便民办税春风行动”宣传主题，全年在省级以上媒体刊载宣传报道148篇，其中：《中国税务报》14篇、《国际税收》1篇、《福建日报》10篇、《海西税务》67篇，《闽南日报》和漳州电视台40篇。加强亮点工作的宣传报道，做好纳税服务手机应用“税信通”宣传，《经济日报》《中国税务报》《福建日报》、福建省人民政府网等各类新闻媒体进行报道，福建卫视新闻和福建新闻联播先后在“深入开展党的群众路线教育实践活动”栏目中进行宣传推介；做好艾默生出口退税典型宣传，《中国税务报》《福建日报》等媒体进行报道；做好“便民办税春风行动”、县级纳税服务规范等主题宣传，2014年9月16日国家税务总局网站刊载《福建省漳州市国税局全力推进“便民办税春风行动”》。加强日常税收宣传报道，与市地税局、闽南日报社联合在《闽南日报》开设“便民办税春风行动”专栏，报道税务部门开展群众路线教育实践活动和以“便民办税春风行动”为主题的宣传动态；7月2日市国税局沈家骏局长带领相关业务科室骨干，走进漳州人民广播电台政风行风热线直播间，与听众进行热线交流，就当前纳税人广泛关心的税收政策咨询逐一进行答复；从11月开始起又开设“纳税服务规范风景线”专栏，报道落实县级纳税服务规范情况；做好《海西税务》“走进漳州”专期稿件采编工作和各时期各种税收新政策的报道工作。开展税收宣传月活动，4月1日，召开《税收服务与遵从协议》签订暨税企恳谈会，拉开第23个税收宣传月活动序幕；建设“流动税校”，依托中共漳州市委党校、市纪委谷文昌廉政文化教育培训中心等平台，并继续加强漳州一中税收教育基地的建设。

【政务信息】 全年共编发信息2231条，被福建省领导批示1条，福建省委、省政府采用11条，省国税局采用154条，被市政府领导批示2条。其中，沈家骏局长参与调研的专题信息“福建省国税局关于‘营改增’试点中存在相关问题和建议”被国务院办公厅信息刊物采用、呈报国务院领导参阅；市国税局报送的《化阻力为动力，变两难为双赢——漳州国税部门便民办税春风行动赢得企业盛赞》信息专报，得到省国税局和漳州市委市政府领导的批示，4月24日省国税局臧耀民局长批示：“做得很好，应加大宣传力度。”5月28日漳州市政府檀云坤市长批示：“很好，‘便民办税春风行动’吹拂出优质高效、热情文明的纳税服务新风。”5月3日漳州市委常委、秘书长洪仕建批示：“服务企业的典范。很好！”8月14日，漳州市政府檀云坤市长在《市国税局从六个方面为龙头企业和重点项目提供个性化服务》上作出批示：“市国税局为企业发展和项目建设提供优质服务，积极主动作为，取得明显成效。向市国税系统的同志们表示感谢！”

【平安建设】 做好全市国税系统安全保卫工作，加强日常安全值班管理和重大节假日排查检查，组织应对第7号热带风暴；加强舆情应对和突发事件管理，印发《漳州市国家税务局突发事件总体应急预案（试行）》。加强信访保密安全工作，协助省国税局及时处理一起东山县系统外人员到国家税务总局信访，得到省国税局肯定；做好12345政务服务热线办理和市国税局纳税服务平台局长信箱管理工作，共处理局长信箱来信8份，来信来访8份；做好保密工作，完成2013年度保密工作数据统计和上报工作。1月，漳州市社会管理综合治理委员会公布2013年度市直机关“平安单位”名单，市国税局榜上有名。

【门户网站】 全年通过漳州市国税局门户网站主动公开政府信息4297条，网站的访问量达到35.73万人次，日均点击数1028人次，在全省国税系统名列第一。抓好数字漳州涉及国税栏目维护工作，通过漳州市政府政务网站有关栏目，更新信息301条。参与省国税局综合门户网站主站办税公开栏目维护，被国家税务总局门户网站采用1篇，被省国税局门户网站采用55条。做好门户网站管理、完善工作，2014年10月，在市国税门户网站开设重大税收违法案件信息公布栏目，按季对违法案件进行曝光。加强网络舆情管理，按照省国税局要求，7月11—15日，组织开展系统新媒体清理工作；10月16—25日，开展税务人员开设网络贴吧论坛管理的摸底工作。

【文档管理】 做好综合协调，加强公文管理工作，全年共办理收文1582份，办理发文279份；办理漳州市委市政府征求意见稿106份，做好政务网文件传输系统等接受、承办工作。加强督查督办工作，组织修订《漳州市国家税务局工作规则》，在市国税局机关主页开设“机关办公枢纽”，按月在“总结与计划”专栏督促机关各科室公开月份工作小结和工作计划；在“督查督办”专栏对局务会议定事项进行督办，全年共督办7期；按照省国税局统一部署，做好视频会议室规范的督办工作。组织《福建国税年鉴》编撰人员培训，4月30日前完成2007—2011卷年鉴的编撰及报送工作，7月底前完成2013卷年鉴的稿件编撰及报送工作。做好党组会议、局务会、专题会议等的记录、纪要、目标管理考核等工作。

【绩效管理】 福建省国税局公布2013年度全省国税系统综合目标管理考核结果，漳州市国税局连续第三年被评为综合目标管理考核工作优秀单位，长泰县国税局、云霄县国税局也被评为优秀单位。2014年6月20日，市国税局印发2014年度绩效管理考核方案和考核指标，考核办法从11月1日起正式实施，使用绩效管理信息系统承接省国税局指标和考核县局指标相关工作；在机关主页开设绩效管理专栏，包括“绩效动态”“布置与反馈”“情况通报”“相关文件”和“问题解答”等5个栏目，编发12期市局绩效动态，反映全市绩效工作进展情况；建立绩效管理工作联络员微信群，加强绩效管理工作人员联络沟通；组织编印《2014年度绩效管理考核方案和考核指标》，做到人手一册；按照承接省国税局和考核县局两套指标建立工作台账，每套指标台账分别包括指标完成进度汇总表、自评表或通报表、三级指标明细台账等，做好日常记录、资料归集和考评资料报送工作；撰写并向省国税局报送绩效管理调研报告，总结分析全市国税系统绩效管理现状及存在问题并提出对策，为下阶段的绩效管理工作开展提供借鉴；参加省国税局绩效管理创新项目评选，市国税局“税信通”纳税服务手机应用获得第四名。

【关心基层】 2014年1月21—24日，漳州市国税局党组成员分别到各基层单位开展新春慰问活动，为一线税工和离退休老干部送去新春的祝福和组织的关怀。1月22日，市国税局召开新春老干部座谈会，局长沈家骏、副局长傅雄与离退休老干部聚集一堂，话别2013年报平安，喜迎2014年送祝福，共谋漳州国税事业发展。1月22日，沈家骏、傅雄、人教科科长钱国辉、老干部科科长林莉娜一行看望慰问老干部遗属，送去新春祝福。2月7日上午，沈家骏率党组成员看望市国税局机关科室、稽查局、大企业局和纳税服务中心的全体税工，走访市行政服务中心，送上新春祝福。2月10日，沈家骏一行到常山开发区调研，了解企业生产经营情况，并关心慰问基层国税干部。6月18日上午，沈家骏一行到龙海市程溪镇粗坑村（挂钩村）调研走访，看望市国税局驻村干部。

（供稿：陈文裕）

泉州市国家税务局

税收概况

【税收总体收入】 2014年全市共组织收入407.1亿元，完成年度计划的101.8%，增收39.4亿元，同比增长10.7%，泉州市国税局收入首次跨越400亿元关口，实现了高基数的再增长。

【收入质量管理】 落实组织收入原则，树立收入质量意识，从收入计划管理、行业税负监控、数据信息监控、税款入库管理、收入预测管理和欠税管理等方面，狠抓收入质量，同时加强减免税管理和欠税管理，利用外贸函调回函、发票供应、办理出口退税、财政局资金补助奖励等机会及时清欠。全年共清理欠税5.56亿元，其中清理新欠税3.85亿元、陈欠税1.71亿元。

【各征收单位税收收入】 全市13个征收单位组织收入进度不均衡，仅有8个征收单位实现正增长，另有5个征收单位税收出现负增长。税收总量最大的晋江市国税局入库104.9亿元，增幅为1.6%，总量第二位的泉港区国税局入库74.3亿元，增幅为6.1%，总量第三位的惠安县国税局入库53.9亿元，增幅为172.8%。从完成收入计划进度的情况来看，全市有5个征收单位完成年初收入计划序时进度。

【分税种收入特点】 增值税受直接收入和免抵调库收入同时下降的影响，入库200.7亿元，减收11.1亿元，下降5.2%，增收贡献率为-37.7%。其中增值税直接收入入库122.5亿元，减收4.0亿元，下降3.2%。增值税免抵调库入库18.5亿元，减收1.9亿元，同比下降9.4%。增值税排名前五的制造业均出现负增长，严重拖累增值税增幅。其中纺织服装和建材两大重点行业的增值税占制造业增值税的五成以上，均出现较大的降幅，增长率分别为-5.3%和-13.5%。企业所得税入库96.7亿元，增收12亿元，同比增长14.2%，增收贡献率为30.5%，企业所得税在全市国税收入中占比23.8%，同比提升0.8个百分点。消费税入库91.3亿元，增收37.7亿元，同比增长70.4%，增收贡献率为95.7%，占全市国税税收收入的22.4%。车购税入库18.4亿元，增收0.7亿元，同比增长3.9%，增收贡献率为2%。

【重点税源税收收入】 83户上市企业入库税款下降5%；142户拟上市企业入库税款下降

21%；348户入库超千万企业扣除联合石化税款下降2.7%，各种口径认定的大型企业同比税收增幅均低于全市整体税收增幅。一般纳税人税收收入占企业类税收收入九成以上，2014年一般纳税人户数达到30796户，扣除入库超千万元的大型企业，中小企业入库税收同比增长8.9%（不含中化），高于全市（扣除两化）增幅7.6个百分点。

征收管理

【税源监控】 制定施行《泉州市国家税务局税源监控管理办法（试行）》。构建“以信息采集为基础，以分析监控为首要，以风险应对为核心，以评价执行为保障”的税源监控管理体系，形成市国税局按季综合分析、县国税局按月分类监控、重点指标实时监控的税源监控管理制度。

【征管状况分析】 按季对全市税收征管总体状况和主要风险点进行监控分析，形成全市季度征管状况分析监控情况报告，指导基层加强日常税源监控管理工作，并筛选出多次未申报纳税人1907户、欠税纳税人仍然领购发票78户、长期零申报纳税人有购买发票或尚有发票结存3496户，形成风险预警清单，通过市国税局风控中心扎口推送基层分析应对，发现和解决征管中存在的问题和风险点。

【发票管理】 开展企业衔头发票专项检查。专项检查分两阶段进行，企业自查和市局、县局抽调人员组成检查组进行交叉检查。检查对象为全市使用企业衔头发票的纳税人。检查内容包括纳税人内部发票管理制度，发票保管、开具、缴销，是否使用网络发票管理系统开具等。共有109户自印衔头发票纳税人开展自查，对其中55户纳税人进行下户抽查，自查面达100%，抽查面达50%。做好企业衔头发票印制的登记印制通知工作，全年累计下发印制通知单104户次。做好2014年全市普通发票印制需求二次竞价工作，完成普通发票印制任务；2014年4月1日，确定安溪县、洛江区作为全省推行委托邮政部门代开普通发票试点单位。依托全省网络发票管理系统委托代开发票19830份，代开金额28431.23万元，税额826.13万元，开具的品目主要为茶叶、日用品、沙石料、搬运费、扩散加工费等。试点工作得到所在地党政部门、纳税人和社会各界的肯定，《泉州晚报》4月22日作专题报道，省国税局、泉州市政府先后以信息专期形式作了介绍。

【专业市场管理】 对小规模纳税人和个体大户征收方式改为按实征收后的申报情况，进行强化分析监控，根据分析的风险点组织开展核实和清欠查漏等工作，堵住税收漏洞，促进收入稳定增长。开展专业市场规范工作，喜盈门建材家具广场195户经营户纳入税收征管，月增税款43多万元；千亿小商品市场350户经营户于2014年6月纳入管征，月增税款20万元；万祥商城专业市场经清理逐步纳入税务正常管理。

【小规模纳税人纳税申报“月改季”试点】 2014年7月1日，在晋江推行小规模纳税人按月申报改为按季申报缴纳增值税，属全省范围首创。实行“月改季”后，晋江国税局小规模纳税人每年申报次数比原来减少12万余次，征纳双方工作量减少了百分之六七十，全年可减少催报、催缴工作量40800户次，进一步提高准期申报率、纳税申报催缴率和违章处罚率等，在实行“月改季”后，相比5—7月平均准期申报率91.3%计算，“月改季”后，8—10月的平均准期申报率为95.5%，准期申报率提高了4.2%。

【日常征管】 部署“任务管理与服务回访系统”推广工作，举办全市“任务管理与服务回访系统”师资培训，2014年7月1日，“任务管理与服务回访系统”正式上线。

【经验推广】 将惠安县国税局优化风险管理流程、南安市国税局加强清理欠税、永春县国税局应用外部信息加强税源监控强化风险管理等先进做法及经验在全市推广。

【税务登记情况】 截至2014年12月底，全市税务登记总户数132742户。从纳税人类型看：企业纳税人82300户，个体纳税人55189户（其中，未达起征点45250户）；从税种类型看：增值税纳税人130087户，其中增值税一般纳税人27318户；企业所得税纳税人57209户，其中居民企业所得税纳税人57176户，非居民企业33户；消费税纳税人976户。从纳税人状态看：正常营业户数为124409户，非正常户数为8165户，停业户数为168户。

【纳税申报与税款征收情况】 2014年，泉州市应申报2000389户次，已申报1968410户次（其中企业纳税人1388784户次，个体纳税人923901户次；增值税纳税人1641005户次，其中一般纳税人318656户次；企业所得税纳税人296451户次；消费税纳税人6743户次），全市按户申报率（已申报户数占应申报户数比例）为98.40%。

【税源监控】 制定施行《税源监控管理办法（试行）》，让所有业务科室介入到税收风险管理的全过程，统筹、整合不同范围，不同角度的具体工作，形成市国税局按季综合分析、县国税局按月分类监控、重点指标实时监控的税源监控管理制度。

【风险管理】 按照“围绕组织收入、税收征管进行风险监控”的目标要求，加强县级国税局、市国税局业务科室间的分工协作，开展风险分析，加强对各县级单位风险管理工作的指导和协调。一般性的分析识别，以日常监控为主，通过建立税收风险特征库及相关指标，增加一级、二级风险提醒的范围和内容，实施动态和巡查式的监控，及时发出预警，提高时效性，实现对风险苗头快速反应、定期核实清理；专项分析则通过半年分析、年度分析和专项分析，强化数据的综合分析和深度挖掘，针对全市较为突出或具有行业普遍性、特定征收管理事项、集团或集团性企业等较大风险问题进行重点解剖和深入分析，实施综合识别和任务管理。市局业务科室配合联动，统一整合分析需求，按照不同风险等级，扎口推送应对任务。全年组织识别和应对一级风险456户次，二级风险516户次，三级风险128户次；扎口推送省局二级风险111户次，三级风险364户次。

【纳税评估】 全市累计纳税评估入库税款6.32亿元，占同期直接税收收入的2.38%。开展2014年增值税发票专项评估任务，完成评估任务236户，移交稽查21户，非正常户及走逃户6户，补缴税款7720186.36元，进项税额转出12770791.51元。

【风险管理人才库】 加大风险管理人才队伍的选拔培养力度。根据税收风险管理工作特点，在风险管理人才库下设3个子库，包括：税收风险管理制度建设人才子库、税收风险分析识别人才子库、税收风险应对人才子库。在每个子库内将根据人才培养状况，分行业、类别设置若干个项目管理人才组。通过自愿报名、组织推荐、考察考试等方式，面向全市各级国税机关选拔60名入库人员，有162名干部报名参加了选拔工作。

【大企业管理】 对纳税人动态经营信息、涉税事项信息、第三方信息、内部控制信息进行采集、整理、分析和监控，构建纳税人动态信息实时监控体系，发现纳税人存在的税收风险，为税收风险识别提供数据支持。引入评估预案工作机制，对不同等级的税收风险实施差异化和递进式的风险管理策略，注重绩效考核，评估有效率为80%。2014年，大企业局入库评估税款2.24亿元，同比增长37.8%。

【日常税源监控】 对纳税人动态经营信息、涉税事项信息、第三方信息、内部控制信息进行采集、整理、分析和监控，构建纳税人动态信息实时监控体系，发现纳税人存在的税收风险，为税收风险识别提供数据支持。已在日常税源监控过程中识别税收风险33户次，排查风险点187个，下达二级风险应对任务20户次，涉及企业所得税后续管理、股权转让、股息红利分配和日常分析监控等风险管理主题，入库评估税款13180.28万元，加收滞纳金435.93万元。

【制度建设】 制定《日常税源监控工作指引》，涵盖税收联系员制度、日常涉税事项及动态经营信息监控等七个方面，对照福建省国税局《涉税业务工作规程》梳理可能存在的税收风险，设置税源管理风险环节与风险事项监控指标55个，细化一级风险事项32个，二级风险事项23个，对纳税人办理的涉税风险事项进行实时监控。优化纳税遵从评价制度。在原先纳税遵从度量化评价体系的基础上，对税款流失模型、企业风险管理及内控建设评价等指标进行了修正和优化，将税收风险应对的后续工作管理纳入评价体系，搭建税款流失程度、企业风险管理及内控制度建设、纳税义务履行、违法违章处理和后续管理相结合的综合评价体系，使之更科学、合理、客观地判断纳税人遵从的意愿和能力。

【个性化纳税服务】 做好涉税咨询服务，解答纳税人提出的涉税咨询和疑问，运用税企QQ群、微信、咨询电话等平台，推送最新政策和涉税热点难点解读，帮助纳税人防范税收风险。合并和统筹各类纳税评估和检查事项，切实减少下户次数。开展服务诉求调查，下发《纳税人满意度调查表》《纳税服务需求调查表》《执法人员廉政情况调查问卷》，征集意见建议，分析、查找工作短板进行整改。

各税管理

【“营改增”】 完成铁路运输业、邮政业、电信业“营改增”扩围工作。2014年新增“营改增”试点企业6412户，增长75.35%，全市户数达到14922户。开展“营改增”企业专项税收风险评估核查。下发38户次高风险企业，评估后有问题企业20户、移交稽查5户，补缴税款683.37万元。下发38户税负偏低的陆路交通运输企业，评估后有问题企业18户，合计补缴增值税税款69.83万元。建立“营改增”风险分析指标体系，加强二级风险防控。对道路运输、物流辅助行业建立起以货运发票抵扣、开票风险、税负、零纳税零申报等预警指标交叉分析比对的二级风险防控方法，将小规模纳税人代开货运专票纳入“营改增”二级风险防控指标，首批“营改增”二级风险提示共向县级国税局推送18户企业。“营改增”企业减税3.96亿元，原增值税一般纳税人新增抵扣“营改增”进项税额，减负2.93亿元。

【增值税管理】 从增值税扣税凭证抵扣、一般纳税人认定、增值税收入下降、增值税税负率下降四个方面进行系统分析，查找存在的薄弱环节，开展核查。选取农产品收购发票抵扣增长幅度较大的12家企业展开评估。落实税收优惠。其中：农产品、“菜篮子”、宣传文化等项目增值税免税1.81亿元；抵扣增值税固定资产进项税额21.06亿元；福利企业即征即退1147万元；软件企业即征即退783万元；资源综合利用减（免）税6492万元；符合条件的4家节能服务公司实施合同能源管理项目，免征增值税102.36万元；落实调高增值税起征点政策，暂免征收未达起征点小微企业增值税1837万元。2014年10月对小微企业应享受未享受增值税优惠政策疑点的10160户次进行整改，完成7390户次的申报表更正，办理退税4138户次，已退税款172.53万元；协调泉州铁路公司及动车站的增值税预缴问题。9月起泉州铁路公司改变在漳州按3%税率预缴税款的现状，改为在泉州按2%税率预缴税款，在漳州按1%税率预缴税款。

【企业所得税管理】 所得税汇算清缴应补税款12.26亿元，占累计库税款的12.68%，增收1.45亿元，同比增长13.41%；汇算清缴准期申报率为99.5%，高出福建省国税局98.5%考核标准1个百分点。持续抓好预缴管理，先后筛选推送预缴率偏低、应税所得税率下降幅度大、季度纳税申报表利润额少于财务报表利润额等疑点企业5900余户。强化分行业管理，筛选整理有疑点外来建筑施工企业110户、重点建设项目中标信息598条，开展外来建安企业所得税清理应对。加强汇总纳税企业管理，将银行金融机构作为所得税汇总纳税管理重点行业，按国家税务总局银行金融机构要求的风险点进行专项排查评估，经评估有问题企业7户，补缴入库企业所得税1亿元。落实小型微利企业税收优惠政策，全年小型微利企业优惠实际受惠面100%，减免税额5895.91万元。开展研发费用加计扣除政策走访。建立三级风险监控加第三方信息采集比对的“3+1”风险监控管理体系（即4张一级风险分析监控报表、15个后续管理二级监控指标、34个三级分析预警指标）。

【消费税管理】 涉税信息采集，从征管数据库登记库中筛选出2013年度内有2次以上有税申报且年消费税应纳税额大于10万元的纳税人，填写涉税信息采集表，共完成烟类企业1户、酒类企业11户、汽车生产企业2户、成品油生产企业6户的采集工作。

【车辆购置税管理】 开展“税收便民春风行动”，增加和延伸车购税征收网点，在汽车销售网点较多的清濛开发区、台商投资区设立车购税征收窗口，减轻城区地面汽车征收过度集中在市国税局办税大厅的压力，使纳税人就地买车，就近缴税。在所有征收窗口全面推行“一窗式”服务，使全市车辆办理征税时间由6分钟缩短到2分钟。

【出口退税管理】 市国税局退税部门管理的外贸企业每月办理退库4次；县级国税局管理的生产企业，有设立退税专门机构的，每月至少办理退库2次，没有设立退税专门机构的单位，每月至少办理退库1次，提倡视审批情况适时增加退库次数。截至2014年12月31日，已办理出口退税资格认定的企业3624户，其中：生产型企业2348 户，外贸企业1128户，零税率企业3户，小规模出口企业145 户，比上年同期增加了296 户，增长8.89%。2014年实际发生出口退（免）税业务的企业2586户，其中：生产企业1800户，外贸企业763 户。全年共办理出口退税96.15亿元，同比增长14.46%，其中，办理外贸企业出口退税62.64亿元，同比增长19.11%；生产企业出口退税33.51亿元，同比增长6.68%。加大“一对一”帮扶力度，全年为92户“一对一”帮扶企业办理出口退税20.59亿元，同比增长63.98%，占全市退税额的21.41%。加强内控管理，抽调基层国税局业务骨干30余人，开展对全市为期近两个月的交叉检查，对发现的好经验、做法进行总结推广，对存在问题加强督促、建章立制。加强岗位轮换，规避执法风险。对8名出口退税工作人员进行调整，完善内部岗责体系，加强岗位衔接。加强出口退税预警和评估、函调工作，全年共接收核实函件4646份，较上年增加1373份，增长42%；按期回函率达到97.53%，较上年提高4.23个百分点。加快出口货物退税函调遗留问题清理，对暂缓退税企业分门别类进行清理，全年已清理因发函已回函有疑点而暂缓退税业务 3980笔，办理退税16.89亿元。防范骗税，通过每季度预警分析，对出口增长异常及出口不申报退（免）税企业推送市国税局风控中心下发基层评估，下达4批144户异常企业发送各县市级开展评估，已完成评估90户，补税528.8万元，加收滞纳金35.7万元。按照《国家税务总局关于加强出口木制家具退（免）税评估核查的通知》要求，筛选94家木制品企业作为评估对象推送至各基层国税局进行评估，同时对2010年以来出口木制家具、单批次申报退税额5万元以上未发函企业全部发函调查，共补发函36份，对税总函〔2014〕389号下发后申报出口的木制家具全部发函调查。截至12月31日，已评估完成户数49户、其中有问题16户，共补税61.29万元，加收滞纳金5.31万元，调整亏损25.71万元。对出口增长异常，票流、物流及资金流异常等情况开展约谈，对关注企业、关注商品、关注口岸等关注信息实行动态管理，定期通报，提醒企业增强自我防范意识和防骗能力；将出口退税审核系统生成的出口退税业务提醒信息通知出口企业。全年因稽查、评估、有疑点被暂缓48户，暂缓退税款9733.67万元（不包括函调应退税款）。加强对省外货源、关注商品和关注企业、敏感口岸等供货企业的发函力度，全年全市外贸企业各类疑点发函1741份，涉及应退税款63969万元，因回函异常或存疑等暂扣应退税款26364万元，企业自动放弃退税122.35万元，移送市国税局稽查局查处5户。加强与公安、海关、外汇管理、稽查等部门的合作，打击骗取出口退税违法犯罪活动，全市外贸企业被市局稽查局立案查处29户，应补退税款1812.38万元，不予退税320.54万元。

【国际税收管理】 定期对非居民税源收入进行分析和监控，利用国际税收风险管理信息平台、CTAIS系统、出口退税系统、汇算清缴系统及第三方信息开展针对性分析，筛查跨境税源流失风险点，定期发布分析监控报告，指导基层国税局开展税源日常监控管理，对发现的疑点信息通过市国税局风险信息管理平台推送给县（区）国税局，由县（区）国税局根据风险等级分别开展应对。提高税收协定执行能力，以案例研讨形式向省国税局反馈税收协定中“受益所有人”判定执行中的难点，规范税收协定待遇审批工作要求，防范税收协定滥用。全年共审批办理非居民纳税人享受税收协定待遇17户次，减免非居民所得税779.1万元。做好对外支付税务备案后续管理，以文件形式明确基层办税服务厅、国际税收经办岗、纳税评估岗的职责，要求做好备案资料传递和备案后的后续审查，要求县级国税局专设评估岗负责审核及评估，动态分析跟踪，防控非居民税款流失风险。落实国家税务总局股息、红利非居民税收专题检查工作，全市外商投资企业税源应对分析3790户，实际风险核实3790户，检查面达100%，其中有问题户13户，应补缴预提所得税1298.3 万元，加收滞纳金 7.4 万元。落实国家税务总局对外支付大额费用反避税调查工作，要求各单位从内部的售付汇支付证明、对外支付备案表、关联申报表等方面入手进行排查，与市外汇管理局联系，获取2008年以来企业大额对外支付数据。开展非居民股权转让核查工作，抽查部分已核查户，对其股权转让所得准确性进行复核，全年全市共有77户次非居民企业申报入库股权转让税款19133.28万元，增收14937.89万元。开展外资企业重组上市涉税监控，跟踪调查某上市公司关联交易避税行为，调整入库预提所得税2321万元。收集泉州企业上市公司的招股说明书及对外公告信息，开展涉税监控。根据公告信息，对某集团三户企业已自行申报入库的非居民股权转让所得进行对比复核，涉及应补缴税款744.84多万元。推进反避税工作，下发《关于做好2013年度关联申报工作的通知》，明确关联申报范围、内容、同期资料管理、法律责任等内容。

2014年申报期共有26100户进行关联申报，关联申报数量同比增长60.6%，关联申报率达到61.8%，同比提高7.2个百分点。关联申报中申报关联交易的户数为464户，同比增长5%。加强对关联交易的监控管理，通过关联申报审核、同期资料管理、特别纳税前期调查及跟踪管理等管理手段，辅导和促使7户企业提高特别纳税调整的遵从度，自行调增应纳税所得额8412万元，补缴税款1122万元，弥补亏损981万元，一共增加税收贡献2103万元。加快反避税案件调查工作，首先是加快推进未结案件的调查审计工作，上报税务总局结案一户，并补征税款及利息230万元，其次是多渠道加快反避税选案工作，通过境外市场的公开信息筛选出境外非居民企业间接股权转让避税嫌疑户2户，已完成前期初步调查工作，并由国家税务总局正式确定立案调查1户。

税收法治

【示范单位】 洛江区国税局、晋江市国税局、惠安县国税局等3个单位通过省国税局依法行政示范单位（基地）考核验收，达到示范单位创建标准。

【执法监督】 落实《福建省税务行政处罚裁量权基准适用规则》和《福建省税务行政处罚裁量权基准》。执行《税收规范性文件制定管理办法》，开展涉税文书报表清理，加强对税收规范性文件的审核会签和备案审查，从源头上防范执法中的系统性风险。强化事中监督，做好重大税务案件审理，防范案件在实体及程序上的违法而引发的执法风险。筛选确认2013年1月至2014年5月税收执法疑点总数据量为4984条，组织开展执法疑点核查，共查补税款112.5万元，滞纳金14.9万元，退税金额0.6万元，处罚3.0万元。

【重大税务案件审理】 召开重大税务案件审理会议7次，审理重大税务案件31起，作出审议意见30起，退回补充调查1起，共追补税款1.57亿元、不予退税257.96万元、罚款4143.19万元。

【税收执法管理信息】 将税收执法管理信息系统运行情况纳入日常责任追究制，经申辩调整后，全市实际确认累计执法过错数为1113次，调整后的执法正确率达到99.81%。

【执法督察】 开展对陈春林、陆苏英（受福建省国税局委托）、李幼农三位领导干部的经济责任离任审计。对 12个县（区、市）国税局开展自查基础上，选择丰泽区国税局、洛江区国税局、开发区国税局、晋江市国税局开展税收执法督察（丰泽区、洛江区、开发区结合进行领导干部任中经济责任审计）。对审计监督和执法督察中发现的问题进行整改，共追补税款371.83万元，加收滞纳金6.3万元，处罚0.13万元（不含疑点信息库）。

【法律救济】 收到税务行政处罚听证申请2件，办理2件。应诉案件2起。

【审批清单】 公开行政审批清单。不在公开的清单外实施其他行政审批，不对已经取消和下放的审批项目以其他名目搞变相审批。梳理审批清单保留的行政审批事项。公开执法权力清单。厘清税收执法权力事项，编制税收执法流程，公开税收执法权力目录，实施税收执法权力清单制度，接受社会监督。

【税收调研与宣传】 在《中国税务报》发表8篇、《福建日报》2篇、《泉州晚报》8篇，《海西税务》60篇文章。开展调研工作，对重点事项、重大税收政策变化及其影响，向各级报送专题分析报告，共采写税收调研35篇，工作专报58篇。其中《关于扶持新兴业态发展的调研报告》等6篇调研文章入选省国税局百题大调研获奖论文，《市国税局反映国务院固定资产加速折旧新政对企业的影响及建议》《泉州市动车站经营税收问题及建议》等15篇国税专报得到泉州市委、市政府领导的肯定，7篇专报得到市领导批示。《“营改增”试点情况问题和相关建议》等2篇专报被国务院办公厅采用，《晋江市国税局在全省首推小规模纳税人纳税申报“月改季”》等2篇专报得到省国税局领导批示。

税务稽查

【概述】 稽查查补入库税款29970万元（含追缴退税），增收0.3亿元，同比增长9.7%，占全市国税直接收入的1.01%。稽查评估查补税款合计10.1亿元，占直接收入的2.6%。

【大案要案】 查处“8.22”特大虚开发票骗税案，共涉及全国19个省（自治区、直辖市），753家企业，涉案发票4.27万余份，价税金额共计人民币50.8亿元，被公安部、国家税务总局列为重点督办案件，主要犯罪嫌疑人已被拘捕，全案共追缴税款5.3亿元，暂扣出口退税款2.8亿元，其中泉州涉案企业共58户，涉及发票640份，发票金额9280.77万元，税额1348.48万元，共查补税款1107.70万元，罚款984.53万元，加收滞纳金182.09万元，合计2266.45万元，已入库52户1466.83万元，公安部经侦局、国家税务总局稽查局为此案的成功侦破专门发来贺电表示祝贺。查处“4·08”虚开增值税专用发票案，共涉及泉州市企业3户，已结案2户，查补税款819.72万元，罚款17.02万元，滞纳金2.81万元，合计839.55万元，已入库359.2万元。查办“8·27”虚开增值税专用发票案，涉及企业84户。查处大庆市王树振虚开增值税专用发票案，涉及泉州市企业15户，已结案6户，查补税款284.34万元，罚款121.48万元，滞纳金4.27万元，合计410.08万元，其余9户尚在稽查中。

【专项检查】 2014年4—10月，对房地产及建筑安装业、办理出口退（免）税企业、股权转让交易的企业、地方商业银行、高污染高能耗及产能过剩企业等税务总局、福建省国

▲2014年9月27日，泉州市国税局召开税检联席工作会议。图为会议现场。

税局指令性、指导性检查项目以及泉州市确定的化工原材料生产及销售企业开展税收专项检查，全市共实施检查247户，已查结226户，查补增值税7449.55万元，企业所得税8829.04万元，罚款2939.50万元，加收滞纳金2502.28万元，合计22720.37万元，已入库19171.37万元，入库率为84.37%。

【发票打假】 对建筑安装、石油石化、商业批发与零售、餐饮娱乐、营利性教育培训、中介机构等六大社会关注度比较高的行业开展重点检查，累计对126户企业的发票使用情况实施检查，查处违法企业125户，移送司法部门34户，共查处非法发票15872份，涉及金额19290.46万元，查补税款、滞纳金和罚款3210.64万元，没收违法所得32.43万元。

纳税服务

【落实《服务规范》】 2014年10月8日，《全国县级税务机关纳税服务规范（1.0）版》（以下简称《服务规范》）首日试运行，为确保纳税服务规范顺利运行，制定《泉州市国家税务局落实纳税服务规范工作任务分解表》，将涉及的9大类72项212个服务事项分解到具体责任单位，进一步明确时间、牵头单位和配合单位，统筹推进各项工作的落实。结合“便民办税春风行动”、绩效管理和群众路线活动，通过办税服务厅、门户网站、税企QQ群、微信、实体纳税人学校和新闻媒体等渠道，加强对《服务规范》推行工作宣传报道。梳理流程，对《服务规范》与现行省国税局涉税业务规程进行逐项比对和梳理，对存在差异的88项涉税业务，根据国家税务总局《服务规范》进行调整，收集存在的问题并反馈，以确保服务规范的全面落实，升级规范的稳步提升。规范服务，强调各窗口人员务必落实好“全程服务、延时服务、预约服务、提醒服务、首问责任制、一次性告知”等各项服务制度。

【便民服务】 整理税收优惠政策列表，明确政策发布时限，在时限内通过办税申报厅、报纸、QQ群、微信平台等新媒体告知广大纳税人。晋江市国税局开设实体纳税人学校，传递税收新政；洛江区国税局开启“微服务”，通过官方微博、微信，整合税企QQ群、官方邮箱、官方微信、官方微博等网络媒介，使宣传方式多样化。

【梳理流程】 清分审批事项，对市国税局及县级国税局审批以及参与审核层报上级国税机关审批的行政审批事项进行清分，在国家税务总局公告的87项行政审批事项的基础上进行梳理，发布《泉州市国家税务局关于公开行政审批事项的公告》，涉及纳税人延期申报、变更纳税定额等核准审批事项共计71项，减轻纳税人负担。优化审批方式，推广“容缺即办”，探索“一表三证”，提速涉税审批。推广网上审批备案系统、任务管理与回访系统、免填单系统，在方便纳税人的同时，减轻窗口工作人员的压力。

【创新服务】 缩短发票领用时限，推广网络发票，在洛江区、安溪县安装委托邮政代开发票系统，提速发票领用。设置自助代开发票机，在晋江中心办税服务厅设置24小时自助代开发票机，投入当天即开具28份增值税专用发票。试行电子税务登记，结合《泉州市工商登记制度改革试点工作实施方案》，简化税务登记手续，提速税务登记。在晋江开展个体工商户小规模纳税人简并征期和按季纳税试点工作，提高服务效率。

【纳税人权益维护】 建立纳税人诉求快速响应机制，办理福建省国税局门户网站涉税咨询投诉580条，办结率均为100%。选取洛江区国税局、晋江市国税局、安溪县国税局为试点，在办税服务厅设置咨询辅导区，配备专业人员，实现12366纳税服务热线与办税服务厅联动，构建“三位一体”专业咨询服务新格局，提速咨询辅导。开展“进万家门、访万家企业、听万家诤言、办万家实事”的“四个万家”活动，宣传国税部门在经济社会发展中承担的职能作用，介绍国税部门依法行政、纳税服务、征收管理及队伍建设等情况。开展纳税人需求分析，分析纳税人对税收管理和服务的需求，将纳税人需求的“点”，反映到税务机关管理服务的“面”，再辐射到纳税人需求的“面”，建立纳税人意见建议清册，畅通税企信息互动交流渠道。整合国地税资源，共同开发、使用纳税信用等级评定系统，并借助此系统科学评定泉州市纳税人2012—2013年度信用等级，共评定2012—2013年度纳税信用等级A级纳税人857户、D级纳税人4户。

信息化建设

【机房建设】 将旧楼中心机房的网络设备搬迁至新楼机房，同时对网络线路进行重新规划。对市国税局计算机中心机房的空调、UPS和安防等设备进行监控、维护和保养。做好机房消安系统每月两次的定期巡检工作。

【硬件设备】 做好系统内计算机类设备的更新和淘汰，对配置低、型号老化、故障率高的计算机类设备及时予以更换。市国税局机关全年共投入18.4万元，购买台电脑、笔记本电脑40台，打印机2台。搭建高清视频会议系统，做好市国税局和县（区）国税局设备安装和调试。

【日常运维管理】 做好CTAIS、税源风险管理信息系统、综合纳税服务平台、车辆购置税、防伪税控、综合办公系统等业务及办公系统的日常运维管理以及系统角色和权限的设置、分配等运维工作。做好CTAIS后台数据维护技术审核工作。机关办公电话引入移动短号码。

【网络信息安全管理】 落实省国税局安全管理要求，执行内外网隔离制度，严禁违规外联，确保全市网络畅通和安全；做好金税三期区县级防火墙的技术培训与安装部署工作，开展年度网络安全检查。

【金税工程】 发布金税工程运行质量周通报，设立市、县两级抵扣凭证核查管理岗联络员、增值税发票领购风险提示等措施，加强实时监控，提高金税工程运行质量。2014年1—12月，抵扣凭证核查按时完成率99.12%，同比提升7.5个百分点。发票失控率与漏采率与同比持平，其中发票漏采集份数自3月以来已呈大幅下降的趋势，3—11月，全市共开具增值税专用发票295万份，漏采集发票416份，同比下降161份，环比下降1599份。

【应用软件的开发和使用】 纳税人信用等级评定系统上线。上线税收电子数据质量管理平台，对全市税收电子数据质量进行实时监控检测，定期发布数据质量情况。处理CTAIS和车辆购置税系统错误数据维护申请，通过平台处理的数据维护申请总计1017条。上线任务管理与服务回访系统、上线缺件备忘系统、上线纳税服务规范管理系统、上线增值税专用发票进销项数据分析模型软件。根据税源监控管理办法，对增值税进行税源风险监控分析信息采集与加工、税源监控与分析。依托税收风险管理信息平台、利用防伪税控系统、增值税专用发票稽核系统后台数据，结合全国行政区划代码表，开发增值税专用发票进销项数据分析模型软件，对纳税人虚开虚抵发票的风险进行筛选防范，软件初步可实现：查询统计泉州开往全国各省市区县的专用发票份数、金额、税额、同比增减情况；查询统计泉州抵扣全国各省市开具的专用发票份数、金额、税额、同比增减情况。通过对进销项情况进行分析，同时结合农产品收购发票抵扣、增值税发票领购份数、税负、应纳税额等数据，按季度形成分析报告，对增值税税源异常情况进行监控。通过对上述数据分析形成的风险预警模型，向县级局推送二级风险应对任务367户次，其中发现问题并提升为三级风险应对的企业20户，经评估合计补缴税款62.1万元。

机构队伍

【机构设置】 泉州市国家税务局内设14个科室和3个事业单位，下设12个县（市、区）国税局，2个直属单位，54个基层税源管理分局、5个进出口税收管理分局、7个基层稽查局。

【人员编制】 2014年12月底，全市国税系统共有正式员工1322名。

【党的群众路线教育实践活动】 2014年2月28日，开始开展第二批党的群众路线教育实践活动，全市国税系统共组织党组中心组学习134次，支部学习315次，举办各类专题辅导报告39场次，党组书记讲党课14场。各单位均召开纳税人代表座谈会、离退休干部座谈会、基层干部座谈会，就征集到的意见、建议进行讨论、组织整改。共召开座谈会144场，收集到各类建议、意见达724条；累计发放征求意见函1787份，向纳税人发放调查问卷2477份，共征集意见6大类共140余条。党的群众路线教育实践活动得到国家税务总局、福建省国税局督导组肯定，在群众满意度测评中总体评价为“好”的占96.7%。

【专项治理】 制定《泉州市国税系统在第二批教育实践活动中开展专项整治实施方案》，着力深化“三清三察三审”、推进“三治”，集中攻坚为政不为、为税不廉、公款吃喝、纵酒行为、慵懒散拖、培训中心等“六项治理”。全市立即停止新建办公用房项目共16个。已清理腾退办公用房1770.39平方米；其中清理腾退领导干部办公用房1102.74平方米。

【年度考核】 确定优秀等次的县级国税局班子成员12人、称职等次50人。确定泉州市国税局机关人员优秀等次13人，对全市在2011—2013年度连续三年被评为优秀公务员的46人给予个人记三等功一次。

【竞岗交流】 选拔任命1名正科级领导干部、交流轮岗2名正科级领导干部。在全市范围内对7名副科级领导干部进行交流轮岗，并配齐全市各县（市、区）国税局的纪检组长。从市国税局机关下派1名副科级领导干部到基层局锻炼挂任副局长。对洛江区国税局1名中层正职、开发区国税局4名中层正职、惠安县国税局8名中层正职进行交流轮岗。考核任命52人为副主任科员。

【出入境管理】 对全市国税系统各级干部的因公、因私出国（境）工作重新进行规定，进一步明确相关的审批权限、审批程序以及相应的证照管理、出入境信息报备管理等干部管理权限。全年共审批因私出国（境）124人次；办理申领、缴交证照205人次。

【人员招录】 泉州市国税系统新招录27名公务员、接收军转干部1名。

【学历学位认定】 共有31人申请学历、学位认定、变更，其中认定全日制本科学历、学位11人；在职取得研究生学历、硕士学位1人；在职取得研究生学历1人，在职取得硕士学位1人；在职取得学士学位11人；在职取得成人本科学历、学位4人；在职取得大专学历2人。

【绩效管理】 在泉州市国税局主页建设绩效管理专栏，设立布置反馈、政策汇编、绩效动态、问题解答、千字谈等栏目，对绩效管理相关工作进行专项部署，确保有关事项快速传

▲2014年8月20日，泉州市国税局召开绩效管理座谈会。

达落实。建立健全联络员机制，通过编制绩效管理通讯录、建立联络员微信群、建设绩效管理短信平台、召开绩效联络员通联会等管理手段，传达绩效管理最新工作要求，学习绩效管理相关知识，提高绩效管理工作效率和水平。建立重点工作任务和关键指标的日常监控机制，对绩效管理运行状况进行评估，发挥绩效管理刻度尺、指挥棒的作用，促进各项工作开展。全年采编绩效简报80余篇，《泉州国税绩效动态》10期，被省国税局《绩效动态》专栏采用16篇。

【党风廉政责任制】 2014年年初召开全市国税系统党风廉政建设工作会议，泉州市国税局、县（区）国税局、分局层层签订党风廉政责任书。印发《泉州市国税系统2014年党风廉政建设任务责任分解意见》，将落实主体责任任务细化为七大类二十项，明确牵头部门、协办单位、分管领导和时间进度。年中，采取分组交叉检查方式，组织开展2013年纪检监察工作落实情况考核，按季召开党风廉政分析会，并对5名转任人员进行廉政提醒谈话。年底，结合2014年度公务员考核，对各单位班子及成员履行党风廉政责任制的情况进行量化考核测评、廉政集体谈话，并按照干部管理权限报送《廉政承诺践诺情况报告表》。其中，各县级国税局领导班子落实党风廉政责任制评价“好”的占97.63%；班子成员廉洁自律的评价“好”的占97.58%。

【廉政教育】 开展“廉政教育月”系列活动，举办以廉洁为主题的道德讲堂，观看廉政警示教育片《左右人生》，发放廉政纪念鼠标垫，制作廉政文化展板，组织参观晋江市检察院廉政教育基地。制定下发《关于进一步做好中秋、国庆期间廉洁自律工作的通知》，发送廉政短信，重申廉政规定，提前打招呼、敲警钟，要求干部职工引以为戒，严格自律。制定下发《关于加强领导干部婚丧喜庆等事项报告的通知》，弘扬文明风尚。

【廉政文化建设】 建设安溪廉政文化基地，将安溪茶文化和国税廉政文化进行深度融合，以《税智》《税法》《税风》《税惠》《税韵》为基本布局，打造泉州廉政文化展厅，被确认为安溪县纪委廉政文化示范点、安溪县检察院预防职务犯罪教育基地。发挥泉州廉政文化建设网站作用，以图片、文字、动画、视频等多样化的表现形式，弘扬崇廉尚廉理念。联合检察院开展预防职务犯罪课题调研，形成《泉州市国家税务局关于联合泉州市人民检察院开展预防职务犯罪调查工作情况的通报》，进一步规范行政执法活动。

【廉政监督】 依托内控促廉管理系统，对227件风险事件进行事前预警，对504件风险事件进行事中监控，对5033件风险事件进行事后核查，对17件风险事件进行纪检监察处理；依托税收执法管理信息系统，对1181条疑点问题进行调查了解，实现预防关口前移。开展专项检查。对南安、石狮、惠安等8个单位落实中央八项规定精神情况进行抽查，提出整改意见。开展执法监察。在全面自查的基础上，对开发区国税局、丰泽区国税局、洛江区国税局、晋江市国税局进行重点抽查。继续推行政务公开，参与领导经济责任审计、政府采购、基建招投标等重要环节的程序监督。在安溪县国税局创新使用执法记录仪，在南安市国税局推行“税务人员廉洁从税告知书”制度。

【行风评议】 2014年4月19日，泉州市国税局总经济师黄育文带领市国税局各部门业务骨干走进泉州广播电台“政风行风热线”，现场接听8位听众打进的热线电话，答疑解惑，在节目现场直播过程中实现零投诉。开展明察暗访，组织省国税局、市国税局行评代表分别对市国税局机关及所有基层单位进行明察暗访，现场发放并回收问卷调查表315份，征集意见建议10条。11月12日，邀请6名市行评代表对鲤城区国税局、丰泽区国税局、晋江市国税局的办税大厅、干部工作状况等进行指导。加强效能督查，开展作风建设明察暗访，对作风效能方面存在的问题在市国税局主页进行通报，整顿作风纪律。受理9件网络投诉，已全部办结。

▲泉州市检察院、国税局探索建立预防职务犯罪调查机制。

【案件查处】 按照“分级负责、归口管理”的原则，核实处理信访件和违法违纪案件，一方面，加强信访管理，落实中央纪委有关分类管理、分类处置问题线索的规定，2013年市国税局纪检监察部门共收到信访举报20件（扣除重复件），均已办结；另一方面，坚持从严执纪，2014年全市各级纪检监察部门共立案查处违纪违法案件4起，给予党纪政纪处分8人，其中，1人警告、5人记过、1人开除、1人党纪严重警告处分。

【教育培训】 举办各类培训班84期，培训人数2249人次，培训人天数15704，累计年度人均培训天数达到11.8天。完成国家税务总局下达的2014年度处级及业务骨干培训计划，全年共安排10位处级领导干部参加国家税务总局、省国税局举办的各类培训班；组织科级领导干部参加省国税局举办的科级干部任职培训班，参训人员16人，参加3期省国税局举办的科级干部更新知识培训班，参训人员15人；组织新录用人员参加省国税局税务干校举办的1期初任培训班，参训学员28人，参训率为100%。切实推进人才建设，许少君入围“第二批全国领军人才”，5名干部入选税务总局、省国税局人才库，市国税局通过考查考试选拔风险管理人才库人员60名。

【重大灾病特困补助】 对全市23位在职干部职工和离退休同志进行重大灾病特困补助，共发放补助金31万元。

【文明创建】 通过2012—2014年创建文明行业总评工作，测评成绩在当地各行业中名列前茅，晋江市国税局被评为全国文明单位，王庆福获“全国税务系统先进工作者”称号，石狮市国税局纳税服务科被推荐参评“省级突出贡献青年文明号活动组织单位”，泉州市国税系统被表彰为泉州市2011—2013年度创建文明行业工作先进行业；泉州市国税局、泉州市国税局稽查局、泉州市国税局大企业税收管理局、丰泽区国税局、泉州经济技术开发区国税局、惠安县国税局、德化县国税局等7个单位被表彰为泉州市2011—2013年度文明单位；泉州经济技术开发区国税局纳税服务科（办税服务厅）、南安市国税局纳税服务科（办税服务厅）、安溪县国税局纳税服务科（办税服务厅）等3个单位被表彰为泉州市2011—2013年度创建文明行业工作先进单位；林小君被表彰为泉州市2011—2013年度精神文明建设先进工作者；蒋丰被表彰为泉州市2011—2013年度创建文明行业工作先进个人。

【文体活动】 先后成立羽毛球、合唱、太极拳、瑜伽、健身舞、书法、读书等多个兴趣小组，每周定期开展活动。泉州市国税局组队参加泉州市直机关职工运动会，获得了定点投篮、羽毛球等项目个人比赛第一名1个，第五名3个、第六名1个，并获得优秀组织奖。市国税局合唱兴趣小组小合唱《国税之歌》在泉州市直机关“放飞巾帼梦想　展示文都魅力”职业风采大赛上获得二等奖。

【系统党建】 以党建工作责任制和加强“1263”党建工作机制建设为抓手，贯彻落实中央《组织条例》，及福建省委《实施办法》、泉州市委《实施细则》。要求各级党委与基层支部书记签订《党建工作责任书》，抓好党建工作责任制的落实。抓好整顿软弱涣散基层党组织工作。对所有基层党支部建设和工作情况进行量化评分，根据问题表现、产生原因等进行分析、分类。落实基层党建工作述职评议考核制度。在11月初开展基层党组织负责人作基层党建工作述职，由上级党组织负责同志进行点评，基层党组织和党员群众代表进行评议。

【思想建设】 2014年3月，采取个人自学、支部定期组织学、党组中心组集中学“三位一体”的学习方式，学习党的十八大、全国“两会”、十八届三中全会精神、深入研读习近平总书记系列讲话精神、《论群众路线——重要论述摘编》《党的群众路线教育实践活动学习文件选编》等理论著作。邀请泉州市委党校林宏丹副教授做题为《培育和践行社会主义核心价值观》的专题讲座；开展党史专题教育，组织党组中心组全体成员到安南永德苏维埃旧址进行参观学习，接受爱国主义教育；党组书记林滇同志给机关全体党员同志上了一堂题为"党的群众路线和群众工作"的专题党课。2014年市局党组中心组共组织专题学习15次，支部学习12次。在"学"的基础上，注重"思"，注重"行"，先后组织了"结合国税工作实际，谈谈对开展党的群众路线教育实践活动的认识"等四场专题讨论；市局领导班子分成7个调研小组，带领2～3个科室下基层调研，撰写调研报告，其中，林滇局长撰写的《关于扶持新兴业态发展的调研报告》等六篇调研文章入选省局百题大调研获奖论文。

【组织建设】 开展清理整顿软弱涣散基层党组织工作，对所有基层党支部建设和工作情况进行量化评分，逐一登记造册，建立台账，加强分类指导，通过调查摸底、座谈走访、群众测评等多种方式，摸清各级党组织党员队伍基层情况，制定下发《关于进一步加强基层党组织建设的通知》。加强基层党组织带头人建设，配齐配强党支部书记，基层党支部书记大多由县区局一把手或分局长担任。依托华侨大学举办了为期两天的全市国税系统基层党支部书记党的群众路线教育实践活动专题培训班，全市国税系统共62位基层党支部书记参加培训。以创建"五好党支部""先进五好党支部"为抓手，加强基层党组织建设，健全和完善各党支部 "三会一课"、民主评议党员等制度，全市62个党支部都根据实际情况组织开展了党史专题学习、爱国主义教育主题党日、参观廉政教育基地等一系列学习教育活动，召开支部组织生活会，市、县级国税局领导班子成员进行点评。在泉州市市直机关"五好"党支部考核评比中，有三个支部被泉州市直党工委表彰为"先进五好党支部"，七个党支部被评为"五好党支部"。

【党风廉政建设】 通过参观廉政教育基地、听取专题讲座、发放廉政书籍、开展道德讲堂、建设廉政展厅、制作廉政展板、创作廉政小品、关键时间节点发送廉政短信等方式，引导党员干部自觉筑牢拒腐防变的思想基础，增强依法廉洁从政从税的自觉性。按照中央八项规定要求，先后制定《关于加强领导干部婚丧喜庆等事项报告的通知》《泉州市国家税务局出国（境）管理办法》《泉州市国家税务局机关差旅费操作规定》等文件，完善和规范内部管理，消除风险隐患，形成持续纠正"四风"的势头。开展作风建设"巩固深化拓展"主题活动，促进广大党员干部始终保持"永远在路上"的精神状态，推进集中反"四风"改作风为经常性的作风建设，以作风建设新常态推动税收事业新发展。

行政后勤

【财务监督】 按《"三审"工作方案》的要求，通过梳理查阅有关财务数据资料完成自查自纠工作，同时结合经济责任审计完成"四费一资金"的管理和使用情况专项检查。

【基本建设】 丰泽区国税局综合业务办公用房及市国税局过渡用房项目现正进行工程决算；泉州市国家税务局直属办公综合业务用房各项修缮工作正有序推进。

【财务管理】 完成2013年度经费、基建、资产等各类财务决算编制和2015年"一上""二上"预算编制。严格控制"三公"经费、会议等支出，降低行政运行成本。做好经费开支的政务公开。稳步推进公务卡制度改革。制定《泉州市国家税务局机关差旅费具体操作规定》，就差旅费报销程序、报销内容等作了具体明确规定。调整实有资金开户银行、开通零余额账户和实有资金账户网银，为实有资金账户监管系统顺利运行做准备。

【固定资产管理】 按要求完成固定资产分类调整、清理核对、资产处置。做好固定资产出租出借收入上缴工作。做好车辆配置、处置、投保；配合市政府完成公车改革前车辆情况的摸底调查。

【政府采购】 运行新的“政府采购计划管理系统”。落实《福建省国家税务局系统政府采购管理实施办法（试行）》，制定市局机关政府采购、分散采购限额标准。完成2014年全市普通发票的二次竞价。对市局及丰泽国税等两处办公场所近三年物业管理服务进行公开招投标。

【机关后勤管理】 细抓食堂管理与接待工作，提升服务水平。加强物业管理，提高服务水平。市局机关大楼5月通过招投标与福建冠深物业公司签订物业管理合同，直属大楼由远宏物业公司负责物业管理，机关服务中心主要抓好两栋大楼物业管理人员的管理，对物业管理进行监督检查。抓好设备日常维护与保养。抓安全、节约用水用电。抓好卫生、美化绿化工作环境。抓安全保卫工作。对两栋大楼，机关服务中心要求物业对大楼里外进行一天二十四小时不定期的巡查，同时明确责任、落实赔偿制度。落实登记制度，严把审核关。针对外来办事人员，由保安室登记，经审核通过后方可放行；对快递、邮政报刊一律由保安室接收，收废品人员等一律禁止入内；公务车辆、办事人员私家车辆由机关服务中心统一制作办公楼车辆出入证，放置车辆明显位置，方便检查，机关服务中心不定期的对门岗登记制度落实情况进行检查。加强与当地公安机关的沟通、联系。机关服务中心每月要与当地派出所进行一次座谈。抓车辆管理。对公务用车实行集中管理，统一调度，实行电脑派车。落实使用登记和公示制度。制作公务车辆动态表，每日填写车辆的出入情况；实行一车一档，公务用车的使用时间、事由、地点、里程、油耗、费用等信息全部公示。抓好车辆日常保险、维修、加油制度的落实。公务用车全部实行定点保险、定点维修、定点加油制度，机关服务中心对各项工作进行不定期、不定时的检查，并给予相应考勤处罚。严格执行回单位停放制度，双休日、节假日车辆除特殊工作需要外一律封存停驶。抓好办公用房清理。对公用房的出租、出借情况进行整治。对一些已到期的出租、出借用房进行收回封存；对尚未到期的落实归还期限。2014年市国税局已收回出租用房1处。

（供稿：林　琳）

三明市国家税务局

税收概况

【税收计划执行】 全市入库国税税收62.40亿元，减收1.33亿元，同比减幅2.1%。其中，中央级收入46.73亿元，减收1.67亿元，同比减幅3.5%；地方级收入15.70亿元，增收0.34亿元，同比增长2.2%。国税部门共组织入库税收53.56亿元，减收1.62亿元，同比减幅2.9%，完成全年收入任务的100.7%。其中：增值税入库38.17亿元，减收1.31亿元，同比减幅3.3%；企业所得税入库11.25亿元，增收0.14亿元，同比增长1.2%；消费税入库1.43亿元，同比减收11万元；车辆购置税入库2.72亿元，减收0.44亿元，同比减幅14%。海关代征税收8.83亿元，增收0.28亿元，同比增长3.3%；办理退（免）税4.18亿元，减少2.64亿元，同比减幅38.7%。

表6　　2014年三明市国税局各项税收完成情况

单位：万元

项　目	税　额	增减额	增　长（%）
一、总计（含出口退税）	582982	13323	2.3
1. 税收总收入	623993	-13342	-2.1
其中：中央级	467297	-16704	-3.5
地方级	156696	3362	2.2
省级收入	12499	3648	41.2
市级收入	41012	2854	7.5
县级收入	103185	-3140	-3
2. 海关代征	88348	2822	3.3

续表

项　目	税　额	增减额	增　长（%）
3. 其他收入	789	267	51.1
二、出口退税	-41800	-26398	-38.7
其中：直接出口	-30500	-26498	-46.5
三、补充资料			
大型企业税收	101526	-21857	-17.7
中型企业税收	51918	11639	28.9
小型企业税收	126312	1802	1.4
微型企业税收	339756	207906	157.7
清缴以前年度欠税	-27	14	-34.1
入库查补税金	19308	-1065	-5.2
四、免抵已调增值税	11300	100	0.9
五、企业申报免抵额	12948	2746	26.9

【税收分析】 受宏观经济下行压力加大及三明市高能耗资源型税源结构低迷的影响，全市税收增长乏力，月收入增速呈现“低开高走、逐季回落”的态势。一季度增长-3%，二、三、四季度分别增长6.2%、-5.2%、-8.6%，累计增幅总体在5个百分点内波动，创近五年新低，与三明经济增速逐年放缓、多项指标同比回落的趋势基本吻合。国内增值税入库38.16亿元，减收1.31亿元，同比减幅3.3%。其中直接收入38.36亿元，减收1.32亿元，同比减幅3.4%，免抵调库收入1.13亿元，增长0.9%。“营改增”增收效应突出，“营改增”行业入库增值税2.2亿元，增长55.6%，比上年增收0.78亿元，拉动国内增值税增长2个百分点，其中交通运输和现代服务业增收0.4亿元，电信行业增收0.38亿元。十大重点税源项目六成减收，矿产品、机械和化工位列减收前三位，合计入库增值税7.79亿元，减收1.04亿元，减幅11.8%，其中矿产品增值税减收0.6亿元，减幅11.7%。建材、钢材、啤酒、纺织四大行业增值税略有增收，合计增长2.9个百分点。商业增值税两位数下降，共入库7.25亿元，减收1.18亿元，同比减幅14%，其中批发业增值税减收0.66亿元，零售行业增值税减收0.52亿元。企业所得税入库11.25亿元，比上年增收0.14亿元，增长1.2%，是唯一保持增长的税种。商业企业所得税入库3.48亿元，增长27%，其中烟草所得税增收贡献率为78.5%；金融所得继续保持增长，但增速较上年回落了9.6个百分点。工业所得税入库2.64亿元，减幅6.2%，其中电力、化工和纺织企业所得税分别下降了2.8%、19.4%和30.6%。房地产所得税增速大幅回落，减收0.7亿元，由2013年增长21.4%到2014年下降了43.5%。消费税入库1.43亿元，下降0.1%，主要是贵重首饰消费税减收157万元。车辆购置税入库2.72亿元，减收0.44亿元，减幅为14%。

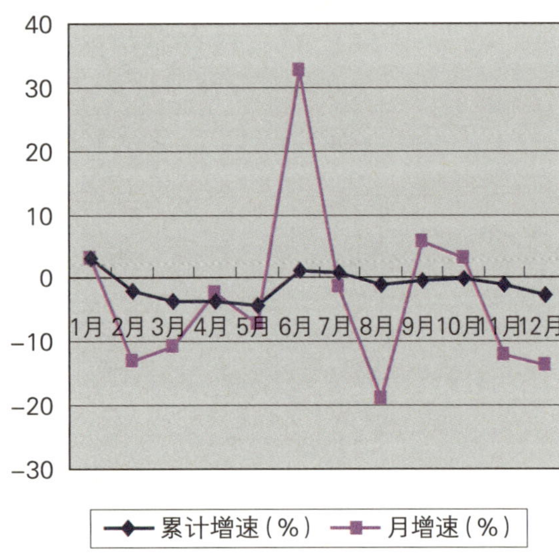

图2　2014年三明市国税局月增速与累计增速

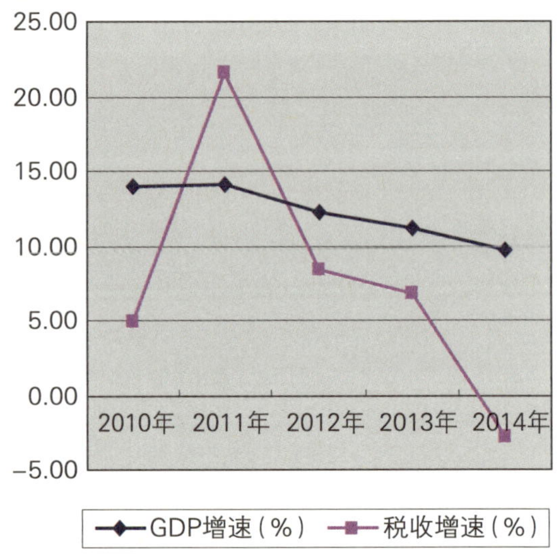

图3　2010—2014年GDP与税收增速

表7　2014年三明市国税局各征收单位税收完成情况

单位：万元

单位	年计划	完成任务数	年累计完成（%）	增减额	增长（%）
合　计	532000	535645	100.7	-16164	-2.9
梅列区国税局	201000	202111	100.6	-3	0.0
三元区国税局	38000	38042	100.1	2446	6.9
永安市国税局	83000	83541	100.7	-4136	-4.7
宁化县国税局	21730	21830	100.5	-21	-0.1
大田县国税局	43600	44526	102.1	3625	8.9
清流县国税局	18100	18186	100.5	-2742	-13.1
明溪县国税局	15300	15704	102.6	1578	11.2
尤溪县国税局	35000	35278	100.8	-5431	-13.3
沙县国税局	26500	26539	100.1	-9630	-26.6
将乐县国税局	23000	23107	100.5	-3567	-13.4
泰宁县国税局	13300	13408	100.8	668	5.2
建宁县国税局	13300	13373	100.5	1049	8.5

【税源分析】 2014年，全市第二、第三产业分别入库31.6亿元和21.9亿元，分别下降3.2%和2.1%。从第二产业看，以资源为主的矿产品、化工、电力、机械和林产品五大产业税收减收是制约全市收入增长的主要原因，这五大产业合计入库税收14.95亿元，减收1.63亿元，减幅9.8%，影响第二产业税收下降了4.9个百分点。从第三产业看，商业及房地产业分

别入库11.79亿元和0.91亿元，分别减收0.42亿元和0.7亿元，减幅分别为3.4%和43.5%，直接影响第三产业税收下降5.1个百分点。

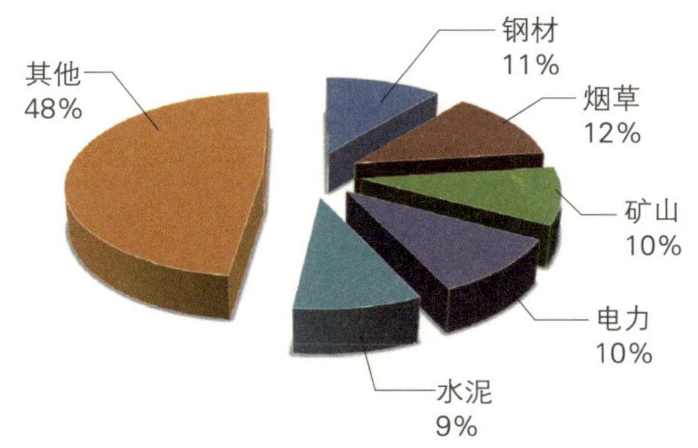

图4 2014年三明市重点行业分类布局

【重点税源】 全市年纳税百万元以上（含免抵）企业508家，入库税收42.46亿元，增收2.19亿元，同比增长5.5%，占税收收入比重为79.3%，拉动全市收入增长4个百分点。年纳税千万元以上企业73家，入库税收30.39亿元，增收2.71亿元，同比增长9.8%。年纳税5000万元以上企业11家，合计入库税收17.96亿元，增收1.8亿元，同比增长11.2%，占税收收入比重为33.5%。全市税收增收百万元以上企业134户，入库税收21.41亿元，增收6.86亿元，同比增长47.1%。其中增收千万以上14户企业，入库税收12.56亿元，增收3.71亿元，增长41.9%。福建省烟草公司三明市公司、福建安砂建福水泥有限公司、三明金牛水泥有限公司为增收前三位。全市税收减收百万元以上企业233户，入库税收14.94亿元，减收7.91亿元，同比减幅34.6%。其中减收千万元以上13户企业，入库税收5.81亿元，减收2.11亿元，同比减幅26.7%。大亚木业（福建）有限公司、三明新华都购物广场有限公司、福建省永安林业（集团）股份有限公司永安人造板厂三家企业减收最为严重。

表8　　2014年重点企业税收情况

单位：万元

入库5000万元企业名单	本年税收	上年税收	增减额	增长（%）
福建省烟草公司三明市公司	63462	50990	12472	24.5
福建三钢闽光股份有限公司	42800	44088	-1288	-2.9
福建省三钢（集团）有限责任公司	13387	10789	2598	24.1
宁化行洛坑钨矿有限公司	11717	12102	-385	-3.2
国网福建省电力有限公司三明供电公司	10649	9371	1277	13.6
福建省永安煤业有限责任公司上京分公司	7924	7384	540	7.3
国网福建永安市供电有限公司	6956	7175	-219	-3.1
百威英博雪津（三明）啤酒有限公司	6582	5409	1173	21.7
中国移动通信集团福建有限公司三明分公司	5499	4283	1216	28.4
福建省永安煤业有限责任公司	5460	6868	-1408	-20.5
大田红狮水泥有限公司	5114	3043	2071	68.0
合　计	179551	161504	18047	11.2

续表

增收千万元企业名单	本年税收	上年税收	增减额	增长（%）
福建省烟草公司三明市公司	63462	50990	12472	24.46
福建安砂建福水泥有限公司	3723	989	2734	276.54
三明金牛水泥有限公司	3021	419	2603	621.90
福建省三钢（集团）有限责任公司	13387	10789	2598	24.08
浩沙实业（大田）有限公司	2205	0	2205	100.00
三明市稀土开发有限公司	2287	149	2138	1434.16
大田红狮水泥有限公司	5114	3043	2071	68.04
兴业银行股份有限公司三明分行	4014	1994	2020	101.28
建宁县农村信用合作联社	2865	1028	1837	178.73
福建华电永安发电有限公司	1580	0	1580	100.00
国网福建省电力有限公司三明供电公司	10649	9371	1277	13.63
中国移动通信集团福建有限公司三明分公司	5499	4283	1216	28.39
百威英博雪津（三明）啤酒有限公司	6582	5409	1173	21.69
南昌铁路局永安车务段	1201	54	1146	2115.8
合　计	125589	88519	37070	41.9
减收千万元企业名单	本年税收	上年税收	增减额	增长（%）
大亚木业（福建）有限公司	–1393	2133	–3526	–165.31
三明新华都购物广场有限公司	496	2391	–1895	–79.28
福建省永安林业（集团）股份有限公司永安人造板厂	523	2373	–1850	–77.95
福建沙县农村商业银行股份有限公司	936	2701	–1765	–65.36
福建红火水泥有限公司	1674	3348	–1674	–50.01
福建省永安煤业有限责任公司	5460	6868	–1408	–20.50
美维克（沙县）林产化工有限公司	249	1567	–1318	–84.09
福建水口发电集团有限公司尤溪流域分公司	4226	5540	–1314	–23.72
福建铙山纸业集团有限公司	1121	2417	–1295	–53.60
南方钢承（泰宁）再生物资有限公司	1547	2836	–1289	–45.45
福建三钢闽光股份有限公司	42800	44088	–1288	–2.92
三明市三钢煤化工有限公司	16	1295	–1278	–98.74
福建省尤溪县三林木业有限公司	466	1704	–1238	–72.66
合　计	58120	79260	–21139	–26.7

税收法治

【税收执法过错责任追究】 坚持每月通报分析税收执法情况，市国税局领导约谈排名后三名的单位主要领导。健全上下沟通联动机制，在主页法设立咨询台，解答基层单位在工作中遇到的问题。坚持监督检查制度，检查过错申辩的理由是否充分，不充分的督促责任单位不予申辩调整。全市国税税收执法调整前准确率99.66%，过错户682户，过错数682次；调整后准确率达99.86%，过错户283户，过错数283次。全市国税执法过错行为被追究35人次，其中：批评教育11人次，责令书面检查12人次，通报批评18人次。责令待岗3人；经济惩戒共扣发奖金8125元。

【税收执法督察】 制定2014年税收执法督察实施方案，明确检查的重点内容、目标要求和工作任务，有针对性地选择重点领域、重点环节实施税收执法督察，税收执法督察自查面达100%，重点对永安市国税局、大田县国税局、明溪县国税局进行重点督察。对3个重点督察单位下发税收执法督察意见，督促其对存在问题整改。各单位对照督察内容，查找问题，并将整改情况反馈市国税局。

【经济责任审计】 对10个单位开展领导干部离任经济责任审计，审计组按照规定的程序开展审计工作，根据审计发现的情况出具审计征求意见稿，在征得被审计单位意见后，正式行文下发审计意见书，针对存在问题提出相应的整改意见。

【案件审理】 全市国税系统稽查局立案查处191件，移送同级重大案件审理委员会审理案件75件，审理率为39.26%，其中维持初审意见数53件，改变调查部门拟处理意见15件，退回重新调查7件。市国税局稽查局立案查处11件，移送市国税局重大案件审理委员会审理3件，上年度未审结案件数2件，审理率为45%，其中维持初审意见数1件，改变调查部门拟处理意见4件。

【行政复议和行政诉讼】 三明市国税局处理税务行政复议案2件，复议结果为撤销原处理意见；未发生税务行政诉讼案件。

征收管理

【征管户数】 全市国税系统共管征户数55116户，其中：企业20215户，个体户34412户，一般纳税人9662户。

【征管改革】 在《三明市国家税务局系统机构及职责调整方案》的基础上，对县（市、区）局有关职能部门和税源管理分局工作职责作进行细化和完善，出台《税收风险管理工作流程》等征管改革配套制度，融合第三方涉税信息管理与税收风险管理，不断深化团队运作和实体化运作方式，提升风险管理质效。加强财政、电力、医保等第三方涉税信息的处理利用，布置商品混凝土、供电企业、信用社、医保、建筑安装、房地产六类行业性评估，全年共入库税款1.4亿元，占总收入的2.69%，同比增长7.84%。

【增值税管理】 全年入库增值税38.16亿元，减收1.31亿元，同比减幅3.3%。做好“营改增”扩围工作，铁路运输和邮政业2014年1月1日顺利运行，电信业6月1日顺利运行，全市共有5013户企业经确认后纳入“营改增”试点范围，其中一般纳税人667户，占13.3%，小规模纳税人4346户，占86.7%。开展增值税发票专项评估工作，制定专项评估实施办法，根据省国税局督导组提出的红字发票、小额发票、失控发票及修理修配发票情况，对全市81户纳税人开展评估，完成80户，未完成1户（因特殊情况申请延期完成），查有问题企

▲2014年6月1日，三明市电信业“营改增”顺利运行并开出第一张税票。

业33户，其中5户已移交稽查，共评估入库税款118.80万元，入库滞纳金13.78万元。开展逾期未认证发票专项评估，以2011年1月1日至2013年12月31日逾期未认证税额比较大的28户商贸企业作为重点评估对象，共完成7户，其中有问题1户，评估入库税款0.14万元，1户企业自查申报税款105万元。加强增值税专用发票的监控与清理，统计最近4个月未开具增值税税控发票的情况，涉及1798户企业，要求逐户清理其结存专用发票，降低专用发票失控风险。加强茶叶行业税收管理，召开茶叶主产区税收政策研讨会，研究下发《加强茶叶行业税收管理意见》。落实增值税优惠政策，为综合利用企业办理增值税退税5882万元，办理两批23户享受资源综合利用增值税优惠政策企业的资格审批工作，办理福利企业增值税退税2519万元。开展小微企业税收优惠政策落实情况核查，对符合小微企业税收优惠条件但未享受税收优惠的纳税人，通过短信平台及时通知相关纳税人办理退税，共涉及增值税纳税人1013户，税款78万元。

【企业所得税管理】 入库企业所得税11.25亿元，增收0.14亿元，同比增长1.2%。全市共管征所得税企业14056户，其中：查账征收12771户，核定征收1285户；盈利户数3556户，亏损户数3690户，零申报户数6810户；跨地区经营汇总缴纳企业所得税的企业226户，总机构20户，二级分支机构就地预缴206户。开发企业所得税电子台账管理系统，被评为省局创新项目一等奖，在全省推广并在全国所得税会议上进行经验交流。开展2013年度企业所得税汇算清缴工作，全市实际汇算清缴12611户，比上年增加2135户，清缴面达100%，纳税调整增加额19.77亿元，纳税调整减少额 10.5亿元，应纳税所得额39.27亿元，企业自行补缴入库企业所得税1.5亿元。加强企业所得税后续管理，依托所得税电子台账系统对纳税人年度纳税申报表的逻辑性和有关资料的完整性、准确性进行审核，通过与市地税局信息交换，筛选整理出国地税营业收入申报不符的企业。及时通知纳税人补充相关资料，对不符合规定的，及时进行纳税调整，追缴税款。对存在重大疑点的企业以及存在疑点的重点税源企业，进行重点评估和检查，保证税款及时入库。全市评估有问题企业526户，调增应纳税所得额2.78亿元，补征企业所得税款及滞纳金5849万元。加大对总分机构所得税管理，通过汇总纳税信息系统，核准总分机构税款分摊信息，及时追缴总机构少分税款。对挂靠分支机构和未能及时提供税款分配表的分支机构，视同法人就地征税。选定几户分支机构作为评估检查对象，对经查实隐匿收入的，查补税款在分支机构所在地主管税务机关办理入库。对兴业银行三明分行开展专项评估，补缴企业所得税1250万元，补缴增值税13万元。落实企业所得税优惠政策，全市共为882户次企业办理各项企业所得税优惠政策，累计减免金额4.08亿元。其中：享受免税收入91户次，金额6978万元；综合利用资源收入减免4户次，金额2703万元；农户贷款利息收入减免14 户次，金额1274 万元；研究开发费用加计扣除6户次，金额1098万元；安置残疾人员所支付的工资加计扣除32户次，金额831 万元；从事农林牧渔业项目的所得减免132户次，金额22869 万元；小型微利企业减免税568户次，金额222万元；高新技术企业减免税6户次，金额1455 万元；企业购置环境保护、节能节水、安全生产等专用设备的投资额抵免税额 7户次，金额2418万元；从事符合条件的环境保护、节能节水项目所得优惠6户次，金额410万元。

【进出口退税管理】 加强出口退（免）税政策宣传和与纳税人的联系沟通，公告新的退税政策和每批次退税办理结果；实行风险提示制度，对申报审核或函调回函中存有疑问的业务，约谈相关企业，告知相关事项。兑现办税服务承诺制，限时办结出口企业退（免）税资格认定、变更审批，限时办结电子信息齐全、经营业务无疑点的出口退（免）税业务；规范出口货物函调管理，限制发函次数；增加送国库办理退库次数，外贸企业可以一月多次申报出口退税，加快企业的资金回笼，提升出口退（免）税办理速度。建立完善与外经、海关、人民银行、外汇管理局、出口基地商会等部门和社团组织的信息共享与联动机制，强化部门之间的协同管理，构建第三方信息交流平台。办理出口退（免）税6.82亿元，同比少退3.93亿元，下降36.6%。

【大企业税收管理】 共承担50户国家税务总局定点联系企业在该市辖区内的分支机构、子公司及福建省国税局1户定点联系企业的税源监控任务。通过电话、QQ、微信、通气会、研讨会等形式进行互动沟通，受理和解决企业涉税诉求，每个基层单位选取2户以上企业作为帮助对象，帮助定点联系企业建立税收风险内控机制。开展专项风险管理工作，梳理、汇总冶金矿产、建筑安装、电子机械及技术服务等行业的税收风险信息，共提供风险管理信息106条。对工商银行三明分行和福建省烟草公司三明市公司2008—2012年度税收缴纳情况进行审计，发现两户企业存在税收风险点16个，除已在初审阶段补缴1419万元税款外，还需补缴税款2015万元。对中石油、建行、农行按照信息收集与风险评估、风险自查、案头审计、分类应对和反馈提高全流程开展税务风险管理工作。经过自查，上述三户企业应补缴税款64万元。

【国际税收管理】 对重点税源企业实行跟踪管理，全程跟踪两户股权转让涉及非居民税收企业，入库非居民税收1217.75万元。加强反避税工作，在完成关联申报工作的同时要求各地对关联申报数据进行逐户审核，将有疑点企业下发所属局进行核实。2014年全市关联申报企业户数1986户，较2013年增长1253户，增长170.94%。完成外商投资企业联合年检工作，应参加258户，已年检239户，未参加或未通过年检户19户，通过率达92.64%。开展股息红利专项检查工作，对286户外商企业开展风险核实，核实率达100%，在286户外商投资企业中可征收非居民企业所得税户数（即为企业投资）为105户（占36.71%），外商个人投资户数153户（占53.49%），分支机构28户（占9.79%），全市共对 6 户企业进行了风险应对，共应补税407.39万元，其中3户自查补扣缴非居民企业所得税10.82万元。

纳税服务

【创评“星级办税厅和服务之星”】继续开展“星级办税厅和服务之星”创评活动，以正式文件授予获奖单位和个人2013年度“星级办税厅”和“服务之星”称号，将获奖单位的牌匾和获奖个人的照片公开在办税服务厅醒目位置，开展形式多样的团队活动，实行弹性工作制，增强窗口人员的归属感，扭转了过去新人不愿来、老人留不住、队伍活力不足的局面，窗口人员由2013年年初的188人增加至2014年底的212人。国家税务总局简报介绍三明市国税局工作经验，《中国税务报》报道三明市国税局纳税服务事迹。在省国税局落实《服务规范》与两个满意度调查中，服务基层满意度和纳税人满意度问卷调查均取得全省第一。

表9　“星级办税厅和服务之星”获奖单位和个人名单

单 位	办税厅级别	服务之星
梅列国税办税厅	★	官倩兰
三元国税办税厅		林玲
永安国税办税厅		邱海燕、沈丽淑
大田国税办税厅	★★	刘小容
宁化国税办税厅		廖明虎
清流国税办税厅		陈思思
明溪国税办税厅	★	詹颖颖
尤溪国税办税厅	★	陈懿
沙县国税办税厅	★★	陈光阳
将乐国税办税厅		罗秋娣
泰宁国税办税厅		李玉良
建宁国税办税厅		姜国友

▲三明市国税局在全市国税系统学习廉政建设工作会议上为获评“星级办税服务厅”的单位授牌。

【落实纳税服务规范】 成立"一把手"任组长的推进工作领导小组，制定工作方案和任务分解表，明确责任单位和责任人，推进各项工作落实。为基层单位统一采购配置液晶显示屏、计算机、扫描仪等。采取市、县两级国税局各出一半费用的办法，采购369件（套）办税厅合同人员税务制服，确保着装规范和着装风纪。在全员培训的基础上，梳理办税流程，启用最新表证单书，做到操作规范化、流程化。开展宣传，接受纳税人监督。梳理并督促各县国税局落实好纳税服务规范性文件，重申强调办税厅各岗位职责和工作纪律。将规范推行落实情况纳入"两星"创评考评和纳税服务绩效考评中。跟踪各县国税局贯彻执行情况，收集意见建议，确保纳税服务规范落到实处。2014年10月8日，全市12个县（市、区）国税局办税服务厅各项涉税业务运行正常，标志着税务总局《服务规范》在全市国税系统顺利试行。

▲三明市国税局纪检组长吴剑锋（右）参加三明市《纠风热线》节目。

【纳税人权益保护】 依托12366纳税服务热线、"12345市政府政务平台"、门户网站在线咨询、国家税务总局纳税咨询系统等四个平台，执行《服务规范》纳税咨询和权益维护，建立健全咨询投诉受理联络员制度，由纳税服务科指定专门人员负责处理纳税服务投诉事件。在与纳税人充分沟通的基础上，对诉求内容进行实地核实并加以解决，处理投诉和举报问题。全市国税系统共受理纳税人诉求155件，其中纳税咨询122件，商家拒开发票投诉件28 件，纳税服务投诉3件，其他投诉2件，办结及时率、准确率均达到100%。通过短信调查、问卷调查、电话回访3种方式开展全市国税系统纳税人满意度调查。通过税企E通台向全市14529户纳税户发送满意度调查短信，接收有效回复信息2491条，回收率达17.15%，其中："满意"2300条，占92.33%。通过办税厅、座谈会、下户走访、委托第三方发放调查问卷15682份，收回14675份，回收率93.58%，满意率达96.08%。随机电话回访1679户，有效访问1570户，有效访问率达93.55%，满意度达96.32%。

【落实税收优惠政策】 落实先征后退、即征即退、所得税减免等各类税收优惠政策，使纳税人受益8亿元；推进"营改增"扩围，新增相关行业"营改增"纳税人2048户，与原缴纳营业税相比，实现减税6640万元，减税面达98%。建立税收优惠政策台账，对符合条件企业进行动态跟踪，开展税收优惠政策落实情况核查，提醒应享受而未享受的小微企业办理增值税减免，小微企业优惠政策落实面达100%。

【税法宣传】 以税收宣传月为契机，开展税收法治宣传。利用《三明日报》、三明政府门户网、市国税局门户网站等平台，宣传税收政策和税收工作，提升纳税遵从度；市国税局副局长廖尧天一行走进三明市政府网站举办的在线访谈节目，以“企业所得税汇算清缴政策解读”为主题，与网民进行在线交流，在企业所得税汇算清缴期间，帮助纳税人理解掌握企业所得税相关政策规定，了解汇算清缴程序，提高申报质量；配合市政协举办以如何壮大市区财力为主题的讲座；在永安国税试点开通运行官方微信公众平台，该平台将以图文并茂的形式为纳税人推送最新的财税资讯、税收政策、办税指南、纳税咨询及单位动态等多项内容；在三明学院举办一场税收解读会，为大学生解读最新的税收政策和大学生自主创业税收优惠政策。

▲三明市国税局副局长廖尧天（左）做客市政府在线访谈。

税务稽查

【概述】 全市国税稽查共检查企业202户，其中立案202户，有问题202户，选案准确率达100%，结案201户，结案率达99.5%。查补收入9102万元（其中稽查机构查补8730万元，企业自查372万元）。稽查机构查补入库8730万元（其中：税款7802万元，滞纳金631万元，罚款297万元），占全市税收总收入498021万元（不含海关、车辆购置税和免抵调库数）的1.75%，居全省第三，完成上级下达的各项任务。

【专项检查】 全系统共开展专项检查96户，有问题91户，查结88户，移送司法机关1户，查补收入3727.72万元，其中查补增值税526万元，企业所得税2811.24万元，加收滞纳金254.08万元，罚款136.40万元。企业自查228户，有问题16户，补税251.23万元。其中房地产及建筑安装业直接检查21户，有问题18户，查结18户（其中一户因纳税人存在特殊情况已向省国税局请示并获准延期），查补税款1193.74万元，加收滞纳金159.09万元；出口退（免）税企业检查2户，有问题并查结2户，查补入库税款1.01万元，加收滞纳金0.31万元，罚款0.61万元；地方商业银行检查6户，查结5户，查补税款825.96万元，入库滞纳金2.53万元，罚款0.3万元；高污染、高能耗及产能过剩企业检查5户，查结4户，有问题4户，查补税款208.06万元，入库滞纳金10.56万元，罚款0.56万元；各地自行开展的检查项目共检查56户，查结53户，有问题55户，查补税款1041.67

万元，入库滞纳金78.69万元，罚款134.12万元；区域税收专项整治项目共检查6户，查结6户，有问题6户，查补税款47.85万元，入库滞纳金2.9万元，罚款0.26万元。

【大案要案】 出口退（免）税企业（“12+1”案件）查处：根据国家税务总局、福建省国税局下达的线索及要求，对涉及的13户（其中1户为省国税局督办案件）出口退税企业，抽调全市业务骨干40人组成13个检查小组开展检查，这13户企业现已查结，查补收入34575.32万元（应追缴已退税款32699.56万元，不予退税357.82万元，罚款495.46万元，其他查补1022.48万元）。提请市国税局暂停办理退税4771万元。移送公安机关进一步侦查12户，其中省国税局督办案件三明市凯丰贸易有限公司被定性为骗税。国家税务总局督办晋江“8·22”案件查处：全市组织38名稽查人员对涉案企业进行检查。该案涉及三明市8个县（市、区）24户企业，涉案金额价税合计2.19亿元，涉案税款3186.24万元。24户企业中，有10户企业走逃，5户企业注销，9户企业正常经营。截至12月底，已移送公安18户，公安机关已立案10户，公安网上追逃3人，控制1人。24户均已作出处理、处罚决定，共应补税款、罚款合计2024.78万元，已入库税款、罚款合计43.1万元。“4·08”案件查处：吉林“4·08”虚开专票案涉及三明市4个县（市、区）6户企业，虚开发票673份，涉及销售额12525.5万元，涉及增值税额2129.3万元。现已全部查结完毕，已查补税款2477万元，入库1201万元。

【积案清理】 全市历年积案有37件，截至12月底已清理28件，查补入库525万元。还有9户仍在清理中。

【打击发票违法犯罪】 将建筑安装、石油石化、商业批发与零售、餐饮娱乐、营利性教育培训和中介机构等六大社会关注度高的行业列为重点检查对象。全市共检查企业175户，查处违法企业127户，超额完成省国税局下达全市查处发票有问题户120户的指标任务，查处非法发票2324份，查补税款3332.26万元，加收滞纳金210.98万元，罚款195万元。

【案件协查】 委托发出协查101起，发票621份，累计收到回复发票694份，其中正常233份，有问题59份，无法核实402份，选票准确率达20.21%。收到受托协查函83起，发票923份，涉及企业88户，累计回复发票1094份，其中正常343份，有问题180份，无法核实571份，按期回复率达100%。

【案件举报】 受理举报案件57件（其中上级转办25件、本级受理15件、县级17件），全部查结。查补收入7952.61万元，其中税款4126.39万元，滞纳金58.48万元，罚款3767.74万元。对每个案件都能及时做好案件催办工作，做好案件台账登记工作，并及时将结果向省市有关部门反馈。

【稽查管理】 三明市国税稽查机构现有市国税局稽查局1个，县（市、区）局稽查局12个，稽查干部121人，占全市国税总人数1019人的11.87%。其中市国税局稽查局23人，县级稽查局98人。全市国税稽查人员现有中共党员83人，占总数的68.6%；大专以上113（其中研究生1人）人，占总数的93.3%；注册税务师5人；35岁以下4人、占总数的3.3%，35～45岁18人、占总数的14.9%，45岁以上99人、占总数的81.8%。市国税局稽查局内设7个科，分别为综合科、综合选案科、检查一科、检查二科、案件审理科、案件执行科和举报中心。按稽查4个环节，各自履行职责。市区内有两个区国税局稽查局。县（市、区）国税局稽查局按一人多岗、不相容岗位相互分离、各环节交叉使用原则，机动设置小组，履行稽查职责。

机构队伍

【机构与编制】 三明市国税局按照行政区划设置，是主管三明市国家税收工作的行政机构，实行垂直领导管理体制，为正处级全职能局。下辖梅列区国税局、三元区国税局、永安市国税局、宁化县国税局、大田县国税局、清流县国税局、明溪县国税局、尤溪县国税局、沙县国税局、将乐县国税局、泰宁县国税局、建宁县国税局等12个正科级全职能局，泰宁、建宁两县国地税机构未分设。全市系统共设有41个副科级基层税务分局。市国税局机关内设机构12个，级别为正科级，分别为办公室、政策法规科、货物和劳务税科、所得税科、收入核算科、纳税服务科（纳税服务中心）、征收管理科、财务管理科、人事教育科、监察室、大企业和国际税务管理科、进出口税收管理科；另设机关党委办公室、离退休干部科，级别为正科级。市国税局直属机构1个，即稽查局，级别为副处级。市国税局事业单位3个：信息中心、机关服务中心、培训中心，级别为正科级。截至2014年12月31日，市国税系统在编干部职工1011人，其中：公务员979人、事业干部6人、职工25人，平均年龄46.3岁。女干部职工235人，中共党员670人，大专以上学历947人（研究生学历7人，硕士学位13人），注册会计师4人、注册税务师39人、律师4人。全市国税系统共有离退休人员229人（离休7人、退休223人），各类临时人员247人。

【人员招录】 全市国税系统根据省国税局招录计划共招录公务员21名，办理本省国税系统内跨地市干部调动4人，其中：调出3人，办理到龄退休15人，自愿申请提前退休3人，交流轮岗50人。

【干部选任】 根据《三明市国家税务局2014年竞争性选拔正科级纪检员工作实施方案》《三明市国家税务局2014年竞争性选拔部分县局纪检组长工作方案》《三明市国家税务局关于部分科（分局）负责人任期满一年提任考核实施方案》和《2014年三明市国税系统部分副科长级领导职位选拔任用工作实施方案》，经公开选拔，提任2名正科级纪检员、2名县国税局副局长、8名纪检组长和2名县国税局分局局长。根据《三明市国家税务局市局干部下基层挂职锻炼选派实施方案》，三明市国税局选派5位同志到基层挂职锻炼，担任县（区）国税局领导班子成员，时间为2年。根据《三明市国家税务局抽选部分基层局干部到市国税局上挂锻炼的通知》，梅列、三元、永安、宁化、清流国税局各选派一人到市国税局有关科室上挂锻炼，时间为2年。

【人事管理】 落实和健全“一把手”谈话制度、上一级党组对下一级党组点评制度和“一岗双责”的责任落实机制，开展与干部“交心谈心”活动。对1010名国税员工进行2014年度考核，共评选出优秀等次174人，称职等次814人，不定等次22人（尚在试用期的2014年新录用公务员21人），非考核对象1人（长病人员）。落实重大灾病救助基金办法，2014年累计对全市国税系统符合补助规定的5人予以补助2.34万元；开展特困在职职工慰问工作，共慰问25人，发放慰问金3万元。按规范化要求，加强日常人事档案资料的收集、整理、归档、转递、管理等工作。

【绩效管理】 2014年7月1日，推进绩效管理，推行“横向到边、纵向到底、立体交叉”三维树状绩效管理模式，受到国家税务总局和福建省国税局的重视，福建省国税局领导多次批示肯定。税务总局工作信息和《中国税务报》分别进行报道。省国税局在三明市召开全省绩效管理现场会，对树状绩效模式予以肯定，并把三明市国税局确定为全省个人绩效管理试点单位。2014年，获得

▲三明市国税局举办全市国税系统绩效管理工作培训班。图为授课老师讲解树状管理模式。

全省国税系统绩效管理优胜单位，各基层单位也同步推进树状绩效理论探索与实践，梅列、大田、清流、永安、将乐获得全市绩效创新项目评审一等奖。

【党风廉政建设】 层层签订《党风廉政建设责任书》，制定下发《三明市国税系统2014年党风廉政建设任务责任分解意见》，将落实主体责任任务细化为6大类20项，明确牵头单位、配合单位。完善党风廉政建设责任制执行情况专题报告会制度，召开全市国税系统党风廉政建设工作会议和党风廉政形势分析会，动态分析队伍廉政状况，有针对性地采取防腐堵漏措施。配齐配强纪检监察部门的领导班子和干部队伍，选拔2名干部分别担任市国税局机关和市国税局稽查局正科级纪检员，选拔5名干部担任县国税局纪检组长。坚持开展廉政谈话，市国税局对新提任的2位正科级纪检员、5位纪检组长和市国税局下派挂职的5位干部开展任职谈话和廉政谈话；对三木轻工贸易有限公司涉嫌骗税案件一案双查中的13名相关责任人员，由市国税局局长和纪检组长有针对性地开展诫勉谈话或提醒谈话。

【干部培训】 2014年5月，开展“千人培训”工程，历时半年，共组织巡回培训13场次，培训干部1200人次。课程既有《领军人才谈学习》《半亩方塘廉政文化》《网络安全教育》《优化纳税服务，提升税务形象》《压力管理和心理健康》等人文关怀的教学内容，又有《纳税评估相关业务解读》《“营改增”相关业务解读》《所得税业务解读》《税务稽查业务解读》的业务前沿知识。选派和启用系统业务骨干担任师资，由全国税务领军人才黄显福领衔，培训结束后通过测试和业务大比武检验学习成效。

▲三明市国税局举办全市国税系统干部更新知识巡回培训（市局班）。

【文化建设】 围绕三明市特有朱子廉文化，结合闽江正源头的地理位置，以文载廉，创建“半亩方塘·廉如水”的廉政文化品牌，提炼出“溯闽水清源、品朱子廉文、明国税心灵”的特色主题，搭建“点、线、面”相结合的立体廉政文化平台。“点”即搭建市国税局一楼廉政文化展厅，展厅除布置了图文并茂的文化展板，还展示了廉政书籍和系统干部原创的影集、工艺品、书法等廉政作品。“线”即市国税局与各县（区）国税机关办公楼走廊，悬挂了近千幅廉政字画，使干部时时处处置身于廉政文化的风景线中。“面”即廉政文化宣传到每一名税务干部职工日常工作生活中，将印有“一廉如水”字样及“半亩方塘”印鉴的廉政杯发放到全系统一千余位干部手中，将廉政文化理念摆上每一位干部案头，在推进反腐倡廉工作中以文化人。

【党的群众路线教育实践活动】 从2014年2月底开始，历时近8个月，全市国税系统全员参加第二批党的群众路线教育实践活动。采取自学读本、专家辅导、多媒体教育、交流讨论、领导上党课、先进事迹报告会等多样化的教学形式，增强学习教育效果。全系统上党课13场，专家辅导23场，组织集中学习124次，人均学习时间8天，撰写心得体会1769篇。征集意见建议6大类共221条，立行立改问题118条，12篇论文在全省国税“百题大调研”活动中获奖。在整改落实、建章立制环节，研究制订市国税局领导班子整改方案、专项整治工作方案和制度建设计划，排出整改的“路线图”和“时间表”，提出为群众办实事的具体措施26项，特别是针对“四风”方面的突出问题，进行“三清三察三审”的专项整治。开展学习“最美国税人”全国税务领军人黄显福等身边的先进典型活动，在干部思想教育、转变作风、提升服务、树立形象等方面都取得成效，群众评价“好”的等次达100%。省国税局曾光辉纪检组长、省国税局第三督导组组长苏祖华分别对市国税局党组专题民主生活会给予肯定。

【落实中央八项规定】 修订经费、接待、会议、基建、资产管理、政府采购、内部行政管理等制度，建立健全配套制度规定，提高各项制度执行力。执行月报表零报告制度，按时填写《税务系统贯彻落实中央关于改进工作作风八项规定监督情况月报表》，并经主要领导和纪检组长双签字背书后，通过纪检监察系统上报。开展专项监督检查，针对省国税局检查工作底稿，制定检查方案，明确检查内容、检查方式、时间安排和工作要求。在全市国税系统各单位自查自纠面达100%的基础上，组成2个督导检查组，对清流、尤溪、将乐、建宁4个县国税局的中央八项规定精神落实情况进行重点抽查，逐条逐项查阅会议记录、制度、文件等相关项目材料，并到办税服务厅进行现场抽查。对重点检查的四个单位分别下发专项监督检查工作报告，要求逐条提出整改措施。是年，全市国税系统没有发现违反八项规定的问题，全市会议费、公务接待费、公车运维费同比减幅为18%。

【政风行风建设】 调整民主评议行风暨作风建设工作领导小组，召开行风动员大会，制定下发2014年行风工作实施方案以及重点选题评议方案，聘请10名政风行风和纳税服务特邀监察员，加大社会监督力度。主动查找问题，通过开展问卷调查、开展满意度调查和组织明察暗访等多种方式，征集社会各界的意见、建议。累计通过走访纳税人36户、召开纳税人座谈会12场、发放问卷调查230份，收回230份，其中满意228份，满意率达99.13。对查摆发现的问题，进行分类梳理，制定整改方案，明确整改责任单位和责任人，逐条填列一事一整改情况表，逐件下发给各相关单位和部门，逐一研究整改措施，属于服务性问题的着力解决，属于政策性问题的多做解释，做到件件有着落、件件有回音。

行政后勤

【财务监督】 做好2013年经济责任审计，完成永安局的经济责任审计。

【基本建设】 全市基建项目15个，总投资10973万元。其中新建项目4个，批复建筑面积23090平方米，总投资6970万元，累计支出2389.59万元；修缮项目10个，总投资3213万元，累计支出1067.76万元；装修项目1个，总投资790万元，累计支出535万元。15个基建项目中已立项安排预算的未开工项目5个，分别为梅列、三元、尤溪、沙县和永安；正在建设的项目3个，分别为宁化1个和市局2个项目；2013年立项未开工项目3个，分别为三元、永安、清流；已竣工验收尚未完成竣工财务决算编报的项目，分别为泰宁、尤溪、大田和明溪，以上4个项目已上报省局委托中介机构审计。

【政府采购】 全市各级政府采购部门先后组织大、小项目采购108批次，采购金额356.74万元，节约资金96.13万元，资金节约率达26.91%；其中市局机关采购205.34万元，节约资金37.56万元，资金节约率达10.34%。

【固定资产管理】 全市国税系统共计上缴处置及出租出借收入460.46万元，其中资产处置收入78.67万元，出租出借收入381.79万元。

（供稿：郑晶亮／审稿：吕永明）

莆田市国家税务局

税收概况

【税收收入】 2014年全市国税系统共组织税收收入85.4亿元，增收8.33亿元，同比增长10.8%，完成年度计划84.2亿元的101.43%，超收1.2亿元。其中：直接收入75.1亿元，增收2.83亿元，同比增长3.9%。县（市）收入总量达20.09亿元，增收2.74亿元，同比增长15.8%。

【出口退税情况】 全市累计办理出口退税26.06亿元，增加6.86亿元，同比增长35.7%，其中实现免抵调库10.3亿元，增调5.5亿元，同比增长145.8%；办理直接出口退税15.76亿元，增退1.36亿元，同比增长9.5%。海关代征税收累计入库17.08亿元，增收3.37亿元，同比增长 24.6%。

【税种结构】 增值税累计入库46.5亿元，增收5.9亿元，同比增长14.6%，占收入比重的54.4%，增收贡献率达71.2%，其中，“营改增”入库1.96亿元，增收0.94亿元，同比增长92%。企业所得税入库29.6亿元，增收1.9亿元，同比增长6.8%，占收入比重为34.7%，增收贡献率为22.7%；车辆购置税入库5.4亿元，增收0.55亿元，同比增长11.2%，占收入比重的6.3%，增收贡献率为6.6%；消费税入库3.85亿元，减收0.03亿元，同比下降0.86%。

【经济分类税源】 股份制企业与涉外企业累计入库70.64亿元，增收7.58亿元，同比增长12%，占国税税收收入总额的82.7%，拉动国税收入增长9.8%，占国税增收总额的91.1%。其中股份制企业入库41.2亿元，增收4.19亿元，同比增长11.3%，涉外企业入库29.44亿元，增收3.39亿元，增长13%。私营企业入库税收1.29亿元，减收0.03亿元，下降2.4%。个体经营户税收入库7.13亿元，增收0.88亿元，同比增长14.2%。全年国有企业与集体企业入库5.64亿元，增收0.07亿元，同比增长1.3%（详见图5）。

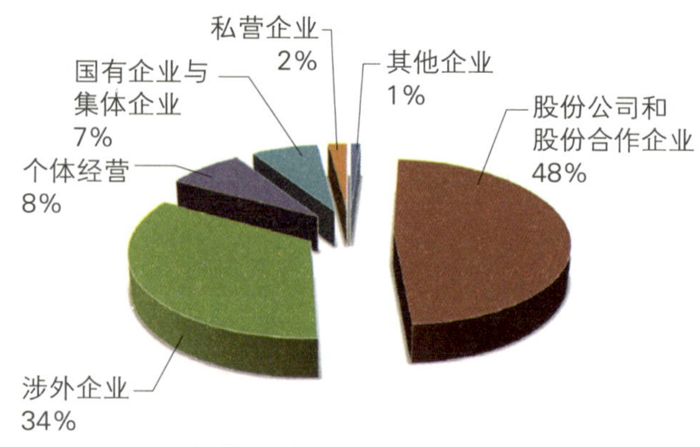

图5 2014年莆田市国税局税收收入分企业类型

征收管理

【税务登记情况】 全市税务登记户数53486户，其中内资企业18390户，外资企业872户，外国企业4 户，个体工商户34220户。增值税纳税人59738户，其中一般纳税人6664户。

【纳税申报与税款征收】 纳税申报户数35177户，其中上门申报户数5515户，电子申报户数29662户，入库税款总额85.4亿元。

【行业建模】 全市工业企业一般纳税人3231 户，全年共完成34个行业139个模型的搭建工作，纳入监控企业户数达2977户，纳入行业模型监控的工业企业一般纳税人户数比例为92.14 %，行业建模增减率与2013年同期86.64%相比，增加5.5%，在全省各设区市局中居第一。

【纳税评估】 全市应评估户数425户，全年共评估367户，评估正常企业户数189户，评估有问题企业户数178户，补税户数占评估户数比例48.5%，取得第三方数据利用数量7个。2014年度 CTAIS评估税款入库数13921.77万元，税款10776.5万元，滞纳金3145.27万元，各项指标居全省第一。

【普通发票管理和使用】 全市共审核、审批、印制普通发票21057000份，其中：机打票235500份，手工票 525000份，定额票1180000份。企业冠名印制普通发票19116500份。对企业普通发票开展检查，督促用票单位按规定领购、使用、核销和保管发票。

各税管理

【增值税管理】 开展增值税发票专项评估，共涉及42户企业，45265份发票、涉及金额10185.8万元。评估共发现问题企业17户，进项税额转出64.3万元、补缴增值税62.1万元、回收滞纳金3.8万元、补缴所得税28.4万元，共计补缴税款94.3万元。对191户增值税一般纳税人开展税负异常专项评估，共计补缴增值税2378万元。开展出口不退税货物征税情况专项核查工作，共核查25户，涉及出口销售额1300.34万美元，其中核查应补征税款企业 3户，出口销售额0.815万美元，应补征税款0.84万元。对773户农产品加工企业进行规范管理，从征管基础、账证管理、抵扣申报、日常监控、风险管理等五个方面规范农产品加工企业增值税征收管理。对水产品加工产品、食用菌加工产品和皮革加工产品等三个行业纳入农产品增值税进项税额核定扣除办法范围，全市共有19户企业纳入扩围试点，期初共转出库存农产品以及库存半成品、产成品耗用的农产品增值税进项税额1086万元。对莆田市存在从事购销业务交易对象、仓储地点均在莆田市之外的商贸企业（两头在外）的管征，制定了《莆田市国家税务局关于进一步加强商贸企业增值税一般纳税人管理的通知》，从一般纳税人认定、专票使用管理、账务凭证规范、纳税评估、函调管理等环节加强对商贸企业的增值税管理。

【“营改增”情况】 全市共有4290户纳税人经确认后纳入“营改增”试点范围，全年试点纳税人累计实现应纳增值税税款1.81亿元，其中：一般纳税人1.41亿元，占比为77.90%；小规模纳税人0.40亿元，占比为22.10%。全市试点纳税人共实现减税1.06亿元，减税面高达98.55%，其中小规模纳税人全部实现减税，减税幅度40%。全市非试点纳税人因“营改增”取得省内外试点纳税人开具的增值税专用发票，增加进项抵扣0.66亿元，两项合计减税1.72亿元。全年新增试点纳税人1530户，增长81.25%，其中文化创意、鉴证咨询新增户数分别为309户和632户，分别占全市“营改增”新增户数的20.20%和41.31%。

【车辆购置税】 落实新出台的各项车辆购置税管理政策，及时更新并执行车辆购置税新的计税价格。进一步梳理风险薄弱环节，规范业务流程和岗位职责，建立健全日常管理检查制度，及时解决各地出现的问题，防范执法风险。及时审批城市公交企业购置公共汽电车辆免征车辆购置税优惠政策，全年全市共免征车辆购置税2754万元。

【增值税优惠政策】 全市共有32512户企业（含小规模个体工商户）享受减免税，月免税额达644.21万元。及时办理资源综合利用企业资格认定及退、免税审批，全年共认定资源综合利用企业资格9户，办理即征即退1438.40万元，免征增值税678.49万元。及时办理福利企业增值税即征即退，鼓励企业安置残疾人员就业，全年共审批福利企业增值税即征即退33户，退税额3589.90万元。

【企业所得税管理】 全市企业所得税纳税人11469户，其中：查账征收的11010户，核定征收的459户。全年累计入库企业所得税296317万元，完成年度计划292900万元的101.17%，增收18863万元，同比增长6.80%，占全市国税收入854004万元的34.70%。其中：房地产企业入库所得税50133.39万元，增收15599.08万元，同比增长45.17%。加强跨省（市）建筑企业项目部税收的管征，全市国税系统管征的外来建筑企业项目部共233户，增加72户；入库企业所得税2782万元，增收1516万元，同比增长119.88%。加强金融机构纳税评查，共评估核查3户，查补入库企业所得税4433万元。开展企业所得税汇算清缴工作，全年应参加汇算清缴户数11060户，实际参加汇算清缴11060户，汇算面100%，汇算查补企业所得税3.7亿元，申报率100%。对重点行业、应税所得率明显偏低、零申报及企业所得税明显下降户等开展纳税评估，通过CTAIS风险管理系统下达评估177户，查补企业所得税1.14亿元。

【企业所得税优惠政策】 全市国税系统管征的符合条件、应享受小微企业所得税优惠企业6681户（其中查账征收6406户，核定征收275户），享受其他税收优惠的33户，主动放弃享受0户，实际享受小微优惠6648户，实际受惠面达100%，减免税额1797.5万元。

【出口退税管理】 全市共有出口退税企业649户，其中当年新办理出口退税认定企业40户。全市出口企业共申报单证齐全出口额332005万美元，较2013年的331984万美元增加21万美元，增长0.01%。出台了八项优化出口退税举措：简化办理流程，各县区局办税服务厅增设退（免）税业务受理窗口，专人受理申报，即办事项当场办结，审批事项“窗口受理、内部流转、限时办结、窗口出件”；缩短审批时间，允许外贸企业一月多次申报出口退（免）税业务。每周至少报送国库办理退库一次，确保电子信息齐全、经营业务无疑点的出口业务的退（免）税手续，在15个工作日内办结，规范出口退税函调，明确函调对象，减少函调次数，加快函调办理速度，全年共发函162份，涉及1518份发票，暂缓办理退税2504万元，已收到回函143份，其中异常业务26份，共接收来函306份，涉及2854份发票，全市回函及时率达到100%；对纳税信用等级良好、近两年出口及退税额较大、成立时间较长的出口企业进行了重新分类评定，全市共评出8户A类企业、95户B类企业；加大对遗留问题的清理力度，共清理历史未退税款856.52万元，其中明确不予退税款49.56万元，清理后退税452.18万元，清理补税24.75万元，企业书面放弃退税款52.39万元。

【出口退税清算、稽核及信息化建设】 开展2013年出口未申报情况的核实工作，经过数据筛选比对，共清理出2013年出口未申报数据1536条，转内销补税220.51万元，企业放弃退税申报免税销售额14502万元。对风险系统中省国税局推送的12户木制家具企业、市国税局推送的4家企业以及8家供货企业所属期2010年至2014年6月30日的退（免）税情况开展专项评估核查行动，1户经过案头审核、约谈、发函及人员外调，企业主动放弃已申报出口退税款1261.36万元，按免税处理。按月通过出口退税审核系统的“清算检查”模块开展“异常发票检查”，共发现不符合国家税务总局文件规定企业3户次，及时追回税款7.9万元。全市国税系统于2014年9月起运行自行开发的出口退税审批系统，实现了从出口企业正式申报至退税机关审批的全流程的计算机运行管理，并在系统中详细、适时反映，便于跟踪、监控。

【国际税收管理】 全市反避税上报税务总局立案1户，结案2户。查补税款及加收利息4450.14万元。全年入库税款及加收利息2744.85万元；非居民企业税收入库7593.24万元，其中企业所得税6300.49万元。全市关联申报企业892户，比2013年的794户关联申报企业增加12.3%；利用国际税收平台规范县区局非居民企业对外支付备案管理，全年共备案118户次。加强对全市关联企业特别是规模以上生产性出口企业所得税申报情况的监控分析。对反避税调整已结案企业进行后续跟踪管理，全年共对32户企业开展监控管理，调增应纳税所得额38683.36万元，调增所得税9670.84万元。针对企业2004—2013年期间向境外关联方支付大额服务费和特许权使用费的情况开展摸底排查，共9户企业向境外11家关联企业支付服务费和特许权使用费，累计支付金额折合人民币95701.54万元（含税），已扣缴企业所得税7434.13万元。

【国际合作交流情况】 深化国际合作，采用电子邮件与电话等手段，加强与国际联合反避税信息中心（JITSIC组织）的联系，及时跟踪掌握国际反避税动态，重要案件获得税务总局的专项情报支持。全年共向美、日、韩三国发出自动情报交换28份，专项情报请求6份（美国3份、新加坡1份、英国1份、澳大利亚1份），收到3份国际情报回复，有效应用于3户企业反避税案件调查工作。2014年重点查办某轮胎企业全国联查案件，通过JITSIC组织主动向新加坡和美国税务局发出专项情报请求2份，获取了该企业集团境外产品的再销售价格和跨国集团海外关联企业的详细资料。截至2014年年底，该案件已上报国家税务总局申请结案，拟补税金额超8亿元。同时，通过JITSIC组织从美国税务局收到专项情报回复，得到某跨国鞋业海外关联再销售数据，涉及莆田市2户鞋革生产企业，已对其初查立案。

【非居民税收管理情况】 进一步拓宽非居民企业税收管征领域，加强对第三方信息的采集和有效利用。从第三方获取非居民企业信息并加以有效利用的有13户，调整补税金额1717.4万元。规范协定待遇审批，深入核实非居民企业居民身份及运营管理实质，共18户次企业享受税收协定待遇，减免税款2783.33万元。开展股息、红利非居民税收专题检查，共对17户企业进行风险应对，补缴税款3946.11万元，滞纳金396.51万元，合计4342.62万元。

【大企业税收管理】 全市确定28家大型企业为税务风险管理试点对象，通过风险辅导、纳税评估，移交反避税、稽查等多种形式，查补入库税款及滞纳金14974.31万元。做好建设银行、农业银行、中国石油在莆田市分支机构的税收风险管理评估，共计查补税款及滞纳金210.22万元。完成全市9户国家税务总局定点、3户省国税局定点联系企业的日常数据管理维护，联合莆田市地方税务局清理核实全市2014—2015年度106户国家税务总局定点联系企业、4户省国税局定点联系企业名册基础信息，辅导全市12户次定点联系企业保质、按时完成“2012年度税收遵从报告”；履行风险管理职能，在总结近两年风险管理考核经验的基础上，重新修订《2013年度全年大企业税收风险管理考核细则》，促进全市大企业风险管理工作的有序开展。

【个体税收】 全市个体税收纳税人33050户，累计入库税收18371万元，比2013年的16987万元增加1384万元，增长8.15%。落实“为民、惠民、利民”政策，进一步扶持弱势群体和个体经济发展，全年累计免征个体工商户税款近8900多万元。

税收法治

【税收执法信息化建设】 做好税收执法管理信息系统的运行管理工作，坚持多层次全方位的预警信息跟踪处理机制，税收执法管理信息系统全市申辩调整前执法正确率达到了99.78%，居全省第二；衡量执法质量的“执法考核工作总量综合评分指数”达到0.9998，居全省八个设区市首位。

【执法过错追究】 落实人机结合的执法过错责任追究制度，在执行税收执法管理信息系统自动追究结果的同时，对各类检查发现的问题一律进行责任倒查，通过设立目标管理考核的硬性指标，鼓励各基层单位挖掘计算机考核不到的执法过错线索，开展人工追究。全市全年通过执法考核系统以及各种方式的人工追究，共追究执法过错责任330人次，其中：批评教育113人次，责令书面检查21人次，通报批评5人次，经济惩戒191人次，13580元。

【执法责任制】 2014年7月，组织人员对全市各县（区）国税局2013年以来政策落实和税收执法方面的29项内容开展检查，共发现各类问题240户次；9月，开展税收执法管理信息系统疑点数据的核查工作，筛选2013年1月至2014年5月期间的疑点数据，实地核查疑点数据2763条，确认执法过错行为1425条，补税24.8万元，滞纳金1.4万元，退税3.4万元。配合省国税局完成涵江区局局长刘勇的任中审计工作，开展对国务院出台的稳增长促改革调结构惠民生政策措施落实情况的专项自查工作。全年全市执法考核工作总量综合评分指数在全省八个设区市排名第一。

【法治建设】 2014年4月，莆田市第47次市政府常务会议研究通过《莆田市进一步加强税收保障的暂行办法》。该办法由总则、税收监控、护税协税、委托代征、考核及法律责任和附则六个部分组成，共六章三十六条，自2014年4月8日起施行。办法详细规定了财政、审计、国土资源、工商、公安、法院及人力资源社会保障等22个部门共41类涉税协作项目的具体要求，并以清单格式体现，一目了然，便于查阅。同时，明确提出对税收保障中成绩显著的有关单位和个人给予表彰奖励，对税收保障工作不力

▲2014年8月26日，全省国税系统《涉税业务规程（2014修订）》专家研讨会在莆田召开。

▲2014年12月17日，莆田市委书记周联清（左四）在莆田市国税局驻行政服务中心窗口调研。

的有关部门、单位和个人给予相应处理。

纳税服务

【12366纳税服务热线】 落实12366纳税服务热线转办单全程管理、及时回复、限时办结的责任制。2014年全市共受理12366转办、外网平台、各级举报投诉电话的登记投诉工单4条，其中办税服务类3条，权益保护类1条。

【门户网站】 全市综合服务平台共解答各类业务问题 2108个。

【办税大厅建设】 按照标准统一、功能整合、运转协调的要求打造纳税服务平台，全市每个办税服务厅均设立办税服务区、咨询辅导区、自助办税区、填单示范区、公告宣传区和等候休息区六个区域，并对环境建设、服务态度、办税服务、咨询服务提出统一要求，将办税服务厅建成为一个集办税服务、税法宣传、咨询辅导、基础管理、权益保护以及征纳沟通等多种服务于一体的实体化综合服务管理场所。建立办税大厅巡查制度、领导值班制度。对办税服务厅人员加强管理，强化办税厅人员服务意识。

【个性化服务】 自行开发“纳税服务规范管理系统”，并被福建省国税局在全省推行。通过该系统全年共办理业务164401件，其中办理首问登记164401次，一次性告知348次，缺件登记33次，免填单3738次，打印受理单169次，打印税前提醒2310次，受理纳税咨询2015次，受理纳税人投诉23次。全面推行营业执照、组织机构代码证、税务登记证“一表登记、三证合一”登记制度，打破区域界限，是实现税务登记“同城通办”办税模式后又一重要便民创新举措。全面落实“一窗通办”，对办税服务厅的办税流程进行优化升级，推行“全职能综合服务窗口”，所有窗口均可受理纳税人申请的各类涉税事项，并利用排队叫号系统，统一取号，规范受理，是实现窗口资源的优化配置，提高服务效率，大大降低纳税人排队等

待时间。扩大免填单业务范围，对部分涉税事项，纳税人可以不填写申请表格，直接由办税服务厅窗口受理人员根据纳税人提供的证明资料或其口述，依托CTAIS系统，采集相关涉税申请信息，打印出制式文书或代其填写表格，再由纳税人核对、签章，免填单的业务范围基本上涵盖纳税人日常经常办理的涉税事项。

【投诉与反馈】 通过12366纳税服务热线和受理来信的途径，共处理涉税举报4起，处理对办税服务的投诉3起，权益保护类1起，均按照规定对税收违法行为进行处理，并追究责任，纳税人满意率达100%。

【涉税事项办理】 莆田市政府审批中心国税窗口2014年办理税务登记业务7808户，其中：新办单位纳税人3272户，个体经营纳税人1868户，临时经营纳税人104户。办理税务登记证内容变更1989户，未涉及税务登记证内容变更的575户。

税务稽查

【税务稽查概况】 全市稽查查补税收收入20767万元，入库20571万元，入库率达99.06%。其中稽查机构实施检查23户，有问题户数23户，选案准确率达100%，已结案17户，结案率74%，查补总额14669万元，其中税款13583万元，滞纳金775万元，罚款311万元，入库14473万元，入库率达98.66%，入库收入比2013年同期的6525万元增加7948万元，稽查查补收入占全市税收收入的2.08%；稽查机构组织企业自查收入6098万元。按查补税款金额统计，查补税款100万元以下的6户，100万～500万元以下的4户，500万～1000万元以下的4户，1000万～5000万元以下的3户；按违法性质统计，不进行纳税申报案件4户次，发票违法3户次，其他案件10户次；按企业类型统计，内资企业16户，港澳台商投资企业6户，外商投资企业1户。

【专项检查】 重点开展房地产及建筑安装企业、办理出口退（免）税企业、股权转让的单位、地方商业银行、“高污染、高能耗”及产能耗及产能过剩企业等五类检查项目。全市开展自查企业户数371户，自查有问题户数65户，自查税款6097.94万元，税款全部入库。其中：房地产及建筑安装企业自查补税320.92万元，办理出口退（免）税企业自查补税1234.38万元，股权转让的单位自查补税69.90万元，地方商业银行自查补税4387.74万元，“高污染、高能耗” 企业自查补税85.00万元。下户重点检查企业16户，查补入库14266.34万元，其中：增值税458.71万元、企业所得税12938.31万元，滞纳金608.27万元、罚款261.05万元。选案准确率达100%，入库率达100%。

【大案要案】 全市国税稽查部门共查结11件100万元以上的大要案，其中涉及房地产业8件、外贸出口企业2件、建筑安装企业1件，查补税款6678.5万元，罚款227.62万元，滞纳金222.54万元，共计7128.66万元。

【案件协查】 设有6个协查节点，共发出委托协查函件18件，涉及增值税专用发票49份，涉及金额 671.8万元、税额 102.21 万元，已全部收到委托协查回函，其中无法核实16份，正常17份，有问题16份，委托协查准确率为32.65 %；收到受托协查函件79件，涉及增值税专用发票263份，涉及金额4901.2万元，税额723.12万元，已回复260 份，其中：正常89份，无法核实130份，有问题发票41份，准期回复率达100%。2014年手工委托发出协查10件，涉及发票55份，涉及金额590.01万元、税额100.30万元。已全部收到回复，均回复为正常票，回复率为100%。

【案件举报】 全市共受理举报案件54件，其中转地税部门3件。应结案53件，已结案53

件，结案率100%，查补入库合计19.94万元，其中税款14.85万元，罚款3.48万元，滞纳金1.61万元，入库率100%。

【稽查管理】 全市稽查人员35人，其中男30人，女5人；党员30人，占85.7%；研究生1人、大学本（专）科34人，大学本（专）科以上学历占100%；35岁以下2人，35至45岁13人，45岁以上20人；拥有律师资格证书的1人次；注册税务师1人次；全市稽查机构配备汽车3辆，复印机11台，传真机5台，摄像机3部，照相机5架，扫描仪4台，计算机111台，其中便携式计算机38台。

信息化建设

【网络机房建设】 2014年全市共计投入143550元。其中：投入98930元购置网络设备4台；投入44620元购置UPS电池组3套。

【计算机等硬件配备】 共计投入817422元，其中：投入567840元，购置台式计算机157台；投入153122元，购置26台便携式计算机；投入7320元，购置2台扫描仪；投入81940元，购置70台打印机；投入7200元，购置移动存储设备18台。

【数据安全】 按照国家税务总局、福建省国税局统一部署安装了桌面防护体系、入侵检测系统以及安全审计系统等。

【运行维护】 共提请后台数据维护186条，通过莆田市国税局审批并上报福建省国税局维护的79条维护请求，其中属于前台操作差错的49条占上报省国税局差错率的62%。其他的各项运行维护工作按照要求有条不紊地开展。

【金税工程】 组织防伪税控企业领用的增值税专用发票进行清理，全市共清理636户次，防范失控票的发生，下半年根据福建省国税局的要求做好失控发票核实工作；同时按照岗位职责和规定时限，对金税工程运行指标实行“按月通报、全年总评”，并把责任落实到人，全市专用发票失控率、专用发票采集率、审核检查按期完成率和税控系统服务质量满意率均排在全省前列。

【软件开发使用】 先后组织开发“纳税服务规范管理系统”“绩效考核指标监控系统”等系统，并通过全省软件评审验收，均已在全省国税系统推广使用。对“营改增”管理信息系统进行升级完善，增加了多个风险监控指标，该系统被国家税务总局推荐在江西、湖南国税系统推广使用。

机构队伍

【机构设置】 莆田市国税局机关下设办公室、法规科、货物劳务科、所得税科、收入核算科、征管科、纳税服务科、财务科、人教科、监察室、国际科、出口退税科、机关党委办公室、离退休干部科、信息中心、服务中心、培训中心等17个部门，下辖仙游、荔城、城厢、涵江、秀屿等5个县（区）国税局和大企业税收管理局、稽查局等2个直属单位。仙游县局下设办公室、人教科、监察室、收入核算科、财务科、法规科、税政科、征管科、信息中心、纳税服务科等10个部门，下辖税源管理第一分局、第二分局、第三分局、第四分局、第五分局等5个分局和稽查局等1个直属单位；荔城、城厢、涵江、秀屿等4个区局分别下设办公室、人教科、监察室、收入核算科、财务科、税政科、征管科、信息中心、纳税服务科等9个部门，分别下辖第一分局、第二分局、第三分局、第四分局等4个分局；大企业税收管理局下设办公室、收入核算科、税政科、征管科、纳税服务科、税源管理一科、税源管理二科等7个部门；稽查局下设综合科、综合选案科、检查一科、检查二科、检查三科、案件审理科、案件执行科等7个部门。各县区国税局第一分局负责除第二分局之外的一般纳税人企业，侧重于税源监控与分析；第二分局负责免抵退税企业和非增值税企业的管理服务，以税收风险管理为导向，侧重于对有关业务的核实；第三分局负责小规模纳税人（含个体户）的管理与服务，侧重于税收执法巡查；第四分局负责行业建模和执行纳税评估任务；仙游县国税局专设税源管理五分局负责古典家具行业税收的管理。

【人员编制】 截至2014年年底，全市国税系统总编制628人，其中：行政编制557人，事业编制71人。截至2014年年底，全市国税系统实有人员632人，其中：公务员585人，事业干部13人，工人34人。大专以上文凭599人，占总人数比例为95%。

表10　2014年莆田市国税系统各单位编制情况

单　位	编制数	行政编制	事业编制
市国税局机关	100	70	30
仙游县国税局	128	123	5
荔城区国税局	92	86	6
城厢区国税局	71	66	5
涵江区国税局	97	92	5
秀屿区国税局	65	59	6
湄洲岛国税局	43	34	9
市国税局稽查局	32	27	5
合　计	628	557	71

【班子建设】 处级领导干部中，3人次参加了国家税务总局举办的处级业务培训班；县（区）国税局（含直属单位）班子有10人次参加省国税局组织的科（局）长任职培训班和县（市、区）国税局长廉政教育专题培训班、1人次参加国家税务总局举办的县（区）局长进修班学习。通过竞争性考查方式，选拔2名年轻优秀的干部到县（区）国税局、市国税局稽查局任班子副职。从市国税局机关科长中选派1名综合素质高、业务能力强的同志到县（区）国税局担任正职，对2名县（区）国税局正职、2名县（区）国税局班子副职进行调整和交流。

【人员招录】 新招录1名军转干部、9名公务员。

【竞岗交流】 采取竞争性考查方式任用科级领导职位4名（其中正科3名，大副科1名），对退休前一年的干部，经考核共提拔晋升主任科员2名。同时，配合省国税局做好1名副调研员的选拔工作。

【纪检监察】 厘清党风廉政建设责任主体，将落实主体责任任务分解细化，把落实党风廉政建设责任制列入年度绩效管理项目进行测评考核。规范廉政档案管理，建立贯彻落实中央八项规定精神和转变作风方面自查情况报告制度，对“四风”问题，布置整治，抓好纠改。开展“三察”工作，共组织明察暗访11项次，下发督查通报4期。回应税户诉求与关切，落实处理“12345市长热线”民生投诉46件和电话投诉5件；参加领导做客《壶兰监督》直播间，现场接受主持人、网友、听众的咨询投诉，畅通税企征纳关系。全年共开展3次执法监察，发出监察建议书6份。全市国税系统2014年“三公”经费及会议费支出同比均大幅下降，公务出国经费零支出。查处信访举报件，全年共核实信访件11件，对其中经核实基本属实或部分属实的，给予适当处理纠正2件2人，转立案1件，给予行政记大过处分1人。在市纠风办依托“莆田民评网”组织的全市第一轮党风政风群众评议中，市国税局获得自评单位执法类单位第一名。推广应用“内控促廉管理信息系统”，针对推行税源专业化管理改革后税收风险在各职能部门转移的情况，实行动态校正，及时防控，全市国税系统内控机制良性运行，事中核查率和事后核查率均为100%，获得省国税局“内控促廉管理信息系统建设、推广和运行工作”集体嘉奖，三位同志获个人嘉奖。持续开展阳光税权专题活动，先后在混凝土、工艺美术、房地产、医药零售、建筑用石等行业的税收管理中，有机融入“推行阳光税权，防控廉政风险”理念要求，紧扣税收热点难点，规范行业管征，强化监督制约，实现了执法规范、税收增长、政府满意、纳税人服气的“多赢”局面。严格按照《国家税务总局党组关于进一步加强纪检监察部门查办案件工作的意见》。

【廉政教育情况】 组织全市国税系统干部职工学习与市检察院主编的警示教育读本《镜诫》一书，并与市检察院联合开展“廉政教育月”系列活动。执行《福建国税廉政文化教育平台维护运行管理办法》，专人负责更新维护，全年共对相关栏目更新61项；组织参加廉政文化教育平台相关知识在线测试；不断更新市国税局“廉政网”，传达与反腐倡廉有关的法律、法规、文件和信息，用身边的违法违纪案件和正面先进事迹进行深刻的反腐倡廉“双示”教育；做好莆田市反腐倡廉网国税负责工作站或栏目的信息更新维护和共建工作，发布信息工作继续稳居全市前列。荔城区检察院与荔城区国税局共建廉政教育基地。协助省国税局编印《福建国税内控促廉管理信息系统》等工作手册；每月编发一期有质量的纪检监察信息专报，报送省国税局和市纪委监察局；征选优秀廉政文化作品，向省国税局廉政基地选送廉政主题作品2幅，选送4幅参选省国税局廉政文化作品集；编制莆田市的廉政教育课程体系，上报省国税局3个讲稿、课件及影像材料；开展以“自律与他律”为主题的辩论选拔赛，协助省国税局做好初赛工作，获得优秀组织奖，市国税局组织创作的1个漫画在市纪委获奖，在省纪委网站发表。

【廉政制度建设】 根据《中共福建省国家税务局党组纪检组转发驻国家税务总局党组纪检组关于加强领导干部婚丧喜庆等事项报告的通知》，对全市系统国税人员操办婚丧喜庆等事项监督管理的制度进行规范。推进“马上就办”活动，落实“三个服务”“三个实在”“三个禁止”的要求，下发关于深化“马上就办”行动的通知规章制度。出台《莆田市国税系统2014年党风廉政建设任务责任分解意见》《莆田市国税系统2014年纠风工作实施意见》。

▲2014年9月25日，全省国税系统为民务实清廉先进事迹巡回报告会在莆田召开。

【税务执法监察】 针对税收执法权、行政管理权等重点岗位和关键环节，组织开展3次执法监察，发出监察建议书6份，督查县（区）国税局整改，做到与“三察”和贯彻落实中央八项规定工作同开展、同整改、同落实。开展清理参与高利放贷活动，全系统633名国税人员均填报自查报告，清理对象达100%，没有发现有上述违规行为。开展党员干部参与“两违”情况专项督查，对全市系统干部职工及其亲属或以他人名义参与的“两违”行为进行清查，全市系统干部职工全部自查申报，没有发现“两违”行为。规范国税人员操办婚丧喜庆等事项监督管理，全市系统2014年共有36人次按规定报告报备了操办婚丧喜庆事宜。深化内控促廉，通过执法监察及其子系统共发现疑点1172个，监察立项1172个，办结1172个；推广应用“内控促廉管理信息系统”，通过内控促廉系统共发现风险疑点2560件，其中：事前预警109件，事中监控103件，事后核查任务2348件。市国税局对内控促廉系统运行管理情况共通报12次，事中和事后风险事项核查率均达100%，名列或并列全省第一，获得省国税局好评。市国税局监察室获得省国税局“内控促廉管理信息系统建设、推广和运行工作”集体嘉奖，三位同志获得个人嘉奖。

【案件查处情况】 2014年全市共收到群众来信来访件11 件，共处置线索11件，比2013年的16件减少5件。其中：省国税局交办8件，市纪委交办2件，其他1件。初核10件（因线索不明作为“了结类”1件），涉及监察对象10人，办结10件。经核实，失实7件，基本属实或部分属实2件，给予适当处理纠正2件（1人降职、1人下发监察建议书），转立案1件，给予行政记大过处分1人。从信访的内容及特点看，2014年全市国税系统纪检监察信访总量呈下降趋势，主要反映副科以上干部违反廉洁自律行为和其他检控类问题，11件中涉及副科级以上问题的有8件，占72.72%；越级信访问题仍然比较突出，11件举报件均为上级和地方纪委交办件，占总量100%。11件中有3件反映干部为税不廉问题，占27.27%；匿名举报的占很大比重，达82%。全市国税系统全年共立案1件，给予行政记大过处分1人，扣发绩效奖金1860.90元。

【教育培训】 举办各类培训班10期（其中：委托莆田税校举办四期培训班），累计培训人员675多人次。

【巡视督察与审计】 成立莆田市国税局巡视工作领导小组。配合福建省国税局巡视组对涵江区国税局领导班子及其成员进行巡视。2014年12月8—12日，市国税局派出巡视组对荔城区国税局领导班子及其成员进行巡视。

【扶贫帮困情况】 组织干部职工开展关爱老人、关爱农民工、关爱残疾人、关爱未成年人志愿服务活动，为他们解决生活难题、心理抚慰、学习成长等提供力所能及的帮助和服务。开展无偿献血、春运志愿服务、扶贫助弱、生态文明建设等志愿服务活动，组织更多的干部职工参与到志愿服务活动中。全年通过结对子、城乡共建等活动积极为贫困学生、老弱病残、孤寡老人、贫困家庭等累计捐款31.40多万元。

【文体活动情况】 建立马克思主义学习园地，开展“藏好书、读好书、品好书”活动。荔城区国税局、城厢区国税局举办“我们的生日会——相约户外”活动，增进交流。

【文明创建情况】 做好省第七届文明行业总评工作，市国税局机关通过窗口实地考察、收集创建资料、制作宣传图册、问卷调查等方式进行第七届文明行业总评。全市国税系统6个县（区）级单位全部通过第十二届省级文明单位验收，荔城区国税局纳税服务科被授予省级青年文明号，城厢区国税局纳税服务科被命名为“福建省示范青年文明号集体”。 市国税局国际税务管理科李国清入选全国为民务实清廉先进典型，并参加省国税局组织的全省各地市国税局先进事迹巡回报告。开展道德讲堂、文明餐桌行动、文明交通劝导、开展网络文明传播志愿服务等活动。

【思想建设】 开展党的群众路线教育实践活动，市国税局党组中心组坚持每月一次集中学习制度；全体党员干部深入学习党的十八大、十八届三中、四中全会和习近平总书记系列讲话精神，学习党的群众路线重要论述，市委六届六次、七次全会精神，《共产党宣言》《马克思主义哲学十讲》《改革热点面对面》等书籍；组织学习古田会议、才溪乡调查精神和焦裕禄精神，开展向郭爱莲、李国清、原鲁山等身边先进典型学习活动。局长黄亮明作以“马克思、恩格斯的《共产党宣言》和列宁的《十月革命》”为主要内容的辅导授课；组织开展“重温历史、缅怀先烈”党员教育活动，组织全体党员前往闽中革命烈士陵园，参观闽中革命史纪念馆，缅怀革命先烈的丰功伟绩，接受革命传统教育。

【组织建设】 开展党组书记抓基层党建工作述职评议考核。开展对各基层党组织班子发挥作用情况专项检查，重点检查党支部“三会一课”落实情况、领导干部参与专题组织生活会情况和党费收缴使用情况。开展党员民主评议工作。莆田市国税局机关党委于“七一”期间开展优秀共产党员和优秀党务工作者评选活动，表彰11位优秀共产党员和6位优秀党务工作者。市国税局机关党委增补党委副书记和机关第二党支部委员各1人，完成老干部党支部换届选举工作。市国税局机关及直属单位有4位预备党员按期转为正式党员，机关第二党支部和湄洲岛国税局党支部各发展1名新党员。截至2014年12月31日，市国税局机关党委下属的五个党支部共有党员138人，其中在职党员114人，占干部职工的83.82%；女党员30人，占党员总数的21.74%。市国税局机关党委被中共莆田市委评为先进基层党组织。有2位同志被市直机关党工委评为优秀共产党员和优秀党务工作者。

【党风廉政建设】 2014年2月，开展为期8个月的党的群众路线教育实践活动。共召开座谈会23场，约240人参加、走访企业40家、走访党政机关13个，发放征求意见函131封，收集意见建议122条，归类“四风”问题13项，制定出服务税户、服务基层、服务大局和规范机关管理四大类47条86项整改措施，确定“四风”制度建设计划35个，截至2014年年底全部完成整改任务。开展“三清三察三审”“三治”和“六个专项治理”等“四风”问题整治，严肃作风纪律。开展服务型党组织建设活动，做好结对帮扶老少边岛工作，为涵江区白沙镇东泉村重点项目建设和“三下乡”集中服务活动等提供帮扶资金14万元。组织干部开展道德讲堂、结对助学、无偿献血等文明创建活动，服务文明发展进步。

【工青妇活动】 莆田市国税局机关工会持续开展“职工之家”创建活动，开展职工“五必访”，对机关干部职工的疾病和困难，派人走访慰问。继续为机关干部职工上缴“职工医疗互助金”，解决干部职工的后顾之忧。全体干部职工参与“一日助”捐款9590元。开展“工人先锋号”创建活动，市国税局国际税务管理科被福建省总工会评为“省级工人先锋号”。市国税局机关工会被省总工会确认保持“省级模范职工之家”称号。市国税局机关青工委于4月完成换届选举。组织青年税工参与交通劝导、服务高考考生、关爱福利院儿童和孤寡老人、为两位患病学生捐款等文明志愿服务活动。市国税局国际税务管理科被团市委评为五四青年奖章集体。市国税局机关妇委会做好“妇女之家”创建工作，组织进行女性健康体检。通过开展“巾帼建功”活动，引导女税工围绕中心、提升素质、发挥优势、展示风采，一位同志参加市直机关“巾帼建新功，共筑中国梦”演讲比赛荣获三等奖。组织女税工参与“母亲健康1+1”捐助活动和结对帮扶贫困女大学生活动。开展“我们的节日”活动，组织女税工为春节值班人员包饺子、于端午节开展“粽叶飘香，自包米粽，欢度佳节，互赠祝福”活动。

【离退休干部工作】 全市国税系统共有离退休人员101人，其中离休人员1人，“5·12”退休人员1人，退休人员99人，平均年龄为71.67岁。2014年6月5日，莆田市国税局退休干部姚元金领队的莆田市直机关门球队在全国老年门球赛上获第一名。10月27日，市国税局选送王永涛等人的9幅书画作品参展第四届全省国税系统离退休干部书画笔会。12月9日，市国税局老干部党支部完成换届选举，庄朝晖、翁仕俊、曾丽华等3位同志为支部委员会委员，庄朝晖任支部书记。

▲2014年1月15日，福建省国税局副局长刘孟全（右二）带领省局慰问组到涵江区国税局慰问老干部。

行政后勤

【财务监督情况】 结合经济责任、开展财务内部审计、四费一资金专项审计对5个单位进行财务资金审计，共审计出管理不规范资金25.60万元，进一步规范各单位的财务核算，杜绝“小金库”问题的发生。

【基本建设情况】 2014年度全市国税系统基建投资428.65万元，其中：荔城区国税局综合业务用房基建项目投资179.65万元，2014年1月已竣工交付使用；城厢区国家税务局综合业务办公用房基建项目投资109.28万元，2013年10月已竣工交付使用；仙游县国税局鲤城分局综合业务用房基建项目投资139.72万元，2014年10月竣工交付使用。

【政府采购情况】 全市各级政府采购部门先后组织大、小项目采购56批次，采购金额324.84万元，节约资金44.75万元，资金节约率11.97%；其中莆田市国税局机关采购10批次，采购金额108.34万元，节约资金19.04万元，资金节约率为14.94%。

【固定资产管理情况】 2014年度全面盘查本系统所有出租出借的资产，对资产的处置和出租出借严格按规定程序报批，全市国税系统共计上缴处置及出租出借收入134.16万元，其中资产处置收入13.19万元，出租出借收入120.97万元，做到国有资产收入及时足额上缴。

【机关后勤制度建设】 2014年12月25日，出台《莆田市国税局接待管理办法》。

【财产管理情况】 2014年12月6日对莆田市国税局机关报废的固定资产进行拍卖，拍卖资产原值452571.5元，评估价9780元，实际拍卖价10327元。

（供稿：张明焕）

南平市国家税务局

税收概况

【税收完成情况】 全市国税系统累计完成各项税收收入447789万元，增收16470万元，增长3.82%，完成福建省国税局下达计划的100.02%。其中，税收直接收入408789万元，增收12570万元，增长3.17%；免抵调库收入39000万元，增收3900万元，增长11.11%。办理出口退税40999万元，减少4000万元，同比下降8.89%（详见表11）。

表11　　2014年南平市国税局税收收入完成情况

单位：万元

项　　目	税收收入	同比增加	同比增长（%）
税收收入	447789	16470	3.82
一、直接收入	408789	12570	3.17
1. 消费税	13334	-619	-4.44
2. 增值税	239012	2902	1.23
3. 车辆购置税	28801	-2103	-6.81
4. 企业所得税	127633	12340	10.7
5. 个人利息所得税	4	-11	-75.83
二、免抵调库	39000	3900	11.11

市本级累计完成各项税收收入153116万元，增收12641万元，增长9%，完成年计划的100.12%。其中税收直接收入142398万元，增收13857万元，增长10.78%；免抵调库收入10719万元，减收1216万元，下降10.19%。市本级地方级收入45608万元，增加7464万元，增长19.57%。

【各征收单位税收计划完成】 全市有五个单位实现正增长。开发区国税局增收12312万元，顺昌县国税局增长率为42.47%，分别为11个征收单位中税款增收额第一和增长率第一（详见表12）。

【税收占全省比重】 近6年来，南平国税税收收入占全省国税税收收入的比重逐年下降（详见表13）。

【税收时间分布】 按月看，呈波浪形起伏（详见图6）。按季度看，前三季度逐季回落，第四季度回升（详见表14）。

表12 南平市国税局各征收单位税收收入情况

单位：万元

单位	延平区国税局	开发区国税局	邵武市国税局	建瓯市国税局	建阳市国税局	顺昌县国税局	武夷山市国税局	浦城县国税局	政和县国税局	光泽县国税局	松溪县国税局
税收（万元）	105639	110554	48484	39848	34102	22158	23347	27403	16069	12037	8147
增收（万元）	-1479	12312	-7386	-191	-1718	6606	-1012	6260	2315	1647	-884
增长率（%）	-1.38	12.53	-13.22	-0.48	-4.79	42.47	-4.16	29.61	16.83	15.85	-9.79

表13 近6年南平市国税税收与全省国税税收情况

单位：万元

年度	南平市（亿元）		福建省（亿元）		税收增长率与全省差距（%）	南平市税收占全省比重（%）
	国税税收	增长（%）	国税税收	增长（%）		
2009	27.32	6.2	915	11.7	-5.5	2.99
2010	30.57	11.9	1088	18.9	-7	2.81
2011	35.25	15.3	1293	18.8	-3.5	2.73
2012	40.04	13.6	1477	14.3	-0.7	2.71
2013	43.13	7.7	1638	10.9	-3.2	2.63
2014	44.78	3.8	1795	9.6	-5.8	2.49
6年平均增长（%）		10.4		14.4	-4	

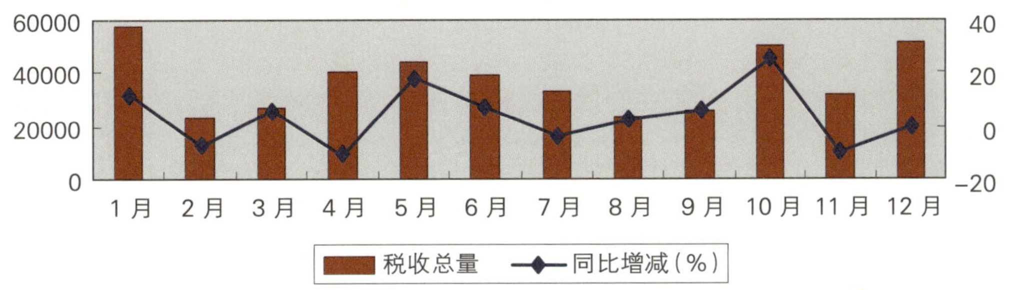

图6　2014年南平市国税局分月税收收入趋势图

表14　2014年南平市国税局分季度税收收入情况

单位：万元

时间	分季收入	2013年同期	增减	同比增减率（%）
一季度	107173	101915	525	5.16
二季度	124259	120010	4249	3.54
三季度	83014	82659	355	0.43
四季度	133343	126735	6608	5.21

【区域税收分布】 两个市辖区入库税收216193万元，增收10833万元，同比增长5.28%，占全市国税收入的48.28%，比2013年提高了0.67个百分点，主力作用明显（详见表15）。

【税收产业结构】 2014年，产业税收结构基本整体上保持稳定。第一产业比重基本保持原状，第二产业税收占全部税收的比重比2013年略有提高，第三产业则略有下降（详见表16）。

表15　2013—2014年南平市国税局税收区域分布情况

单位：万元

税款总量	单　位	2014年税收		2013年税收	
		入库税款	2014年占全市国税比重（%）	入库税款	2013年占全市国税比重（%）
5亿元以上	延平区、开发区国税局	216193	48.28	205360	47.61
3亿～5亿元	邵武、建瓯、建阳市国税局	122434	27.34	131728	30.54
2亿～3亿元	武夷山市、顺昌县、浦城县国税局	72908	16.28	61055	14.16
1亿～2亿元	光泽、政和县国税局	28107	6.28	24145	5.60
1亿元以下	松溪县国税局	8147	1.82	9031	2.09

表16　　近4年南平市产业结构与税收比重

单位：%

年度	2011年			2012年			2013年			2014年		
产业	一产	二产	三产	一产	二产	三产	一产	二产	三产	一产	二产	三产
GDP比重（%）	23.8	42.7	33.5	23.5	42.8	33.7	23.2	43.5	33.3	22	44.1	33.9
税款比重（%）	0.2	59.1	40.7	0.3	59.3	40.4	0.3	57.2	42.5	0.2	58.4	41.4

【税收行业结构】 全市共有14个入库税收直接收入在5000万元以上的行业，共入库税收326892万元，增收21209万元，同比增长6.94%，占全部国税收入比重的79.97%，增长2.82个百分点（详见表17）。

【税种结构】 增值税比重相对稳定，企业所得税比重保持稳步上升态势（详见图7、表18）。

表17　　2014年南平市税收直接收入5000万元以上行业情况

单位：万元

序号	行业	2012年	占全市收入比重（%）	2013年	占全市收入比重（%）	2014年	占全市收入比重（%）
1	商业	78439	21.47	86820	21.91	89765	21.96
2	电气机械和器材制造业	35429	9.70	43618	11.01	60930	14.91
3	电力、热力生产和供应业	39466	10.80	45930	11.59	47097	11.52
4	货币金融服务	19287	5.28	18702	4.72	24585	6.01
5	化学原料和化学制品制造业	20378	5.58	17264	4.36	19149	4.68
6	木材加工和木、竹、藤、棕、草制品	18462	5.05	19023	4.80	17140	4.19
7	房地产业	24450	6.69	24692	6.23	17013	4.16
8	非金属矿物制品业	14596	3.99	7916	2.00	10805	2.64
9	电信、广播电视和卫星传输服务	5189	1.42	4064	1.03	8375	2.05
10	酒、饮料和精制茶制造	7984	2.19	9135	2.31	7611	1.86
11	道路运输业	1243	0.34	8189	2.07	6380	1.56
12	食品制造业	8012	2.19	6288	1.59	6115	1.50
13	纺织业	6088	1.67	5644	1.42	5996	1.47
14	有色金属冶炼和压延加工业	6884	1.88	8397	2.12	5932	1.45
合　计		285906	78.24	305683	77.15	326892	79.97

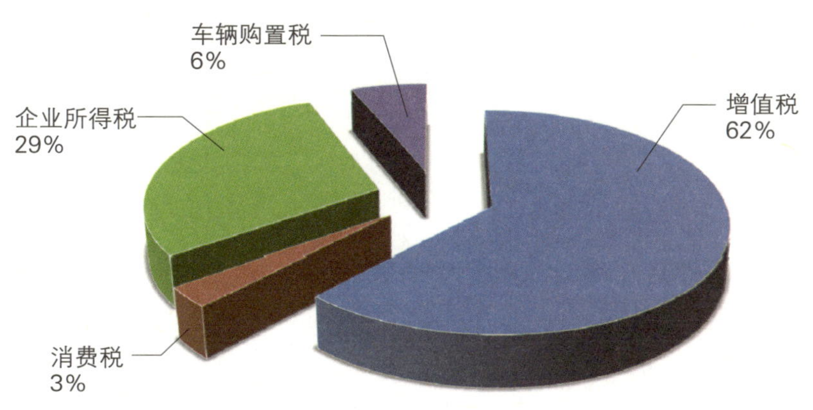

图7　2014年南平市国税局税收收入分税种比重

表18　2011—2014年南平市国税局各税种税收收入变动情况

单位：万元

年度	增值税（含免抵调收入）		消费税		企业所得税		车辆购置税	
	入库税款	占比（%）	入库税款	占比（%）	入库税款	占比（%）	入库税款	占比（%）
2011	218751	62.05	10924	3.10	96574	27.39	26181	7.43
2012	251290	62.76	12874	3.22	108351	27.06	27851	6.96
2013	271210	62.88	13593	3.15	115293	26.73	30905	7.17
2014	278012	62.09	13334	2.98	127633	28.50	28801	6.43

【税收收入分企业类型情况】 经济性质构成趋向多元化，以股份制经济为主导的多元化特征日趋明显。非公有制经济活力增强，比重提高，特别是股份制和外资经济带动了全市经济的发展（详见表19）。

表19　2011—2014年南平市国税局税收收入分经济成分结构情况

单位：%

年度	国有企业比重	集体企业比重	联营企业比重	股份公司比重	私营企业比重	外资企业比重	个体经营比重
2011	12.85	2.26	0.42	27.69	22.37	26.77	7.64
2012	13.20	4.05	0.59	29.43	23.36	20.07	9.30
2013	14.08	3.78	0.34	30.13	22.16	18.98	10.52
2014	14.00	4.38	0.40	31.03	17.77	22.43	9.99

【重点税源】 重点企业税收贡献作用显著，396户重点企业入库税收305585万元，增收42617万元，同比增长16.21%，占全市国税收入的74.75%，同比增长8.38个百分点。其中，57户核心重点企业（1000万元以上企业）税收增长较快，入库税收214496万元，同比增长20.62%（详见表20）。

表20　　2014年南平市100万元以上企业税收规模

年税款总量	户数	2014年税款（万元）	2013年税款（万元）	同比增长（%）	占全市国税比重（%）
100万～500万元	293	58006	53176	9.08	14.19
500万～1000万元	46	33083	31963	3.50	8.09
1000万～5000万元	52	98102	86895	12.90	24.00
5000万～1亿元	3	22902	18802	21.81	5.60
1亿元以上	2	93492	72132	29.61	22.87
合　计	396	305585	262968	16.21	74.75

税收法治

【重大案件审理】 全年共审理重大税务案件24件，重案审理率达22.86%。其中，维持初审意见 21件，改变稽查部门拟处理意见1件，移送公安机关3件。

【税收执法责任制】 做好税收执法信息系统的预警监控和申辩调整，加强防范纠错。每月定期对全市税收执法准确率进行通报，对多发、集中的执法过错行为进行分析，制定防范措施。将计算机考核和手工考核相结合，加大考核和责任追究力度，全年共追究过错责任157人（次）。2014年全省税收执法管理信息系统考核，南平市国税局调整前执法准确率为99.81%，调整后执法准确率为99.86%，位居全省设区市国税局第一名。

【执法督察】 对4个县（市、区）国税局开展年度重点税收执法督察和执法监察，纠正问题88项，补征或追缴税款及滞纳金41万元。向被督察单位提出工作建议9项，被查单位制定整改措施7项，责任追究364人（次）。组织核查税务总局、省局和市局下发的执法疑点数据37类共2716条，确认过错1377条并全部整改完毕，查补税款及滞纳金76.4万元，罚款0.3万元，退税5.4万元。

【税收政策调研】 开展税收优惠政策促进福建省产业发展的效应、税务行政复议规则实施情况、促进民营经济发展、税务行政处罚裁量权的实施情况等课题的调研，撰写调研文章，得到省国税局的肯定。

征收管理

【征管改革】 实行税源专业化管理，取消税收管理员个人管户制度。按照基础事务和专业事务划分职责，全市设立了12个基础事务分局和33个专业事务分局，从事纳税评估的人员占到税收管理员总数的2/3以上。机关科室向扁平化、实体化方向转变。实施税收风险管理，市、县两级分别设立税收风险分析监控中心，统一负责税收风险分析监控和风险识别工作，由基础事务分局与专业事务分局按照不同风险等级分别负责风险应对。

【征管服务一体化建设】 为促进税收征管与纳税服务的有机结合，实现“两提高、两降低”的目标，提出开展征管服务一体化建设的工作思路。在具体落实上，明确两条工作主线：一条是以税收风险管理为核心开展一体化建设，一条是以办税服务厅为平台开展一体化建设。结合“便民办税春风行动”，将征管服务一体化建设细化为推行评估结果分级审议机制、开展最佳纳税服务厅评选活动、组织业务练兵考试等20项具体工作。

【税收风险管理】 制定《南平市国家税务局税收风险管理操作指引》（试行）、《推行编写税收风险应对工作报告管理办法》（试行）和《税收风险应对任务纳入市局风控管理平台管理办法》，理顺税收风险管理工作职责和流程。划分税收风险等级，实行差异化和递进式管理。拓宽风险推送范围，将二级风险中的重要事项纳入推送范畴。推行评估分级审议及回退机制，晾晒纳税评估报告，保证风险处理结果科学、透明、可靠。建立高风险名单库，将虚开增值税发票、虚开进项抵扣凭证、出口骗税高风险行业和纳税人收入名单库，全年共将131户纳税人纳入高风险名单。创新风险应对理念，对低风险尝试通过短信平台向纳税人提示，让纳税人自行更正申报、消除风险，为风险防控增设安全网。2014年，共下发风险推送14期，县（市、区）国税局推送1293户（次）。通过开展风险应对，纳税评估全年共入库税款1.51亿元。

【信息管税】 加强数据平台建设，探索科

▲2014年12月26日，南平市国税局局长王良辉（左二）深入纳税人生产一线调研生产经营情况。

技管税、信息管税新路子。根据省局要求，在全省范围内推广应用市局自主开发的“纳税人信用等级评定系统”和“缺件备忘系统”。研发应用“税收风险分析监控中心网上工作平台”，具备税收风险分析、识别、风控任务推送展示、应对结果反馈的基本功能，还可为基层局提供数据分析定制功能，方便市、县两级税务机关对全市风控管理情况的掌握。

▲2014年6月1日，中国铁通集团有限公司南平分公司在电信业“营改增”后成功开具第一张通用机打发票。

【大企业管理】 开展大企业税收风险评估，税收风险管理工作严格按照企业自查、风险评估和初审、税务审计、总结反馈等工作流程，采取国地税局联合、多部门协作、税企合作的方式开展，共补税款688.51万元。其中，增值税615.52万元，企业所得税72.99万元。按照《国家税务总局关于开展中国石油天然气集团公司等8户企业集团税收风险管理工作的通知》文件和《国家税务总局办公厅关于中国石油天然气集团公司等8户企业集团税收风险管理工作组织安排的通知》要求，对南平石油分公司、南平农业银行及农行营业部开展审计和稽查，共补税款146.96万元。

各税管理

【增值税管理】 从税源基础管理入手，以茶产业税收管理为重点，探索开展增值税行业管理。制定《关于加强茶产业税收管理工作的意见》，以大中型茶企业为重点加强管征，采取分类管理、生产要素信息采集与数据比对分析、高风险企业重点突破等措施，监控税收流失。2014年，全市茶产业生产加工行业增值税入库税款5301.01万元，增长2.37万元，增幅由上半年的-21.35%，扭转为0.04%。年入库增值税超过30万元的企业由2013年的28户增至34户。加强农产品增值税进项税额核定扣除的后续管理工作，在11户食用菌加工业企业中推行核定扣除申报，针对已推行农产品进项税额核定扣除的企业，实施进项税额抵扣清算。完成第二期农产品核定扣除企业清算工作，共清算企业22户，发现问题8户，进项税额转出378.86万元。

【“营改增”试点】 开展对铁路运输、邮政服务、收派服务与电信业的131户企业的“营改增”试点。着重做好试点纳税人的界定和确认、纳税人信息录入、一般纳税人资格认定以及税负测算工作，各试点行业均顺利实现了首月开票与次月申报成功。开展“营改增”政策效应分析，明确管理风险点和对策，防范税收风险的发生。截至2014年，“营改增”试点纳税人共4360户，实现增值税14955.51万元，较2012年试点启动时期增加2259户，增幅107.52%。

【企业所得税管理】 企业所得税征管户数为17169户。其中，查账征收户15332户，占总户数的89.30%，核定征收户1837户，占总户数的15.17%，同比下降4.47%。企业所得税全年入库127633万元，同比增长10.72%，是全市唯一实现两位数增长的税种。完成2013年度所得税汇算清缴工作，汇算面达99.56 %。汇算清缴实际应纳所得税额合计10.02亿元，比2013年增收1.38亿元，增长 15.97 %。确定房地产开发企业、信用社（农商行）为所得税管理重点行业，组织开展专项评估，入库所得税9793.05万元，入库率100%，占当期入库所得税的7.97%。其中，房地产行业入库税款7805.94万元，信用社入库税款1987.11万元。通过与土地、工商、财政等部门的信息交换，获取并利用第三方信息，做好资产投资、股权转让、政策性搬迁、财政性补贴等收入的管征工作，加强对企业所得税特殊事项的管理，共入库所得税1650万元。

【出口退免税管理】 进一步优化退税服务，简化工作流程，加快退税进度，做到审核、审批、退税“三及时”。2014年，全市303户出口企业（生产企业259户，外贸企业44户）申报出口货物86594万美元，减少2553万美元，下降2.86%。累计办理出口退（免）税8亿元（人民币，下同），减少100万元，同比下降0.125%。其中，办理出口退税4.1亿元（生产企业退税28239万元，占全市退税总额的68.86%，外贸企业退税12769万元，占全市退税总额的31.14%），减少4000万元，同比下降8.88%，办理免抵调库3.9亿元，增加3900万元，同比增长11.11%。按季度开展出口退税预警分析，共筛选29户企业推送给各县（市、区）局进行评估，入库税款165.02万元。对28户木制家具企业开展退（免）税专项风险应对，评估入库税款30.46万元，稽查入库税款5.5万元。做好税收函调工作，全市累计发出调查函36份，涉及计税金额6161.6万元，涉及退税额824.78万元，收回函件33份，回函有问题3份，涉及退税额135.6万元。

【国际税收管理】 加强非居民企业税收管理，全市入库非居民企业所得税16412万元，增收15374万元，同比增长14.81倍，拉动税收增长3.57个百分点。落实《非居民享受税收协定待遇管理办法（试行）》，审查非居民申请享受税收协定申报的有关材料，执行协定优惠审批程序。审批非居民企业享受税收协定待遇1 户，减免税款316.8万元。开展反避税调查及基础工作，利用2013年度企业所得税汇算的契机，督促居民企业及时关联申报，并对企业的申报质量进行分析核实。

【增值税专用发票管理】 以增值税专用发票“存根联采集率、核查按期完成率、失控率”考核为依托，抓好金税工程的日常管理，全年“三率”考核综合成绩并列全省第一名。开展已认证失控发票异常信息核查，共核查异常发票90份，补税70.25万元。开展稽核异常发票核查工作，共受理核查任务252个，查补税款106.34万元，进项转出130.71万元。开展海关缴款书“先比对后抵扣”的推行工作。

【消费税管理】 加强消费税征收管理，及时掌握消费税税源分布及变化情况。提高消费税涉税信息数据采集质量和效率，将消费税涉税信息采集纳入绩效考核。2014年，市局共征收消费税1.3亿元。

【车辆购置税管理】 加强车辆合格证电子信息应用，完善《车辆购置税完税证明》管理，组织对《车辆购置税完税证明》开展自查。加强与交警部门的信息交换，并对2013年征收情况进行抽查。2014年，入库车辆购置税2.8亿元，减收2103万元，同比下降6.81%。

纳税服务

【服务经济大局】 全年累计兑现各类免、

抵、退税款13.73亿元，占全市国税收入的30.67%。其中，通过落实小微企业税收优惠政策，共为1645户小微企业减免增值税322.47万元，3832户企业享受小微企业所得税优惠，减免所得税1475.87万元，优惠面达100%。通过“营改增”扩围，落实结构性减税12087.79万元，试点纳税人税负降低企业有4294户，减负面达98.49%。向南平市委、市政府报送“营改增”政策影响、林业资源综合利用、促进小微企业发展等重大税收政策专题调研报告十余份，为其科学决策提供参谋服务。市国税局纳税服务科被市委、市政府评为“南平市服务发展最佳科室”。

表21　2014年南平市国税局税收免、抵、退情况

单位：万元

免、抵、退领域	税收优惠金额
增值税转型	18122
“营改增”	12088
出口退税	41000
免抵调	39000
所得税	18775
资源综合利用	5507
残疾人	1473
月销售额2万元以下的小微企业	1378
合　计	137343

【完善服务机制】 建立“办税服务厅+职能科室”的大服务格局，推行涉税事项“统一受理、内部流转、限时办结、窗口出件、信息共享”的“一站式”办税服务模式，即办事项当场办结，非即办事项按规程内部流转，限时办结。推行“同城通办”，在全市11个县（市、区）国税局实现申报征收、发票购销、代开发票、税务咨询、违章简易处罚等五类业务的通办，解决纳税人办税“多头跑”的问题。打造“全职能窗口”，推行“一窗通办”，纳税人办理不同涉税业务，无需在多个窗口排队。建立急件挂号督办应急机制，对纳税人确需急办的非即办事项，按“窗口受理、实时流转、提前出件、事后监管”的方式优先办理。为纳税信用为A级的纳税人开通绿色通道，优先办理涉税业务。

【创新服务内容】 在全市范围内开展“最佳办税服务厅”评比活动，激发服务意识。增加即办事项至126项，扩大“免填单”服务范围。启用“易拍仪”，取消纸质资料流转，简化涉税审批流转环节。推行缺件备忘系统，为纳税人提供“先办后补”服务。开发应用“一次性告知”系统，结合首问责任制的落实，解决纳税人办税“重复跑”的问题。加强数字化、信息化办税服务厅建设，引入LED电子显示屏、电子导税触摸屏，最大程度上为纳税人提供便利。推行“任务管理与服务回访系统”，统筹、规范下户管理和服务回访，减少进户执法次数，通过电话主动向纳税人了解下户人员的服务态度和廉政情况。自2014年6月实施至年底，全市国税系统下户服务回访共1604户，满意1601户，基本满意3户，满意率达100%。在南平市“反四风·树正气·促发展，打造优质服务软环境”暨深化五评十推活动中，“缺件备忘”特色服务举措被评为“南平市打造优质服务软环境十佳举措”。

【纳税咨询辅导】 构建12366纳税服务热线电话咨询、网站咨询和现场咨询“三位一体”的纳税咨询服务格局。融入信息化潮流，应用国税微信公众平台、税企联系QQ群、短信平台系统等多媒体工具，受理、解答纳税人的疑问，缩短税企沟通距离。2014年共解答各类咨询31181条。

【纳税人权益保护】 建立税法咨询维权中

▲纳税人体验快拍仪带来的便捷办税服务。

心，负责受理、调查、处理、反馈纳税人维权事项，全年共受理各种诉求66件，并均按规定完成处理和反馈。探索柔性执法模式，运用调解、和解方式解决日常性行政争议，将执法争议化解于萌芽状态，为行政复议和诉讼设置缓冲带。向纳税人宣传通过正规渠道解决涉税争议的方法，提高税务机关的公信力，增强征纳双方互信。2014年，全市国税系统继续保持无行政诉讼的记录，6个县（市、区）国税局实现纳税服务零投诉。

税务稽查

【稽查概况】全市稽查人员共104人，占全市国税人员的比例为10.43%。其中，市国税局稽查局28人，县（市、区）稽查局76人。2014年，共检查纳税人121户，查补税款6137万元，入库税款5720万元，查补入库税款占全市工商税收收入总额（不含免抵退税和车辆购置税）的1.5%，同比增长3%。选案准确率为100%，结案率为93.4%，税款入库率为93.2%。

【专项检查】 有针对性地确定指令性项目：房地产及建筑安装企业、办理出口退（免）税的企业和股权转让的企业。指导性检查项目为：地方商业银行、“高污染、高能耗”及产能过剩企业和其他行业。重点开展对税务总局和省局部署的重点税源企业——中国建设银行股份有限公司南平分行的专项检查，科学组织铁路运输和邮政服务业“营改增”专项检查。全市累计开展专项检查70户（次），发现问题62户，结案37户，移送司法机关2户，累计查补各项税收收入4971.43万元。

【大案要案】 与南平市公安局经侦部门联合开展打击虚开增值税专用发票、骗取出口退税专项行动，先后成立多个联合行动专案组，成功攻破建阳市对外贸易有限公司、建瓯市迪尔达服装织造有限公司、邵武一舟贸易有限公司、福建省祖光燃料有限公司、邵武市兴杰煤炭有限公司等案件。全年共查结百万元大要案件11起，查补税款、罚款合计4396万元。“8·22”专案的成功查办，共查补税款2312.06万元，受到省国税局表扬。

【案件协查】 各级协查系统共发出委托协查70户次，发票份数351份，金额6766.91 万元，税额1150.38万元，委托协查共收到发票份数389份，收到正常发票147份，收到有问题发票22份、无法核实46份，已确定虚开174份，委托协查选票准确率为57.14%，已达到上级局20%的考核指标；受托协查27户次，受托协查发票135份，金额948.88万元，税额161.31万元，协查回复率100%。

【发票检查】 全年共查处发票违法企业121户，完成任务110%，查出非法发票6517份，税滞罚款合计4711.75万元。

【积案清理】 开展“稽查积案”大清理，以前年度遗留的50户案件中的46个案件已清理结案，清案率92%。

【检举受理】 共受理、登记检举案件39件，查处29件，转办1件，暂存2件，结案30件，到期结案率85.71%。查补税款662.85万元，罚款438.43万元，滞纳金32.63万元，合计1133.91万元，入库814.41万元。

机构队伍

【机构与编制】 南平市国税局按照行政区划设置，是主管南平市国家税收工作的行政机构，实行垂直领导管理体制，为正处级全职能局。下辖南平市高新技术产业开发区国税局、延平区国税局、邵武市国税局、建瓯市国税局、建阳市国税局、武夷山市国税局、顺昌县国税局、浦城县国税局、光泽县国税局、松溪县国税局、政和县国税局等11个正科级全职能局。其中：松溪、政和两县国地税机构未分设。全市系统共设有42个副科级基层税务分局。市局机关内设机构12个，级别为正科级，分别为办公室、政策法规科、货物和劳务税科、所得税科、收入核算科、纳税服务科（纳税服务中心）、征收管理科、财务管理科、人事教育科、监察室、大企业和国际税务管理科、进出口税收管理科；另设机关党委办公室、离退休干部科、税收风险分析监控中心，级别为正科级。市局直属机构1个，即稽查局，级别为副处级。市局事业单位3个：信息中心、机关服务中心，级别为正科级；福建省国家税务局南平培训中心，级别为副处级。截至2014年12月31日，南平市国税系统在编干部职工1006人，其中：公务员952人、事业干部11人、职工43人。其中女干部职工286人，中共党员699人，大专以上学历973人（其中博士研究生1人，硕士研究生及本科硕士学位12人）。全市国税系统共有离退休人员293人（其中：离休8人、退休285人），各类临时人员354人。

【人员招录及调配】 全市国税系统根据省局招录计划共招录公务员21名，干部职工调动8人，其中：调出7人（遴选到省国税局3人），调入1人。办理干部职工退休19人。

【选拔任用】 提任1名县级局局长，提任8名县级局班子副职和1名机关中层副职，其中选配了6名纪检组长，配齐了县

▲全市国税系统税收业务大练兵考试现场。

（市、区）局的纪检组长，县（市、区）局班子副职晋升主任科员5人，市局机关晋升1位主任科员、5位副主任科员，1位机关科长转任主任科员。有4个县（市、区）局选任了10位中层正职，4位年龄较大、任职时间长的中层正职转任副主任科员。

▲2014年9月4日，南平市国税局副局长林少校（右）参加“中国·南平”领导访谈。

【党的建设】 配齐配强了基层党组织班子，开展整顿软弱涣散基层党组织工作。落实党内组织生活制度，推进机关党务公开工作，以党务公开加强党内监督，规范权力运行。坚持党建带“三建”的指导方针，推动机关工、青、妇开展工作。2014年6月，南平市国税局机关被南平市委评为“第六届市直单位党建工作先进单位”。

【队伍建设】 以“健康、快乐、积极、感恩”为核心元素，推进干部队伍“五项建设”（即精神家园建设、领导班子建设、税收业务能力建设、骨干队伍建设、激励机制建设）。在南平市国税局网页开辟“精神家园”专栏，组织读书交流活动，开展“为民、务实、清廉”和“我和团队”为主题的征文比赛，举办全市国税系统乒乓球比赛。开展典型选树活动，全市共发掘27位先进典型人选。开展年轻干部思想状况调查，召开两场青年干部座谈会。加强业务技能培训，组织开展“全市税收业务练兵考试”。举办各类培训班16期，培训干部820人（次），选派24人参加税务总局扬州税务学院专业培训班。走访慰问“离、退、病、困”和有特殊情况的干部职工，全年通过重大灾病救助基金对29位在职及离退休干部发放救助金20.48万元。

【离退休干部工作】 印发《南平市国税系统离退休干部工作暂行办法》，促进离退休干部工作规范化、制度化。按时组织离退休干部职工座谈会，通报税收工作情况，征求工作意见和建议。在建阳、浦城两地组织开展老干片区活动，市县两级健全老干部活动室，增加配套实施。按时足额发放离退休费和离退休津补贴，确保离退休干部的政治待遇、生活待遇得到落实。

【文明创建】 参与南平市创建省级文明城市活动，推进与街道、社区、党建联系片的文明共建。倡导遵德守礼风尚，开展文明旅游、文明交通、文明餐桌等活动。发出《节能低碳活动的倡议书》，推广无纸化办公。加强禁烟控烟宣传教育，下发在公共场所禁止吸烟通知。2014年8月，市国税局机关通过第十二届省级文明单位总评。

【服务社会】 组织志愿服务活动，每月组织党员志愿者到四鹤公交站亭开展卫生清洁活动。开展学雷锋志愿服务、无偿献血、交通劝导、爱心捐赠、绿色环保志愿服务、社区贫困家庭慰问、爱心助孤等社会公益活动。开展挂村扶贫工作，到挂钩帮扶村武夷山市岚谷乡后山村组建帮扶项目，拨付帮扶资金，并为困难户捐款。全年累积参加社会公益活动162人次，各类爱心、慈善捐款4.24万元。

▲税收政策宣传下乡

【党的群众路线教育实践活动】 完成“学习教育、听取意见，查摆问题、开展批评，整改落实、建章立制”等规定环节和规定动作。共组织集中学习109次，举办专题辅导报告22场，发放征求意见函838份、调查问卷734份，收集意见建议442条，开展明察暗访72次。针对突出问题，完成立行立改28项。制定以“服务纳税人、服务基层、服务大局”为核心内容的整改措施82条，建立相关制度25个。围绕“为民务实清廉”主题，开展“春风行动”，实施“扎根工程”，推进文明单位、文明行业、文明城市创建和机关党建。在群众路线教育活动满意度测评中，总体评价“好”的占97.20%，完成教育实践活动。

【党风廉政建设责任制】 落实党风廉政建设工作责任制和“一岗双责”，及时明确各部门、环节的风险点，细化防控措施。将责任分解细化，层层签订廉政责任书，厘清责任主体。制定下发《党风廉政建设任务责任分解意见》，明确24项工作任务。

【惩防体系建设】 完善内控机制，加强“两权”监督。定期召开党风廉政建设分析会，结合年度考核对县级局班子成员开展廉政谈话提醒，对新任的县（市、区）国税局“一把手”和副科级领导干部进行集体廉政谈话。加强内控促廉管理信息系统应用，按月分析通报风险事件、预警情况及核查结果，落实核查责任，加强系统运行动态效应分析及实体性核查，全年共识别风险事件数4847件，预警事件数1443件，事中核查率、事后核查率、纪检处理率均达100%。

【行风效能建设】 开展“四风”突出问题专项整治，清理办公用房4541.34平方米，压缩“三公”经费36.06 %，会议费下降25.1%，公务出国经费零支出。聘请6位行风监督员对工作纪律进行不定期抽查，按周通报抽查结果。开展反面案例提醒教育，执行月报表零报告制度，全市国税系统没有发现违反八项规定的问题。参加南平市政风行风热线直播节目，开展选题评议和“开门纳谏”工作。在南平市2014年行政执法类政风行风评议中，市国税局取得第四名成绩。

【廉政教育】 开展廉政教育月活动，举办廉政教育讲座和警示教育讲座，全员参加廉政知识网络测试。开展廉政走廊文化建设，编印《十八大以来党风廉政建设和反腐败法规制度汇编》，组织党风廉政建设论文征集评选活动。充分利用国税微信群和短信平台开展警示教育，全年累计发送廉政短信4146条。

行政后勤

【绩效管理】 将绩效管理“导”和“考”的作用贯彻于各项工作，优化考核指标，在省国税局考核指标的基础上，结合南平市税收工作重点，将依法行政、税种管理、征管服务一体化建设纳入考核。通过建立日常工作台账、发布工作提醒、晾晒阶段性工作成绩，建立常态机制，加强“过程管理”。探索开展个人绩效管理试点工作，在延平区国税局、浦城县国税局和光泽县国税局对个人绩效管理进行试点。2014年，南平市国税局在全市绩效管理先进单位评比中获一等奖，被市委、市政府评为“2014年度绩效管理先进单位”。

【安全稳定】 加强信访件管理，所有信访件均按照规定进行登记，经集体研究后进行处置。共收到信访件17件，其中省国税局转来9件、市纪委转来3件、市国税局自收5件，全部按规定予以妥善处理。执行机要文件保密制度，全年未出现失、泄密事故。抓好公务用车安全管理，落实公务用车使用审批、登记制度和节假日车辆管理制度。开展平安国税建设，消防、保卫、安全等均实现“零”事故，市国税局被南平市综治办授予2013—2014年度“平安单位”称号，连续十年取得综治及平安创建工作佳绩。

【内部审计】 完成延平、邵武、顺昌、建瓯、浦城、武夷山、光泽、开发区等8个县（市）国税局领导干部经济责任审计，发现问题74个，提出整改意见40条。

【资产管理】 落实税务总局固定资产清理核对，组织各单位对固定资产进行了一次彻底、全面清理，以保证本单位固定资产账、卡、实一致。对清理中出现的盘盈、盘亏、闲置的资产按固定资产管理办法进行处理。贯彻《关于党政机关停止新建楼堂馆所和清理办公用房的通知》，做好清理整治工作，全市国税系统办公用房原使用面积13027.69平方米，整改前超标准面积4541.34平方米，整改后现使用面积为9890.1平方米，达到规定要求。

【政府采购】 全年安排采购计划245万元，采购计划占采购预算18.96%。实施采购批次74次，采购金额174.32万元，节约资金70.73万元，资金节约率为28.86%，计划执行率100%。

（供稿：侯村仁）

龙岩市国家税务局

领导批示

龙岩市市委书记梁建勇和市委副书记、市长池秋娜在市国税局报送的《关于2014年工作总结暨2015年全省国税工作会议精神的报告》上，分别作出批示。梁建勇书记批示："在调整结构的经济转型形势下，龙岩国税系统取得了可喜的成绩，特别是地方级财政增长15.5%，实属不易，应予表扬，并致感谢。希望在2015年再接再厉，为闽西苏区的发展再展宏图、再立新功！"池秋娜市长批示："在去年（2014年）严峻复杂的经济形势下，全市国税系统积极作为、优化服务，较好完成了收入任务，为我市经济社会发展做出了重要贡献，谨致衷心感谢和诚挚问候。新的一年，面对新常态、新任务，希望继续勇于担当，攻坚克难，在深化改革、服务发展中转变职能，展现新作为，为闽西老区科学发展跨越发展再立新功！"市委常委、常务副市长张天洲在市国税局报送的《市国税局积极谋划增加地方级收入的报告》上批示："很好！能立足龙岩实际，解放思想，开拓创新，值得全市各级各部门学习。请市财政局认真总结、推广，在财、税、库部门工作中推进。"

税收概况

【税收收入】 2014年，全市共完成国税收入157.29亿元，增收14.8亿元，同比增长10.39%，完成省国税局年初下达计划的101.81%，超收2.8亿元。其中：烟厂税收（指工业）89.75亿元，增收8.9亿元，增长11%；非烟税收67.54亿元，增收5.9亿元，增长9.57%。另办理出口退（免）税7.34亿元，减退1.21亿元，下降14.2%，其中：免抵调1.4亿元，减少0.69亿元，下降33%。

表22　　2014年龙岩市国税局各项税收收入完成情况

单位：万元

项　目	年初考核计划	累计入库			完成年度考核计划（%）
		税额	比上年同期增减		
			税额	增减（%）	
一、各项税收收入		1534781	163874	11.95	
（一）税收收入合计	1545000	1572985	148034	10.39	101.81
1. 中央级		1326438	121801	10.11	
2. 地方级		246547	26232	11.91	
3. 市本级收入		90363	11207	14.16	
（二）其他收入		905	373	70.11	
（三）出口退税		73432	12176	14.22	
（四）海关代征		34323	3291	10.61	
二、市财盘子收入	1500859	1465888	161039	12.34	97.67
三、市财盘子所属地方级收入	218800	220070	29550	15.51	100.58

表23　　2014年龙岩市国税局主要税源税收收入情况

单位：万元

项　目	年初考核计划	累计入库			完成年度考核计划（%）
		税额	比上年同期增减		
			税额	增减（%）	
税收收入合计	1545000	1572985	148034	10.39	101.81
一、国内增值税	606500	614659	58247	10.47	101.35
其中：卷烟		159087	19759	14.18	
电力		54024	-3561	-6.18	
煤炭		82772	6701	8.81	
商业		78654	9205	13.25	

续表

项　目	年初考核计划	累计入库			完成年度考核计划（%）
		税额	比上年同期增减		
			税额	增减（%）	
纺织服装皮革		15051	-7116	-32.1	
化工产品		15324	1040	7.28	
水泥		39808	15223	61.92	
黑色金属矿采选及冶炼业		19296	-2139	-9.98	
有色金属业采选及冶炼业		30016	467	1.58	
设备制造业		53923	13108	32.12	
“营改增”		19052	7030	58.48	
二、国内消费税	694000	720939	78504	12.22	103.88
其中：卷烟		720012	77843	12.12	
三、企业所得税	198500	196483	15831	8.76	98.98
其中：卷烟制造		30985	-7619	-19.74	
纺织服装		5285	-589	-10.03	
建材		22132	8882	67.03	
设备制造		11152	3632	48.3	
电力生产		8558	-298	-3.36	
电信		3785	-725	-16.08	
金融业		43146	12782	42.1	
房地产		12864	-10297	-44.46	
四、个人利息税		4	-15	-78.95	
五、车辆购置税	46000	40900	-4533	-9.98	88.91
注：免抵调库		14000	-6900	-33.01	

表24　　2014年龙岩市国税局税收收入完成情况

单位：万元

单　　位	年初考核计划	累计入库			完成年度考核计划（%）
		税额	比上年同期增减		
			税额	增减（%）	
全市合计	1545000	1572985	148034	10.39	101.81
新罗区	1126100	1168120	125699	12.06	103.73
其中：烟厂	870000	897516	88966	11	103.16
永定县	81330	83676	8030	10.62	102.88
其中：棉电	0	12141	-1814	-13	
上杭县	55400	56387	6903	13.95	101.78
武平县	39000	45572	8803	23.94	116.85
长汀县	37900	38045	-9972	-20.77	100.38
连城县	23600	24437	-285	-1.15	103.55
漳平市	48700	49081	3315	7.24	100.78
开发区	106000	107669	5543	5.43	101.58

【税收收入特点】 季度增速先快后慢，全年增速平稳。一季度单季增长27.98%，二季度单季增长10%，三季度单季增长4.58%，四季度单季下降0.41%，季度增速由快转缓，全年累计增长10.39%。增值税、消费税和企业所得税主体税种分别增长10.5%、12.2%和8.7%，其中：非烟增值税和非烟所得税分别增长9.2%、16.5%，对比同期经济数据，税收增长快于经济。龙岩市工业增值税弹性系数、工业企业所得税弹性系数分别为6.67、5.63，税收增长率高于经济增长率。

【税收优惠】 8268户次企业享受小微企业暂免征收增值税优惠，4559户次企业享受小微企业所得税优惠，惠及面达100%，减免企业所得税税款1702.33万元；研发费用加计扣除税收优惠方面，扣除额8200万元，减免税额1229万元；促进残疾人就业和资源综合利用企业税收优惠政策方面，办理资源综合利用企业退税及福利企业退税9241万元。

征收管理

【征管概况】 全市税务登记户数54984户，包括：企业19284户，个体工商户35700户，其中：增值税一般纳税人6224户。全市纳税申报户数465925户次，其中：增值税427641户次、企业所得税32737户次、消费税1390户次，共申报税款总额97.37亿元。

【征管措施】 落实《福建省税收保障办

法》，推进“一对一”协调，制定内部信息共享机制，市国税局印发《关于建立税务内部信息共享机制的通知》，经新罗区国税局试点后在全市推广。各县（市、区）国税局在本单位主页搭建税务内部信息共享平台，以办税服务厅、业务科室、税源管理部门为单位，按即办事项信息（即时信息）、审批事项信息（阶段信息）归类进行限时公布，实现内部信息资源实时共享，解决信息衔接不畅、推诿、扯皮，责任不清等问题。印发《关于贯彻〈福建省国家税务局税收征管档案管理办法（试行）〉的若干意见》，组织人员实地检查税收征管档案管理情况，对存在问题进行整改，并明确征管档案资料管理各环节责任人，确保档案管理落到实处。印发《关于进一步加强欠税公告管理工作的通知》，发布欠税公告，共有36户欠缴税款纳税人被公告。开展跨地区经营行业自查。组织高速公路、铁路施工建设单位发票核查、报验登记及企业所得税税款自查，发现假票及其他有问题发票169份，移送稽查部门立案16户，立案金额3570万元，结案8户，补缴入库增值税税款53.8万元，自查补缴企业所得税税款406.8万元。

【深化征管改革】开展征管改革运行情况及后续管理调研，通过以会代训形式，梳理新模式征管运行存在问题，并向市国税局主要领导提交《龙岩市征管改革后续管理存在问题及对策建议》呈阅件。优化人力资源配置，明晰职责，发挥“团队作业”。在税源管理分局15项日常监控岗位职责的基础上，分解、细化并作适当调整，减少部门推诿扯皮现象和防范税务人员税收执法风险。

【第三方信息采集与利用】 贯彻《福建省税收保障办法》，印发《龙岩市国家税务局国家电网龙岩供电公司关于加快协作实现涉税信息共享的通知》《龙岩市国家税务局关于加快推进第三方涉税信息采集与利用的通知》等文件精神，与电力、水务、地税、工商等部门建立涉税信息交换机制，采集地税、电力、医保、铁路建设和高速公路建设外来施工企业、财政、公安等部门的1396条涉税信息。通过对地税建安开票、电力使用、医保刷卡、财政性补贴、民爆物品使用等第三方涉税信息与市国税局征管数据比对，发现税收风险点，推送183户评估任务，评估税款1324万元。

【税收风险应对】制定《龙岩市国家税务局税收风险识别暂行办法》，实现市（县）国税局风险应对任务，均由市（县）国税局税收风险管理联席会议审批下发，风险应对任务统一扎口推送；所有风险应对结果，均由县国税局以上税收风险管理联席会议审批通过，建立谁发起谁评价的风险应对结果评价机制；开展风险应对工作，2014年完成省国税局下发的8批风险评估任务、自行推送的70批风险评估任务，评估企业1383户，评估补缴税款13138万元，同比下降8.69%。

【创建完善行业模型】 新建地瓜干生产、木质家具制造及其他专用设备制造的行业模型，报送典型案例，修改、完善商品混凝土、汽车4S店等行业模型；完成全市税收风险管理系统的推广培训及运行维护工作，制定该系统绩效管理考核办法和权限管理办法等制度。

各税管理

【增值税管理】加强农产品加工企业税收风险防控，注重纳税辅导与产能监控。共办理农产品加工业务基本情况备案登记239户，重新核定215户企业发票开票限额和供应量；开展全市农产品加工及购销企业增值税专项评估及重点户交叉抽查评估工作，共自查补税233.8万元、各县（市、区）国税局本级评估补税

686.73万元、交叉抽查评估补税127.23万元，合计1047.76万元。组织开展“营改增”税收风险评估核查、增值税发票专项评估工作，牵头开展出口不退税货物征税情况专项核查工作，评估直接补税207万元，核减进项税额57.26万元，补征文化事业建设费15.78万元，加收滞纳金5.53万元。加强煤炭行业税收管征，统一核定煤炭最低计税价格。继续规范增值税一般纳税人认定管理工作，本年新认定纳税人820户，至年底全市增值税一般纳税人户数达6395户。

【增值税优惠政策落实】 全市办理享受资源综合利用增值税“即征即退”企业15户，已退税款8954.35万元；办理促进残疾人就业增值税“即征即退”企业38户，已退税款3711.59万元；享受增值税“先征后退”政策1户，税额4640.56万元；落实暂免征收部分小微企业增值税和营业税优惠政策，涉及优惠企业7790户，减免增值税款391.5万元；落实农、林产品和农业生产资料享受征前减免优惠政策，涉及优惠企业383户，实现征前减免增值税款41612万元。清理下放税收优惠审批事项，将资源综合利用企业即征即退税务资格认定和软件产品超税负即征即退事项审批权限下放至县级国税局；对市经贸委牵头组织的资源综合利用企业资格审批事项，委托给各县（市、区）国税局，配合市经贸委等部门下户核查。开展货劳税税收优惠政策贯彻执行情况督导工作，提出加强货劳税税收优惠管理工作意见。

【“营改增”】 自2014年1月1日和 6月1日起，铁路运输和邮政服务业、电信业分别纳入“营改增”试点。截至2014年年底，全市共有“营改增”试点纳税人3976户，其中：交通运输业539户，现代服务业3437户，比2014年初净增加1276户，比“营改增”初期的1238户净增加2738户，增长221%，平均每月增加105户。本年，入库“营改增”9502.45万元，其中：交通运输业入库税款5506.5万元，现代服务业入库税款13995.95万元。2012年11月“营改增”试点以来，因消除重复征税，本市试点纳税人累计缴纳增值税32673.11万元，累计实现减税1.59亿元；非试点原一般纳税人增加进项抵扣2.23亿元。

【消费税管理】 按月开展消费税税源分析，重点加强消费税重点税源分析工作。采集2013年消费税涉税信息12户，涉及烟、酒、成品油等行业，按要求逐户录入消费税涉税信息采集系统；收集整理2006—2010年度消费税重点税源项目、销售数量、销售收入、消费税应缴税额、消费税入库数额等指标基础数据。落实成品油、汽车轮胎、小排量摩托车和酒精等部分消费税政策调整工作，加强宣传辅导，释疑解惑，确保消费税新政策平稳实施。

【车辆购置税管理】 规范新版车辆购置税完税证明的使用管理。加强车购税征收档案资料建设管理工作，申报征收、减（免）税、退税、补建档案、车价备案等资料，做到分门别类。加强车购税免税车辆申请审核和城市公交企业购置公共汽电车辆免征车辆购置税审核工作。2014年，车辆购置税完成收入40900万元，减收4533万元，同比下降9.98%。

【企业所得税管征】 全市国税管征企业所得税纳税人12780户，其中：查账征收企业9949户，比上年的8900户增加1049户，增长11.79%；核定征收企业2831户，比上年的865户增加1966户，增长227.28%。全市入库企业所得税税款19.65亿元，增收1.58亿元，同比增长8.76%，占全市国税税收总收入的12.49%。加强重点税源管理，以龙岩经济技术开发区国税局、新罗区国税局为重点，加强企业所得税调研和工作指导，带动全市所得税工作开展。龙岩经济技术开发区国税局、新罗区国税局共入库企业所得税税款11.37亿元，占全市企业所得税入库税款19.65亿元的57.86%。将2013年缴纳企业所得税税款500万元以上的50户企业，纳入重点税源分类管理对象，适时监控分析其企业所得税缴纳情况，本年重点监控企业入库企业所得税税款14.62亿元，占入库税款的74.4%。督促辅导核定征收企业建账，向查账征收方式过渡。2014年，核定征收户2831户，占所得税管征户数的22.15%。做好2013年度企业所得税汇算清缴工作，应参加汇算清缴户数9765户，实际参加汇算清缴9755户，汇算面达99.9%。汇算清缴纳税调整增加所得额30.08亿元，纳税调整减少所得额29.10亿元，实际应纳所得税额16.88亿元，累计实际已预缴所得税额15.98亿元，补缴所得税额0.91亿元。开展重点行业评估，全市在股权转让、房地产、财政补贴等行业评估中，共核减亏损1620.75万元，补缴企业所得税税款1101.86万元，加收滞纳金43.65万元。

【小型微利企业所得税优惠政策情况】 制定《关于贯彻落实小型微利企业所得税优惠政策的通知》，全市共有4559户企业享受小微企业所得税优惠，实际惠及面达100%，减免所得税1702.33万元。其中：查账征收企业3089户，占比74.92%，减免税额1102.87万元，占减免税额的78.34%；核定征收企业1034户，占比25.08%，减免税额304.9万元，占减免税额的21.66%。

【出口退税管理】 办理出口退（免）税6亿元，比2013年少退0.5亿元，同比下降 7.69%。其中：外贸企业办理退税额3.8亿元，比上年的4.4亿元相比少退0.6亿元，下降14.22%；生产企业办理退税额2.2亿元，比上年的2.1亿元增加0.1亿元，增长6.35%。按出口货物退（免）税管理规定，审核纸质材料、电子数据等资料，在保证出口退税安全的基础上，按程序做到快审快退，主动协调有关部门，保证整个退税流转过程的工作顺畅，增加退税次数，以最快速度办理应退税款。2014年，接收48户外贸企业申报644批次，审核应退税额3.81亿元；基层县级退税部门接收154户生产企业申报1683户次，审核应退税额2.21亿元、免抵税额1.76亿元。市国税局统一办理出口退税46批次6亿元。

【国际税收】 全市共入库非居民企业所得税税款1917.27万元，增加27.05万元，同比增长1.43%，所辖各县（市、区）国税局均有非居民企业税收收入。强化关联交易申报监控，全市共有162户企业主动申报2013年度关联交易情况，其中：境外关联交易企业5户，关联交易总金额为16.2亿元，9户企业按要求做好同期资料准备。加强非居民企业所得税源泉扣缴工作，落实扣缴登记和合同备案制度，辅导扣缴义务人及时准确扣缴应纳税款，建立管理台账和管理档案，追缴漏税。通过第三方获取非居民企业股权转让信息，核查全市非居民企业股权转让情况，共调查2户股权转让企业，征收股权转让非居民企业所得税314万元。加强对非居民企业股息、红利非居民税收的专题检查。开展全市股息、红利非居民税收专题检查工作，共自（检）查外商投资企业230户，检查入库非居民企业所得税（股息、红利）395.66万元。

【大企业税收】 各县（市、区）国税局税政部门均指派一名干部负责定点联系企业的税收管理，各管理分局配备专职人员具体负责对各定点联系企业内控机制调查、涉税诉求收集与解决，针对企业生产经营特点，对大企业实施个性化服务。做好大企业基础信息采集和报送工作，运用大企业数据采集平台，按时上报14户国家税务总局和省国税局定点联系企业的月份申报数据。完成龙岩烟草工业有限责任公司、福建省烟草公司龙岩市公司、福建省龙岩金叶复烤有限责任公司、工商银行龙岩分行等4户企业2008—2012年税收风险管理进行税务审计工作，查补税款1135.66万元（其中：增值税328.59万元、消费税51.81万元、企业所得税755.26万元），加收滞纳金220.56万元。对中国石油天然气集团公司、中国建设银行股份有限公司、中国农业银行股份有限公司3户企业2009—2013年的纳税情况进行前期风险评估、风险自查和案头审计，对各阶段发现的各类税收风险，以点带面，做好行业共性税收问题整改落实，督促企业消除风险，减少滞纳成本，查补税款38.23万元（其中：增值税0.31万元、消费税35.8万元、企业所得税2.12万元）。开展大企业税收风险管理税款追缴工作。截至2013年年底，查补税款1173.89万元（其中增值税328.90万元、消费税87.61万元、企业所得税757.38万元），入库税款1088.58万元，加收滞纳金388.29万元。

税收法治

【推进依法治税进程】 把依法行政纳入议事日程，并将依法治税贯穿到组织收入、税务稽查、队伍建设、行政决策等税收工作各环节，推动永定区国税局、长汀县国税局依法行政示范单位通过省国税局验收。在全省率先试行《重大税务案件证据目录制度》《行政处罚案例指导制度》《税收执法案卷评查制度》等“三项”制度，纠正和防范执法风险，实现税收执法事后监督。公布税务行政审批清单，市国税局级保留审批项目5件，县国税局级50件，并在市国税局门户网站公布。压缩审批承诺时限至法定时限50%以下，审批准确率达99.97%。修改《税收执法责任制考核评议办法实施细则》《税收执法过错责任追究办法》。全市税收执法正确率达99.96%，居全省第三。执法过错责任追究77人次，经济惩戒金额7675元。加强规范性文件管理，清理文件69份，其中：作废文件5份，部分条款作废和修改文件3份，保留文件47份。做好重大案件审理，完成龙岩烟草工业有限责任公司等重大案件审理94件，占本年税务稽查案件（149件）的63%。

【规范税收行政行为】 做好税务行政复议工作，受理得鹿公司、天泉药业、御佳园公司等3件复议申请；举办4起税务行政处罚听证会；参与涉税案件诉讼 4件，经二审终审裁定全部胜诉。其中，依法处理上杭县大金刚水泥有限公司（原福建省上杭县闽龙水泥厂）涉嫌偷税案件，补缴税款和罚款528万元，以原告黄阳生撤回起诉而告终。开展税收重点执法督察工作，通过各县（市、区）国税局自查、市国税局重点抽查，省国税局检查等阶段，纠正执法过错行为149个，追补税款308万元，罚款108万元。开展领导干部离任审计工作，完成对新罗区国税局、龙岩经济技术开发区国税局、永定区国税局、上杭县国税局、武平县国税局、长汀县国税局、连城县国税局、漳平市国税局等单位主要领导离任经济审计工作，发现并纠正税收征管10个方面的税收执法不规范行为，涉及企业71户（次）。开展税收执法疑点信息核查，下派税收执法疑点847条，核查存在执法过错数244条，纠正并追补税款2.4万元，加收滞纳金0.14万元。

【法制宣传】 改版升级龙岩市国税局门户网站，开通微信宣传公众服务号，办好《红土税苑》（内刊），围绕“五个一”开展税法宣传，即在人民会堂举办一期“便民办税沐春风，税企同舟促发展”税收宣讲会，在“中国龙岩”网站举办一期在线访谈，推出一系列微信宣传特辑，在《红土税苑》编发一期税宣专辑，组织一次“春风行动在闽西”联合采风，宣传、解读新税收优惠政策，以及便民系列举措，提高税收宣传覆盖面和影响力。宣传《福建省税收保障办法》，推进“一对一”协商，与电力、水务、地税、工商、财政等部门建立定期交换机制，与医保、铁路、高速公路建立不定期采集机制，永定区国税局、上杭县国税局先后推动县（区）人民政府出台税收征管保障办法。本市利用第三方信息筛选推送评估任务183户次，补税1324万元。

【税收科研】 改版龙岩市国税局主办的《红土税苑》杂志（内刊），讲好闽西税收故事，扩大税收影响力，传播税收工作正能量。围绕税收热点、难点问题开展经济税收调研，供各级领导决策参考，其中：《“营改增”试点中存在的相关问题与建议》被国务院办公厅采用，《发挥税收优惠政策作用的分析与思考》被中共国家税务总局党校、国家税务总局税务干部进修学院联合主办的《税官论坛》（2014年第5期）采用，并获2014年度省国税局优秀调研课题三等奖；《福建卷烟税源可持续增长的几点思考》《基于税源协同增长效应的我市铜产业发展研究》等调研文稿，被市委政研室、市政府政研室联合主办的《龙岩发展研究》采用，其中《基于税源协同增长效应的我市铜产业发展研究》获2014年龙岩市优秀调研文稿三等奖。

纳税服务

【概述】 龙岩市国税局围绕“服务科学发展、共建和谐税收”税收工作主题，以纳税人正当需求为导向，以提高纳税人满意度和税法遵从度为目的，转变职能，改进作风，丰富服务内容，创新服务手段，完善服务机制，提升“三个服务”水平，纳税服务工作取得新进展。市国税局制定《办税服务厅巡查制度》，巡查组不定期巡查各办税服务厅，并每月在市国税局主页通报本月巡查情况，总结经验，挖掘典型，实现办税服务厅纳税服务工作科学化、规范化、精细化。推广纳税人使用网上申报、网上认证、网上发票核销、短信平台的基础上，推出网上办税新功能，实现网上审批、同城通办，完善网上办税服务厅功能。在市国税局门户网站解答各类业务问题121条。参加市政府门户网站“在线访谈”活动，解答纳税服务咨询，与纳税人互动。上杭县国税局、龙岩经济技术开发区国税局、漳平市国税局，连城县国税局先后成立纳税人学堂，其中，上杭县国税局开办的纳税人学堂，是省国税局试点学堂。落实《全国县级税务机关纳税服务规范（1.0版）》，2014年9月起，市国税局成立业务组、技术组、宣传组等专门工作小组，制定《纳税服务规范推进工作路线和任务分解表》，明确路线图、时间表、牵头单位、责任人和配合单位，统筹推进纳税服务规范工作。《全国县级税务机关纳税服务规范（1.0版）》运行以来，各办税服务大厅按《全国县级税务机关纳税服务规范（1.0版）》提供优质服务，实现“书同文，车同轨”，克服各地办税服务的“战国时代”。

【纳税信用等级评定】 采取纳税人自评和互评相结合、实地核查与税收征管软件记录信息比对相结合、综合评定与接受监督相结合。利用《纳税信用等级评定系统》，对辖区2012年1月1日前办理税务登记的15966户纳税人进行信用等级评定。经综合评定，全市国、地税系统评出2012—2013年度纳税信用A级纳税人225户，B级纳税人15129户，C级纳税人556户，D级纳税人56户，取消A级纳税人23户。

【执业注册税务师管理】 对7家税务师事务所进行年检，年检工作以执业质量为重点，检查税务师事务所和执业注册税务师遵循业务规程、业务准则、执业准则等方面情况，并检查执业资格、执业行为等方面情况。

【12366纳税服务热线】 共办理福建省国

税局热线转办件92件，满意率达100%，内容主要涉及销售方未开具发票给购货方等问题。通过12366纳税服务热线、门户网站及受理来信等途径，处理纳税人投诉6起，其中：服务态度类4件，工作效率类2件。

【“视税通”建设】 龙岩市国税局在全省国税系统率先建设“视税通”，在全市“8+3”办税服务厅，安装高清摄像头、麦克风、排队叫号机、评价器、服务器、16路硬盘录像机及相应的视频监控管理软件，视频录像本地存储。通过视频监控网络化管理软件，实现办税服务大厅的导税服务和视音频监控，实时上传大厅办税服务信息，并对数据集中统一管理、科学统计，实现视音频监控的网络化管理，为掌握纳税服务工作全貌、应急处置、加强纳税服务管理考核、优化资源配置、提升纳服水平提供技术支撑手段，为纳税服务提供平台。

【开展“便民办税春风行动”】 先后出台二批50条“便民办税春风行动”措施。龙岩市国税局举行“便民办税沐春风，税企同舟促发展”宣讲会暨互动会，解读市国税局推出的第一批“便民纳税春风行动”30条措施及承诺，随后，向部分企业代表征询开展“便民办税春风活动”第二批措施的意见和建议；新罗区国税局采取“流水线作业法”提速审批流程，即针对CTAIS系统流程滞后问题，由大厅负责人一人模拟四个人权限快速完成审批；上杭县国税局首创“三零四点五到户”服务税户工作法，其核心是实现纳税服务零距离、零积压、零差错，建好纳税服务示范点、延伸点、联系点和咨询点，做到政策宣传、便民服务、优惠落实、服务回访和办税提醒“五到户”；武平县国税局、龙岩经济技术开发区国税局推出“一卡”便民、“两号”互动特色服务；长汀县国税局开展“汀州税官飘窗行”活动；漳平市国税局推行国地税联合办证、联合稽查业务，实现纳税人“进一家门，办两家事”。

【宣传服务】 开通“龙岩国税”官方微博和微信，第一时间发布最新税收政策和涉税事项公告。鼓励干部职工运用微信、微博、QQ群等自媒体通讯平台，发布税收法律政策。开展“当一次纳税人”“当一天办税员”换位体验活动。市国税局领导带头体验，其他干部参与。开展税收执法回访。采取发放调查问卷、召开座谈会等形式，就办案程序、处罚依据、涉税移送等情况进行回访，维护纳税人合法权益。

税务稽查

【概述】 全市国税系统稽查查补税收收入8575万元，入库8398万元，其中：税款6637万元、罚款1049万元、加收滞纳金678万元，入库率97.93%，增加665万元，同比增长8.6%，占同期国税税收收入总额的1.31%（不含烟厂税收、车购税及免抵退税款）。稽查机构实施检查140户，有问题户139户，选案准确率99.29%。按查补税款金额统计，查补税款100万元以下的122户，100万～1000万元以下的15户，1000万～5000万元以下的2户；按违法性质统计，偷税案件20 户，发票违法案件49 户，其他案件70 户；按企业类型统计，内资企业98户，港澳台商投资企业14户，外商投资企业 1户，个体工商户15户，其他11户。

【专项检查】 开展房地产及建筑安装业、办理出口退（免）税企业、地方商业银行、高污染、高耗能及产能过剩企业、餐饮企业、农产品收购企业等行业税收专项检查工作，查补税款309.1万元（其中：房地产及建安企业274.91万元，高污染、高耗能及产能过剩企业6.25万元），入库率100%。

【大案要案】 全市国税系统稽查部门共查结17件100万元以上的大要案件，其中：涉及房地产行业专案3件、水泥行业专案2件、其他12件，查补收入6975.19 万元，其中：税款6105.47 万元、罚款649.54 万元、加收滞纳金220.18 万元。对偷税、虚开专票、骗取出口退税等涉税案件，达到司法移送标准移送公安机关44件，案值4581.97万元。

【案件协查】 共委托发出委托协查函件343起，涉及发票16790份，收到回复发票16791份，其中已证实虚开发票16306份，有问题发票99份，无法核实发票207份，正常发票179份，选票准确率达98.92%，高于选票准确率20%的指标考核任务；通过协查系统收到受托协查函件155起，涉及发票3031份，累计按期回复发票3171份，按期完成协查回复率100%的指标。

【案件举报】 共受理税收违法检举案件27件，查处27件，其中，应结案23件，已结案23件，查补合计 200.29万元，其中税款15.03 万元，罚款7.67 万元，滞纳金 177.59万元。

【稽查管理】 全市实行中心城区一级稽查管理新模式，市国税局所在的新罗区国家税务局、龙岩经济技术开发区国税局稽查职责由市国税局稽查局统一履行。全市国税系统稽查人员84人，其中：男68人，女16人；党员61人，占72.62%；大学本、专科以上学历82人，占97.62%；35岁以下11人，35至45岁12人，45岁以上61人；全市稽查机构配备汽车11辆，复印机8台，传真机3台，照相机7架，扫描仪1台，计算机108台（其中便携式计算机33台）。

税收信息化

【硬件配备】 全市投入302.72万元，用于信息化建设与应用，其中：购置台式计算机247台，便携式计算机168台，打印机107台，路由器7台，交换机6台，防火墙5台，负载均衡设备3台。

【应用软件推广使用】 2014年，推行使用的应用软件有："福建省电子数据质量管理平台系统""企业所得税电子台账管理系统""任务管理与服务回访系统""缺件备忘服务系统""免填单服务管理系统""纳税服务规范管理系统"、推行"办税大厅视频监控系统、评价系统""高清视频会议系统"。

【新机房和网络迁移工作】 为保证新综合业务办公大楼机房和网络线路迁移，龙岩市国税局事先拟订搬迁计划，加强与电信、移动公司配合，确保迁移线路及时开通恢复，不影响全市征期申报纳税；入驻新综合业务办公楼后，工作人员利用周末时间，做好路由器、交换机配置和各楼层IP网址vlan设置，做好精密空调利旧安装、通信设备配线调测、UPS电源和小型机拆运重组、服务器上架和数据恢复，以及视频会议系统规范改造等工作。至2014年年底，新综合业务办公大楼计算机机房及网络各项功能均正常运行。

【系统运行维护】 共提请后台数据维护546条，通过龙岩市国税局审批并上报福建省国税局维护209条，省国税局运维小组处理202条；通过CTAIS数据质量监控系统提示处理问题数据16170条，其中：一般问题15944条，占处理问题总数的98.6%。

机构队伍

【机构设置】 龙岩市国税局下辖单位及机构名称详见"2014年龙岩市国税局机构设置一览表"。

表25　　2014年龙岩市国税局机构设置一览表

序号	单位名称	下设机构名称
1	市国家税务局机关	办公室，政策法规科，货物和劳务税科，所得税科，收入核算科，征收管理科，纳税服务科（纳税服务中心），财务管理科，人事教育科，监察室，大企业和国际税务管理科，进出口税收管理科，机关党委办公室，离退休干部科，信息中心，机关服务中心，培训中心
2	市国家税务局稽查局	综合科，综合选案科，检查一科，检查二科，案件审理科，案件执行科，举报中心
3	新罗区国家税务局	办公室，政策法规科，税政科，收入核算科，纳税服务科（办税服务厅），征管科技科，人事教育科，监察室，税源管理一科（分局），税源管理二科（分局），税源管理三科（分局），税源管理四科（分局），税源管理五科（分局），税源管理六科（分局），税源管理七科（分局）
4	龙岩经济技术开发区国家税务局	办公室，政策法规科，收入核算科，纳税服务科（办税服务厅），征管科技科，政工科，税源管理一科（分局），税源管理二科（分局），税源管理三科（分局）
5	永定区国家税务局	办公室，政策法规科，税政科，收入核算科，纳税服务科（办税服务厅），征管科技科，人事教育科，监察室，稽查局，税源管理一科（分局），税源管理二科（分局），税源管理三科（分局），税源管理四科（分局），税源管理五科（分局），税源管理六科（分局）
6	上杭县国家税务局	办公室，政策法规科，税政科，收入核算科，纳税服务科（办税服务厅），征管科技科，人事教育科，监察室，稽查局，税源管理一科（分局），税源管理二科（分局），税源管理三科（分局），税源管理四科（分局），税源管理五科（分局），税源管理六科（分局）
7	武平县国家税务局	办公室，政策法规科，税政科，收入核算科，纳税服务科（办税服务厅），征管科技科，人事教育科，监察室，稽查局，税源管理一科（分局），税源管理二科（分局），税源管理三科（分局），税源管理四科（分局），税源管理五科（分局），税源管理六科（分局）
8	长汀县国家税务局	办公室，政策法规科，税政科，收入核算科，纳税服务科（办税服务厅），征管科技科，人事教育科，监察室，稽查局，税源管理一科（分局），税源管理二科（分局），税源管理三科（分局），税源管理四科（分局），税源管理五科（分局），税源管理六科（分局）
9	连城县国家税务局	办公室，政策法规科，税政科，收入核算科，纳税服务科（办税服务厅），征管科技科，人事教育科，监察室，稽查局，税源管理一科（分局），税源管理二科（分局），税源管理三科（分局），税源管理四科（分局），税源管理五科（分局），税源管理六科（分局）
10	漳平市国家税务局	办公室，政策法规科，税政科，收入核算科，纳税服务科（办税服务厅），征管科技科，人事教育科，监察室，稽查局，税源管理一科（分局），税源管理二科（分局），税源管理三科（分局），税源管理四科（分局），税源管理五科（分局），税源管理六科（分局）

【人员编制】 截至2014年年底，全市国税系统总编制933人，其中：行政编制852人，事业编制81人。全市国税系统实有人员899人，其中：公务员854人，事业干部8人，职工37人。

表26

龙岩市国税系统机构编制一览表

单位	编制数	行政编制	事业编制
龙岩市国家税务局机关	110	80	30
龙岩市国家税务局稽查局	25	21	4
新罗区国家税务局	170	164	6
龙岩经济技术开发区国家税务局	53	44	9
永定区国家税务局	105	100	5
上杭县国家税务局	101	96	5
武平县国家税务局	84	79	5
长汀县国家税务局	91	85	6
连城县国家税务局	89	83	6
漳平市国家税务局	105	100	5
合　计	933	852	81

表27

龙岩市国税系统干部职工学历结构一览表

学历	本科以上		专　科		中　专		高中以下		在职在岗总数
结构	人数	占总数比（%）	人数	占总数比（%）	人数	占总数比（%）	人数	占总数比（%）	
	497	55.28	350	38.93	30	3.33	22	2.44	899

表28

龙岩市国税系统干部职务结构一览表

级别	县处级		正科级		副科级		科　员		在职在岗总数
结构	人数	占总数比（%）	人数	占总数比（%）	人数	占总数比（%）	人数	占总数比（%）	
	10	1.17	39	4.57	357	41.80	448	52.45	854

表29　　龙岩市国税系统干部职工年龄结构一览表

年龄	30岁以下		31～40岁		41～50岁		51岁以上		在职在岗总数
结构	人数	占总数比（%）	人数	占总数比（%）	人数	占总数比（%）	人数	占总数比（%）	
	71	7.89	104	11.57	478	53.17	246	27.36	899

【领导班子建设】 龙岩市国税局2名处级领导干部参加国家税务总局举办的处级业务培训班学习。市国税局班子成员中，有 2 名获省国税局嘉奖。

【人员招录】 全市国税系统新招录 21名公务员，接收1名军转干部。

【竞岗交流】 落实“不唯票、不唯分、不唯年龄”要求，用好各年龄段干部，在全市系统形成良好用人导向。协助省国税局完成2名副处级领导干部晋升考核工作。采取考察任用方式选拔正科级领导2名，选拔任用上杭县国税局、武平县国税局、长汀县国税局纪检组组长3名，在永定区国税局、武平县国税局试行配备党组副书记。

【党风廉政责任制落实】 龙岩市国税局党组书记、局长与市国税局班子成员及各县（市、区）国税局局长签订《2014年度党风廉政建设责任书》。印发《2014年党风廉政建设任务责任分解意见》，明确各项工作责任领导、牵头责任单位。将党风廉政建设任务纳入绩效重点考核内容，以及龙岩市国税系统2014年度绩效管理考核指标（考核分值占15%），并动态监督。落实廉政谈话提醒制度，市国税局党组对各县（市、区）国税局班子成员，每半年开展一次集体廉政谈话提醒，对提任、轮岗干部开展任前、任职廉政提醒谈话，对“1·18”涉税案件人员诫勉谈话、提醒谈话。制订完善各类管理制度，形成用制度规范决策、按制度办事、靠制度管人机制。按转职能、转方式、转作风要求，将纪检监察工作聚焦党风廉政建设和反腐败斗争上，市国税局纪检监察部门不再参与应由各职能部门自我监督、自我管理的相关机构。将“转职能、转作风、转方式”要求，纳入年度党风廉政建设工作任务，纪检监察部门明确职责定位，执行纪检组长不分管具体税收业务规定，做好本职工作。制订《龙岩市国税系统税风税纪巡查制度》《龙岩市国税系统税收执法监察工作制度》，并试行《廉政监督卡制度》，把“权力关进制度的笼子里”。市国税局班子成员与各分管科室负责人签订廉政责任书，要求各职能部门落实“一岗双责”，加强对管辖范围内各项工作的日常监督管理和廉政风险防控，强化对下级对口业务部门的层级监管。在各类培训班上开设廉政教育课，邀请市纪委领导授课，提高廉政教育针对性，促进廉政课程与培训对象有机结合。完善内控机制建设，市国税局机关各科室动态校正原有内控机制，根据工作变化情况查找廉政风险和岗位风险，完善防控措施，使内控机制日趋完善。

【节假日廉洁自律工作】 加大重点节假日廉洁自律检查，执行国家税务总局、省国税局出台的各项禁令。开展家庭助廉倡议，向全市国税系统干部家属发出《致全市国税系统干部职工家属的一封信》，通报国税年度工作情况，要求干部家属当好家庭廉政“宣传员”“监督员”。按干部管理权限，组织填写《廉政承诺书》《廉政承诺书践诺情况报告表》，并收集、整理、上报、归档。本年节假日期间，全系统没有发现干部职工有违反廉政规定不廉行为。

【“加强作风建设年”活动】 针对税收工作中暴露出来的作风问题，龙岩市国税局党组将2014年确定为“加强作风建设年”，加强作风纪律督查，严格推行效能问责，增强干部责任意识，为各项工作开展提供纪律保障。在市国税局内网主页设立“加强作风建设年”栏目，报道“加强作风建设年”活动举措、动态、成效。修订税风税纪巡查制度、税收执法监察工作制度，加大作风纪律巡查力度，市国税局机关层面巡查由市国税局领导带队，每周巡查不少于1次；对基层单位巡查每月不少于1次。即时通报巡查情况，巡查发现问题，按照《龙岩市国税系统税风税纪巡查制度》《龙岩市机关工作人员效能问责实施意见》等制度规定，给予经济处罚、效能问责直至行政处分。2014年，全系统作风建设明显改观，各项税收工作提速增效。

【履职主题报告会】 2014年3月27日、8月20日，龙岩市国税局分别举办“纪检组长如何履职”“‘一把手’如何履职”两场主题报告会。会上，各报告人一一上台演讲。他们结合各自单位实际，紧扣党风廉政建设工作主题，从职责定位入手，分析队伍管理缺陷，查找党风廉政建设突出问题，分析问题根源，从职责、收税、带队、廉政、管理、服务等不同侧面，提出如何提升站位、如何履职尽责、如何加强管理、如何廉洁自律等工作思路和措施，报告会还组织评委评分，推进“两个责任”落实。

【内控促廉管理信息系统运行情况】 抓好内控促廉管理信息系统运行及日常管理工作，执行人盯人系统、人盯人制度，监察管理岗人员每日一次查询监控，注重日常提醒和全程跟

▲龙岩市国税局举办“一把手如何履职”报告会暨党风廉政分析会。

踪指导，指导各责任部门和核查部门按流程规范操作，强化内控实效。部门监控岗位人员，结合内控促廉小助手预警功能，及时对风险事件任务报批分解，确保风险事件限时核查率达到100%，从源头上降低和预防廉政风险。按月通报内控促廉系统运行情况及相关数据，分析各单位存在问题，提醒工作易错环节，对下步工作提出要求，提升内控促廉管理信息系统运行质量。

【执法效能监察】 将增值税一般纳税人认定、专用发票发售、中央八项规定落实、《税务系统领导班子和领导干部监督管理办法》及实施细则落实、作风建设和内控促廉核查质量，纳入2014年执法监察和效能监察重点。在各县（市、区）国税局自行组织重点检查的基础上，市国税局重点检查新罗区国税局、上杭县国税局、漳平市国税局，形成执法监察意见，督促各地整改。针对检查发现问题，重点检查单位均逐类逐项找原因、抓整改，落实执行各项规定，减少廉政风险。

【廉政文化建设】 举办作风建设“自律与他律”辩论赛，组织龙岩市国税局、各县（市、区）国税局班子成员，参加《监督管理办法》及实施细则网络教育平台在线测试；组织各县（市、区）国税局局长，参加全省国税系统廉政教育专题培训班；从领导关怀、廉政教育、制度、监督、内控、改革、纠风、文化建设等方面，征集廉政文化建设成果素材，充实设在上杭县国税局古田税务分局的全省国税系统红色廉政文化教育基地内容，展示老区苏区红色廉政文化内涵及各级廉政纪律要求。

【信访工作】 加大“一案双查”工作力度，落实省国税局“1·18”涉税案件监察建议。加强信访举报管理工作，建立健全问题线索集体排查等管理机制，按照《纪检监察机关五类线索处置方式及标准》对信访案件进行处理，开展线索核实和办案工作。加大信访举报案件查处核实。本年，市国税局收到群众来信来访5件次（其中：自收1件、上级交办4件），初步核实3件，谈话函询1件，暂存1件，已办结1件。

【干部培训】 龙岩市国税局举办各类教育培训16期、培训干部职工929人次。

【党的群众路线教育实践活动】 龙岩市国税系统党的群众路线教育实践活动于2014年2月25日启动，10月23日结束。市国税局、县国税局9个党组，43个支部、889名干部职工参加教育实践活动，参与覆盖面达100%。活动推进过程中，各单位结合税收中心工作，以开展“便民办税春风行动”和“加强作风建设年”为抓手，分环节制定活动工作方案及计划安排表，落实“每周工作例会、工作推进会、阶段工作‘回头看’”等工作机制，确保各项工作落实到位。整个活动，得到国家税务总局第三巡回督导组组长周永卫、省国税局第二督导组组长张儒生以及省国税局局长臧耀民，省国税局副局长邱大南、陈慕斌等领导的指导。

【挂钩帮扶工作】 上杭县珊瑚乡上珊瑚村，是第四批市级扶贫开发重点村，是市国税局挂钩帮扶单位。根据市委、市政府《关于进一步加强扶贫开发工作的实施意见》精神，市国税局选派傅林清到上珊瑚村担任党支部第一书记，任期3年（2014年4月—2017年4月）。2014年5月5日，傅林清到驻点村任职以来，立足村情，以建设“国家级生态村”为目标，围绕“生态·发展”宗旨，推进整村扶贫工作。向省财政厅、县交通局、县环保局、瓮福紫金等部门和企业争取帮扶资金76.5万元；打造县级文物保护单位“梦宏居”，目前“梦宏居”被中央苏区（闽西）博物馆命名为“红色文化研究基地”；成立“上珊瑚村环境保护协会”，宣传环保知识，组织环保活动，经上杭县委组织部、县委农办、县公务员局联合考核，2014年度傅林清同志被评定为“优秀”

等次。

【国税系统男子篮球赛】 2014年9月22日—9月25日，龙岩市国税局举行龙岩市国税系统2014年男子篮球赛。经过4天比赛，永定区国税局代表队获冠军，新罗区国税局、上杭县国税局、龙岩市国税局机关代表队分别获2～4名，龙岩经济技术开发区国税局代表队获“体育道德风尚奖”，武平县国税局代表队获“优秀组织奖”。在趣味篮球比赛中，龙岩市国税局机关三队、龙岩经济技术开发区国税局四队、龙岩市国税局机关二队分别获前三名。

【离退休干部工作】 组织部分离退休干部，前往武平县参观文博园刘亚楼将军纪念馆，了解刘亚楼将军生平事迹，到上杭县城“瓦子街”参观客家名人录展览馆；龙岩市国税局在上杭县金秋公寓召开全市国税系统离退休干部代表座谈会。会上，漳平市国税局、新罗区国税局和上杭县国税局作了如何做好离退休干部党建工作暨离退休干部日常工作经验交流发言；开展老干部工作情况调研，形成《浅谈调动工作人员积极性做好离退休干部工作的若干思考》调研文稿，在《税官论坛》《海西税务》刊物发表；派员参加在武夷山市召开的全省国税系统部分离退休干部党支部书记暨省国税局、设区市国税局老局长座谈会；派员参加在三明永安市举办的全省国税系统离退休干部书法笔会，新罗区国税局退休干部游秋竹的一幅书法作品，被省国税局收藏。

表30　　龙岩市国税系统离退休干部情况一览表

人数	老干部职级	年龄结构	老干部地域分布
192	1. 离休干部13人 2. “5·12”干部11人 3. 退休干部153人 4. 职工15人 其中： （1）厅局级1人 （2）处级11人 （3）科级84人 （4）科级以下70人	60岁以下27人 60～69岁47人 70～79岁47人 80岁以上71人	市局机关离退休干部23人 新罗区国税局38人 永定区国税局23人 上杭县国税局17人 武平县国税局18人 连城县国税局20人 长汀县国税局25人 漳平市国税局25人 龙岩经济技术开发区国税局3人

行政后勤

【财务收支管理】 落实中央八项规定和《党政机关厉行节约反对浪费条例》等文件精神，加强财务管理，规范政府采购工作，建设节约型机关。深化国库集中支付改革，推广公务卡结算，截至2014年底共办理公务卡850张，已启用301张。

【财务监督】 对连城县国税局、新罗区国税局、上杭县国税局、长汀县国税局、永定区国税局、武平县国税局等6个县（区）局7位主要领导进行离任经济责任审计，并作出7份审计报告及意见书。未发现违规违纪行为，未发现任何形式设立的“小金库”。

【税务政府采购】 全市采购预算资金339.02万元，实际采购金额244.59万元，采购节约资金94.42万元，节约率27.85%。其中：市国税局机关采购预算资金112.93万元，实际采购金额70.88万元，机关节约资金42.05万元，节约率37.23%。

【市国税局入驻新综合业务办公大楼】 2014年7 月12日，龙岩市国税局入驻综合业务办公用房新建项目。新建项目地址：龙岩市新罗区龙岩大道68号。综合业务办公用房新建项目，用地面积7577.3 平方米，总建筑面积12488平方米（其中：地上建筑面积9878平方米，地下建筑面积2615平方米），新建项目地面建筑高度64.6米，主体为框架结构，建筑为1类高层建筑，耐火等级为1级，抗震设防为6度。建筑层数17层（其中：地面15层，地下2层），开工审批投资概算5535万元。新建项目2006年9月25日开工建设，2014年4月22日通过竣工综合验收，2014年7月交付使用。项目总送审金额6200.7万元，其中：建安投资4642.32万元，设备投资768.21万元，待摊投资566.98万元，其他投资（家具、窗帘等采购）223.19万元。

【后勤管理】 本着“勤俭节约、实事求是、积极主动、周到热情”的原则，实行“统一标准、归口管理、对口接待”的办法，为各级领导和来宾提供服务。落实龙岩市国税局制定的各项管理制度，确保综合业务办公大楼安全平安。2014年，市国税局机关被龙岩市社会管理综合治理委员会评定为2014年度“平安单位”创建合格单位。

（供稿：傅林清／核稿：黄培强）

宁德市国家税务局

税收概况

【税收收入】 2014年，全市国税税收总收入完成59.06亿元，增收6.38亿元，同比增长12.1%。扣除海关代征后，全市国税部门组织税收收入51.28亿元，占省局年度考核计划的105.1%，增收5.6亿元，同比增长12.3%。其中：税收直接收入完成47.38亿元，增收5.33亿元，同比增长12.7%；办理免抵调库3.9亿元，增收2700万元，同比增长7.4%。此外，全年海关代征进口增值税7.78亿元，增收7770万元，同比增长11.1%。全市办理出口退（免）税17.5亿元，增加3700万元，其中：办理直接出口退税13.6亿元，比上年同期增加退税1000万元，增长0.7%。办理企业先征后退增值税759万元。

【税收特点】 2014年，全市国税税收首次突破50亿元大关，增幅居全省八地市首位，与全市GDP增长基本同步。各季度税收均衡发展，一至四季度分别入库11.31亿元、14.24亿元、11.63亿元、14.10亿元，分别增长14.8%、9.1%、14.0%、12.2%；各月累计增幅均保持在两位数以上，但单月增幅波动较大，分别为22.3%、10.2%、8.2%、1.8%、24.7%、2.7%、15.2%、8.5%、17%、38.0%、–10.6%和8.6%（详见图8）。

【各征收单位税收情况】 从完成进度看，除寿宁县国税局和柘荣县国税局完成年度调整后计划外，其余8个征收单位均完成福建省国税局年初计划，其中超收2000万元以上的单位有：东侨区国税局、蕉城区国税局、福安市国税局、周宁县国税局和福鼎市国税局，分别比年初计划超收7222万元、6254万元、3744万元、2797万元和2691万元。从税收贡献情况看，福安市国税局、东侨区国税局、福鼎市国税局和蕉城区国税局合计入库税款38.99亿元，占税收收入总额的76%，增收4.74亿元，占税收增收总额的84.7%。从增减情况看，除寿宁县国税局（–3.9%）和柘荣县国税局（–1.2%）外，其余8个单位均有不同程度增收，其中实现两位数增长的单位是：蕉城区国税局（33.7%）、周宁县国税局（20.3%）、福鼎市国税局（17.7%）、屏南县国税局（14.1%）、东侨区国税局（13.3%）和霞浦县国税局（10.4%）。古田县国税局和福安市国税局则分别增长7.7%和7.6%（详见图9）。

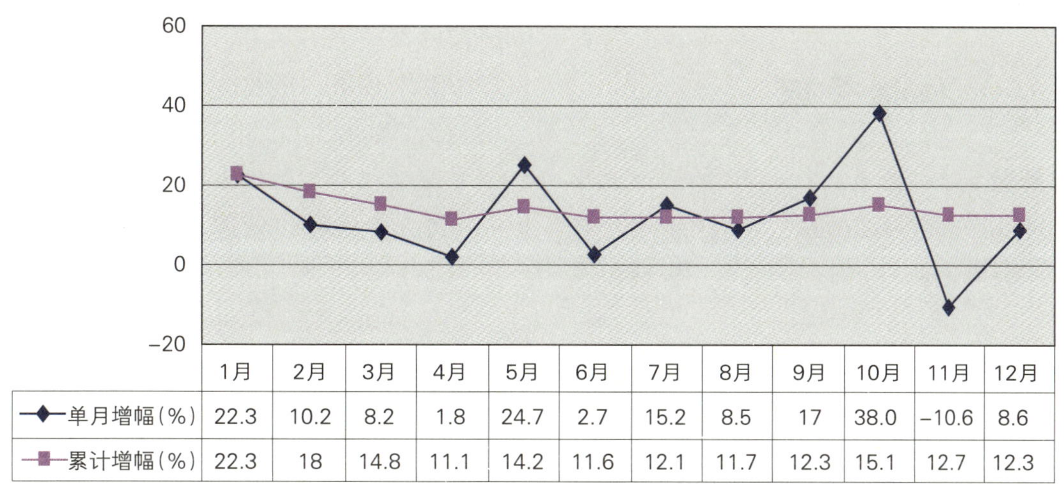

	1月	2月	3月	4月	5月	6月	7月	8月	9月	10月	11月	12月
单月增幅(%)	22.3	10.2	8.2	1.8	24.7	2.7	15.2	8.5	17	38.0	–10.6	8.6
累计增幅(%)	22.3	18	14.8	11.1	14.2	11.6	12.1	11.7	12.3	15.1	12.7	12.3

图8 2014年宁德市国税局单月及累计增幅情况

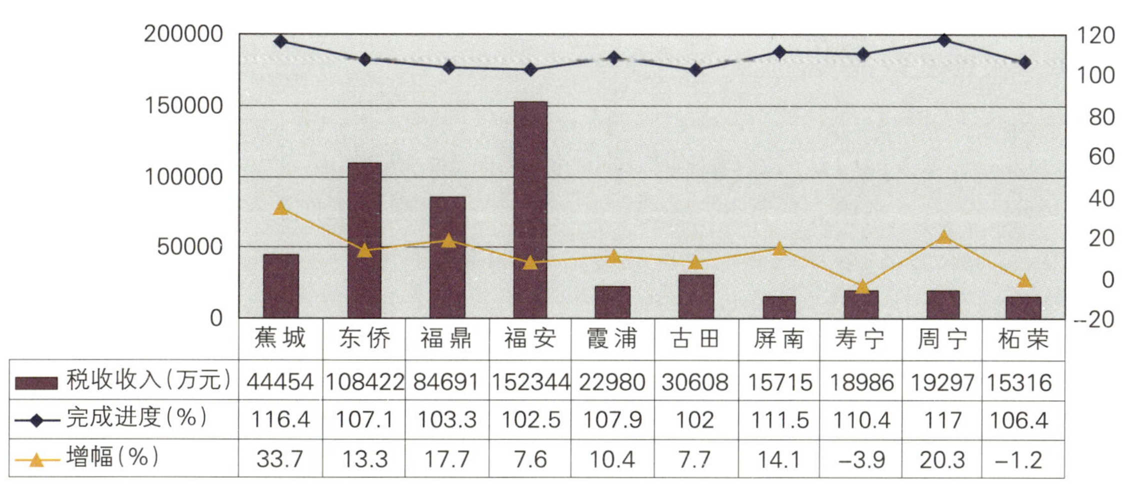

	蕉城	东侨	福鼎	福安	霞浦	古田	屏南	寿宁	周宁	柘荣
税收收入(万元)	44454	108422	84691	152344	22980	30608	15715	18986	19297	15316
完成进度(%)	116.4	107.1	103.3	102.5	107.9	102	111.5	110.4	117	106.4
增幅(%)	33.7	13.3	17.7	7.6	10.4	7.7	14.1	–3.9	20.3	–1.2

图9 2014年宁德市各县市区国税局税收收入完成情况

【分税种收入情况】 2014年，国内增值税入库32.86亿元，增收3.52亿元，同比增长12.0%，增幅比上年提高了5.4个百分点，增收贡献率达62.8%，比上年提高了14个百分点，拉动税收增长7.7个百分点，成为支撑税收收入平稳增长的主导因素。其中：增值税直接收入28.96亿元，增收3.25亿元，同比增长12.6%，增幅比上年提高4.6个百分点。企业所得税入库14.28亿元，增收2.28亿元，同比增长19.0%，增幅比上年提高了3.8个百分点，增收贡献率达40.8%，拉动税收增长5个百分点。消费税和车购税分别入库1.59亿元和2.55亿元，分别增长4.8%和下降9.6%。

【中央及地方级税收情况】 2014年，中央级税收入库36.29亿元，增收3.27亿元，同比增长9.9%；地方级税收入库14.99亿元，增收2.33亿元，同比增长18.4%，增幅比中央级税收高出8.5个百分点。

征收管理

【税务登记】 截至2014年年底，宁德市国税局税务登记户数63806户，其中企业户数30535户，个体工商户33271 户，一般纳税人7869户。

【税收征管改革】 做好税源专业化管理改革后续衔接工作，宁德市国税局多次组织人员赴福安市国税局、古田县国税局组织开展税收征管改革情况调研，研究解决改革中遇到的困难与问题，包括明确要求福安市国税局、福鼎市国税局、蕉城区国税局、东侨区国税局将基础事项管理与纳税评估分离等事项。

【税收风险管理】 完善行业税源监控模型，探索建立行业税收管理办法，从电力、中石油、中石化、社保等部门获得涉税数据，对已建立的钢坯、采石、制冰、石板材、造纸、铸造、供电、汽车、医药等行业的风险特征进行识别，全年独立选案下达7期税收风险应对任务，共计 61户企业。落实《纳税评估质量考核办法》，加强对纳税评估的考核，全面提高工作质量，全年共下达460户评估，评估补税1.08亿元，同比增长18.78%。

【发票管理】 做好普通发票管理，自2014年7月1日起，率先在全省取消百元版手工票发行，并探索按照风险管理模式对发票、定额、欠税等征管基础事项进行管理。截至2014年底，宁德市已开通VPDN的纳税人14833户（新增8496户），实际开票12143户（新增实际开票户6856户），共开具网络发票3435796份，实际开票金额为3038767.15万元。完成15户自印发票企业软件改造工作，逐步开展对汇总缴纳且自行开发开票软件企业的网络发票管理系统推广工作。于2014年8月初开始组织实施增值税发票专项评估工作，共对54个案源计53户企业增值税发票实施评估，发现27户企业存在涉税问题，共查补税款1629210.97元（增值税1283289.08元、企业所得税345921.89元），滞纳金212998.23元，进项税额转出667034.4元，调增应纳税所得额927679.35元。

【大企业税收管理】 对45户国家税务总局定点联系企业在宁德市的100户成员单位，完成其每月申报资料数据采集上报的工作。对福建省国税局定点联系企业在宁德市的2户成员单位，加强日常纳税辅导及税收监控等工作。加强重点行业企业风险管理工作，完成国家税务总局下达的2013年烟草、大唐、工行税收风险管理的后续现场审计、税款入库等工作，合计调整补税5183.82万元；对中国石油天然气股份有限公司福建宁德销售分公司、中国农业银行宁德分行、中国建设银行股份有限公司宁德分行等企业集团开展税收风险管理工作，共计补税193.49万元。

【反避税工作】 强化关联企业申报工作，2014年应申报关联关系企业166户，已申报166户，关联申报率达100%，关联交易额51.85亿元；比2013年的18户关联申报企业增加近9.2倍。加强反避税跟踪管理，根据日常申报资料，筛选出利润率偏低的企业进行纳税调整辅导，共计调整补税104.06万元。

【非居民企业税收管理】 完善与地税、外经贸局、工商局等有关部门的定期联系制度，实现信息全面共享，以此加强非居民企业股权转让所得税管理，防范利用低价、平价和间接转让手段逃避税行为。加强重点税源监管，对宁德核电等大型项目，督促其涉及的非居民企业及时登记申报，全年新增19份宁德核电购销及劳务合同的备案，缴纳非居民企业税收148.69万元。2014年，合计入库非居民企业所得税682.73万元。其中，非居民企业所得税税收收入633.19万元，非居民缴纳增值税税收收入49.54万元。

【信息化建设】 做好相关设备的软件、硬件等维护运行工作，不断提高信息化日常管理水平。对全市国税系统视频会议设备和现有会议设备进行改造和梳理，建设1个市级会议点，10个区县级会议点，下拨区县局10台高清视频会议终端；全年报废电源设备1台、电脑17台、打印机8台及其他计算机设备11台，资产总值为324919元。做好CTAIS2.0系统维护工作。全年共计处理各县（市、区）局操作错误运维单564笔，上报省国税局后台处理423笔，有效清理CTAIS2.0系统中的垃圾数据和保障CTAIS2.0系统的正常运转。做好计算机网络与信息安全保障工作，所有的桌面终端都安装桌面安全防护系统和反病毒软件，注册率达100%，定期对计算机设备进行跟踪、检查、查杀病毒，及时发现安全隐患及时处理。

各税管理

【“营改增”试点】 从2014年5月12日准备电信行业纳税人“营改增”试点工作，按时序进度全面完成推行工作，试点纳税人于6月1日实现顺利开票。2014年，4761户试点纳税人累计申报应税服务销售收入477947万元，申报应纳税额11056万元；总体税负呈逐年下降趋势。总税负2012年为3.41%，2013年为3.15%，2014年为2.31%，共有4572户纳税人税收负担降低，减税7170万元，66户纳税人税收负担提高，增加税收537万元，增减相抵减税6633万元。

【增值税管理】 征收增值税328567万

▲2014年12月31日，宁德市市长隋军（前排左一）、副市长缪炤炜（前排左二）一行到东侨区国税局办税服务厅看望慰问国税一线干部。

元，完成年度计划的105%，增收35158万元，同比增长12%。加强增值税一般纳税人管理，全市新认定增值税一般纳税人1025户；建立增值税一般纳税人“一窗式”申报比对异常处理提示、跟踪、反馈制度，防范税收风险。推行在部分行业试行农产品增值税进项税额核定扣除办法，堵塞征管漏洞。做好金税工程管理，共处理37户企业认证失控专用发票293份，进项转出金额1001.13万元。做好简并增值税征收率工作，全市共有1341户纳税人简并征收率，减少税额4942.88万元。开展小微企业政策执行情况专项检查，落实增值税税收优惠。

【企业所得税管理】 全市国税系统入库企业所得税142761.3万元，完成年度计划的118%，增收22840.1万元，同比增长19%。扎实抓好所得税汇算清缴工作，年度汇算清缴18416户，汇算面达98.84%，补征企业所得税1.22亿元；推进税源分类管理，加强预警指标控管和考核，夯实企业所得税征管基础；完善税收优惠基础台账，分别建立过渡期税收优惠、高新技术、研发费加计扣除等8个类别的税收优惠管理台账，全面贯彻落实小型微利企业税收优惠，有4109户小微企业享受所得税优惠，分别减免所得税1108.52万元，优惠面达100%。

【消费税管理】 入库消费税15938.5万元，完成年度计划的100%，增收730.3万元，同比增长5%。加强消费税管理，做好重点税源企业消费税数据采集工作。

【车辆购置税管理】 加强对政策与实务操作培训，规范车辆购置税管理。2014年全市共征收车辆41812辆，征收车辆购置税25536.4万元，减收2704.6万元，同比下降10%；免征车辆143辆，税款766万元。

【出口退税管理】 全市出口企业退税申报455户，办理直接出口退税13.6亿元，比上年同期增退1000万元，增长0.7%。于2014年4月10日出台《宁德市国税局关于促进外贸稳定增长的十二条贯彻落实意见》，将出口企业退（免）税资格认定、变更审批时间由20个工作日缩短为5个工作日；对电子信息齐全、经营业务无疑点的出口业务的审核审批，限定在15个工作日内完成；增加送国库办理退库次数，全面加快出口退（免）税办理速度。实施“一对一”税务帮扶工作机制，加强日常出口货物退（免）税申报、审核、审批及退库中的工作联系，做好服务工作。规范函调管理，共发函113份，涉及增值税专用发票1245份，进项税额2144.13万元。

税收法治

【深化税务行政审批改革】 根据《国家税务总局关于公开行政审批事项等相关工作的公告》要求，对照87项审批事项，进一步梳理目前保留的行政审批事项，逐一列出由市国税局负责审批的事项4项，由县级国税局负责审批的事项55项，形成税务行政审批事项目录清单并以公告的形式分别向社会公开，在公开的清单之外，不再实施其他事项审批，对取消和下放的审批项目不搞变相审批，接受社会和群众的监督。

【依法行政】 落实国务院《全面推进依法行政实施纲要》，构建依法行政领导体制和工作机制，推进依法行政示范单位创建工作，首批申报依法行政示范单位的东侨区国税局、古田县国税局通过了省国税局的考评验收。推进税收执法工作，规范税务行政裁量权，规范进户执法，共取消29项进户执法项目；落实税收执法责任制，加强执法过错责任追究，提升税收执法水平。

【税收执法督察】 完成对蕉城区国税局、

霞浦县国税局、寿宁县国税局开展重点执法督察工作，重点执法督察面达30%。同时，各县级国税局也根据当地的实际情况，自行组织执法督察，督察面达100%。全市国税系统通过执法督察共发现有问题纳税人1250户次，已整改1133户次，违规税额131.7万元，其中少缴税款123.4万元，多缴税款8.3万元；已整改税额131.7万元，其中已补缴税款123.4万元，已退税款8.3万元，加收滞纳金14万元。

▲2014年12月4日，宁德市国税局开展全国首个国家宪法日暨全国法制宣传日主题宣传活动。

【税法宣传】 落实“六五”普法工作规划，开展税法宣传活动，组织开展政策法律法规知识学习和测试，弘扬法治理念，宣传法律知识。依托综合纳税服务平台，每月发布税收政策，公开行政处罚情况，为广大纳税人提供政策服务，努力构建和谐征纳关系。做好市人大代表政协委员建议（提案）的答复，做好政府办、发改委、经贸局等部门有关政策规定征求意见稿的回复工作。开展税务行政复议应诉案件情况分析，加强和改进税务行政复议应诉工作。

【重案审理】 共立案查处稽查案件数47件，移送各级重大案件审理委员会审理案件9件，审理率为19.14%；经审理维持初审意见的6件，发回复查的2件，改变调查部门拟处理意见的1件。

纳税服务

【制度建设】 落实办税服务及管理制度，执行首问责任制、一次性告知、导税服务、全程服务、限时服务、预约服务、提醒服务、延时服务等服务制度，纳税服务领导小组不定期安排抽查通报，规范管理；落实办税服务厅值班、应急管理和领导巡查等日常管理制度，并加强对办税服务厅舆情信息的监测、引导和管理，提高纳税人满意度；加强岗位绩效考核及纳税服务之星评定管理，3月评定15名“2013年度全市国税系统纳税服务之星”，并予以表彰和奖励。

【“便民办税春风行动”】 按照“窗口受理，即办或流转审批，限时办结，窗口出件”的办税模式，从3月开始，执行新版涉税业务工作规程，开展以“六提速、三减负、一首问”为核心内容的“便民办税春风行动”。从2014年10月1日开始，推行《全国县级税务机关纳税服务规范》，进一步落实“便民办税春风行动”，总体审批环节减少23.4%，审批时限提速了36.2%。全面应用“免填单”服务系统，为纳税人提供涉及税务登记、认定管理、发票管理、证明管理、税收优惠管理、纳税申报等六大类共105项涉税事项免填单服务。落实征管档案“一户式”电子化管理，减少纳税人资料报送；推广应用“双屏显示”方便纳税人现场办税；落实税务总局关于发布取消简并涉税文书报表的公告，共取消了26种纳税人填报的涉税文书。制定并下发宁德市国税系统首问责任制实施办法，规范一次性告知事项；积极拓展网上办税业务，全年企业网上申报率达到92%；推广网络发票应用，取消百元版手工发票，促进规范管理；拓展使用ARM自助办税设备，在东侨区国税局、蕉城区国税局、福安市国税局、福鼎市国税局办税厅使用自助ARM办税设备，方便纳税人。

【创新服务举措】 从2014年4月1日开始，在全市范围推行五大类涉税业务“全市通办”，包括：申报征收、发票购销、代开发票、税务咨询、违章简易处罚等五大类涉税业务全市通办。从6月1日起，推行“缺件备忘服务系统”，将纳税人办税需要补齐或补正的资料一次性书面告知纳税人，为纳税人提供“先办后补”的服务；推行“纳税信用等级评定系统”，并于8月底完成全市33252户企业（登记满2年）的纳税信用等级评定工作，占应评户数的100%。推行任务管理与服务回访系统，从工作质量、服务态度、廉洁情况、意见建议等方面进行回访，提高工作质效。

【保护纳税人权益】 落实好《宁德市国家税务局纳税人维权服务管理办法（试行）》，发挥各县级局纳税人维权服务中心的作用，畅通投诉受理渠道，加强协调配合，及时受理、调查、处理、反馈纳税人维权事项，提高工作实效，切实维护纳税人的合法权益。全年共受理纳税人投诉103件（其中消费者投诉商家未开发票81件），已全部及时圆满办结，投诉处理的满意率、及时率均达100%。

税务稽查

【查处税收违法案件】 2014年稽查查补入库税款7440万元，占同期税收直接收入的1.66%，超过省国税局1.1%的考核要求。开展税收专项检查工作，成立税收专项检查工作领导小组，由市国税局统一进行选案，合理使用税收分析、纳税评估、退税预警信息成果，将出纳税零申报、负申报、低税负企业和“长亏不倒”企业以及连续多年未开展检查的企业等纳税疑点企业作为重点案源。查处重大税收违法案件，建立健全大案要案报告、信息传递和保密、案源登记和延伸稽查、廉政和责任追究等管理制度，通过领导督办、稽查骨干力量主办、国地税协作、税警协作等办案方式，形成上下一体、快速反应、指挥有力的大要案查处工作机制。

【打击发票违法犯罪活动】 将建筑安装、石油石化、商业批发与零售、餐饮娱乐、营利性教育培训、中介机构六大行业列为重点检查对象，做到“查账必查票”“查案必查票”；加强与公安部门协作，综合治理虚假发票“买方市场”“卖方市场”，与公安联合查办虚开及非法取得发票案件6起，查获犯罪嫌疑人3人。2014年共检查企业116户，查处违法企业116户，查处非法发票1449份，涉及金额4139.17万元，查补税款904.7万元，较上年增长226.47%，加收滞纳金88.52万元、罚款101.63万元。

【积案清理】 逐案分析形成积案的原因，制订工作计划，落实责任人，明确清理时限，建立工作台账，全面加快案件的检查进度。全年对2013年12月31日前全市正在稽查状态的案件进行全面摸底，共整理积案50件。

机构队伍

【机构设置】 截至2014年年底，宁德市国税局机关设置13个内设科室、1个直属单位（稽查局，副处级单位）、3个事业单位（培训中心、机关服务中心、信息中心），下辖蕉城区国税局、东侨区国税局、福安市国税局、福鼎市国税局、霞浦县国税局、古田县国税局、屏南县国税局、寿宁县国税局、周宁县国税局、柘荣县国税局。所辖10个县（市、区）国家税务局共设置92个内设科室、10个直属单位、10个事业单位、32个税务分局和2个税务所。

【编制人员】 截至2014年年底，宁德市国税系统共有行政编制931个（含4个国地税未分设县的地税编制147个），实有公务员914人，缺编17人；共有事业编制108个（含4个国地税未分设县的地税编制12个），实有事业编制人员10人，工人43人，缺编55人。其中，共有11名公务员和4名工人在事业单位工作，10名事业编制人员和39名工人在行政科室工作。

【班子建设】 共选拔任用正科级领导干部3人，副科级领导干部10人，科级非领导干部36人；适时对任职时间较长的基层一把手进行交流，10个县级国税局局长共交流调整了8个，并充实了9位干部任县级局领导班子成员，同时做好巡视、考核等工作。

【人员招录】 新录用24名公务员，均按照职位设置分配至各县级局；正常退休8人，提前退休5人。

【干部队伍建设】 推进人才强税战略，抓好干部业务能力建设，加强业务培训工作，共组织参加各类培训班206期，参加培训13551人次，人均年培训天数13.94天。采取递进式系列化培训、关键岗位跟班培训、实战演练等方式，加强干部岗位教育培训，选派3位干部分别到国家税务总局、省国税局和基层挂职。举办4期国税讲坛，举办9场全市国税系统先进典型人物事迹巡回报告会，11月，组织全市国税系统干部税收业务技能考试，作出对考取全国税务系统领军人才予以奖励5000元的规定。开展“一人一事”的思想政治工作。

▲2014年11月29日，宁德市国税局举办全市国税系统税收岗位业务知识考试。

【绩效管理】 推行绩效管理，在宁德市国税局机关建立“主管领导、分管领导、责任科室、责任人”四层分工负责制，在系统建立“对接省局，市、县局承接”对口负责制，实现提质增效、优化服务、规范管理的目标。

【党风廉政建设责任制】 层层签订党风廉政责任书，制定并下发《2014年宁德市国家税务局机关党风廉政建设和反腐败工作任务责任分解意见》，将落实责任任务细化为6大类24项，明确牵头部门、协办单位、分管领导和时间进度，确保“一岗双责”落实。明确各级党组对党风廉政建设承担主体责任，主要领导是第一责任人，领导班子成员按照职责承担领导责任，各职能部门负责人在工作范围内承担直接责任，纪检监察部门履行监督责任。

▲2014年6月26日，宁德市国税局举办全市国税系统“自律与他律”主题辩论赛。

【强化“两权”监督】 坚持用制度管权管事管人，依托内控促廉管理信息系统，推送风险事件1624件，其中事后核查事件转纪检部门处理3件；做好信访案件的核查工作，受理群众信访举报23件（次），进一步促进了干部廉洁从政。落实廉政谈话制度，共组织廉政谈话60人次，新任干部开展任前谈话19人次。加大案件查处力度，坚持以查促管，以查促廉，从源头上预防违法违纪案件的发生。

【党风廉政教育】 开展“廉政教育月”活动，邀请市纪检领导为干部作廉政专题讲座，开展预防职务犯罪教育和廉政“警示”教育，举办以“自律与他律”为主题的辩论赛，筑牢干部反腐倡廉防线；推进廉政文化教育基地建设和楼宇廉政文化建设，汇集近年廉政文化建设成果，出版《全市国税系统廉政文化建设集》，营造崇廉尚廉的氛围。

【作风效能建设】 落实中央八项规定，开展以“三清三察三审三治”为重点的专项整治；开展作风整顿，组织开展三次大范围的明察暗访，对查出的违纪人员予以处理；开展纠风工作，深化政风行风建设，发挥特邀监察员、行风评议代表作用，处理投诉举报问题，加强作风建设。

【党的群众路线教育实践活动】 2014年2月，启动党的群众路线教育实践活动，成立领导小组、督导组、教育实践活动办，强化领导责任、督导责任和指导责任，确保组织领导到位。市国税局班子成员做到 “五个带头”，即带头到联系点调研指导，带头深入群众走访基层，带头深入查找问题，带头开展批评与自我批评，带头制定和落实整改措施，推动了活动的开展。在活动过程中，编印《教育实践活动知识问答60题》《党的群众路线教育实践活动学习资料》（6期）；组织开展党的群众路线教育实践活动知识测试，测试面达100%，优秀率为100%；树立5位先进典型，举办9场“身边人、身边事”先进事迹报告会，按照相关要求，把“规定动作”不折不扣地落实到位，并做好“自选动作”。坚持高标准严要求，把整改落实贯穿始终。听取意见环节，市国税局、县国税局两级班子共到基层调研81场次，共召开各类座谈会76场，发放征求意见函1088封，发放调查问卷763份，共征求意见建议575条。查摆问题环节，市国税局班子查摆问题9条，县级国税局班子查摆问题220条；市国税局、县级国税局班子和个人的对照检查材料都经历9次以上修改；专题民主生活会，市国税局班子成员自我批评37条，相互批评72条，达到“红红脸、出出汗”的预期效果。整改落实环节，研究制订整改方案、专项整治方案、制度建设计划，明确责任领导、责任单位和完成时限，市国税局班子61项整改措施全面落实到位，做到件件有着落，项项有安排。

【基层党组织建设】 研究制定《关于进一步加强和改善全市国税系统基层党建工作的意见》，建立党建工作例会制度，每季度召开一次。确立霞浦县国税局为系统党建工作示范点，通过“点”的建设，推动“面”的开展。根据中央有关精神，于2014年4月开始开展整顿软弱涣散基层党组织活动，并对在活动调研中发现的16个基层党组织届满到期而未换届改选的，及时进行了改选。在4月底组织开展一期全市国税系统基层党组织书记专题培训工作，为基层党组织的建设和党建工作的开展奠定组织基础。开展“三级联创”活动，组织市国税局机关党委各支部与基层县（市、区）局党委（总支）就学习交流、到企业调研、关爱弱势群体、建设美丽乡村、开展环保行动、提升精神理念及落实“扎根工程”七个方面开展共建活动，形成上下竞相抓党建的格局。

【制度建设】 全市各市、县、区国税局机关党委（总支）普遍建立局机关党委（总支）工作规则、局机关基层党支部工作规则、“三会一课”制度、党员学习制度、组织生活会制度、民主评议党员制度、发展党员制度、党费收缴和管理使用制度、党员思想组织作风建设制度和党建工作制度等十几项制度，建立党员活动室，普遍组织开展党建工作“创先争优”活动，并在经费上予以保障。

【扶贫帮困】 全市国税系统各类赞助捐款达30.5万元。市国税局机关和各县级国税局均参与地方组织的挂点帮扶贫困村工作，在自

▲2014年5月9日，宁德市国税局组织召开市国税系统“双先”表彰暨“身边人、身边事”先进事迹首场巡回报告会。

身资金紧张的情况下帮助贫困村修建道路、图书馆等设施，帮助困难群众脱贫致富，扶持农村经济发展。同时，还参与阳光助学、救灾捐款、爱心捐助、爱心妈妈、义务献血等扶贫济困献爱心等活动。此外，对全市国税系统出现重大灾病的13名干部给予补助8.6万元。

【国税文化建设】 发挥工青妇团的作用，全市国税系统均成立道德讲堂，组织了数十场道德演讲。此外，还在市国税局机关举办了4期用于学习交流的国税讲坛，既邀请外面专家学者前来授课，讲解科技、文化、经济等各类前沿知识，拓展干部知识面，改善知识结构；又让市国税局科长走上讲台，与大家分享自己的所学所悟，促进互相交流，达到共同提高的目的。

【精神文明创建】 参与福建省国税局和当地文明委、工、青、妇等单位开展的先进集体、先进工作者、文明单位、青年文明号、巾帼文明岗等的评选表彰活动。2014年全市国税系统在原有5个省级文明单位的基础上，又有寿宁县国税局、屏南县国税局、柘荣县国税局由市级提升为省级文明单位。

行政后勤

【安全稳定】 修订完善《宁德市国税局值班工作制度》《宁德市国家税务局办公大楼消防安全管理制度》《宁德市国家税务局保密工作规则》《宁德市国税系统网络舆情应急处置工作预案》等制度。设立紧急事项应急小组，应对台风、火灾、建筑安全、网络安全、网络舆情等突发事件。做好保卫和值班工作，坚持定期开展安全检查活动，对检查过程中发现的安全隐患整改到位。开展矛盾纠纷的排查和化解工作，对各种矛盾争议做到早介入、早协调、早处置，把矛盾解决在萌芽状态，促进社会的平安和谐。2014年，宁德市国税局机关被宁德市委、市政府评为“平安建设先进单位”。

【财务管理】 进一步规范财务管理，全年共对福鼎市国税局、霞浦县国税局、屏南县国税局、寿宁县国税局、柘荣县国税局局长实施离任经济责任审计。2014年，对资产、基建、政府采购工作按照“严控新增基建项目、严禁新租新借资产、严查敏感经费、严管现有存量”的方向进行管理。2014年3—6月，开展“三清”，对办公用房、基建及“三公”经费使用情况进行检查和自查。全市办公用房清理腾退基本到位。6月，对全市出租出借资产情况进行检查。此外，修订政府采购管理办法，调整政府采购组织流程和下限标准，部分县国税局也根据实际情况出台了适合本地实际情况的政府采购规定。

（供稿：谢正伟）

平潭综合实验区国家税务局

税收概况

【税收完成情况】 2014年共组织入库税收收入46710万元，增收9848万元，同比增长26.72%；完成省国税局全年税收计划42000万元的112.14%，超序时进度12.14个百分点，超收4710万元。其中，税收直接收入完成46510万元，增收6510万元，同比增长16.28%；免抵调库200万元，比上年同期增加100万元。全年办理出口退税1093万元，增加出口退税592万元，同比增长167.71%；平潭海关代征增值税104万元。

【各税种税收情况】 增值税平稳增长，企业所得税、消费税略有减少，车辆购置税翻倍增长，呈现“二增二减”态势。其中：增值税入库20417万元，增收6068万元，同比增长42.29%；企业所得税入库20283万元，减收710元，同比下降3.38%；车辆购置税入库5996万元，增收4518万元，同比增长305.68%；消费税入库14万元，减收27万元，同比下降65.85%。

【外资企业税收】 2014年，港澳台投资企业税收增长势头迅猛，拉动税收收入增长。该年度平潭区局港澳台投资企业共登记162户，累计登记户数326户，入库税款7974万元，增收2938万元，同比增长58.34%。

表31　　2014年平潭综合实验区国税局各征收单位税收收入情况

单位：万元

单　　位	税收收入			免抵调税		
	全年	增减额	增减率（%）	全年	增减额	增减率（%）
合　　计	46710	9848	26.72	200	100	100
岚城分局	32323	3238	11.13	200	100	100
平原分局	8063	2096	36.37			
敖东分局	328	−4	−1.2			
纳税服务科（车辆购置税）	5996	4518	305.68			

【重点税源税收收入】 20家重点税源企业入库税收29656万元，增收2950万元，同比增长11.05%。其中，平潭海峡如意城开发建设有限公司、龙源（平潭）风电有限公司、福建平潭农村商业银行、福州利亚船舶有限公司税款增收，对税收增长贡献较大（详见表32）。

从行业税源分布情况来看，税收收入主要集中在房地产行业、船舶和其他运输设备制造业、电力、热力的生产和供应业，重点行业税收收入增减情况明细详见表33。

表32　2014年平潭综合实验区税收收入千万元以上重点企业情况

单位：万元

序号	纳税企业名称	税收收入	增减额	增减率（%）
1	海峡如意城有限公司	4710	1202	34.26
2	龙源（平潭）风电公司	3869	652	20.27
3	福建平潭农村商业银行	3828	1651	75.84
4	福能（平潭）融资租赁公司	2947	755	34.44
5	福州利亚船舶有限公司	2781	557	25.04
6	天福茶业有限公司	2583	2583	100
7	国网平潭供电有限公司	1400	251	21.85
8	东兴龙居房地产有限公司	1368	-2318	-62.89
9	福建中荣混凝土有限公司	1006	510	102.82
10	合　计	24492	5843	32.33

表33　2014年平潭综合实验区税收收入千万元以上重点行业情况

单位：万元

行业名称	税收收入	上年同期	增减额	增减率（%）
房地产行业	6734	8672	-1938	-22.35
批发业	6274	5991	283	4.72
电力、热力的生产和供应业	5309	4336	973	22.44
货币金融服务业	4467	4277	190	4.44
船舶和其他运输设备制造业	3822	2609	1213	46.49
非金属矿物制品业	2960	3447	-487	-14.13
水上运输业	2738	433	2305	532.33
零售业	2174	2564	-390	-15.21
合　计	34478	32329	2149	6.65

征收管理

【征管改革】 成立指挥部，设综合、业务和技术三个专业工作小组，明确工作职责，统筹协调做好CTAIS2.0系统县区转换、发票、登记证印制等工作。将48项主要工作内容层层分解，落实到人，召开协调会现场解决推进过程中的一系列问题。2014年3月25日，完成了发布公告、发票印制、数据清理、岗责建立、系统初始化、防伪税控等多个系统衔接，对6009户正常管征户进行迁移。3月30日，对各业务系统进行了联合调试，完成了转换工作。

【纳税评估】 成立纳税评估评议委员会，组织人员进行信息采集、分析监控、风险应对、评价执行。涉及行业主要为房地产、园林、农业机械、沥青混凝土、医药零售、“营改增”户、黄金饰品进出口、建材批发行业等，2014年应对纳税人总户数23户，有问题户数14户，评估查补入库税款969万元。

【三证一章登记制度】 依托综合实验区的行政服务中心，利用工商、质监、税务、公安部门的集中办事窗口，联系参与政府行政服务中心推行“三证一章合一”税务登记制度，为全省首次试行。2014年选择此便捷服务的纳税人有615家，法人代表主要为区外纳税人。

【个体税收管理】 共有个体工商户3231户，其中采取定期定额3081户，采取查账征收150户，全年共征收个体税收353.58万元。通过与工商、地税等部门进行信息交换共享和日常辖区实地巡查等方式开展了漏征漏管户清查，清查漏征漏管户117户，补缴税款0.8万元，滞纳金0.1万元，罚款4.2万元，合计5.1万元。

【发票管理】 做好县区CTAIS系统衔接普通发票印制工作。与福建省国税局、福州市国税局联系，前期做好普票用量的测算、二次竞价、监制章刻制，发票代码及电子码编制、印制厂家的确定和合同签订等印制工作，同时，对辖区4家衔名自印发票企业开展摸底通知印制工作，确保3月底平潭试验区国税局普通发票到库供应，做好登记证印制工作，保证纳税人生产经营正常开展。

各税管理

【增值税管理】 执行《增值税一般纳税人资格认定管理办法》，简化审批流程，缩短审批时限。2014年新认定增值税一般纳税人229户，占一般纳税人总户数586户的39.1%，其中“营改增”纳税人认定一般纳税人156户。抓好小规模增值税企业征收方式核定工作，小规模企业增值税征收方式变更为查账征收，对个别确实无法建账的纳税人，按从高标

▲2014年4月1日，第一家企业在平潭综合实验区国税局CTAIS中完成申报，标志着区局成功完成业务系统区县转换。

准审批定额。做好增值税发票专项评估工作，评估 3户企业，补税36万元。做好“营改增”专项评估工作，任务推送3户企业，有问题1户，补税30.96万元，加收滞纳金2.58万元。

【“营改增”试点】 根据财政部、国家税务总局《关于将电信业纳入营业税改征增值税试点的通知》（财税〔2014〕43号）精神，做好电信业“营改增”工作，由地税移交纳税人5户，全部确认登记，其中认定一般纳税人3户。新认定的“营改增”一般纳税人所需的增值税专用发票、增值税普通发票供票到位，政策业务、防伪税控培训面均达100%，试点纳税人纳税申报正常。

【所得税管理】 按照企业所得税纳税人的税源规模、财务核算状况、纳税信誉等级情况，将企业所得税纳税人划分A、B、C三类，有效降低企业亏损面。加强对重点业户收入的预测和监控，确保所得税收入稳定增长。所辖企业所得税登记1953户，应参加汇算清缴1928户，汇算面100%，汇算清缴补税2765万元，全年入库企业所得税20993万元。

【非居民税收管理】 加强第三方信息的采集力度，通过对新闻媒体、电视、网络及相关职能部门获取的信息进行加工、分析，对23户企业涉及非居民企业所得税进行跟踪、约谈和政策辅导，发现应征收企业所得税7户，征收非居民企业所得税1154.4万元，比上年同期的64.5万元，增收1089.9万元，增长1689.8%。

【落实优惠政策】 落实财政部、国家税务总局陆续发布的《福建平潭综合实验区企业所得税优惠政策及优惠目录》《财政部、海关总署、国家税务总局关于平潭综合实验区有关进口税收政策的通知》《关于横琴、平潭开发有关增值税和消费税政策的通知》《关于平潭对台小额商品交易市场税收政策问题的函》等一系列税收优惠政策。利亚船舶有限公司享受15%优惠税率，减征企业所得税309.6万元。宸鸿科技（平潭）有限公司享受入区退税政策，办理入区退税101.8万元。

【落实小微企业政策】 通过印发宣传资料、LED、门户网站、QQ群、微博、新闻媒体等途径和方式进行宣传，并筛选受惠纳税人。2014年小微企业增值税免税申报1862户次，免征增值税56.2万元，受惠面达100%。小微企业所得税户2718户，享受小型微利企业所得税优惠政策223户，受惠面达100%，实际减免所得税额45.1万元。

税收法治

【执法督察】 部署2014年全区税收执法督察自查及重点检查工作，共完成贯彻落实组织收入原则情况、税收规范性文件合法性情况、发票管理情况、注销清算税收管理情况、出口货物退（免）税管理情况、部分税收优惠政策落实情况六大类执法督察项目。完成税收执法督察报告1份，下达《税收执法督察通知书》9份、《税收执法督察处理意见书》4份、《税收执法督察结论书》5份。

【案件审理】 落实重大案件审理各项制度和程序，按照有关重大案件审理的规范，对重大案件坚持集体审理制度，在重大案件审理过程中加强对程序、证据的审理，明确稽查局提交审理案件的范围，提高对重大案件公平性、合理性的审查。共审理重大案件1件次，企业所得税30716426.49元，审理率100%。印发《平潭综合实验区国家税务局重大税务案件审理工作规程（试行）》和《平潭综合实验区国家税务局减免税审理工作规程（试行）》。

【执法追究】 持续推进税收执法责任

制工作的落实，确保税收执法管理信息系统运行。税收执法准确率达99.99%，综合评分指数为0.9999。通过自动考核共发现6条过错行为，依据执法考核结果对相关责任人员进行了责任追究，累计经济惩戒金额95元，累计批评教育1人次。

▲2014年4月17日，平潭综合实验区国税局举办微博在线访谈，局长苏虎（正排中）、副局长陈向东（正排右）与网友在线互动。

纳税服务

【办税大厅建设】 划分办税大厅功能区，添置排队叫号机、电子触摸屏、电脑、扫描仪、POS机等先进设备，提高办税效率及纳税人满意度。学习《全国县级税务机关纳税服务规范（1.0版）》，领会服务规范内容，从业务流程到工作用语，从服务模式到技术标准，全面掌握业务流程。2014年度获得全省纳税服务满意度第一名，获中华总工会“工人先锋号”称号。

【创新服务】 在办税大厅取号排队机内设置“绿色通道”，台商、“老、弱、病、残”纳税人以及A级信用企业可以优先取号优先办理。针对台湾小额贸易免税市场制定出简繁体两种版本的《对台小额贸易免税市场涉税事项告知书》。建立先预审后办理制度，针对实际办公地点在岛外的外地企业实行电话预约服务。办税大厅在受理申请办理的涉税事项时，印发“温馨提示卡”，进行全程提醒服务。

【纳税咨询维权】 在办税大厅设立咨询导税岗，专业咨询辅导人员当场解答纳税人疑问。建立咨询QQ群，官方微信、微博等平台，通过在线互动进行交流探讨，纳税人足不出户就可以解决涉税问题。设立税务咨询工作室，组建纳税咨询专家团队，建立集税收宣传、纳税咨询、办税辅导、权益保护为一体的面对面征纳沟通平台，提升税务咨询回复精确度和时效性。

▲2014年4月22日，福建省国税局、地税局、平潭综合实验区管委会主办的税法咨询解答现场会在平潭成功举行。

【税收宣传】 进一步拓宽税企互动渠道，开通平潭国税微信、微博、税企互动QQ群等新媒体平台，为纳税人提供税法宣传、政策咨询、纳税辅导等个性化纳税服务。累计发布1100余条政策资讯，拥有粉丝13000余人。加强税收优惠政策辅导。定期发送宣传手册。编制各种税收宣传材料，重点宣传“小微企业”优惠政策，发送各类宣传手册1500份。

税务稽查

【概述】 2014年，稽查局直接查补税收2457万元，增加1145万元，同比增长114%，增幅占全省稽查系统第一位。查补收入占税收收入总量的5.26%，占比位居全省国税稽查系统第一名。单户查补入库税额实现千万元的零突破；首次查获纳税人套开通用机打网络发票案件，并以涉嫌偷税罪，将其移送公安机关查处；查获虚开网络发票的“1203案件”。绩效管理取得新成效，稽查系列绩效得满分并居全省第一名。

【专项检查】 重点开展对房地产行业、邮政行业、中央属建安企业的税收专项检查工作。房地产行业检查成为新亮点，共查补房地产企业所得税2431.8万元；中央属建安企业税收管征历史性突破，将5户中央属驻岚施工企业纳入管征范围，确认9户项目不属于就地预缴管征对象，实现中央属建安施工企业所得税就地预缴231.22万元。

【案件举报】 2014年共受理涉税举报案件5件，其中福建省国税局稽查局交办案件2件、转地税部门1件。立案查办5件，已结案5件，结案率100%，查补税款7.4万元。

【稽查管理】 实施“以查促管”，对稽查中发现的管征漏洞和存在的薄弱环节，提出11个方面的堵漏强管建议，并撰写《促进隧道业回归的调研报告》《福建平潭“1203虚开网络发票”案件的征管建议》等调研报告。

信息化建设

【网络机房建设】 2014年共购入防火墙2台，交换机2台，路由器2台，不间断电源UPS1台。共投入385400元购置服务器4台；投入105400元购置PC台式计算机30台；投入36400元购置扫描仪7台；投入21100元购置打印机12台。

【数据安全】在每台办公用计算机上安装桌面防护系统及瑞星杀毒软件，注册率及安装率均达到100%，加强职工干部防范违规外联等网络安全意识。上报福建省国税局后台数据维护118条，其中属于前台操作错误共74条。

【系统运行】 2014年4月1日，区国税局成功完成CTAIS系统县区转换。下发工作任务分解表，做好各模块的任务分解工作。并在福建省国税局设置区局机构节点的基础上，做好防伪税控，货运系统，车辆购置税系统，稽核系统等相关应用子系统的初始化操作，保证各个系统的数据同步准确完成。一户式征管影像系统成功上线，安装地市级节点的桌面防护和病毒防护系统，将原挂靠福州市局节点下的两大系统全部迁回，做好增值税发票系统升级相关工作。

机构队伍

【机构设置】 现机构级别为正处级，内设9个科室（人事教育科、监察室、办公室、税政科、征收管理科、政策法规科、纳税服务科〈纳税服务中心〉、收入核算科、进出口税收管理科），另设机关党委办公室、1个事业单位（信息中心）、1个直属单位（稽查

▲2013年12月25日，福建省政府党组成员、区党工委书记、区管委会主任李德金（左六），省国税局局长臧耀民（左五）等领导参加平潭综合实验区国家税务局成立揭牌仪式。

局），3个派出机构（第一税务分局、第二税务分局、第三税务分局）。

【人员编制】 全区国税系统在编干部97人，其中行政编制91人、事业编制2人、职工4人；本科及以上学历共计64人，占总人数的65.9%；具有硕士、博士以上学位2人，占总人数的2%；中共党员72人，占总人数的74.22%。

【班子建设】 不断加强领导班子自身的建设，突出建设学习型、民主型、廉洁型、创新型班子。局党组中心组坚持年有规划、季有计划、月有安排，确保学习制度落实到位。组织学习党的十八大，十八届三中、四中全会，习近平总书记系列讲话等重要精神，并结合工作实际开展调研讨论、撰写心得，提高思想认识，增强科学发展意识，努力提升理论素养。建立和完善领导班子定点联系和挂钩包片制度，落实领导干部廉政谈话制度和领导干部个人重大事项报告制度。

【中层领导建设】 制订《正科级领导干部选拔工作方案》，通过资格审查、民主推荐、组织考察等环节选拔出7名正科级领导干部，还协助省国税局从福州市国税局、宁德市国税局、莆田市国税局、泉州市国税局选拔出5名年轻干部充实正科级领导干部队伍。按照晋升主任科员和副主任科员实施方案，组织开展晋升副主任科员工作，共晋升副主任科员4人。

【党的群众路线教育实践活动】 在党的群众路线教育实践活动中，共召开座谈会42次，走访税户86户、党政部门43个，发放征求意见函和调查问卷各5647份，征集各类意见问题104条，通过整理归类成52条意见建议，根据实际情况提出整改措施和整改时限。新制定和完善34项规章制度，编发专栏6期、简报37期。坚持以“三严三实”为标尺，对照“两方案一计划”（整改方案、专项整治方案和制度建设计划），结合全省国税系统作风建设“巩固深化拓展”主题活动，对整改落实的进展、效果和存在问题进行“回头看”。

【平凡中的闪光点】 通过设立“平凡中的闪光点”登记簿，发现并记录干职日常生活工作中的好人好事。每季评出5～7名先进个人，利用宣传栏、办公网等平台进行宣传报道，营造“比、学、赶、帮、超”的氛围。2014年评出“平凡中的闪光点”先进人物21人次。

【读书心得交流】 以“五个一”为活动基本内容，即：每人办一本借书证；每季推荐一本好书；每季完成一篇学习心得；搭建一个网络交流平台；每季开展一场读书心得交流会。在区局内网开设“读书感悟专栏”，2014年召开4场读书学习交流会，上台交流人员52人次，评选季度优秀学习心得25篇。

【教育培训】 制定《平潭综合实验区国家税务局学历学位教育管理意见》《平潭综合实验区国家税务局关于进一步加强干部教育培训管理的意见》等文件，组织开展各类业务培训，举办《绩效管理知识培训》《封关后增值税、消费税政策培训》《寻求跨越发展的平潭策》等各类培训5期，开展2期全员知识更新培训班，累计参训534人次。安排4名新任处级领导参加国家税务总局任职培训班和4名业务骨干参加国家税务总局业务培训班，安排8名新录用公务员和1名军转干部参加省国税局初任培训班，组织干部参加省国税局举办的“营改增”业务、出口退税业务、纳税评估业务、纳税服务业务、人事业务、纪检监察业务等各类培训班31期，参训人员达146人次，年度人均培训天数达21.49天。

【精神文明建设】 开展各类精神文明创建工作，制订年度工作计划，明确文明创建主要任务及措施。成立国税志愿者服务队，开展各项志愿服务活动，创建文化走廊和文化墙，营造国税文化氛围，区国税局通过了新一届省级文明单位的验收。提出“助力实验区，国税展风采”的劳动竞赛主题，获“全国工人先锋号”称号。

【党群工作】 全系统设有3个支部6个党小组，共72名党员干部，组织开展文体活动，组建福建国税之歌合唱队、参加“为民 务实 清廉”主题演讲比赛、参加“自律与他律”主题辩论赛等多项文体活动。被福建省总工会授予“福建省模范职工之家”称号，这是平潭综合实验区唯一获此殊荣

▲2014年4月23日，福建省国税局副局长邱大南（左三）与区国税局局长苏虎（左二），在福州利亚船舶有限公司开展调研。

的基层工会组织。

【党风廉政建设】 2014年3月6日，召开区国税党风廉政建设工作会议，签订廉政责任书。总结2013年区局党风廉政建设和反腐败工作的成绩，部署2014年党风廉政建设工作。区国税局每季度召开党风廉政建设分析会，对廉政和行风存在的问题进行整改，进一步明确党组主体责任和纪检监察部门的监督责任范围。党组重点履行选人用人、明纪纠风、预防监管、支持保障、管理示范等责任。

【行风评议】 制定《平潭综合实验区国税局2014年民主评议政风行风工作实施方案》，建立行风效能日常巡查、首问责任、服务承诺、着装管理和工作考勤等制度。定期召开座谈会、发放政风行风情况调查表，收集、梳理群众的建议和意见，对存在重点问题的整改承诺。在福建省国税局2014年行评测评中获得99.8分的好成绩，被区纪工委列为政风行风免评单位。区党工委书记李德金对平潭实验区国税局纳税服务工作做出批示“区国税局主动服务企业，服务对台工作大局，成效显著”。

【惩防体系建设】 加强以领导干部为重点的反腐倡廉宣传教育，构筑拒腐防变思想道德防线。坚持党组中心组学习制度，组织干职学习有关廉政规定、观看廉政电视专题片，发挥税收执法管理信息系统预警功能，运用执法检查和执法监察系统。召开税检联席会，全面加强预防职务犯罪。

【廉政教育】 开展“廉政教育月”十个一活动，开设廉政教育课程8个班（次），共累计培训62课时。安装电脑廉政屏保，征集“廉政好格言”。抓好福建省国税局廉政文化教育平台的日常学习教育和在线考试，在全省系统率先开通微信廉政教育平台，做到“一天一教育，一周一警示”，把廉政教育延伸到8小时之外。

【廉政文化建设】 邀请区党工委、纪工委领导和书协、美协领导创作书画作品，融合税收文化、廉政文化、地域文化为一体，以书画作品、漫画、典故、格言等形式分楼层突出六个廉政文化主题，并在大型会议室做专题展板，提升廉政文化品位和教育效果。组队参加全省“自律与他律”辩论赛，获团体季军，两位辩手被评为“最佳辩手”。

【内控机制建设】 结合税源专业化改革，不断深化内控机制建设，围绕决策权、执行权、监督权行使的重点领域、重要岗位和关键环节，加强流程控制和风险管理，防范廉政风险和执法风险。2014年共发生风险事件数87件，其中事前预警5件，事后核查事件77件，无纪检监察事件，均在规定时限内完成，核查完成率100%。执法监察子系统共发现18个疑点数据，其中定期定额户连续超定额未重新核定13个，涉及纳税人7户，未按规定加收滞纳金5个，涉及纳税人4户。

【案件查处】 落实税收违法案件“一案双查”制度，加大信访举报核查力度，提高信访核查质量。强化问题线索管理，问题线索由纪检监察部门集中统一管理，实行集体排查，按照规定的拟立案、初核、谈话函询、暂存、了结五类标准分类规范处置，定期进行清理。全年共收到信访件5件（重复2件），初核1件，办结3件。

行政后勤

【绩效管理】 制定绩效管理办法及实施细则，实行统一领导，分级管理，落实考核指标，明确工作职责，关注绩效管理指标节点，注重对工作过程管理，加强部门协作，强化问题反馈，并建立相应的奖惩机制。按照福建省国税局绩效管理四类内容进行整合，编制绩效目标和绩效指标，实施绩效管理“扁平化”。制定定岗定人定责定绩效的二级考评细则，建立“横向到边、纵向到底”绩效管理责任机制。2014年，平潭局绩效考核成绩984.89分，其中加分项目18分，总成绩位列全省国税系统第四名。

【财务管理】 贯彻落实中央八项规定，出台《平潭综合实验区国家税务局经费管理办法》《平潭综合实验区国家税务局差旅费管理办法》《平潭综合实验区国家税务局公务接待管理办法》《平潭综合实验区国家税务局会议费管理办法》等相关财务管理办法。对每个季度的主要项目收支情况以及政府采购年度计划进行公布，实现财务公开。2014年组织政府采购15批次，实际采购金额108.66万元，节约资金12.46万元，资金节约率10.29%。

（供稿：游杨波）

统计资料

2015

福建国税年鉴

机构人员

福建省国家税务局厅级干部名单

姓名	职务	备注
臧耀民	党组书记、局长	
连开光	巡视员	2014年6月退休
刘孟全	巡视员	2014年10月17日前任党组成员、副局长
邱大南	党组成员、副局长	
曾光辉	党组成员、纪检组长	
雷致青	党组成员、副局长	
陈慕斌	党组成员、副局长	
林茂椿	党组成员、总经济师	
林国镜	党组成员、总会计师	
包逸生	副巡视员	2014年9月退休
李新发	副巡视员	2014年9月退休
方新加	副巡视员	
李增源	副巡视员	

福建省国家税务局机关厅级以下干部职工名单

姓　名	部　　门	职　　务	备　注
陈文雄	办公室	主　任	
郑玲秀	办公室	副主任	
黄　翎	办公室	副主任	
廖燕庆	办公室	副主任	
魏林春	办公室	副调研员	
姜闽兴	办公室	副调研员	
叶　明	办公室	主任科员	
李　滨	办公室	主任科员	
叶生成	办公室	主任科员	
吴　雷	办公室	主任科员	
廖海敢	办公室	主任科员、党组秘书（兼机要秘书）	
兰延灼	办公室	主任科员	
张叶霖	办公室	主任科员	
黄小燕	办公室	主任科员	
王丽平	办公室	副主任科员	
林佳睿	办公室	副主任科员	
陶　然	办公室	副主任科员	
耿吉敏	办公室	副主任科员	
朱星星	办公室	科　员	
陈　荣	政策法规处	处　长	
杨　林	政策法规处	副处长	
金文景	政策法规处	副调研员	
李　钟	政策法规处	副调研员	

续表

姓 名	部 门	职 务	备 注
倪周锦	政策法规处	主任科员	
郭秀琼	政策法规处	主任科员	
陈 泓	政策法规处	副主任科员	
邱鹏亮	货物和劳务税处	副处长	
庄建顺	货物和劳务税处	副处长	
林 玲	货物和劳务税处	主任科员	
陈世明	货物和劳务税处	主任科员	
孟立文	货物和劳务税处	主任科员	
郑梦思	货物和劳务税处	副主任科员	
徐洪涛	货物和劳务税处	副主任科员	
翁 菁	货物和劳务税处	科 员	
林太桂	所得税处	处 长	
朱春发	所得税处	副处长	
刘先熙	所得税处	副处长	
黄黎娟	所得税处	主任科员	
高芝琴	所得税处	主任科员	
詹 冰	所得税处	主任科员	
黄 泓	所得税处	主任科员	
杨 强	所得税处	主任科员	
黄小丽	所得税处	副主任科员	
王合作	收入规划核算处	副处长	
苏守国	收入规划核算处	副处长	
翁锦晖	收入规划核算处	副处长	
李 红	收入规划核算处	主任科员	
施 希	收入规划核算处	主任科员	
林 雪	收入规划核算处	主任科员	

续表

姓　名	部　　门	职　　务	备　注
郑兴俊	收入规划核算处	主任科员	
薛东晖	收入规划核算处	副主任科员	
李煌雁	收入规划核算处	副主任科员	
武林仙	收入规划核算处	副主任科员	
朱文翀	纳税服务处	处长（兼注税中心主任）	
姜　苏	纳税服务处	调研员	
潘玉玲	纳税服务处	副处长	
江俊强	纳税服务处	主任科员	
黄胜荣	纳税服务处	主任科员	
陈　默	纳税服务处	主任科员	
吴红萍	纳税服务处	主任科员	
刘伟太	纳税服务处	主任科员	
丁　莹	纳税服务处	主任科员	
阮诗雄	征管和科技发展处	处　长	
李国良	征管和科技发展处	副处长	
何荔春	征管和科技发展处	副处长	
林少校	征管和科技发展处	副调研员 （南平市国税局挂职）	
余　萍	征管和科技发展处	副调研员	
郦　峰	征管和科技发展处	主任科员	
黄德兴	征管和科技发展处	主任科员	
邓宗善	征管和科技发展处	主任科员	
连惠阳	征管和科技发展处	主任科员	
张伟文	征管和科技发展处	主任科员	
刘　斌	征管和科技发展处	主任科员	
杨　姝	征管和科技发展处	副主任科员	

续表

姓 名	部 门	职 务	备 注
林本强	征管和科技发展处	副主任科员	
周元福	财务管理处	处 长	
安 辉	财务管理处	副处长 （兼采购中心主任）	
王大华	财务管理处	副处长	
何 毅	财务管理处	主任科员	
林柳枝	财务管理处	主任科员	
黄显良	财务管理处	主任科员	
林 东	财务管理处	主任科员	
汤晓珍	财务管理处	主任科员	
何祥琮	财务管理处	主任科员	2014年10月退休
王正阳	财务管理处	主任科员	2014年2月退休
柯文林	财务管理处	副主任科员	
陈佳佳	财务管理处	副主任科员	
马 旻	财务管理处	科 员	
陈义端	督察内审处	处 长	
林惠麟	督察内审处	副处长	
林兴旺	督察内审处	副处长	
陈 轲	督察内审处	副调研员	2014年9月退休
唐祝钦	督察内审处	主任科员	
郑忠武	督察内审处	主任科员	
吴 勇	督察内审处	主任科员	
肖颖琦	督察内审处	主任科员	
周 芸	督察内审处	科 员	
魏润水	人事处	处 长	
倪秉莲	人事处	副处长	

续表

姓　名	部　　门	职　　务	备　注
王志荣	人事处	副处长	
曹　泳	人事处	主任科员	
刘孟雄	人事处	主任科员	
赵斯仪	人事处	主任科员	
林　昀	人事处	主任科员	
康培阳	人事处	副主任科员	
温笑露	人事处	副主任科员	
林善明	人事处	科　员	
林　娟	巡视办	副主任	
黄月明	巡视办	副调研员	
于建寅	巡视办	主任科员	
林宗绥	巡视办	主任科员	
郑少玲	巡视办	副主任科员	
张道金	教育处	处　长	
郭晓岚	教育处	副处长	
林茂理	教育处	副调研员	
伍智利	教育处	主任科员	
郑旭田	教育处	主任科员	
李叶华	教育处	主任科员	
谢文婷	教育处	科　员	
李　晖	监察室	主　任	
刘隆贵	监察室	副主任	
邱红卫	监察室	副主任	
卓仕阳	监察室	副调研员 （宁德市国税局挂职）	
李　雄	监察室	副调研员	

续表

姓　名	部　　门	职　　务	备　注
黄身应	监察室	主任科员	
王力萍	监察室	主任科员	
程晓君	监察室	副主任科员	
陈　霖	大企业税收管理处	处　长	
董昌芳	大企业税收管理处	调研员	
郭金荣	大企业税收管理处	主任科员	
林桂华	大企业税收管理处	主任科员	
陈建钦	大企业税收管理处	主任科员	
王丽华	大企业税收管理处	主任科员	
吴桀云	国际税务管理处	处　长	
郑　萍	国际税务管理处	副处长	
邱清安	国际税务管理处	副调研员 （三明市国税局挂职）	
卢兆福	国际税务管理处	主任科员	
潘晓耿	国际税务管理处	主任科员	
李孟军	国际税务管理处	主任科员	
严安琪	国际税务管理处	副主任科员	
邹丽俐	国际税务管理处	副主任科员	
林孟奇	进出口税收管理处	处　长	
宋启英	进出口税收管理处	副处长	
黄　钢	进出口税收管理处	副处长	
潘奋农	进出口税收管理处	副调研员 （平潭区国税局挂职）	
王碧娟	进出口税收管理处	主任科员	
杨雄富	进出口税收管理处	主任科员	
童远烽	进出口税收管理处	主任科员	

续表

姓　名	部　　门	职　　务	备　注
陈效武	进出口税收管理处	主任科员	
沈燕琴	进出口税收管理处	主任科员	
刘　琨	进出口税收管理处	副主任科员	
吴旭琳	进出口税收管理处	副主任科员	
李大敏	进出口税收管理处	科　员	
张森强	党办	主　任	
孙　园	党办	副主任	
赖秀良	党办	主任科员	
陈　佳	党办	副主任科员	
吴纯寿	离退休干部处	处　长	
林宜好	离退休干部处	主任科员	
林小鹇	离退休干部处	主任科员	
张梦桂	稽查局	局　长	
林家云	稽查局	副局长	
聂　霞	稽查局	副局长	
蔡　春	稽查局	副调研员 （平潭区政府部门挂职）	
孙建榕	稽查局	副调研员	
高锦芬	稽查局	副调研员	
游在雄	稽查局	副调研员	
林国清	稽查局	副调研员	2014年7月退休
林晓明	稽查局	主任科员	
董琰胜	稽查局	主任科员	
吴建业	稽查局	主任科员	
苏翔天	稽查局	主任科员	
陈秋林	稽查局	主任科员	

续表

姓　名	部　　门	职　　务	备　注
卢周玮	稽查局	主任科员	
陈　伟	稽查局	主任科员	
倪适雨	稽查局	主任科员	
范作雄	稽查局	主任科员	
盛乐玲	稽查局	主任科员	
李荔彤	稽查局	主任科员	
高正忠	稽查局	主任科员	2014年3月调出
蔡燕青	稽查局	副主任科员	
白　芸	稽查局	副主任科员	
梁　凡	稽查局	副主任科员	
王敏奇	信息中心	调研员、副主任	
王　烈	信息中心	副主任	
郑　立	信息中心	副主任	
张忠民	信息中心	主任科员	
张朝军	信息中心	主任科员	
杨　榕	信息中心	主任科员	
蔡明强	信息中心	主任科员	
潘　锐	信息中心	主任科员	
谢小雄	信息中心	主任科员	
鄢　宁	信息中心	主任科员	
杨晓娟	信息中心	主任科员	
陈　宁	信息中心	主任科员	
周　强	信息中心	主任科员	
严丽星	信息中心	主任科员	
柯小青	信息中心	主任科员	
魏智健	信息中心	主任科员	

续表

姓　名	部　　门	职　　务	备　注
李王伟	信息中心	主任科员	
林文雅	信息中心	主任科员	
黄　征	信息中心	主任科员	2014年1月调出
魏冬生	信息中心	副主任科员	
钟玉斌	信息中心	副主任科员	
刘炜炜	信息中心	副主任科员	
潘晓晖	信息中心	副主任科员	
叶一帆	信息中心	副主任科员	
林知国	机关服务中心	主　任	
刘安平	机关服务中心	调研员	2014年2月退休
张　健	机关服务中心	副主任	
林辉龙	机关服务中心	副主任	
李卫进	机关服务中心	副调研员	
刘清华	机关服务中心	主任科员	
何文辉	机关服务中心	主任科员	
林俊勇	机关服务中心	主任科员	
龚小利	机关服务中心	主任科员	
叶志锋	机关服务中心	主任科员	
郭金玉	机关服务中心	主任科员	
储向荣	机关服务中心	主任科员	
周　晖	机关服务中心	主任科员	
孙桂喜	机关服务中心	主任科员	
许细俤	机关服务中心	主任科员	
郑泽开	机关服务中心	主任科员	
陈宗斌	机关服务中心	主任科员	
郭金萍	机关服务中心	主任科员	2014年4月退休

续表

姓　名	部　　门	职　　务	备　注
曹　翔	机关服务中心	事业干部	
陈水官	机关服务中心	工　人	
王国权	机关服务中心	工　人	
赖秀源	机关服务中心	工　人	
张　皓	机关服务中心	工　人	
杨东海	机关服务中心	工　人	
顾志珊	税收科学研究所	所　长	
吴　强	税收科学研究所	主任科员	
王秀琴	税收科学研究所	主任科员	
林建立	税收科学研究所	主任科员	
戴俐萍	税收科学研究所	副主任科员	
杨美珍	税收科学研究所	副主任科员	
陈久铭	注册税务师管理中心	调研员	
高　玮	注册税务师管理中心	主任科员	
陈国新	福建省税务干部学校	调研员	
冯　明	福建省税务干部学校	副校长	
王　晨	福建省税务干部学校	主任科员	
吴国顺	福建省税务干部学校	主任科员	
魏彼同	福建省税务干部学校	主任科员	
蔡先强	福建省税务干部学校	副主任科员	
陈　汶	福建省税务干部学校	工　人	

福建省各设区市国家税务局、平潭综合实验区国家税务局领导班子名单

姓　名	单位名称	职　　务
郑元芳	福州市国家税务局	党组书记、局　长
季台禹	福州市国家税务局	党组成员、副局长
朱义顺	福州市国家税务局	党组成员、副局长
叶守光	福州市国家税务局	党组成员、副局长
陈丽萍	福州市国家税务局	党组成员、纪检组长
卓　勇	福州市国家税务局	党组成员、副局长
张孔院	福州市国家税务局	党组成员、总会计师
李建乐	福州市国家税务局	党组成员、总经济师
沈家骏	漳州市国家税务局	党组书记、局　长
傅雄	漳州市国家税务局	党组成员、副局长
陈汉堤	漳州市国家税务局	党组成员、副局长
林绍君	漳州市国家税务局	党组成员、副局长
王跃进	漳州市国家税务局	党组成员、纪检组长
林镇权	漳州市国家税务局	党组成员、总经济师
叶剑华	漳州市国家税务局	党组成员、总会计师
苏守国	漳州市国家税务局	挂职，党组成员 （兼任长泰县国家税务局党组书记、局长）
林　滇	泉州市国家税务局	党组书记、局　长
朱国彬	泉州市国家税务局	党组成员、副局长
施维天	泉州市国家税务局	党组成员、副局长
王　彬	泉州市国家税务局	党组成员、副局长

续表

姓名	单位名称	职务
何卫东	泉州市国家税务局	党组成员、纪检组长
黄育文	泉州市国家税务局	党组成员、总经济师
王庆福	泉州市国家税务局	党组成员、总会计师 （兼任晋江市国家税务局党组书记、局长）
黄亮明	莆田市国家税务局	党组书记、局　长
张青山	莆田市国家税务局	党组成员、副局长
陈国珍	莆田市国家税务局	党组成员、副局长
林庆森	莆田市国家税务局	党组成员、副局长
崔建兴	莆田市国家税务局	党组成员、副局长
林玉成	莆田市国家税务局	党组成员、副局长
刘春朗	莆田市国家税务局	党组成员、纪检组长
黄培强	龙岩市国家税务局	党组书记、局　长
陈占考	龙岩市国家税务局	党组副书记、副局长
廖进平	龙岩市国家税务局	党组成员、副局长
黄锋政	龙岩市国家税务局	党组成员、副局长
王汉洪	龙岩市国家税务局	党组成员、副局长
林　敏	龙岩市国家税务局	党组成员、纪检组长
黄富龄	龙岩市国家税务局	党组成员、总经济师
阮广茂	龙岩市国家税务局	党组成员、总会计师
林锡明	三明市国家税务局	党组书记、局　长
林秉俊	三明市国家税务局	党组成员、副局长
吕永明	三明市国家税务局	党组成员、副局长
廖尧天	三明市国家税务局	党组成员、副局长
吴剑锋	三明市国家税务局	党组成员、纪检组长
邱清安	三明市国家税务局	党组成员、副局长（挂职）

续表

姓　名	单位名称	职　　务
黄显福	三明市国家税务局	党组成员、总会计师
王良辉	南平市国家税务局	党组书记、局　长
黄永明	南平市国家税务局	党组成员、副局长
吴永生	南平市国家税务局	党组成员、纪检组长
肖　文	南平市国家税务局	党组成员、副局长
季建国	南平市国家税务局	党组成员、副局长
林少校	南平市国家税务局	党组成员、副局长（挂职）
吴　俊	南平市国家税务局	党组成员、总经济师
翁　浩	宁德市国家税务局	党组书记、局　长
梁建华	宁德市国家税务局	党组副书记、副局长
钱自国	宁德市国家税务局	党组成员、副局长
黄　辉	宁德市国家税务局	党组成员、副局长
杨润生	宁德市国家税务局	党组成员、纪检组长
卓仕阳	宁德市国家税务局	党组成员、副局长（挂职）
黄子文	宁德市国家税务局	党组成员、副局长
蔡翠芳	宁德市国家税务局	党组成员、总经济师
何荔春	宁德市国家税务局	党组成员 （挂职，兼任福鼎市国家税务局党组书记、局长）
苏　虎	平潭综合实验区国家税务局	党组书记、局　长
陈向东	平潭综合实验区国家税务局	党组成员、副局长
柯家雄	平潭综合实验区国家税务局	党组成员、副局长
王辰乐	平潭综合实验区国家税务局	党组成员、副局长
黄辉煌	平潭综合实验区国家税务局	党组成员、纪检组长
潘奋农	平潭综合实验区国家税务局	党组成员、副局长（挂职）

福建省各设区市国家税务局直属机构、县（市、区）国家税务局局长名单

单位名称	职　务	姓　名
福建省福州市国家税务局稽查局	局长	徐孝坤
福建省福州市国家税务局大企业税收管理局	局长	刘宜楷
福建省福州市鼓楼区国家税务局	党组书记、局长	郭爱莲
福建省福州市台江区国家税务局	党组书记、局长	张乃鹏
福建省福州市仓山区国家税务局	党组书记、局长	江　华
福建省福州市晋安区国家税务局	党组书记、局长	高　伟
福建省福州经济技术开发区国家税务局	暂缺	
福建省福州市琅岐经济区国家税务局	党组书记、局长	陈金灵
福建省福清市国家税务局	党组书记、局长	郑永开
福建省长乐市国家税务局	党组书记、局长	黄建锋
福建省闽侯县国家税务局	党组书记、局长	李积场
福建省闽清县国家税务局	党组书记、局长	吴忠东
福建省连江县国家税务局	党组书记、局长	江清友
福建省罗源县国家税务局	党组书记、局长	郑宝明
福建省永泰县国家税务局	党组书记、局长	黄游兴
福建省福州高新技术开发区国家税务局	党组书记、局长	谢贤昇
福建省漳州市国家税务局稽查局	局长	陈文章
福建省漳州市国家税务局大企业税收管理局	局长	贾国光
福建省招商局漳州开发区国家税务局	党组书记、局长	赖建昌

续表

单位名称	职　务	姓　名
福建省漳州台商投资区国家税务局	党组书记、局长	何连辉
福建省漳州市芗城区国家税务局	暂缺	
福建省漳州市龙文区国家税务局	党组书记、局长	孙镇南
福建省龙海市国家税务局	党组书记、局长	兰义福
福建省漳浦县国家税务局	党组书记、局长	黄黎明
福建省云霄县国家税务局	党组书记、局长	何少将
福建省东山县国家税务局	党组书记、局长	朱春木
福建省诏安县国家税务局	党组书记、局长	李来福
福建省南靖县国家税务局	党组书记、局长	黄江峰
福建省平和县国家税务局	党组书记、局长	黄原发
福建省长泰县国家税务局	党组书记、局长	苏守国
福建省华安县国家税务局	党组书记、局长	曾文基
福建省泉州市国家税务局稽查局	局长	林保成
福建省泉州市国家税务局大企业税收管理局	局长	王哲林
福建省泉州市鲤城区国家税务局	党组书记、局长	陆苏英
福建省泉州市丰泽区国家税务局	党组书记、局长	肖云南
福建省泉州市洛江区国家税务局	党组书记、局长	苏庆辉
福建省泉州市泉港区国家税务局	党组书记、局长	陈春林
福建省泉州经济技术开发区国家税务局	党组书记、局长	王森林
福建省晋江市国家税务局	党组书记、局长	王庆福
福建省南安市国家税务局	党组书记、局长	陈秀凤
福建省石狮市国家税务局	党组书记、局长	谢铭峰

续表

单位名称	职　务	姓　名
福建省惠安县国家税务局	党组书记、局长	吴亚龙
福建省安溪县国家税务局	党组书记、局长	黄雅莉
福建省永春县国家税务局	党组书记、局长	郑少达
福建省德化县国家税务局	党组书记、局长	黄炳昌
福建省莆田市国家税务局稽查局	局长	吴志彬
福建省莆田市国家税务局大企业税收管理局	局长	任金表
福建省莆田市荔城区国家税务局	党组书记、局长	陈振煌
福建省莆田市城厢区国家税务局	党组书记、局长	陈玉标
福建省莆田市涵江区国家税务局	党组书记、局长	刘　勇
福建省莆田市秀屿区国家税务局	党组书记、局长	林惠文
福建省仙游县国家税务局	党组书记、局长	黄文善
福建省龙岩市国家税务局稽查局	局长	陈木仁
福建省龙岩市新罗区国家税务局	党组书记、局长	王良发
福建省龙岩经济技术开发区国家税务局	党组书记、局长	邱伟煌
福建省永定县国家税务局	党组书记、局长	陈建发
福建省上杭县国家税务局	党组书记、局长	黄京容
福建省武平县国家税务局	党组书记、局长	叶　平
福建省长汀县国家税务局	党组书记、局长	周荣广
福建省连城县国家税务局	党组书记、局长	曾宪强
福建省漳平市国家税务局	党组书记、局长	林科辉
福建省三明市国家税务局稽查局	局长	郑礼广
福建省三明市梅列区国家税务局	党组书记、局长	王　真

续表

单位名称	职　务	姓　名
福建省三明市三元区国家税务局	党组书记、局长	詹长乐
福建省永安市国家税务局	党组书记、局长	管连汉
福建省宁化县国家税务局	党组书记、局长	李金斌
福建省大田县国家税务局	党组书记、局长	黄显福
福建省清流县国家税务局	党组书记、局长	廖福潮
福建省明溪县国家税务局	党组书记、局长	庄志宏
福建省尤溪县国家税务局	党组书记、局长	余忠友
福建省沙县国家税务局	党组书记、局长	罗土根
福建省将乐县国家税务局	党组书记、局长	罗朝昶
福建省泰宁县国家税务局	党组书记、局长	陈文昌
福建省建宁县国家税务局	党组书记、局长	罗朝焰
福建省南平市国家税务局稽查局	局长	林庆国
福建省南平市高新技术产业开发区国家税务局	党组书记、局长	赖培泉
福建省南平市延平区国家税务局	党组书记、局长	秦劲松
福建省邵武市国家税务局	党组书记、局长	陈永顺
福建省建阳市国家税务局	党组书记、局长	池良凯
福建省建瓯市国家税务局	党组书记、局长	黄源兴
福建省顺昌县国家税务局	党组书记、局长	陈高明
福建省武夷山市国家税务局	党组书记、局长	吴星华
福建省浦城县国家税务局	党组书记、局长	朱亦兵
福建省光泽县国家税务局	党组书记、局长	章恩飞
福建省松溪县国家税务局	党组书记、局长	王荣耀

续表

单位名称	职　务	姓　名
福建省政和县国家税务局	党组书记、局长	黄小明
福建省宁德市国家税务局稽查局	局长	阮思文
福建省宁德市蕉城区国家税务局	党组书记、局长	林　健
福建省宁德市闽东华侨经济开发区国家税务局	党组书记、局长	王振堂
福建省福鼎市国家税务局	党组书记、局长	何荔春
福建省福安市国家税务局	党组书记、局长	王燕韩
福建省霞浦县国家税务局	党组书记、局长	杨常青
福建省古田县国家税务局	党组书记、局长	林　骅
福建省屏南县国家税务局	党组书记、局长	林锦平
福建省寿宁县国家税务局	党组书记、局长	赵建平
福建省周宁县国家税务局	党组书记、局长	周建峰
福建省柘荣县国家税务局	党组书记、局长	陈继东
福建省平潭综合实验区国家税务局稽查局	局长	杜增辉

福建省国税系统人员

项目		总计	女	少数民族	学历						学位	
					研究生	大学本科	大学专科	中专	高中技校职高	初中及以下	博士	硕士
总计		11768	3793	124	244	5675	3642	606	1116	485	9	29
正式职工合计		8917	2328	114	239	5317	2868	169	251	73	9	29
干部	小计	8564	2298	112	239	5217	2745	150	187	26	9	29
	公务员	8454	2256	110	236	5121	2735	150	186	26	9	29
	事业干部	110	42	2	3	96	10		1			
正式工人		353	30	2		100	123	19	64	47		
临时工	小计	2851	1465	10	5	358	774	437	865	412		
	临时助征员											
	临时工	2851	1465	10	5	358	774	437	865	412		

补充资料：离退休人员2234人，其中离休人员73人，退休人员2140人，退职人员21人。

基本情况统计

	政治情况			年龄									人员分布			
	共青团员	民主党派	无党派或群众	30岁以下	31至35岁	36至40岁	41至45岁	46至50岁	51至54岁	女	55至59岁	60岁以上	局机关	直属机构	派出机构	事业单位
66	334	42	4726	1595	747	1454	2030	3319	1868	344	754	1	4808	2010	1636	3314
95	147	42	2333	716	384	929	1526	2963	1740	317	658	1	4808	2010	1636	463
30	146	42	2146	714	330	846	1494	2908	1675	317	596	1	4808	2010	1636	110
54	137	42	2121	682	300	819	1480	2903	1673	317	596	1	4808	2010	1636	
76	9		25	32	30	27	14	5	2							110
55	1		187	2	54	83	32	55	65		62					353
71	187		2393	879	363	525	504	356	128	27	96					2851
71	187		2393	879	363	525	504	356	128	27	96					2851

福建省国税系统处级

序号	姓 名	任命职务	免去职务
1	陈慕斌	福建省国家税务局副局长	福建省国家税务局总会计师
2	林茂椿	福建省国家税务局党组成员、总经济师	福建省国家税务局办公室主任
3	林国镜	福建省国家税务局党组成员、总会计师	福建省国家税务局征管和科技发展处处长
4	刘孟全	福建省国家税务局巡视员	福建省国家税务局党组成员、副局长
5	方新加	福建省国家税务局副巡视员	福建省国家税务局信息中心主任
6	李增源	福建省国家税务局副巡视员	福建省国家税务局货物和劳务税处处长
7	姜闽兴	福建省国家税务局机关副调研员	
8	郑新兴	平潭综合实验区国家税务局副调研员	福州市国家税务局副调研员
9	陈占考	龙岩市国家税务局党组副书记、副局长	三明市国家税务局党组成员、副局长
10	梁建华	宁德市国家税务局党组副书记、副局长	福建省国家税务局稽查局副局长
11	叶剑华	漳州市国家税务局党组成员、总会计师	
12	阮广茂	龙岩市国家税务局党组成员、总会计师	龙岩市国家税务局稽查局局长
13	陈木仁	龙岩市国家税务局稽查局局长	
14	黄显福	三明市国家税务局党组成员、总会计师	三明市国家税务局稽查局局长
15	郑礼广	三明市国家税务局稽查局局长	

以上干部任免情况

任免时间	任免文件
2014年4月25日	税总任〔2014〕134号、闽国税任〔2014〕143号
2014年5月20日	税总党组发〔2014〕81号、税总任〔2014〕136号、闽国税党组发〔2014〕48号、闽国税任〔2014〕44号
2014年5月20日	税总党组发〔2014〕81号、税总任〔2014〕136号、闽国税党组发〔2014〕48号、闽国税任〔2014〕44号
2014年10月17日	税总党组发〔2014〕147号、税总任〔2014〕275号、闽国税党组发〔2014〕80号、闽国税任〔2014〕75号
2014年10月17日	税总任〔2014〕240号、闽国税任〔2014〕73号
2014年10月17日	税总任〔2014〕240号、闽国税任〔2014〕73号
2014年2月28日	闽国税任〔2014〕18号
2014年5月20日	闽国税任〔2014〕25号
2014年6月13日	闽国税党组发〔2014〕33号、闽国税党组发〔2014〕34号、闽国税任〔2014〕30号、闽国税任〔2014〕31号
2014年6月13日	闽国税党组发〔2014〕32号、闽国税任〔2014〕28号、闽国税任〔2014〕29号
2014年6月13日	闽国税党组发〔2014〕45号、闽国税任〔2014〕39号
2014年6月13日	闽国税党组发〔2014〕46号、闽国税任〔2014〕40号
2014年6月13日	闽国税任〔2014〕40号
2014年6月13日	闽国税党组发〔2014〕47号、闽国税任〔2014〕41号
2014年6月13日	闽国税任〔2014〕41号

序号	姓 名	任命职务	免去职务
16	黄子文	宁德市国家税务局副局长	宁德市国家税务局总会计师
17	刘伟雄	宁德市国家税务局党组成员、总会计师	
18	吴典泉	福州市国家税务局副调研员	
19	陈雪煌	漳州市国家税务局副调研员	
20	李幼农	泉州市国家税务局副调研员	
21	黄玉贤	莆田市国家税务局副调研员	
22	陈文雄	福建省国家税务局办公室主任	福建省国家税务局机关服务中心主任
23	阮诗雄	福建省国家税务局征管和科技发展处处长	福建省国家税务局纳税服务处处长
24	朱文翀	福建省国家税务局纳税服务处处长	
25	林知国	福建省国家税务局机关服务中心主任	福建省税务干部学校校长
26	陈国新	福建省税务干部学校调研员	福建省国家税务局纳税服务处调研员
27	王敏奇	福建省国家税务局信息中心调研员、副主任	福建省国家税务局财务管理处调研员、副处长兼采购中心主任
28	安　辉	福建省国家税务局财务管理处副处长兼采购中心主任	福建省国家税务局信息中心副主任

备注：退休免职未列入；挂职未列入。

续表

任免时间	任免文件
2014年6月13日	闽国税任〔2014〕27号
2014年6月13日	闽国税党组发〔2014〕44号、闽国税任〔2014〕38号
2014年7月16日	闽国税任〔2014〕49号
2014年7月16日	闽国税任〔2014〕50号
2014年7月16日	闽国税任〔2014〕48号
2014年7月16日	闽国税任〔2014〕51号
2014年7月24日	闽国税任〔2014〕45号、闽国税任〔2014〕46号
2014年7月24日	闽国税任〔2014〕45号
2014年7月24日	闽国税任〔2014〕45号
2014年7月24日	闽国税任〔2014〕46号
2014年7月24日	闽国税任〔2014〕53号
2014年12月2日	闽国税任〔2014〕74号
2014年12月2日	闽国税任〔2014〕74号

福建省国家税务局机关年度考核立功嘉奖名单

姓　名	授予单位	奖　项
邱大南	国家税务总局	嘉　奖
陈　荣	福建省国家税务局	三等功
张梦桂	福建省国家税务局	三等功
朱春发	福建省国家税务局	三等功
倪秉莲	福建省国家税务局	三等功
林　娟	福建省国家税务局	三等功
宋启英	福建省国家税务局	三等功
林辉龙	福建省国家税务局	三等功
蔡　春	福建省国家税务局	三等功
吴　雷	福建省国家税务局	三等功
唐祝钦	福建省国家税务局	三等功
郑旭田	福建省国家税务局	三等功
刘清华	福建省国家税务局	三等功
张　皓	福建省国家税务局	三等功
陈文雄	福建省国家税务局	嘉　奖
周元福	福建省国家税务局	嘉　奖
陈义端	福建省国家税务局	嘉　奖

续表

姓　名	授予单位	奖　项
李　晖	福建省国家税务局	嘉　奖
顾志珊	福建省国家税务局	嘉　奖
王合作	福建省国家税务局	嘉　奖
王　烈	福建省国家税务局	嘉　奖
张叶霖	福建省国家税务局	嘉　奖
陶　然	福建省国家税务局	嘉　奖
陈　泓	福建省国家税务局	嘉　奖
陈世明	福建省国家税务局	嘉　奖
詹　冰	福建省国家税务局	嘉　奖
施　希	福建省国家税务局	嘉　奖
黄胜荣	福建省国家税务局	嘉　奖
吴红萍	福建省国家税务局	嘉　奖
杨　妹	福建省国家税务局	嘉　奖
林本强	福建省国家税务局	嘉　奖
柯文林	福建省国家税务局	嘉　奖
郑忠武	福建省国家税务局	嘉　奖
赵斯仪	福建省国家税务局	嘉　奖
于建寅	福建省国家税务局	嘉　奖
李叶华	福建省国家税务局	嘉　奖

续表

姓　名	授予单位	奖　项
程晓君	福建省国家税务局	嘉　奖
王丽华	福建省国家税务局	嘉　奖
潘晓耿	福建省国家税务局	嘉　奖
杨雄富	福建省国家税务局	嘉　奖
陈　佳	福建省国家税务局	嘉　奖
林晓明	福建省国家税务局	嘉　奖
蔡燕青	福建省国家税务局	嘉　奖
叶一帆	福建省国家税务局	嘉　奖
潘晓晖	福建省国家税务局	嘉　奖
周　强	福建省国家税务局	嘉　奖
魏冬生	福建省国家税务局	嘉　奖
叶志锋	福建省国家税务局	嘉　奖
杨美珍	福建省国家税务局	嘉　奖
魏彼同	福建省国家税务局	嘉　奖

福建省各设区市、平潭综合实验区国家税务局领导班子成员年度考核立功嘉奖名单

姓　名	授予单位	奖　项
黄亮明	福建省国家税务局	三等功
刘春朗	福建省国家税务局	三等功
黄显福	福建省国家税务局	三等功
黄永明	福建省国家税务局	三等功
郑元芳	福建省国家税务局	嘉　奖
叶守光	福建省国家税务局	嘉　奖
沈家骏	福建省国家税务局	嘉　奖
林绍君	福建省国家税务局	嘉　奖
朱国彬	福建省国家税务局	嘉　奖
黄育文	福建省国家税务局	嘉　奖
王汉洪	福建省国家税务局	嘉　奖
林　敏	福建省国家税务局	嘉　奖
林秉俊	福建省国家税务局	嘉　奖
林少校	福建省国家税务局	嘉　奖
钱自国	福建省国家税务局	嘉　奖
卓仕阳	福建省国家税务局	嘉　奖
蔡翠芳	福建省国家税务局	嘉　奖
陈向东	福建省国家税务局	嘉　奖
潘奋农	福建省国家税务局	嘉　奖

税收收入

福建省国税系统税收收入分税种

单　　位	一、税收收入（不含海关代征）	国内增值税	国内消费税
全省合计	17950136	8761439	2411941
厦门市合计	4496209	2311495	544904
直属税务分局	1374211	373043	522284
思明区	576188	345229	3815
湖里区	451348	306386	1006
火炬区	470033	328139	0
象屿保税区	57529	36363	0
集美区	463692	331161	7535
海沧区	472865	297128	6993
同安区	274529	207698	2779
翔安区	131237	86348	492
车辆购置税管理分局	224577	0	0
进出口税收管理处			
福州市合计	4261900	1651840	101212
台江区	1373051	113224	1372
直属分局	460008	182126	86
鼓楼区	586188	249367	2238
福清市	310053	206557	183
闽侯县	341309	187921	57232
晋安区	264658	141470	36501
长乐市	198181	138907	32

分征收单位统计（2014年）

单位：万元

业所得税	个人所得税	车辆购置税	二、海关代征	三、出口退税
5887291	78	889387	5046594	-7270432
1402007	12	237791	1710133	-3516000
478874	12			
227144				
143956				
141894				
21166				
124460	0	536		
160431	0	8313		
60755	0	3297		
43327	0	1070		
0	0	224575		
			1710133	-3516000
2274852	27	233969	717706	-1290500
1058986	9	199460	0	-4800
277795	1	0	53605	-146006
334579	4	0	0	-15200
85852	1	17460	316207	-230158
85399	2	10755	0	-118600
86680	7	0	0	-8220
55526	1	3715	0	-35422

单　　位	一、税收收入（不含海关代征）	国内增值税	国内消费税
开发区	285696	139259	276
仓山区	202252	149179	451
闽清县	59092	28546	3
连江县	94698	54160	2702
罗源县	53932	40400	113
永泰县	25748	16055	23
琅岐经济区	7034	4669	0
进出口税收管理处			
平潭综合实验区	46710	20417	14
三明市合计	535644	381678	14338
梅列区	202110	130207	10934
三元区	38042	29619	3248
永安市	83542	67616	43
宁化县	21830	10402	2
大田县	44524	35301	18
清流县	18186	15858	4
明溪县	15704	11133	2
尤溪县	35278	27369	24
沙县	26539	19402	50
将乐县	23107	17649	9
泰宁县	13408	9344	2
建宁县	13374	7778	2
进出口税收管理科			
泉州市合计	4071492	2007243	913335
晋江市	1048761	690773	343

续表

业所得税	个人所得税	车辆购置税	二、海关代征	三、出口退税
146161	0	0	347894	-102400
52622	0	0	0	-66300
30140	1	402	0	-6911
37333	0	503	0	-6300
13021	0	398	0	-3003
8393	1	1276	0	-1180
2365	0	0		0
				-546000
20283	0	5996	105	-1093
112457	3	27168	88348	-41800
42986	1	17982		
5175	0	0	88348	-1741
13199	1	2683		-3028
10720	0	706		-470
7122	0	2083		-788
1830	0	494		-320
4092	0	477		-2148
7085	1	799		-872
6376	0	711		-939
5064	0	385		-608
3589	0	473		-200
5219	0	375		-186
				-30500
966866	21	184027	1662411	-1218000
318149	3	39493	0	-191810

单　　位	一、税收收入（不含海关代征）	国内增值税	国内消费税
泉港区	743467	175552	530771
丰泽区	320454	108151	3237
南安市	339080	257743	278
石狮市	289142	173250	168
鲤城区	149459	108528	414
惠安县	538721	125214	333343
安溪县	146098	87696	78
开发区	135761	62901	9
永春县	57890	43040	212
洛江区	56187	38956	7
德化县	50186	40933	25
大企业局	196286	94506	44450
进出口税收管理科	0	0	0
宁德市合计	512813	328577	15938
蕉城区	44455	28276	27
东侨区	108421	45921	15390
福鼎市	84691	68108	451
福安市	152343	97359	17
霞浦县	22981	15554	11
古田县	30609	21339	12
屏南县	15715	12314	25
寿宁县	18985	12626	1
周宁县	19297	14852	2
柘荣县	15316	12228	2
进出口税收管理科			

续表

业所得税	个人所得税	车辆购置税	二、海关代征	三、出口退税
34442	0	2702	0	-6030
135291	2	73773	1662333	-40600
78248	5	2806	0	-70880
104356	1	11367	78	-46300
40516	1	0	0	-41100
76347	1	3816	0	-45930
53800	1	4523	0	-27200
37384	0	35467	0	-49500
10994	1	3643	0	-26270
13649	0	3575	0	-33100
6365	1	2862	0	-12960
57325	5	0	0	0
0	0	0	0	-626320
142761	0	25537	77759	-175000
16152				-12050
30906		16204	77759	-3059
13676		2456		-5042
51714		3253		-14340
6133		1283		-1983
8733		525		-1437
3066		310		-860
5777		581		-132
4239		204		
2365		721		-97
				-136000

单　　位	一、税收收入（不含海关代征）	国内增值税	国内消费税
漳州市合计	1150592	702785	49400
芗城区	269596	150513	30935
龙文区	83508	55810	3615
龙海市	184681	99387	2879
漳浦县	88927	54354	11882
云霄县	29457	22650	11
诏安县	29374	21454	21
东山县	83967	72430	1
平和县	25972	17619	7
南靖县	41249	33256	18
长泰县	85571	63709	14
华安县	26113	20638	10
招商局漳州开发区	47309	11258	0
金峰开发区	0	0	0
台商投资区	110278	79707	7
市局纳税服务科	44590	0	0
进出口税收管理科	0	0	0
南平市合计	447789	278017	13334
延平区	105640	65027	11922
开发区	110553	53971	1
邵武市	48484	36269	176
建阳市	34102	23111	373
顺昌县	22158	17330	8
建瓯市	39848	26598	700
浦城县	27403	19119	18

续表

业所得税	个人所得税	车辆购置税	二、海关代征	三、出口退税
347631	4	50772	580229	−614000
88147	1	0	167372	−24436
24083	0	0	0	−23062
81895	1	519	0	−12577
21096	0	1595	0	−14094
6273	0	523	0	−9257
7300	1	598	0	−12268
11237	0	299	412857	−48202
7440	1	905	0	−634
7019	0	956	0	−14179
21351	0	497	0	−18323
5175	0	290	0	−482
36051	0	0	0	−4186
0	0	0	0	0
30564	0	0	0	−25300
0	0	44590	0	0
0	0	0	0	−407000
127633	4	28801	4784	−80000
28689	2	0		−42019
44513		12068	4713	−11783
9567	1	2471		−1950
7286		3332		−3095
4063		757		−1000
9758	1	2791		−3501
5897		2369		−8651

单　　位	一、税收收入（不含海关代征）	国内增值税	国内消费税
武夷山市	23347	15541	32
光泽县	12037	8139	62
松溪县	8148	5022	2
政和县	16069	7890	40
莆田市合计	854002	464728	38528
荔城区	194089	91676	38
仙游县	110214	68684	32
城厢区	78322	42262	94
秀屿区	209411	118040	0
湄洲岛	90652	34152	16018
涵江区	171314	109914	22346
进出口税收管理科			
龙岩市合计	1572985	614659	720938
新罗区	1168119	360751	720202
永定县	83676	63450	392
上杭县	56386	37016	46
武平县	45571	28865	4
长汀县	38045	24135	13
连城县	24438	14778	4
漳平市	49081	34724	10
经济技术开发区	107669	50940	267
进出口税收管理科			

续表

企业所得税	个人所得税	车辆购置税	二、海关代征	三、出口退税
4845		2929	71	-3001
3364		472		-2600
2561		563		-400
7090		1049		-2000
296318	3	54425	170790	-260607
53513		48862		-6800
37396	1	4101		-27600
35966		0		-25000
91047		324		-31600
40480	2	0	170790	0
37916		1138		-12000
				-157607
196483	4	40901	34329	-73432
87164	2	0	34329	-2947
18286	1	1547	0	-1548
16909	1	2414	0	-96
14998	0	1704	0	-323
11824	0	2073	0	-3977
8205	0	1451	0	-1510
12530	0	1817	0	-3145
26567	0	29895	0	114
			0	-60000

福建省国税系统税收收入分税种分入库级次统计（2014年）

单位：万元

项　　目	合　计	中央级	地方级
一、税收收入合计	22996730	18241056	4755674
1. 增值税收入	13698977	11061706	2637271
（1）国内增值税	8761439	6124168	2637271
（2）进口货物增值税	4937538	4937538	
2. 消费税收入	2520997	2520997	
（1）国内消费税	2411941	2411941	
（2）进口消费品消费税	109056	109056	
3. 企业所得税	5887291	3768919	2118372
4. 个人所得税	78	47	31
5. 车辆购置税	889387	889387	
二、出口退税合计	–7270432	–7270432	
1. 出口货物退增值税	–5537289	–5537289	
2. 改征增值税出口退税	–2051	–2051	
3. 免抵调减增值税	–1722358	–1722358	
4. 免抵调减改征增值税	–8642	–8642	
5. 出口消费品退消费税	–92	–92	

福建省国税系统分税种分项目减免税统计（2014年）

单位：万元

项　目	合　计		高新技术企业	残疾人就业	其他减免
		涉外企业			
税收减免税合计	957785	536579	329469	22650	605666
1. 增值税	239297	29710	54021	22025	163251
其中：改征增值税	25762	73	73		25689
2. 消费税	113518	94674			113518
3. 企业所得税	590411	412192	275448	625	314338
4. 车辆购置税	14559	3			14559

福建省国税系统税收收入分税种分企业类型统计（2014年）

单位：万元

项目		税收收入合计	1. 增值税收入	2. 消费税收入	3. 企业所得税	4. 个人所得税	5. 车辆购置税
合计		22996730	13698977	2520997	5887291	78	889387
内资企业	小计	12531887	6835623	1836469	3711288		148507
	国有企业	3195297	1840987	994094	351440		8776
	集体企业	69172	29977	9	38700		486
	股份合作企业	145356	6673	12	138216		455
	联营企业	9859	6652		2586		621
	股份公司	7129701	3481059	840529	2769251		38862
	私营企业	1887884	1426667	1817	391742		67658
	其他企业	94618	43608	8	19353		31649
港澳台投资企业		4136597	2885124	94731	1156016		726
外商投资企业		5442315	3833485	588728	1019987		115
个体经营		885931	144745	1069		78	740039

福建省国税系统税收收入分税种分行业统计（2014年）

单位：万元

序号	项　目	合计	税收收入（不含海关代征）	国内增值税	国内消费税	企业所得税	个人所得税	车辆购置税	海关代征
1	合计	22996730	17950136	8761439	2411941	5887291	78	889387	5046594
2	一、第一产业	13541	13541	6862		4531		2148	
3	二、第二产业	15147677	11061254	6571752	2200083	2280387		9032	4086423
4	（一）采矿业	324365	236017	217964		17720		333	88348
5	1. 煤炭开采和洗选业	115079	115079	114336		677		66	
6	2. 石油和天然气开采业	64	64			0		64	
7	3. 黑色金属矿采选业	118205	29857	28292		1550		15	88348
8	4. 有色金属矿采选业	54763	54763	42201		12490		72	
9	5. 非金属矿采选业	35402	35402	32403		2973		26	
10	6. 其他采矿业	852	852	732		30		90	
11	（二）制造业	13411641	9413566	5453792	2200083	1751959		7732	3998075
12	1. 农副食品加工业	173353	173353	145783		27490		80	
13	2. 食品制造业	186821	186821	135440		51172		209	
14	3. 酒、饮料和精制茶制造业	252517	252517	146375	51666	54474		2	
15	4. 烟草制品业	1529093	1529093	270401	1200035	58619		38	
16	5. 纺织业	235120	235120	190547		44125		448	
17	6. 纺织服装、服饰业	574392	569682	419741		149204		737	4710
18	7. 皮革、毛皮、羽毛及其制品和制鞋业	716534	716534	539028		177047		459	
19	8. 木材加工和木竹藤棕草制品业	64332	64332	58078	18	6197		39	
20	9. 家具制造业	82137	82137	67633		14047		457	
21	10. 造纸和纸制品业	197644	197644	130113		67463		68	
22	11. 印刷和记录媒介复制业	50239	50239	38012		11378		849	

续表

序号	项目	合计	税收收入（不含海关代征）	国内增值税	国内消费税	企业所得税	个人所得税	车辆购置税	海关代征
23	12. 文教、工美、体育和娱乐用品制造业	129230	129230	106073		23135		22	
24	13. 石油加工、炼焦和核燃料加工业	997074	997074	123983	872041	1038		12	
25	其中：成品油	994915	994915	122832	872041	42			
26	14. 化学原料和化学制品制造业	200517	200517	142820	59	57511		127	
27	15. 医药制造业	79909	79909	60220		19637		52	
28	16. 化学纤维制造业	52015	52015	37159		14811		45	
29	17. 橡胶和塑料制品业	357828	357825	225781	11139	120822		83	3
30	18. 非金属矿物制品业	532290	532290	426716		105501		73	
31	19. 黑色金属冶炼和压延加工业	131217	131217	122682		8531		4	
32	20. 有色金属冶炼和压延加工业	97181	97181	63290		33853		38	
33	21. 金属制品业	220880	220880	156037		64707		136	
34	22. 通用设备制造业	406708	269897	230740		38313		844	136811
35	23. 专用设备制造业	306894	170083	129030		41005		48	136811
36	24. 汽车制造业	594864	458053	311730	64534	81736		53	136811
37	25. 铁路、船舶、航空航天和其他运输设备制造业	465498	191877	174179	591	17101		6	273621
38	26. 电气机械和器材制造业	692347	555536	388524		166891		121	136811
39	27. 计算机、通信和其他电子设备制造业	727566	727566	466137		260305		1124	
40	28. 仪表仪器制造业	49648	49648	39725		9915		8	
41	29. 其他制造业	3307793	135296	107815		25931		1550	3172497
42	（三）电力、热力、燃气及水的生产和供应业	1290825	1290825	895163		395483		179	

续表

序号	项　目	合计	税收收入（不含海关代征）	国内增值税	国内消费税	企业所得税	个人所得税	车辆购置税	海关代征
43	1. 电力、热力生产和供应业	1157737	1157737	830730		326971		36	
44	2. 燃气生产和供应业	107508	107508	44442		62953		113	
45	3. 水的生产和供应业	25580	25580	19991		5559		30	
46	（四）建筑业	120846	120846	4833		115225		788	
47	1. 房屋建筑业	34137	34137	152		33652		333	
48	2. 土木工程建筑业	20475	20475	926		19373		176	
49	3. 建筑安装业	27681	27681	2070		25567		44	
50	4. 建筑装饰和其他建筑业	38553	38553	1685		36633		235	
51	三、第三产业	7835512	6875341	2182825	211858	3602373	78	878207	960171
52	（一）批发和零售业	2927812	2380569	1554265	211858	605828		8618	547243
53	1. 批发业	2418345	1871102	1165141	199178	505126		1657	547243
54	2. 零售业	509467	509467	389124	12680	100702		6961	
55	（二）交通运输、仓储和邮政业	339455	339455	223378		101121		14956	
56	1. 交通运输业	307873	307873	210909		82113		14851	
57	2. 仓储业	21613	21613	6530		15035		48	
58	3. 邮政业	9969	9969	5939		3973		57	
59	（三）住宿和餐饮业	23370	23370	321		19974		3075	
60	1. 住宿业	11980	11980	58		11123		799	
61	2. 餐饮业	11390	11390	263		8851		2276	
62	（四）信息传输、软件和信息技术服务业	445863	445863	140618		275860		29385	
63	1. 电信、广播电视和卫星传输服务业	270750	270750	84402		186297		51	
64	2. 互联网和相关服务	942	942	799		116		27	
65	3. 软件和信息技术服务业	174171	174171	55417		89447		29307	
66	（五）金融业	1841529	1841529	3135		1837944		450	

续表

序号	项　目	合计							
			税收收入（不含海关代征）	国内增值税	国内消费税	企业所得税	个人所得税	车辆购置税	海关代征
67	1. 货币金融服务	1691571	1691571	2303		1689106		162	
68	2. 资本市场服务	63385	63385	115		63263		7	
69	3. 保险业	21954	21954	28		21877		49	
70	4. 其他金融业	64619	64619	689		63698		232	
71	（六）房地产业	609109	609109	1232		607010		867	
72	（七）租赁和商务服务业	117511	117511	77068		39315		1128	
73	1. 租赁业	14965	14965	7253		7423		289	
74	2. 商务服务业	102546	102546	69815		31892		839	
75	（八）科学研究和技术服务业	80231	80231	59188		20866		177	
76	（九）居民服务、修理和其他服务业	82780	82780	32427		48750		1603	
77	（十）教育	9126	9126	298		8244		584	
78	（十一）卫生和社会工作	904	904	5		703		196	
79	（十二）文化、体育和娱乐业	29880	29880	16225		13483		172	
80	（十三）公共管理、社会保障和社会组织	416521	3593	1875		91		1627	412928
81	（十四）其他行业	911421	911421	72790		23184	78	815369	

福建省国税系统分税种分地区减免税统计（2014年）

单位：万元

地区	减免税合计	1. 增值税	其中：改征增值税	2. 消费税	3. 企业所得税	4. 车辆购置税
合计	957785	239297	25762	113518	590411	14559
厦门	427708	24512	1488	8656	389810	4730
小计	530077	214785	24274	104862	200601	9829
福州	203838	105707	23021	70	94862	3199
三明	18017	14898	46	272	2308	629
南平	24660	19128	101	963	3899	670
宁德	11293	5084	69		5482	727
莆田	24475	11312	54	4611	7418	1134
泉州	95757	26174	648	9716	58613	1254
漳州	116488	13756	25	88150	13007	1575
龙岩	33160	16747	13	1080	14808	525
平潭	2299	1979	297	0	204	116